KB234687

유럽 각국의 정치

유럽학연구총서 3

유럽 각국의 정치

한국유럽학회 편

KSI 한국학술정보(주)

유럽학연구총서를 발간하면서

 2011년 7월 1일 한-EU FTA가 잠정 발효됨으로써 한국과 유럽의 관계는 그 어느 때보다 긴밀한 관계로 발전하는 계기가 되었습니다. 유럽연합(European Union: EU)은 27개 회원국의 인구를 모두 합하면 약 5억 명이며, 세계 전체 GDP의 약 30%를 차지하는 세계 최대의 경제권입니다. 세계 전체 상품교역규모면에서 EU는 세계 1위이며, 한국과의 상품교역규모도 중국 다음으로 2위의 위치에 있습니다. 한-EU FTA는 상품교역과 투자와 같은 경제·통상 분야가 주된 관심사이지만 이를 계기로 한국과 EU는 전략적 동반자 관계로 격상되면서 정치·사회·문화 전반에서 교류가 활발해질 것입니다.

 하지만 아직 한국사회에서 유럽의 위상은 앞에 언급한 세계경제에서 EU의 경제규모나 현재 진행되고 있는 한국과 유럽의 관계 발전만큼 자리매김 못하고 있는 것 같습니다. 언론보도에서도 유럽에 관한 뉴스가 1면에 게재되는 경우는 타 지역에 비해 적은 편이고, 한국의 학계에서도 유럽 전공자들의 비중이나 영향력이 제대로 드러나지 않고 있습니다. 여기에는 지리적, 심리적, 구조적 이유 이외에도, 유럽 전공자들이 긴밀한 네트워크를 가지고 한국 내의 현안들과 한국을 둘러싼 국제환경변화에 대해 적극적인 방향을 제시하지 못한 원인도 있다고 생각합니다. 7월 1일 잠정발효일을 전후하여 언론매체들에서 한-EU FTA의 의미와 영향에 대해 집중적으로 보도하였지만 대개 경제·통상 분야에 대한 내용을 주로 다루었습니다. 유럽 27개국과 자유로운 경제교류는 상품교역과 상호 투자에만 머물지 않고 한국의 정치·사회·문화 모든 분야에도 영향을 미치게 될 것입니다.

한국유럽학회는 이런 점을 심층적으로 논의하기 위해 7월 1일 제5회 한국유럽학연합학술대회의 주제를 '한-EU FTA 잠정발효와 한-EU 전략적 동반자관계 발전전망'으로 정했습니다. 이 대회에는 유럽학 관련 10개 학회와 연구기관들이 참여하여, 한-EU FTA를 계기로 한국과 유럽에 미치는 영향을 정치·경제·법·사회·문화 분야의 전공자들이 다양한 측면에서 분석하였습니다. 또 참석자들은 한-EU 기본협력협정과 전략적 동반자 관계 발전을 위해 양측이 어떤 노력을 기울일 것인가 그리고 앞으로의 협력 방안은 무엇인가에 대해 심도 있는 논의를 하였습니다.

최근 한국의 정치권에서 쟁점이 되고 있는 복지 문제에 대해서도 지난 5월 20일 춘계 학술대회에서 '복지와 성장의 갈림길에 선 한국사회: 복지논쟁을 위한 유럽의 사례와 정책적 제안'으로 주제를 선정하여, 각 분야별 최고의 전문가들을 발표자와 토론시로 모시고 복지정책에 대해 다양한 학술적 논의의 자리를 마련하였습니다. 우리보다 먼저 복지의 거의 모든 사례를 경험한 유럽 복지정책의 성공과 실패를 면밀히 살펴보면서, 특히 신자유수의 체세하에시의 유럽복지정책과 최근 세계경제위기 이후의 유럽복지정책의 변화들을 분석한 후, 한국에 적용할 수 있는 복지정책에 대한 학자들의 혜안들을 모아 보았습니다. 한국의 복지정책이 여야의 정쟁에 그치거나, 선거에서 지지표를 확보하기 위한 수단으로만 활용되지 말고, 국민 삶의 질 향상을 실현할 수 있기를 바라는 염원을 함께 담은 학술대회였습니다. 앞으로 한국사회의 발전과 한국과 유럽의 관계 증진을 위한 시의적절한 주제를 선택하여 학술대회를 개최할 것입니다.

그리고 EU는 대북한 관계에서도 중요한 역할을 하고 있습니다. EU는 한반도의 긴장해결이 국제안보질서 형성의 핵심과제로 인식하고 있으며, 인도적 차원에서 북한을 경제적으로 지원하며, 개혁개방을 통해 국제시장에 통합시키려는 대북한정책을 유지하고 있습니다. 또한 북한 대량살상무기의 확산과 민감한 군사기술의 수출을 방지하고 남북 간 직접 대화를 지지하는 것이 일관된 기조입니다. 2001년 북한과의 수교 이후에는 북한의 핵개발포기와 테러리즘을 예방하고 북한이 국제사회에 책임 있는 일원이 되기를 강조하였습니다.

한국과의 최근 관계증진의 중요한 사례들을 살펴보면, 2010년 10월 벨기에 브뤼셀에서 개최된 제8차 ASEM 정상회의에서 한국과 유럽의 정상들은 세계경제위기 극복방안을 논의하였고, 금융안전망 구축과 국제금융기구 개혁 그리고 G20과의 협력 등에 대해 활발한 의견을 교환하였습니다. 아울러 2010년 서울에서 개최된 G20 정상회담의 성공적인 개최를 위해 협력을 다짐했고 G20 정상회의 이후 한국의 국제적인 위상이 한층 격상되었습니다. 또한 한국이 주도하는 ASEM 협력사업들을 인준하여, 아시아–유럽 정보통신망 협력센터가 설치되었고, ASEM DUO 장학사업이 연장되었으며, 아시아-유럽 중소기업혁신센터도 구축하게 되었습니다.

이처럼 한국과 EU의 관계가 유사 이래 그 어느 때보다도 긴밀해지고 있는 시점에 한국유럽학회는 한국사회의 지도자들과 일반시민들의 유럽에 대한 이해를 증진시키는 방안을 모색하였습니다. 그 일환으로 유럽대상을 신설하여 유럽과의 관계 증진에 노력한 분들을 찾아 그 공적을 치하하기로 하였습니다. 그리고 학자들 간의 학술적 논의들을 학회지나 논문의 형태로만 발표하였는데, 이 내용들을 주제별로 분류하여 단행본 형태로 발간하기로 하였습니다. 우선 2005년부터 2010년까지 『유럽연구』에 발표한 논문들 중에서 필자들이 단행본 발행에 동의한 원고들을 분야별로 편집하였습니다. 1권은 유럽연합의 법, 정치와 대외관계로 주제를 분류하였고, 2권은 유럽의 사회통합과 사회정책, 3권은 유럽 각국의 정치, 4권은 유럽연합의 통상 및 산업정책으로 분류하여 유럽학연구총서 1권부터 4권까지 발간하게 되었습니다. 이번에 출판되는 유럽학연구총서 4권은 일반시민들과 유럽에 대한 지식을 공유하고 소통하는 데 도움이 될 것입니다.

이를 시작으로 유럽에 관한 다양한 주제들에 대한 원고를 모집하여 지속적으로 유럽관련 주제의 단행본을 출간할 계획입니다. 한국유럽학회 회원들뿐만 아니라 유럽에 관한 좋은 원고를 작성하신 분들께서 학회사무국으로 원고를 보내주시면 유럽학연구총서 발간위원회의 소정의 절차를 거쳐 단행본으로 출판할 예정입니다. 이런 노력들이 한국사회의 유럽에 대한 이해를 증진시키고 한국과 유럽의 관계 발전에 기여하게 될 것이라 믿습니다.

이번 총서시리즈 4권 출간을 위해 연구와 교육에 몰두하시는 중에 귀한 시간을 할애하여 편집과 기획을 해주신 유럽학연구총서 발간위원회 이승근 위원장님과 구문모, 김민서, 박선희, 박채복, 배정생, 송병준, 신두철, 윤성욱, 이병문 위원님들께 깊이 감사드립니다. 요즘 어려운 출판업계의 현황에서도 학술전문서적 출판을 흔쾌히 수락해주신 한국학술정보(주)의 채종준 대표이사님 그리고 출판사업부 김영권 이사님과 강태우 차장님, 전체적인 총서 편집을 맡아 수고해주신 편집부 여러분께 진심으로 고마운 마음을 전합니다.

한국유럽학회 회장

정해조

목 차

■■■ 제1부

독일 프랑스 및 영국정치

제1장 독일의 대연정과 내적 통합을 향한 새로운 리더십의 도전

박채복

숙명여자대학교 아시아여성연구소 책임연구원

Ⅰ. 서론

2005년 9월에 치러진 독일 총선의 결과는 21세기 글로벌한 정치 현실에서 여성 리더십의 새로운 가능성을 시험하는 계기로 작용할 뿐만 아니라, 이제 15년이 지난 통일독일의 내적 통합을 향한 새로운 도전을 의미하게 될 것 같다. '신중도'(Neue Mitte)의 캐치프레이스로 1998년 집권에 성공한 사민당(SPD: Sozialdemokratische Partei Deutschlands)의 슈뢰더(Gerhard Schröder) 정권은 통일독일의 사회·경제적 문제를 해결하고자 'Agenda 2010'과 'Hartz IV'로 대표되는 여러 가지 개혁적 정책모델을 제시하였다. 그러나 개혁정책에 대한 당내외의 반발은 거세었고, 계속되는 지방선거에서의 참패로 슈뢰더 총리는 임기 1년을 남긴 시점에서 조기총선을 통해 정권과 정책기조에 대한 국민의 심판을 받고자 하였다. 2005년 5월 노르트라인 - 베스트팔렌 주의 지방선거에서 집권 사민당의 참패에 기인한 조기총선 발언으로 시작된 2005년의 독일 총선은 기민 · 기사련(CDU: Christlich-Demokratische Union/CSU: Christlish-Soziale Union)연합과 사민당 간의 대연정으로 일단락되었다.

총선에서 승리한 안겔라 메르켈(Angela Dorotea Merkel)은 독일 역사상 최초의 여성총리로 선출되었다. 이번 대연정은 지난 1966년~1969년에 이은 독일 현대사에서의 두 번째 정치실험인 셈이다. 1990년 독일통일 이후 심한 내부 통합의 갈등을 겪고 있는 독일의 현실에 비춰 볼 때 동독 출신의 여성정치인이 새로이 산적한 난제들을 해결하고 구동독 · 서독인들 간의 반목을 잠재우며, 소위 '독일병'을 치유할 수 있을지에 대한 관심이 고조되고 있다. 더 나아가서 유럽연합 내 독일의 위상을 비춰 볼 때 25개국으로 확장된 새로운 유럽연합에 걸맞은 정치적 비전을 제시하게 될지 세계의 여론은 안겔라 메르켈의 리더십에 대해 주목하고 있다.

본 연구에서는 독일의 대연정으로 새로이 등장한 안겔라 메르켈의 정치적 리더십의 문제를 통일독일의 내적 통합의 문제와의 연관하에 살펴보고자 한다. 이를 위해 먼저 2005년 독일 총선의 결과인 대연정의 의미와 정치적 역할을 살펴보고, 독일 최초의 여성 총리인 안겔라 메르켈의 정치적 리더십의 본질에 대한 규명을 시도하고자 한다. 또한 안겔라 메르켈의 정치적 리더십에 대한 향후 전망을 통해서 대연정 이후 독일정치의 미래를 살펴보도록 하겠다.

Ⅱ. 통일독일의 정치적 실험: 대연정과 여성 리더십

지난 2005년 11월 22일 독일 연방하원(Bundestag)에서 기민당 당수인 안겔라 메르켈이 독일 헌정 사상 최초로 동독 출신 여성이 연방총리로 선출됨으로써, 독일에서의 두 번째 대연정이 공식 출범하였다.[1] 총선 이후 기민당과 사민당의 연정을 둘러싼 혼란이 계속되었으며, 협상과정 역시 순탄치만은 않았다. 사민당 내 당내 좌파인 안드레아 나레스(Andrea Nahres)가 사무총장에 지명되자, 프란츠 뮌터페링(Franz Münterfering)이 이에 반발해 당수직을 사퇴하면서 사민당의 내분은 점차 깊어져 갔다. 여기에 대연정의 한 축이었던 에드문트 슈토이버(Edmund Stoiber) 기사련 당수가 연방 각료직을 포기하면서 대연정이 좌초의 위기까지 치달았었다.[2]

대연정의 지난한 협상과정의 어려움에도 불구하고 기민·기사련과 사민당 양당은 전후 정립된 독일식 사회보장국가(Sozialstaat)의 근간을 이루는 국가체제에 대대적인 개혁의 필요성과 소위 ‘독일병’을 해소하기 위한 거시적인 차원에서의 정치적 합의를 도출해냈다. 즉 이와 같은 위기를 극복하는 데 있어 대연정이 최선의 대안이라는 공통된 현실 이해를 공유하게 되었다. 또한 독일통일 이

---

1) 이번 대연정에서는 외교, 국방, 노동을 비롯해 사민당이 8개 장관자리를 그리고 내무, 경제, 농업장관 등 기민기사당이 6개의 장관을 구성하게 되었는데, Heidi Wieczoreck-Zeul(개발), Franz Münterfering (부총리 겸노동), Frank-Walter Steinmeier(외무), Peer Steinbrueck(재정), Sigmar Gabriel(환경), Wolfgang Tiefensee(교통), Brigitte Zypries(법무), Ulla Schmidt(보건), Ursula von der Leyen(가족), Wolfgang Schaüble(내무), Annette Schavan(교육), Michael Gross(경제), Frnaz Josef Jung (국방) Horst Seehofer(농업) 등이다. http://www.bundesregierung.de(2005년 12월 6일 검색)

2) Johannes Frewel, “Bundeswahl 2005: die schwierige Regierungsbildung”, http://www.wz-newsline. de(2005년 12월 6일 검색)

후 계속적으로 제기되어 온 연방주의의 개혁문제, 통일독일의 내적 통합문제, 경제성장과 고용확대 및 사회복지문제, 그리고 통일독일의 대외적인 위상정립 등 산재해 있는 과제들의 해결에 있어서 대연정이 가장 적절한 대안으로 여겨졌다. 문제는 독일정치의 현안들을 풀어 가는 데 있어 어떻게 하면 국민의 광범위한 합의를 도출해낼 수 있느냐가 관건이었다. 따라서 대연정 협상과정의 여러 어려움에도 불구하고 대연정을 기반으로 독일이 직면하고 있는 국가적 차원의 문제를 해결하고 지금의 위기를 관리해 나가고자 하는 목표를 같이하였던 것이다. 이러한 논란의 와중에 동독 출신의 마티아스 플라첵(Matthias Platzeck)이 사민당 당수로 선출되어 이후 양당은 대연정 출범을 위한 정책 협상에 돌입해 4주 만에 최종 합의에 도달하게 된 것이다.[3]

이번 독일 총선은 몇 가지 측면에서 독일정치의 지형을 변화시킨 특징을 가지고 있다. 첫째, 지난 7년간 소위 "사회보장국가(Sozialstaat)의 틀을 유지하며 독일 사회경제 개혁"을 표방해 온 '적녹 연정'은 당초 예상대로 과반수의 지지율을 확보하지 못해 차기 정부 구성에 실패했다. 이는 1990년대 후반 정치적 재기에 성공한 독일의 제도권 좌파(사민당, 녹색당, 좌파연합)가 이번 선거에서 총 51%의 지지율을 얻었음에도 불구하고 끝내 연정에 실패함으로써 대연정을 가능하게 하였다는 점을 의미한다.

둘째, 대연정의 현실화로 기민 · 기사련과 사민당이 강력한 정치

---

3) 대연정의 협상 결과인 기민 · 기사련과 사민당의 대연정 합의문(Koalitionsvertrag)은 "Gemeinsam für Deutschland—Mit Mut und die Menschlichkeit", http://www.bundesregierung.de(2005년 12월 6일 검색) 참조.

적 연합을 형성하여 의회와 행정부를 장악하고 연방정책과 개혁정책을 수행하는 데 있어 결정적인 상원에서의 다수를 확보하게 되었다. 이에 따라 정부가 추진하는 개혁정책에 대한 상원의 지속적인 거부를 통한 발목잡기 문제가 해결됨으로써 정부의 정책 추진력이 배가될 수 있을 것이다. 따라서 사민당은 자력으로 정권을 창출하지는 못했지만, 반쪽의 성공으로 지난 2003년부터 강하게 추진하고 있는 사회경제시스템의 개혁을 위한 핵심적인 프로그램을 계속적으로 추진할 수 있게 되었다는 의미를 가진다.

셋째, 2005년 독일총선은 독일 정당의 양대 축을 형성하고 있는 기민·기사련과 사민당의 지지율(기민·기사련: 35.2%, 사민당: 34.3%)이 뚜렷하게 감소되어 과거 연정을 구성하는 과정에서 단 하나의 소수정당을 필요로 했던 양대 정당의 지배체제가 변화하였다는 점이다.4) 이와 같은 독일 정당체제의 구조적 변화는 사실 1998년과 2002년 선거에서도 나타난 현상이었다. 이번 선거 결과 기존의 적·녹 연정을 유지하는 데는 실패하였지만, 그렇다고 기민·기사련 역시 완전한 승리를 이룬 것은 아니다. 이번의 대연정은 유권자의 부유하는 표심의 결과라기보다는, 독일정치계가 산적한 문제를 해결할 수 있는 능력이 없다는 데 대한 유권자들의 엄중한 문책이자 해결책 제시라고 보인다. 또한 좌파연합의 득세에 따른 독일 정당시스템의 분화의 가속화로 인해서 전통적인 독일의 거대 양당의 지지율의 하락은 독일의 대중정당들의 독자적인 행보를 더욱 어렵게 한 결과인 것이다.5)

---

4) Ulrich von Alemann, "Die beiden Volksparteien verlieren ihre Dominanz",
   http://www.wz-newsline.de(2005년 12월 6일 검색)

　넷째, 이번 선거에서는 소수정당, 즉 자민당(FDP: Freie Demokratische Partei)과 녹색당(Grüne), 그리고 새롭게 이번 선거에 참여한 좌파연합(Linkspartei)이 각각 9.8%, 8.1% 그리고 8.7%의 득표율을 얻어 선전함으로써 좌파 진보성향인 사민당과 녹색당 그리고 우파 보수성향으로 대변되는 기민·기사련과 자민당으로 분류된 양진영 체제를 변화시켰다고 할 수 있다. 더 나아가 5당 체제를 고착화(2개의 대정당과 3개의 소정당체제)6)하는 결과를 낳게 하였다는 것이다.

　다섯째, 이번 2005년 총선을 계기로 중도좌파의 결집에 의한 차기 집권가능성이 점쳐질 수 있다는 것이다. 이번 선거결과로 인해 전통적인 양당체제의 주축이었던 기민·기사련과 사민당의 입지가 상대적으로 축소되고 다당제화되고 있다고 볼 수 있다. 이러한 독일 내 정당시스템하에서의 권력 배분양상은 이제 사회적 대연정으로 나아가는 새로운 가능성을 열어 놓은 셈인데, 역설적으로 이는 좌파정당들에게는 비판세력으로서 자신의 입지를 공고하게 할 수 있는 일종의 가장 이상적인 권력배분 양상으로 작용할 수 있다. 뿐만 아니라 사민당(SPD)에게는 잃어버린 유권자의 표심을 잡는 대안적인 모델을 강구해 낼 수도 있을 것이다.

　여섯째, 동독 출신의 여성이 최초로 총리에 선출됨으로써 전통적인 남성 중심의 독일정치에서 정치의 주변부에 위치해 온 여성들에게 있어 여성이 정치의 최고 권력을 장악함으로써, 이제 여성이 어떠한 지위에도 제 역할을 수행하게 될 것이라는 자신감을 낳게

---

5) Andreas Keissling, "Die ultimative Bewärungschance der Volksparteien", http://www.cap-imu.de/aktuell/positionen/2005/ultimative.php(2005년 12월 6일 검색)

6) 이경호, "독일 정치질서에서 대연정의 정치적 의미와 역할: '1966 대연정'과 '2005 대연정'을 중심으로", 한국정치학회 연례회의 발표논문(2005년 12월), p.28.

하였다. 많은 독일여성들에게 안겔라 메르켈은 자신의 캐리어를 생각하는 데 가장 좋은 본보기를 제공하게 될 것이며, 정치 분야에 있어서 여성의 지위는 현저하게 상승될 것으로 예견된다.[7] 더욱이 이번 선거에서는 슈뢰더와 메르켈이라는 인물 중심의 선거가 치러짐으로써 정치인에 대한 개인적 선호도가 당에 대한 지지로 연결되어 선거결과에 영향을 미쳤다. 독일 국민들의 대다수는 여성이 총리가 된다는 것에 거부반응을 보이지 않았고, 단지 지금의 독일의 문제를 해결하는 데 능력과 전문성을 가진 총리를 원하였다는 점에서 여성총리의 등장은 전통적인 남성 중심의 독일 사회에서 양성평등과 여성의 정치참여에 대한 인식의 지평을 확장하는 새로운 계기를 마련하였다는 점이다.

이상에서 살펴본 바와 같이 40년 만에 다시금 출범하는 독일의 대연정에 대해 독일정치권이 기대하는 바는 지대하다 할 것이다. 지난 1966년에 시도된 대연정과는 달리 2005년의 대연정은 현재 독일 사회가 겪고 있는 여러 대내외적 도전과제들의 문제성에 비춰 볼 때 더 많은 어려움에 봉착해 있어 대연정의 미래에 대해 쉽사리 낙관하기는 어렵다. 이러한 맥락에서 보자면 이번의 대연정은 이를 통해 통일 이후 지속되고 있는 구 동독과 서독 간의 사회적 대립을 해소하고 국가적 차원에서의 사회경제적 개혁을 성공적으로 추진하여 지금의 국가적 위기를 극복하여 새로운 독일을 만들어 가고자 하는 정치적 열망을 표현하고 있기도 하다. 여기에 동독 출신의 여성총리의 등장은 통일 독일의 내적 통합 문제뿐만 아니

---

7) "CDU: Mit Merkel and die Macht", http://www.wz-newline.de(2005년 12월 6일 검색)

라 21세기 여성의 새로운 리더십의 가능성이라는 측면에서도 무척 의미심장하다고 할 것이다. 이제껏 국제여론에 그리 많은 두각을 나타내지 않은 안겔라 메르켈의 정치역정에 대한 일별을 통해서 독일대연정의 미래와 여성 리더십의 새로운 가능성을 짚어 보는 일도 의미 있어 보인다.

Ⅲ. 안겔라 메르켈의 정치적 리더십

1. 성장배경: 대립적인 두 개의 세계와 양가적인 정체성

독일의 어떤 여성정치인도 안겔라 메르켈처럼 독일 내 여론의 관심을 많이 받은 경우는 없었다. 그녀에게는 최초의 보수적인 기민당의 여성당수, 최연소 여성총리라는 점에서뿐만 아니라 동독 출신의 '콜 수상의 총아'라는 꼬리표가 항시 붙어 다녔다. 독일 헌정 사상 최초의 여성 '오시(Ossi) 총리'에 취임한 안겔라 메르켈의 리더십을 논하는 데 있어 먼저 그녀가 동독 출신이라는 특이한 이력과 부모 특히 아버지와의 관계가 논의되어야 한다.8)

안겔라 메르켈은 1954년 7월 17일 함부르크의 바름벡(Hamburg-Barmbek)에서 호르스트 카스너(Horst Kasner)와 헤어린트 카스너(Herlind Kasner)의 장녀로 태어났다. 그녀의 아버지 호르스트 카스

---

8) Gerd Langguth, *Angela Merkel*(München: Deutscher Taschenbuchverlag, 2005); Eberlyn Roll, *Die Erste: Angela Merkels Weg zur Macht*(Berlin: Rewohlt · Berlin Verlag GmbH, 2005); Wolfgang Stock, *Angela Merkel: Eine politische Biographie*(München: Olzog, 2005).

너는 베를린 판코우(Pankow) 태생으로 하이델베르크와 함부르크에서 신학을 전공하였고, 메르켈이 출생한 직후 당시 동독 지역이던 브란덴부르크 지역에 목사로 부임하게 된다. 메르켈의 부친은 동독에서의 목회활동이 어떤 어려움을 가지고 있을 것인지에 대해서 잘 알고 있었음에도 사회주의하에서의 선교활동을 계속하기로 결심한다. 메르켈의 부친은 사회주의 이상에 어느 정도 호감을 지니고 있었다고 이야기되며, 사회주의 기독교 단체(Kirche im Sozialismus)에도 가입하였다. 메르켈의 부친은 동독 당국과의 대화를 통해서 목회활동을 계속할 수 있다는 입장을 고수하였으나, 동독의 정부정책에 대해서는 사안에 따라 비판적이었다고 여겨진다.[9]

안겔라 메르켈의 모친은 함부르크 태생으로 무척 낙천적인 여인이었으나, 동독에 이주해 오면서 본래의 교사 직업을 포기해야만 했다. 메르켈은 출생 8주 만에 부모를 따라 동독에 이주하게 되는데 베를린 북부의 템플린(Templin) 지역에 정주한 메르켈의 부모는 목사관에 정신병 환자들을 위한 요양소를 운영하게 된다. 5살이 되도록 제대로 걷지 못했다는 메르켈은 어려서부터 고향의 수려한 자연경관뿐만 아니라 요양 중인 환자들의 모습을 보면서 자랐다. 서독의 함부르크에서 외할머니와 이모가 자주 방문을 하였고, 식품과 의복 소포를 자주 보내 와서 메르켈 집안은 당시 다른 동독인들 가정에 비견할 수 없는 풍족함을 누렸다고 한다. "동독제 옷을 입어 본 적이 없다"[10]고 지금도 메르켈은 회상하고 있으며, 메르켈의

---

9) 자세한 내용은 "Angela Merkel: Biographie der Woche",
   http://www.fembio.org/frauen-biographie/ angela-merkel.shtml(2005년 11월 8일 검색) 참조.
10) *Ibid.*

부친은 방대한 장서를 지닌 서재를 가지고 있어서, 어린 메르켈은 당시 동독 사회에서는 금기시되었던 서적들도 읽을 수 있었다.

1961년 메르켈은 고향의 학교에 입학하게 되었는데 동독의 다른 목사 아들딸들과는 다르게 '소년단'에도 입단하였으며 후에 '사회주의 청년조직'(FDJ: Freie Deutsche Jugend)에도 가입한다. 고향의 고등학교에서 우수한 성적으로 아비투어를 치른 메르켈은 언어에 타고난 재능을 가지고 있었기에 교사나 통역사가 되기를 꿈꾸었으나 아버지의 직업 때문에 직업 선택에 제약이 있어서 라이프치히 대학에 진학해 물리학을 공부하게 된다(1973~1978년). 종교의 자유가 억압받는 동독에서 목사가족들은 직업 선택에서 제약을 받았기 때문이다.[11] 1978년부터 1990년까지 동베를린 물리화학 연구소에서 연구원으로 재직하였고, 1986년 박사학위를 취득하였다. 라이프치히 대학 재학시절 동급생이었던 울리히 메르켈(Ulrich Merkel)을 만나 1976년 동거에 들어가서 1977년 결혼하지만, 1982년 이혼한다. 또한 1984년부터는 당시 유부남이던 화학자 요하임 자우어(Joachim Sauer)와 관계를 맺기 시작하여 1998년 12월 결혼한다.

안겔라 메르켈은 어려서부터 서로 대립적인 두 세계 사이에서 자라났다고 할 수 있는데, 서독에서 태어나 동독으로 이주한 목사 집안이라는 가족적 배경은 안겔라 메르켈이 동독 출신임에도 불구하고 동독적인 기질과 사고를 별로 찾을 수 없다는 특징을 뒷받침해 준다.[12] 더욱이 내적 유대감이 공고한 가정환경은 성장기 메르

---

11) Gerd Langguth, *op.cit.*, pp.72~73.

12) FAZ와의 인터뷰 자료: "Ihr wisst nicht, wie viele sozialistische Elemente ihr habt", http://www.faz.net(2005년 11월 18일 검색) 참조.

켈의 정체성에 매우 많은 영향을 미친 것으로 보인다. 그녀의 성격이 매우 현실적이고 말보다는 실제적인 것을 중시하고 냉철하며 무엇인가 한 가지 일을 추진하는 과정에서 우직하다는 긍정적인 측면도 있다. 하지만 동독이라는 억압된 체제에서의 경험 때문인지 동료 정치인들과의 관계에서 솔직하게 자신의 생각을 터놓기를 주저했고 혹은 남에게 상처를 주기보다는 자신을 보호하려는 차원에서 자신의 생각과는 정반대로 표현하여 주위 동료들에게 신뢰를 받기 어려운 점도 있었다. 또한 목사의 딸이라는 배경 때문에 현실의 어려움에 직면했던 안겔라 메르켈과 이상주의를 실현시키고자 했던 메르켈의 아버지는 때로는 이념적으로 대립되기도 하였다.[13] 당시 동독의 억압적인 체험들은 동독 사회에 대한 비판과 메르켈에게 있어 시장경제와 미국을 선호하는 데 강한 영향을 끼쳤다고 본다. 정치사찰과 인권침해가 거듭되는 동독 현실에 혐오감을 느끼며 자라난 특이한 이력은 그녀가 정치적 신념을 정립하는 데 큰 영향을 미쳤다. 안겔라 메르켈은 여성이면서 여성들에게 호소력이 적은데, 그것은 자의식이 강한 여성들이 성장할 수 있는 토양이 마련되었던 동독 출신이라는 점에서 관련성을 찾아볼 수 있다.

2. 정치경력: 베를린 장벽 붕괴와 정치참여

안겔라 메르켈의 정치적 경력에는 그녀의 가능성을 발굴하고 아

---

13) 예를 들면 베를린 장벽이 무너진 후 메르켈의 아버지는 동독의 민주화를 통한 정치 안정 및 구성을 원하여 새로운 포럼(Neues Forum)에 가담하였지만, 평소 동독체제에 대한 불만을 가지고 있었던 메르켈은 서독주도의 통일과 시장경제체제를 지지하였다. Gerd Langguth, *op.cit.*, p.59.

낌없는 지원을 하였던 많은 인물들이 등장한다. 로타 드 메지에르(Lothar de Maiziére) 전 동독 총리는 1990년 무명의 메르켈을 정부 대변인으로 전격 발탁해 정계와 인연을 맺어 줬을 뿐만 아니라, 헬무트 콜(Helmut Kohl) 전 총리에게 메르켈을 소개해 줘 메르켈에게는 은인이나 다름이 없다. 통일 후 메르켈이 통일독일의 정치무대에서 급성장할 수 있도록 도운 것은 콜 전 총리였다. 그녀가 장관, 사무총장, 당대표가 되기까지는 헬무트 콜 총리의 전폭적인 지지가 없이는 불가능했을 것이다.

물리학 박사였던 안겔라 메르켈이 정치라는 전혀 새로운 분야로 입성한 것은 아마도 베를린 장벽 붕괴 전후의 사회적 분위기에 민감하였던 가족과 친지 등의 발 빠른 변화에 궤도를 같이한 것이 아닌가 싶다. 1989년 동독 사회에 변혁의 바람이 불어왔다. 메르켈의 집안도 매우 열성적으로 변혁운동에 동참한다. 메르켈의 부친은 '새로운 포럼'(Neues Forum)에, 모친은 사민당에, 남동생은 '연대 90'(Bündnis 90)에 참여한다. 이 시기 안겔라 메르켈은 비록 베를린 장벽의 붕괴와 독일의 통일을 누구보다 고대하고 시장경제에 대한 기대감을 저버리지 않았으나, 일련의 평화운동이나 환경운동단체의 활동에 많은 기대감을 보이지 않았다. 그녀는 풀뿌리 민주주의에 근거한 조직화에 강한 불신을 일관되게 표명하였다.[14]

1989년 11월 9일 베를린 장벽이 무너지고 나서야 메르켈은 자신의 정당을 찾기 시작했는데, 그 당시에는 동독의 기민당을 거부하였다. 이에 메르켈은 1989년 12월 동독 민주화 운동단체인 '민주주

---

14) FAZ와의 인터뷰 자료: "Ihr wisst nicht, wie viele sozialistische Elemente ihr habt", http:// www.faz.net(2005년 11월 18일 검색) 참조.

의 출범당'(DA: Partei des Demokratischen Aufbruchs)에 당적을 갖게 되면서15) 본격적인 정치활동을 시작하게 된다. 1990년 1월 중앙당의 사무직 직원으로 일하게 되는데, 그녀는 서독에서 건너온 수많은 당직자들 중에 유일한 동독 출신이었다고 한다. 중앙당에 출근한 지 2주일째에 메르켈은 당대변인이 되는 수완을 발휘한다. 1990년 2월 서독의 기민당의 압력에 의해서 동독 기민당, 민주주의 출범당 그리고 DSU(동독 CSU) 및 동독 내 보수당들은 소위 '독일 미래를 위한 연합'(Allianz für Deutschland)을 결성하게 되고, 3월의 선거전에서 메르켈은 민주주의 출범당 당수의 연설문 작성자가 된다. 그해 3월에 치러진 동독 내 첫 민주선거에서 '독일 미래를 위한 연합'은 압승을 하고 로타 드 메지에르가 수상이 된다.16) 메르켈은 드 메이지에르 정권에서 정부 대변인에 임명되고 1990년 8월 민주주의 출범당이 해산되자 동독 기민당 당원이 된다. 그리고 같은 해 12월 선거에서 기민당 소속 하원의원으로 선출된 메르켈은 통일된 독일의 정치적 현실에서 동독 출신의 신성정치인으로서의 가능성을 인정받아 내적 통합문제에 고심하던 당시의 헬무트 콜 총리에게 전격 발탁된다. 동독 출신에다 여성인 메르켈은 당시 부드러운 이미지의 대변인을 찾고 있는 콜 전 총리에게는 적임자가 아닐 수 없었다.

헬무트 콜 내각에서 메르켈은 1991년 1월 연방여성청소년부 장관을 지냈고, 1994년에는 클라우스 툅퍼(Klaus Töpfer)의 후임으로

환경부 장관으로 선출되었다. 연방여성청소년부 장관으로서 메르켈은 그리 큰 성과를 거두지는 못하였다. 이와는 대조적으로 환경장관으로서 메르켈은 재직기간 중 과학자 출신이라는 경력과 전문지식을 기반으로 '교토의정서' 합의에 큰 기여를 하였고, 탁월한 업무 수행 능력을 보여 줬다.

1998년 기민당·기사당 연합이 총선에서 패배한 후 안겔라 메르켈은 당 최초의 여성 사무총장으로 지명되었는데, 이는 17년 동안 지켜 온 정권을 사민당에 내주고 난 후 극도의 박탈감에 쌓여 있어 당의 쇄신을 요구하는 움직임이 구체화되었기 때문이다. 당시 메르켈에게 콜 전 총리와의 특별한 관계는 메르켈이 동독 출신이라는 한계를 극복하고 당 지도부의 핵심 자리에 오르게 하는 기반이 되었지만, 콜의 정치적 양녀로서 그녀를 온실 속의 화초로 보는 당내의 분위기가 지배적이었다. 이런 상황 속에서 정치적 지지기반을 형성하는 것은 너무나 어려운 일이었다. 그러나 남성이 지배하는 독일의 정치현실에서 최초의 여성 사무총장은 메르켈에게 새로운 기회를 제공하였고, 콜의 그늘에서 벗어나 독자적인 지지기반을 형성할 수 있는 토대를 마련할 수 있게 하였다.

메르켈의 정치경력에서 1998년은 매우 중요한 해였다. 기민당이 비자금 스캔들에 휘말리자 정치생명을 건 승부수를 던진 것이었다. 자신을 친딸 이상으로 아껴 준 콜 총리의 정계은퇴를 가장 먼저 요구하고 나선 것이다.[17] 이 사건을 계기로 그녀는 당의 실력자로 급부상할 수 있었던 것이다. 당시 그녀가 인정에 얽매여 콜 총리를

---

17) *Ibid.*, pp.200~203.

두둔했거나 이미지 관리에 연연해 '야당의 마스코트'로 자족했다면, 오늘의 메르켈은 없었을 것이다.

독일은 단일체적 국가가 아니라 연방정부와 주정부 간의 수직적 권력분립에 근거한 연방체제와 의원내각제를 기본 구조로 하고 있다. 독일은 권력이 다원적으로 분산되어 있는 특징을 가지고 있다. 권력분립, 연방제, 국정운영원칙, 연립정권 등 권력이 미국이나 영국에 비해 수평적으로나 수직적으로 더 많이 분권화되어 있는데, 분산된 군력구조로 인해 독일의 국정운영과정에서 견제와 균형을 유지하고, 모든 결정은 합의에 의해 이루어진다는 특징을 가지고 있다. 연방총리는 제1당의 리더이자 연립정당의 대표로서 독일 권력구조 속에서 가장 많은 권력을 갖고 있는데,[18] 일반적으로 다수당의 당수 혹은 연립정당의 대표가 총리후보로 출마하는 경우가 대부분이다.

이러한 독일의 정치 환경에서 메르켈이 잠재 총리후보에 해당하는 대표직에 오른 것은 2000년 4월이었다.[19] 당초 메르켈은 콜 총리의 불법비자금 사건으로 만신창이가 된 기민당을 정비할 시한부 대표로 선출되었다. 차기 총리를 꿈꾸던 기민당 내 잠재적 후보들에게 당내 지지기반이 없던 메르켈은 '임시대표'로 기용할 만한 적설한 카드였던 것이다. 당시 당내에는 메르켈이 동독 출신에 정치

---

18) 독일에서 대통령을 포함하여 연방총리보다 더 많은 권력을 가진 정치인은 없다. 그러나 상대적 권력에 있어 독일의 총리는 영국의 총리나 미국의 대통령과는 다른 지위를 가지고 있다. 독일 연방총리는 영국의 총리처럼 장관 가운데 제1인자가 아니라 장관들에 비해 우월한 지위를 가지고 있으나, 분산된 권력구조, 장관의 특권적 지위, 연립정권 등은 국정운영에 있어 연방총리의 역할과 권한은 제한되어 있다고 할 수 있다. Ali Franzmand(ed.), *Modern Systems of Government: Exploring the Role of Bureaucrats and Politicians*(London: Sage Publications Inc., 1997).

19) 자세한 내용은 http://de.wikipedia.org/wiki/AngelaMerkel(2005년 11월 18일 검색) 참조.

적 경험이 적을 뿐만 아니라, 뚜렷한 비전을 가지고 있지 못하다는 이유로 '이미지 개선을 위한 대타용' 정도로 생각했으며, 남성 중심의 기존 정치판도에서 보수정당의 여성당수라는 직함은 메르켈에게는 버거운 임무로 여겨졌다. 더구나 정치적 기반이 미비한 메르켈이 당시 기민당을 소생하기 위한 리더십을 발휘할 수 있는 역량이 절대적으로 부족할 것이라고 판단되었다. 여성 리더로서 성공하더라도 여성의 성역할로 기대되고 있는 부분에 상동하지 않은 리더십을 발휘하였을 경우, 남성보다 부정적인 평가를 받기도 한다. 또한 여성과 남성이 업무를 성공적으로 완수하였다고 하더라도 남성은 능력이 뛰어났기 때문이지만, 여성은 운이 좋았거나 정책적 배려라고 보는 시각이 지배적인데, 메르켈에게도 예외는 아니었다고 본다. 그러나 이와 같은 예상을 깨고 메르켈은 당 대표로서 자신의 입지를 뿌리내리기 시작하였고, 후에 콜 수상과의 정치적 화해를 적극적으로 시도하여 당내 콜의 정치적 기반을 자신의 기반으로 만드는 데 성공하였다.

메르켈의 리더십은 당을 장악하는 과정에서도 잘 나타났다. 콜 전 수상의 후광과 동독 출신이며 여성이라는 특이한 이력을 통해 기민당의 당수가 된 메르켈은 2000년 9월 원내총무직까지 겸임하면서 권력에 대한 집념을 드러내기 시작하였고, 남자 이상의 수완을 발휘하며 당을 이끌어 나갔다. "기민당의 독일은 신성하고 신뢰받는 나라가 되어야 한다"고 말해 온 안겔라 메르켈은 그녀가 가진 냉철한 판단력과 치밀한 준비성, 불굴의 투지로 자신의 소신을 끝까지 밀어붙여 당원의 성원과 신뢰를 획득하였고, 이를 기반으로 당내 자기 세력을 확고히 하는 일에 주력할 수 있었다.

  2002년 총선을 앞두고 기민당의 당수임에도 불구하고 자매정당인 기사당의 슈토이버 당수에게 총리후보 자리를 넘겨줘야 하는 수모를 참아내면서 메르켈은 총리후보를 양보하는 대가로 당원을 더욱 확고하게 장악하였고, 2002년 당대표로 재선출되었다. 그런데 당시 사무총장 등 당내 일부 중진들이 반기를 들기도 하였다.[20] 겉으로는 메르켈과의 정책노선 차이와 지지율 저조를 원인으로 내세웠지만, 차지 당권과 총리후보 지명을 둘러싼 내부의 암투가 치열하였기 때문이다.[21]

  당내 우려를 불식시키고 2004년 다시 당수로 선출되어 당권을 장악한 메르켈은 2005년 5월 전통적인 사민당의 표밭인 노르트라인 - 베스트팔렌 주선거에서 승리를 이끌어 냄으로써 슈뢰더 정부에 결정적인 타격을 주었다. 이 선거의 결과 실시된 조기 총선과 대연정, 메르켈의 집권에 이르는 정치적 여정이 쉽지만은 않았던 것도 사실이다. 그러나 안겔라 메르켈은 더 이상 동서독 정치통합과정에서 상징적인 인물이 아닌 그 변화의 중심에서 독일을 주도하는 인물이 되었다. 비록 고지식하고 유연하지 못하면서 슈뢰더 전임 총리에 비하여 유약한 카리스마를 가지고 있다는 평가에도 불구하고, 최초의 과학자 출신 총리답게 정확하고 성실한 것이 그녀의 정치 스타일이다. 투박하지만 간결한 어투로 복잡한 정치현안을 쉽게 설명하는 능력을 보유하고 있고, 뚝심 있게 밀고 나가는

---

20) 중도 보수노선을 표방하는 기민당의 주류는 카톨릭을 기반으로 한 서남부 지방의 정치인들이다. 특히 기민당 청년단 출신의 엘리트 정치인인 크리스티안 불프 네더작센 주지사, 로란트 코흐 헤센주지사 등은 언제나 메르켈의 잠재적인 라이벌로 비춰졌다. 기민당 원내총무를 역임했던 프리드리히 메르츠는 사사건건 메르켈을 물고 늘어졌고, 기사당의 당수인 에드문트 슈토이버 역시 메르켈에게는 버거운 상대였다.

21) Gerd Langguth, *op.cit.*, pp.225~231.

추진력도 갖췄다는 지적이다. 어려운 결정을 내릴 수 있는 냉정한 분석력과 판단력의 소유자[22]인 그녀가 자신의 환경적 요소에 의해 형성된 원칙을 고수하고 지켜 온 특유의 우직함으로 자신에게 주어진 과제를 준비하고 성실하게 해결하는 과정은 그녀의 정치적 경력에서 잘 나타나 있다고 볼 수 있다.

3. 정치적 기반: 지역주의와 성차별을 넘어선 실용주의

독일 역사상 두 번째 대연정의 합의에 따라 새 독일 총리로 선출될 안겔라 메르켈은 독일 최초의 여성총리이자 첫 동독 출신 총리, 제2차 세계대전 이후 최연소 총리라는 기록을 세우며 독일정치사의 새로운 장을 열었다. 그녀는 동독 출신에 여성이라는 핸디캡을 극복하고 옛 서독 지역에 뿌리를 둔 남성 중심의 보수정당에 정치 입문한 지 15년 만에 정상의 자리에 오르게 된 것이다.

안겔라 메르켈의 정치적 배경으로는 무엇보다도 헬무트 콜 전 수상과의 관계가 이야기된다. 16년간 집권한 콜의 정치적 후계자로서 지명되었지만, 안겔라 메르켈은 콜의 정치적 유산에 안주하지 않고 기민당 내의 포스트 콜 시대의 새로운 정치적 비전에 부합하는 정치 행보를 통해서 나름의 정치적 입지를 구축하였다. 뿐만 아니라 이번 선거의 결과에서 보여 주듯이 슈뢰더 사민당 정권의 '실정'에 기반을 둔 어부지리성의 승리를 이룬 것으로 평가되기도 한다.

동독에서도 서독에서도 뚜렷하고 확고한 지지층은 없으나 그간

---

22) *Ibid.*, p.271.

의 정치 역정이 보여 주듯이 현실정치의 난제들에 무척 발 빠른 적
응과 학습능력으로 대처해 나가리라 예견된다. 독일정치계의 최상
층에 오른 몇 안 되는 동독 출신 정치인임에도 불구하고 정치인 메
르켈의 그간의 행보를 보면, 지금까지 통일 후 동독이 직면한 문제
를 해결하는 데 별다른 기여를 하지 않았으며 이로 인해 구 동독과
는 그다지 관계가 없는 정치인으로 구 동독 지역인들에게 여겨지
고 있다. 다시 말해 동독 출신이면서도 어찌 보면 15년 동안 독일
정치의 심장부에서 중요 역할을 두루 거치면서 동독 출신의 후보
라기보다는 전 독일을 대표하고 동독지역까지 통합할 수 있는 지
도력을 겸비한 정치인으로 부각되어 왔다는 점은 동독 출신이라는
핸디캡을 극복하고 정치를 향한 자신의 목표를 꾸준히 추진해 온
메르켈의 강점이라고 할 수 있다.

또한 여성이 아닌 정치인으로서의 메르켈은 전통적 여성상을 선
호하는 보수당 기민당의 여성상에 어울리는 여성은 아니다. 그녀는
오히려 남성들 세계 속에서 작용하는 법칙에 따라 보수적 남성들
사이에서 성공할 수 있었다. 메르켈은 여성으로서 정치하는 것이
아니며, 여성의 권리를 위해 활동한 적도 없다는 비판에도 불구하
고 메르켈의 이런 특성은 그녀가 남녀평등이 중시되고, 자의식 강
한 여성들이 성장할 수 있는 토양이 마련됐던 옛 동독 출신이라는
점과 연관이 있다고 보인다.

동독인과 여성을 정치적으로 배려하거나 고려한 적이 거의 없고,
뚜렷한 여성정책을 내놓은 적도 없다는 점은 메르켈의 정치적 리
더십의 특성이라고 할 수 있다. 여성청소년장관직을 수행하게 되어
서야 메르켈은 비로소 여성정책의 필요성을 실감하게 되었다고 할

정도로 남성 일변도의 자연과학 분야에서 성장한 메르켈에게는 여성정책은 낯선 것이었다고 보인다. 이제껏 여러 분야에서 상존하는 차별과 장벽을 뛰어넘어 주도적인 여성 리더로 성장한 여성 리더들의 경우 현 사회가 지닌 남녀 기회 균등과 여성의 잠재력에 대한 사회적 차원의 지원의 실례라기보다는, 남성성이 지배적인 사회 내에서의 성공한 적응의 가능성 모델들로 비춰지기 십상이다. 그동안 많은 여성 리더들은 남성적 리더십모델과 남성의 가치 및 행동양식을 따랐고, 기존의 전통적인 남성적 리더십에 대한 문제제기와 이를 극복하려는 노력보다는 이에 적응하려는 움직임이 더 강하였다고 할 수 있다. 이러한 맥락에서 보자면 메르켈도 독일 남성 중심의 정치의 한복판에서 살아남은 여성정치인으로 그들의 룰과 규칙을 존중하였고, 이에 빨리 적응하였으며, 현실적인 어려움을 극복하면서 자신의 리더십을 확고히 할 수 있었다.

메르켈은 여성과 관련하여 일과 가정의 조화라는 원론적인 이야기만 할 뿐 여성의 직업 활동이나 이를 지원하기 위한 여성복지정책이나 구체적인 프로그램에 대한 정책적 차원에서의 고려가 매우 부족하다는 점에서 여성총리이지만, 여성을 대변하는 총리라고 보기 어려운 부분이라고 할 수 있다. 이는 동독 출신이면서도 동독 출신이라기보다는 전 독일을 대표하는 총리가 되고자 했고, 여성이면서도 여성의 표에 기대지 않고도 총리가 되었다는 점에서는 일정 정도 의미를 가진다고 여겨진다.

4. 정치적 성향 – 보수적 '현실정치인'

독일 보수정당의 당수로서 비록 대연정하이지만 독일정부의 수장으로 선출된 안겔라 메르켈의 정치적 성향은 차후 독일 국내의 정치 발전에 지대한 영향을 끼칠 것으로 여겨진다. 메르켈의 정치 성향을 설명하는 데 보수적이라는 평가와 더불어 실용주의적이라는 평가가 항시 따라 다닌다. 메르켈의 정치성향을 가늠하는 데는 이전의 정치적 경력에서 보이는 몇 가지 실례들을 언급하는 것이 매우 유효하다고 본다.

여성청소년부 장관으로 재임하던 1992년 안겔라 메르켈은 낙태와 관련된 독일 기본법 제218조의 개정 논의에서 자신의 보수적인 의견을 끝까지 고집한다.[23] 비록 낙태법안의 개정안을 상정하기는 하였지만, 표결에서 본인은 기권한다. 또한 환경 장관 재직 시 메르켈은 무엇보다 베를린 기후협약(Berlin Proktokoll)의 체결을 통해 교토의정서 비준을 가능하게 하였다. 뿐만 아니라 핵폐기물 수송과 여러 환경문제 현안들의 처리에 있어서 메르켈은 예의 추진력뿐만 아니라 단호함을 보여 준다. 환경 장관으로서 메르켈은 온실가스 규정에 대한 국제협약에 공을 들인 반면 내부적으로 여론의 반대에도 불구하고 강력한 원자력 정책을 추진히고,[24] 자연보호 정책 분야에서는 별로 기여한 바 없다는 평가가 지배적이다. 또한 환경 장관으로 재직하면서 환경세(Ökosteuer)의 도입을 주장하였지만, 사민당 정권이 이 환경세를 막상 도입하게 되자 갑자기 강력하게

---

23) *Ibid.*, pp.170~172.
24) *Ibid.*, pp.184~188.

반대의사를 표명하여 많은 이들에게 당혹감을 선사하였다.

이렇듯 실용적인 메르켈의 정치적 현실감이 가장 두드러지게 나타난 점은 무엇보다도 기민당의 사무총장으로 재직 시 폭로된 콜 정권의 정당기부금 스캔들에 대한 그녀의 단호한 입장표명이다. 독일 검찰은 1999년 11월 4일 기민당의 전 재정책임자(Walter Leisler Kiep)에게 세금 포탈혐의로 구속영장을 집행하였는데, 이 사건은 과거 콜 정권의 정치자금 모집에서의 부도덕성을 여실히 보여 주는 사건으로서 기민당에게는 최대 위기의 순간이었다. 그럼에도 대다수 기민당 지도부는 과거 콜 정권하에서 이뤄진 부정부패와의 연결의 고리를 끊지 못하고 은폐만을 일삼고 있었는데, 1999년 12월 22일 메르켈은 당시 기민당지도부 그 누구와도 상의 없이 프랑크푸르터 알게마이네 차이퉁(Frankfurter Allgemeine Zeitung)에 기고문을 통해서 기민당과 자신의 대부이기도 한 콜과의 단호한 단절을 호소하였다. 결과적으로 이러한 메르켈의 단호한 결단력과 타고난 정치적 감각은 이후 메르켈에게 기민당의 당수의 길을 열어 주었으며 독일 최초의 여성총리로서 정치적 성장을 가능하게 한 원동력이었다고 할 수 있다.

사회주의국가인 동독에서 목사의 딸로 자란 안겔라 메르켈은 기본적으로 공산주의와 독재, 자유의 제한에 대해 비판적이며, 메르켈 자신이 동독 출신이기 때문에 자유의 소중함을 누구보다 잘 안다고 말해 왔다. 동독 출신이라는 이력을 가진 메르켈은 공산주의와 사회주의에 반대하는 성향을 가지고 있다고 할 수 있다. 메르켈은 시장경제체제의 신봉자로 메르켈에게 사회주의적인 것은 곧 비효율적인 것을 의미한다.[25] 동독 시절 물리학 연구소에서 일하며 동독체제의 한계를 경험한 메르켈은 연방 여성청소년부 장관으로 재임하던 당시 기존의 정책 가운데 사회주의적 요소가 아주 많다고 지적했다는 일례를 통해서도 드러나듯이 어느 면에서 보면 기민당보다 더 보수적인 정치적 성향을 가지고 있다고 보인다. 메르켈이 기민당 대표로 당을 이끌면서 기민당의 정책이 한층 더 시장경제체제화했다는 평가를 받고 있으며, 이번 총선에서도 친기업적인 경제정책을 공약으로 내세우기도 하였다.

Ⅳ. 독일 대연정의 미래와 안겔라 메르켈의 리더십 향후 전망

독일의 정치구조상 연방총리는 국정 최고 책임자이자 연립정당의 리더로서 독일 내에서 가장 많은 권력을 갖고 있다. 다시 말해 연방정부 업무의 추진력과 효율성 및 통일성을 담보하기 위해 연방총리에게 상대적으로 강력한 권한이 집중되어 있는 독일정치시스템에서 보자면, 총리의 정치스타일, 카리스마, 성향, 정치철학 등은 정치 운영에 매우 중요한 역할을 한다.26) 그러나 독일의 분사된

---

25) FAZ와의 인터뷰 자료: "Ihr wisst nicht, wie viele sozialistische Elemente ihr habt", http:// www.taz.net(2005년 11월 18일 검색)

26) 연방총리에게 강력한 권한과 리더십 책임이 주어지기 때문에 이를 총리민주주의(Kanzlerdemokratie)라고 지칭하기도 하는데, 연방정부의 업무는 이와 같은 총리원칙(Kanzlerprinzip)과 더불어 관할원칙(Ressortprinzip), 합의원칙(Kollegialprinzip)에 의해 수행된다. Wolfgang Rudzio, *Das politische System der Bundesrepublik Deutschland*(Opladen: Leske+Budrich, 1996); Wolfgang Ismayr, *Das politische Systeme Westeuropas*(Opladen: Leske & Budrich, 1999)

권력구조에서 총리가 국정을 자신의 판단과 비전에 따라 이끌어 가기 쉽지 않은 것도 사실이다. 즉 연방의 행정조직과 주정부의 자율성이 법적·제도적으로 보장되어 있어 이들의 자발적 협조를 유도하거나 이들과의 합의를 얻어 내지 못하면 총리가 설정한 국가정책을 관철하기 어렵다. 한편 전후 독일 내 정치세력의 분화현상은 현실적으로 항시 어떠한 형태이든지 간에 다당제적인 연립정권을 구성하지 않을 수 없는데, 이러한 분권화된 권력구조하에서 총리의 당내 입지, 연정의 구도, 연방하원에서 과반수 유지 등은 정책적 지속력을 유지하면서 분권된 권력을 상호 조정해야 하는 연방총리의 리더십에 많은 영향을 주는 변수이다.

대연정의 합의로 새로운 독일정치를 이끌어 나갈 안겔라 메르켈은 연정의 통합성을 유지하면서 '독일병'을 치유해야 하는 과제를 안고 있다. 그리고 여성총리 메르켈이 얼마나 효율적으로 이를 수행할 수 있을지에 귀추가 주목된다. 독일은 시장경제에 사회국가적 요소를 가미한 사회적 시장경제체제를 통해 성장과 분배가 조화를 이루며 유럽형 복지국가의 모델로 제시되어 왔다. 그러나 독일통일 이후 15년이 지난 지금 복지와 사회정의에 역점을 둔 시스템은 높은 실업과 재정적자의 악화에 직면하여 개혁을 요구하고 있다.

따라서 독일 최초로 여성 총리에 오르게 된 안겔라 메르켈은 연정 참여 정당 간의 다른 이해관계를 조절하면서 정책의 일관성을 유지해야 하는 어려운 과제에 직면할 것으로 보인다. 더구나 기민·기사당연합과 사민당의 대연정에서 메르켈이 리더십을 발휘하기 위해 의존할 수 있는 가장 주요한 제도적 수단은 총리실과 자신이 속한 정당인데, 총리의 리더십이 소속 정당에서의 정치기반과 당내에서의 위치에 크게 의존된다는 점에서 메르켈은 이중의 부담을 가지고 있다고 본다. 일단은 대연정을 위한 정당 간의 지루한 이해의 절충과 끈질긴 권력 배분의 협상과정을 마쳤기 때문에 연정 내부에서 발생할 갈등과 분열을 해결하는 데 주력을 할 것이라고 본다.

뿐만 아니라 안겔라 메르켈 총리가 앞으로 풀어 가야 할 숙제 중 가장 시급한 것이 경제정책이라고 할 수 있는데, 이를 반영하듯 이번 대연정 합의문에 보면 침체에 빠진 독일경제를 살리기 위한 회생을 가장 중요한 부분으로 보고 있고, 게르하르트 슈뢰더 총리가 그동안 진행해 온 사회경제 개혁의 강도를 한층 높여 체질 개선을 하겠다는 의지가 매우 강하게 포함되어 있다.27) 따라서 메르켈이 이끄는 대연정 정부가 사회복지 축소를 최소화하면서 자유주의적인 경쟁력을 확충해야 하는 모순적 정책 사이에서 독일이 안고 있는 재정적자문제를 최소화하고 실업을 줄일 수 있는 경제정책을 잘 해 나갈 것인가가 관건이라고 할 수 있다.

한편, 안겔라 메르켈의 등장은 독일의 국내정치 상황의 변화를 넘어서 독일의 대외정책뿐만 아니라 유럽 전체의 면모에 상당한 변화를 가져올 것이라고 예견된다. 그럼에도 우선 새로이 구성된 독일정부의 외교정책의 기조는 유지될 것이라고 관측된다. 새 정부

---

27) 먼저 노동시장의 유연화, 해고보호규정완화 등 기업의 부담을 덜어 주는 여러 가지 조치가 마련됐는데, 해고 보호 규성이 완화돼 앞으로 기업주는 채용 뒤 2년 안에는 별 부담 없이 해고할 수 있게 되었고, 회사가 임금 외 종업원에게 지급하는 연금보조 등 각종 비용의 임금에 대한 비중도 40% 이하(현재 41%)로 낮추기로 했다. 또한 기업이 부담하는 실업보험요율은 6.5%에서 4.5%로 인하되어 이에 따라 노동시장은 상당히 유연해질 전망이다. 반면 내년에 연금 인상이 동결되는 등 사회보장은 일부 축소되고, 고령화 사회에 대비하기 위해 연금 지급 개시 연령은 2035년까지 현행 65세에서 67세로 높여 조정됨으로써 국민이 부담하는 세금은 늘어나게 되었다. 이 외에도 재정적자를 줄이기 위한 방안으로 2007년부터 부가가치세율을 현행 16%에서 19%로 올리기로 했고, 사민당이 총선에서 공약한 부유세 도입도 채택돼 고소득층의 소득세율이 43%에서 45%로 상향 조정되고, 또한 20%의 자본소득세도 신설된다. 자세한 내용은 대연정 합의문(Koalitionsvertrag): "Gemeinsam für Deutschland-Mit Mut und die Menschlichkeit", http://www.bundesregierung.de(2005년 12월 6일 검색) 참조.

의 외무장관에 슈뢰더 총리의 비서실장을 역임한 프랑크 - 발터 슈타인마이어(Frank-Walter Steinmeier)[28]가 임명되어 독일외교의 기본정책에 있어서 획기적인 변화는 없을 것이라는 것이다. 안겔라 메르켈은 하원에서의 총리직 선출 이후 서둘러 전통적인 유럽연합의 핵심 국가인 프랑스와 영국을 방문하여 기존의 대유럽연합 정책기조를 유지하겠다고 공언하여 당분간 독일의 외교정책의 기본 방향은 변화가 없을 것이라는 견해를 뒷받침하고 있다.

그럼에도 불구하고 메르켈의 외교정책은 일정 정도 슈뢰더 정부와 차별성을 띨 것으로 여겨진다. 그 실례로 대연정 합의문에는 유럽통합의 심화를 위한 방위공동체에 대한 강조가 드러나며, 유엔안전보장이사회에서의 유럽연합의 상임이사국 참여를 주장하고 있다. 뿐만 아니라 대연정 합의문에서는 독일이 미국과 유럽의 가교 역할을 다시금 떠맡아야 한다고 강조하고 있다. 메르켈은 슈뢰더 정부가 미국과 이라크 전쟁을 둘러싸고 첨예한 갈등을 겪으면서 외교적 위기를 자초했다고 슈뢰더 정부의 반미적 행보를 예리하게 비판해 왔다.[29] 슈뢰더 총리가 전통적인 미국과의 관계를 프랑스와 러시아와의 밀접한 협력으로 위태롭게까지 하였던 반면에 메르켈은 파리와의 밀접한 관계를 발전시켜 나갈 뿐만 아니라 미국과의 관계에 있어서 새로운 돌파구를 모색할 것으로 기대된다. 따라서 2006년 초 공식적인 미국 방문을 준비하는 메르켈의 행보는 미국

---

28) 슈타인마이어는 독일의 이라크 전쟁 반대 정책을 입안하고 미국에 맞서 유럽연합(EU)의 외교적 독자성을 유지하는 데 상당 부분 기여한 것으로 평가받고 있고, 유럽연합 내에서 독일 - 프랑스 간 협력 관계를 강조함으로써 슈뢰더 정부의 정책 기조를 이어 갈 것임을 시사하고 있다.

29) 자세한 내용은 안겔라 메르켈의 워싱턴포스트지 기고문. "Schröder doesn't speak for all Germans", http://www.washingtonpost.com/ac2/wp-dyn/A32835-2004Feb(2005년 11월 18일 검색) 참조.

주도 이라크 전쟁에 대한 독일의 반대로 껄끄러워진 양국 관계에 새로운 우호적인 분위기를 마련하는 전기가 될 것이라 여겨진다.[30] 또한 메르켈 총리는 국제무대에서 자신의 입지를 굳힐 수 있는 기회로 미국 방문을 적극 활용할 것이라고 여겨진다.

이와 함께 안겔라 메르켈의 외교적 행보는 기존의 유럽연합국 회원국들과 새로이 가입한 중·동유럽국가들 간의 이견을 좁히고 합의를 도출시키는 데 최선의 노력을 다할 것이라고 본다. 그럼에도 본인의 견해에 따르면 메르켈의 유럽연합정책은 슈뢰더 정부에 비해서 보다 조화로운 해결책을 취하고자 시도할 것이라는 점이다. 메르켈은 유럽정책을 슈뢰더 정부 이전의 콜 정부의 기조를 승계 발전시키는 형국을 취할 것이라고 사료된다. 메르켈은 유럽연합의 내적 통합을 둘러싼 모든 문제점들을 다시금 재검토하여 어떠한 형태로든지 유럽연합의 통합을 심화시키는 데 경주할 것이라고 여겨진다.

유럽헌법 부결 이후 유럽통합이 주춤하고 있는 상황이지만, 2007년 1월 독일이 의장국이 되면 이 기간 동안 유럽헌법이 가결될 수 있도록 노력할 것이라고 안겔라 메르켈이 공언하고 있기 때문에, 이와 같은 그녀의 입장이 독일의 유럽정책, 외교정책에 어떤 영향을 미칠지 모두의 관심을 자아내고 있다.

---

30) 합의문에 외교 분야에서는 유럽 통합과 대서양 동맹을 '독일 외교의 두 축'이라고 규정해 소원했던 대미 관계를 개선하겠다는 의지를 확실히 했고 이점은 그동안 슈뢰더 총리가 러시아나 프랑스와 지나치게 가깝게 지내 오던 것을 비판하던 메르켈 총리 지명자의 주장이 받아들여졌다고 분석할 수 있다.

Ⅴ. 결론

독일정치사에서 보자면 집권총리의 첫 번째 정부성명에는 그 정권의 정책기조가 잘 드러나 있다. 가령 1949년 아데나워의 정부성명에는 무엇보다도 이제 막 걸음마를 시작한 독일연방공화국의 정치적·경제적·문화적 측면에서의 서방세계로의 편입을 강조하고 있으며, 빌리 브란트의 경우에는 동·서독 간의 새로운 관계설정과 더불어 '보다 많은 민주주의'를 요청하고 있다. '정신적이고 도덕적인 전환'을 요청한 바 있던 콜 정부의 정책기조는 유럽연합의 통합정책에의 능동적인 참여로 현실화된 바 있으며, 지난 슈뢰더 정부는 무엇보다도 외교정책 분야와 'Agenda 2010'으로 대변되는 개혁정책에서 잘 드러난 바 있는 '기회의 정의'(정의로운 기회 균등)를 주창한 바 있다.

안겔라 메르켈의 경우에 있어서는 사회적 연대감과 정의에 기반을 둔 사회적 시장경제의 활성화를 염두에 둔 자유의 개념을 중심 화두로 삼고 있다. 메르켈의 정책기조는 무엇보다도 '자유 - 연대 - 낙관주의'[31]에 기반을 두고 있어 보인다. 이러한 일반적인 정책적 원칙하에 메르켈 정부는 매우 실제적이고 실용적인 일련의 정책들을 시행하게 될 것으로 관측된다.

지난 1966년에 이뤄진 첫 번째 대연정과 이번의 대연정 사이에는 많은 유사점이 이야기된다. 우선 경제적 위기상황을 타개해야만

---

31) "Regierungserklaerung: Lass und Mehr Freiheit wagen!"
http://www.bundesregireung.de(2005년 12월 6일 검색)

할 뿐만 아니라, 유럽의 내적 통합과 대서양 양안 문제 사이의 갈등을 봉합하고 동시에 모두에게 수긍이 가는 새로운 비전을 제시해야만 할 것이다. 그럼에도 불구하고 독일의 새로운 대연정은 1966년의 대연정에 비해 수많은 난관에 봉착해 있다는 점 역시 명백하다.

이번의 대연정은 기존의 독일 내 정당시스템의 변화를 반영하고 있으며, 대연정에 참여한 두 대중정당뿐만 아니라 좌우의 소수 정당들에게도 향후 정치 발전에서 새로운 가능성을 도출해 낼 수 있다는 점에서 매우 중요하다 할 수 있다. 국내외의 정치 · 사회적 상황 변화에 의해서 요구된 독일의 2005년 대연정이 조기에 좌절해 버린다면 독일정치에서 기존의 정당시스템이 근본적으로 위기에 처할 가능성이 농후하기에 참여한 두 대중정당뿐만 아니라 기존의 제도권의 모든 정당은 이번 대연정의 성공적인 출범을 내심 기원할 수밖에 없는 아이러니를 보여 준다.

독일정치의 미래와 관련하여 보자면 동독 출신의 여성인 안겔라 메르켈이 독일의 총리가 됨으로써 남성 중심의 독일정치에 새로운 발상의 전환을 꾀할 수 있는 단초를 제공하였다고 보인다. 물론 그녀의 리더십을 여성적 리더십의 특징과 연결하는 부분에서 아직은 많은 어려운 부분이 있다.32) 그러나 여성이 정치적 리더로서 성공한 경우를 살펴보면, 리더로서 여성은 남성 리더와는 다른 리더십을 발휘한다는 점을 알 수 있다. 즉 여성 리더들은 복잡한 문제를 이해하고 해결하기 위하여 여러 사람의 의견을 수렴하고, 인간적인

---

32) "Ich bin nicht ängstlich", *Der Spiegel*, Okt. 2005, pp.42~46.

신뢰 구축을 중시하며, 구성원의 가치를 인정하고 정보와 권력을 공유하고자 한다. 뿐만 아니라 여성 리더는 원칙을 중심으로 자신의 이미지와 일관되게 행동하고 소신 있게 조직을 이끌어 가는 특성이 있다는 점을 발견하게 된다. 이러한 여성 리더의 특질은 메르켈에게도 발견된다고 보인다.

따라서 독일정치에서 안겔라 메르켈이라는 새로운 여성 리더의 등장은 리더십의 본질로 생각되던 남성적인 명령과 통제 방식이 아닌 조직구성원 사이에서 유기적인 상호 관계를 중시하고 역할을 공유하며, 민주적·참여적이며, 변혁적이고 상호 호혜적인 관계 설정으로 유형화할 수 있는 즉 여성적 리더십을 실험할 수 있는 토대를 마련하였다는 점에서 안겔라 메르켈, 그녀의 정치행보에 주목하게 된다.

참고문헌

이경호. "독일정치질서에서 대연정의 정치적 의미와 역할: '1966 대연정'과 '2005 대연정'을 중심으로". 한국정치학회 연례회의 발표논문(2005년 12월).

Alemann, Ulrich von. "Die beiden Volksparteien verlieren ihre Dominanz". http://www. wz-newsline.de(2005년 12월 6일 검색)

Franzmand, Ali.(ed.). *Modern Systems of Government: Exploring the Role of Bureaucrats and Politicians*. London: Sage Publications Inc., 1997.

Frewel, Johannes. "Bundeswahl 2005: die schwierige Regierungsbildung". http://www.wz-newsline.de(2005년 12월 6일 검색)

Ismayr, Wolfgang. *Das politische Systeme Westeuropas*. Opladen: Leske & Budrich, 1999.

Keissling, Andreas. "Die ultimative Bewärungschance der Volksparteien". http://www.cap-lmu.de/aktuell/positionen/2005/ultimative.php(2005년 12월 6일 검색)

Langguth, Gerd. *Angela Merkel*. München: Deutscher Taschenbuchverlag, 2005.

Merkel, Angela. "Schröder doesn't speak for all Germans". http://www.washingtonpost.com/ac2/wp-dyn/A32835-2004Feb(2005년 11월 18일 검색)

Roll, Evelyn. *Die Erste: Angela Merkels Weg zur Macht*. Berlin:

Rewohlt · Berlin Verlag GmbH., 2005.

Rudzio, Wolfgang. *Das politische System der Bundesrepublik Deutschland.* Opladen: Leske & Budrich, 1996.

Stock, Wolfgang. *Angela Merkel: Eine politische Biographie.* München: Olzog, 2005.

"Ich bin nicht ängstlich". *Der Spiegel.* Okt, 2005, pp.42~46.

"Angela Merkel: Biographie der Woche".
http://www.fembio.org/frauen-biographie/angela-merkel.shtml(2005년 11월 8일 검색)

"Ihr wisst nicht, wie viele sozialistische Elemente ihr habt".
http://www.faz.net(2005년 11월 18일 검색)

"Koalitionsvertrag: Gemeinsam für Deutschland-Mit Mut und die Menschlichkeit". http://www.bundesregierung.de(2005년 12월 6일 검색)

"Regierungserklärung: Lass und Mehr Freiheit wagen!"
http://www. bundesregireung.de(2005년 12월 6일 검색)

http://biografien.focus.msn.de(2005년 11월 18일 검색)

http://de.wikipedia.org/wiki/AngelaMerkel(2005년 11월18일 검색)

제2장 독일과 유엔:
독일의 안보리 상임이사국 진출 노력과 전망

송병록

경희대학교 공공대학원 교수

Ⅰ. 서론

아직 논의되지 않는 새로운 방법으로 크게 개조되지 않는 한, 유엔은 앞으로 세계 문제에서 더욱 비효율적이고 더욱 작은 역할밖에 할 수 없게 될 것이다.

－앨빈 & 하이디 토플러, 『전쟁과 반전쟁』에서－

노르웨이 노벨 평화상 위원회는 좀 더 평화로운 세계의 건설과 세계평화에 헌신한 업적을 기려 유엔(UN)과 코피 아난(Kofi Annan) 유엔사무총장을 2001년도 노벨 평화상 수상자로 선정하였다. 이는 '국제평화와 안전' 그리고 '인류의 진보와 협력'이라는 유엔설립 취지에 합당한 그동안의 유엔과 유엔사무총장의 활동에 대한 정당한 평가이기도 하지만, 탈냉전 이후 제기된 새로운 안보위협에 대한 적극적인 역할에 대한 기대를 반영하고 있는 것으로도 볼 수 있었다. 특히 2001년 9월 11일 뉴욕 세계무역센터에 대한 자살테러의 공격으로 수천 명의 무고한 인명이 살상된 사건은 미국은 물론 국제사회와 유엔으로 하여금 향후 세계평화의 과제는 무엇이며, 또 이를 어떻게 달성해야 하는가 하는 문제를 동시에 안겨주었다.

냉전 시와는 달리 유엔은 현재 새로운 차원의 중대한 도전에 직면해 있다. 탈냉전 시대의 새로운 도전인 인종적·종교적 적대감과 민족주의의 분출로 인한 분열과 대립, 지역적 갈등과 분쟁, 환경악화와 빈부격차의 확대는 물론 테러와 테러리스트에 의한 생화학무기사용 그리고 최근 북한의 핵무기실험 등은 세계평화유지와 인류복지 그리고 인간의 생명을 직접적으로 위협하고 있다. 그러나 유엔은 이러한 문제해결에 그 한계를 노출하고 있다. 그것은 유엔은 초국가적 기구나 세계정부가 아니며 주권국가들의 연합체에 불과하다는 기본적 성격과 유엔의 기능발휘에는 그 과정과 결과에서 대체로 국제정치의 역동성이 반영된다는 엄연한 현실 때문이기도 하다.[1] 현재는 유엔의 많은 문제점과 이러한 한계에도 불구하고 현실적으로 국제평화를 이룰 수 있는 유일한 보편적 국제기구로서 여전히 유엔의 유용성이 논의되고 있다.

그동안 유엔 내부와 국제사회에서는 유엔이 보편적 국제기구로서 기능할 수 있도록 유엔 개혁에 대한 논의가 활발히 이루어지고 있다. 그러나 유엔의 개혁을 주창하는 사람들은 유엔의 개혁이 그

---

1) 이와는 별도로 비서구인들은 유엔을 실질적으로 지배하고 있는 서구인들의 원칙과 행동 사이에서 나타나는 간극이 훨씬 중요한 문제라고 인식하고 있는 것 같다. 위선, 이중 잣대, 단서 조항은 서구가 주장하는 보편주의가 한낱 제스처에 지나지 않음을 여실히 드러낸다. 즉 이란과 이라크에게는 군축을 요구하지만 이스라엘은 방치하고, 중국의 인권은 문제 삼아도 사우디아라비아의 인권은 문제 삼지 않고, 석유자원을 가진 쿠웨이트에 대한 침공은 기를 쓰고 막아도 석유자원이 없는 보스니아가 공격을 받으면 나 몰라라 한다는 것이다. Samuel Huntington, *The Clash of Civilizations and the Remaking of World Order*(New York: Simon & Schuster, 1996), p.184.

리 쉽게 이루어질 수 없음을 알고 있다. 그 이유는 수많은 정부와 이익집단들이 각기 다른 목적을 갖고 존재하기 때문이다. 이러한 상황에서 1997년 1월 1일 제7대 유엔사무총장에 취임한 코피 아난 사무총장은 유엔의 개혁을 위한 새로운 방향과 제안을 제시하여 유엔 개혁을 본격적으로 추진하였다.

그러나 그의 개혁제안서는 주로 유엔사무국의 구성과 운영문제에 대한 개혁방안을 담고 있을 뿐, 유엔의 본질적인 개혁 및 논의 대상인 유엔 헌장의 해석, 개정 및 보완문제, 유엔상비군의 설치문제, 재정문제, 안보리의 확대 및 거부권문제 등은 빠져 있다.[2] 이 글에서는 유엔강화의 선행조건이며 유엔 개혁의 핵심사항인 안보리 개편논의 과정과 독일의 안보리 상임이사국 진출 노력과 전망을 논의하고자 한다.[3]

---

2) 그의 주도로 「21세기 유엔의 역할」(The Role of the United Nations in the 21st Century)이라는 주제로 이루어진 2000년 9월 〈유엔 밀레니엄정상회의〉의 선언문은 유엔의 최고 정책결정 기구로서 총회의 중심적 위상을 회복시키고, 안보리의 포괄적인 개혁과 국제사법재판소를 강화한다는 내용을 담고 있지만, 이의 실현을 위한 구체적인 방안이나 행동강령은 빠져 있었다. 이에 대한 자세한 내용은 "Draft resolution referred by the General Assembly at its fifty-fourth session", *United Nations Millennium Declaration.* www.un.org/millennium/declaration/a55L2.htm을 참조할 것.

3) 이 문제가 우리의 관심 대상인 이유는, 독일의 안보리 상임이사국 진출은 일본의 안보리 상임이사국 진출 문제와 밀접히 관련이 되어 있기 때문이다. 일본의 안보리 상임이사국 진출은 안보리 상임이사국인 중국의 반대는 물론 주변국들의 반대가 심해서 향후에도 많은 어려움에 봉착할 것으로 보인다. 그러나 유엔 개혁의 성패는 안보리 개편안에 달려 있다고 해도 과언이 아니다. 특히나 2007년 1월 취임한 제8대 반기문 유엔사무총장이 직면하게 될 중요한 유엔 개혁과제 중의 하나도 이 문제이기 때문이다.

Ⅱ. 안전보장이사회의 개혁논의

> 안전보장이사회가 행사하는 권한과 적정한 역할을 새롭게 하는 것이 다음
> 세기 국제평화와 안전보장을 증진시키기 위하여 우리가 경주하는 노력의
> 초석이 되어야만 한다.
> － 코피 아난, 제1회 헤이그 국제평화회의(1999년 5월) 연설문 중에서 －

안보리 개편논의는 유엔의 역사를 통하여 그리고 학계에서 계속 거론되어 왔으며 유엔은 1963년 헌장 개정에 의하여 종전 6개국이던 비상임이사국 수를 10개국으로 증가시킨 바가 있다. 1970년대에도 개편에 대한 제의가 계속되어 1971년 제26차 총회의 요청에 의거, 유엔사무총장은 35개국 회원국의 의견을 담은 보고서를 회원국에 배포하였다. 또한 1979년 34차 총회에서 14개 회원국은 안보리 이사국 수를 현재 15개국에서 21개국으로 증가시키자는 결의안 초안을 제출하기도 하였다.

1991년에 들어서 새로운 국제질서의 변화 가운데 이태리는 동년 9월 전체 안보리이사국 및 비토권 없는 상임이사국의 증가 등을 내용으로 하는 개편안을 제안하였고, 동년 12월 소련의 붕괴와 이에 따른 러시아연방의 상임이사국자격 승계를 계기로 유엔 안보리 개편에 대한 논의가 다시 활기를 띠었다.[4]

유엔 개편논의의 본질적 이유는 2차 대전 이후 창설된 유엔은 현재의 국제사회와 국제정치의 변화 및 현실을 충분히 반영치 못

---

4) 러시아연방의 자격승계는 안보리 상임이사국 사이의 협약에 의해 헌장의 개정 없이 이루어졌다. "The United Nations Department of Public Information", *United Nations Handbook*(1994), p.59.

하고 있다는 점 때문이다(<표 1> 참조).

〈표 1〉 UN회원국 대 안보리 이사국의 비율변화

연도	안보리이사국(비상임이사국)	유엔회원국 수	비율(%)
1945	11(6)	51	21.6
1965	15(10)	118	12.7
1985	15(10)	161	9.3
1999	15(10)	188	7.9
2006	15(10)	192	7.8

　　구체적으로는 탈냉전 시대에 있어서 유엔의 활성화와 긍정적 기여에 따른 수요의 증대, 유엔안보리의 구성이나 권한이 새로운 국제환경에서의 유엔의 효과적인 역할에 적합하지 않다는 점, 총회 회원국 수의 증가를 반영하여 안보리 이사국 수가 증가하여야 한다는 점 그리고 걸프전쟁에서 나타난 바와 같이 유엔활동의 재정 및 경비분담에 대한 독일과 일본의 기여(<표 2> 참조)에 따른 이들 국가들에 대한 새로운 역할 부여 등 여러 요소들이다.5)

〈표 2〉 동맹국들의 걸프전 전비분담 내용

(단위: 미화 10억 달러)

	1차 약속	2차 약속	합계
사우디아라비아	3.339	13.500	16.839
쿠웨이트	2.506	13.500	16.006
아랍에미리트	1.000	3.000	4.000
독일	1.072	5.500	6.572
일본	1.740	9.000	10.740

---

5) 박흥순, "유엔의 국제정치", 윤영관 · 한병무 외, 『국제기구와 한국외교』(서울: 민음사, 1996), pp.104
　　～105.

| 한국 | 0.080 | 0.305 | 0.385 |
| 기타 | 0.003 | — | 0.003 |

출처: 美上院세출위 작성. 『한국일보』. 1991년 3월 21일.

이러한 개혁은 또한 1992년 6월 갈리(Boutros Boutros-Ghali) 전 사무총장(재임기간: 1992. 1. ~ 1996. 12.)이 유엔 전반의 개혁에 관한 '평화의 의제'(An Agenda for Peace) 보고서를 제47차 총회 및 안보리에 보고한 것과도 시기를 같이하였다. 그리하여 47차 총회와 'UN헌장과 역할강화에 대한 특별위원회'(Special Committee on the Charter and the Strengthening of the Role of the Organizations)에서 본격적인 논의가 이루어졌다.

이 논의에서 특히 비동맹국가들은 'UN의 민주화', 즉 안보리의 확대개편에서의 비상임이사국의 증가 그리고 국제평화안보 유지에 있어서의 총회의 역할 강화 등을 주장하였다. 이러한 요구를 반영하여 총회는 1993년 2월 'UN안보리에 있어서의 공정한 대표제와 이사국 증가문제에 관한 의결'(Resolution on the Question of Equitable Representation and Increase in the Membership of the Security Council)을 채택하여 유엔사무총장으로 하여금 회원국들로부터 의견서를 제출받도록 요청하였다. 70여 회원국으로부터의 의견서는 유엔사무총장의 보고서로서 48차 총회에 제출되었으며, 총회는 안보리 개편에 관한 논의 끝에 특별위원회의 활동과 더불어 '실무협의그룹'(Open-ended Working Group)을 설치하여 그 연구결과를 제49차 총회에 보고하도록 하였다.6)

---

6) *Ibid.*, pp.105~106.

당시까지 유엔총회를 비롯하여 특별위원회 및 실무자그룹 등 유엔 내부와 또한 학계 및 각국에 의해 논의되고 있는 유엔 개편안은 대략 다음과 같이 요약될 수 있다.

(1) 유엔 안보리이사국의 증가
① 전체 이사국 수의 증가(현재 15개국에서 20 내지 30개국까지 증가)
② 상임이사국의 변동 여부(현재 5개국의 유지 혹은 7 내지 10개국까지 증가, 거부권(Veto Power)의 보유 혹은 비보유)
③ 비상임이사국의 증가
(2) 현재 상임이사국의 자격조정문제
① 현재의 이사국 중 특히 영국과 프랑스 등의 자격 계속 여부 – 가령 유럽연합(EU)을 위한 1개 혹은 2개 의석의 상임이사국으로 대체하여 영국, 프랑스, 독일 등을 교대로 선임하는 방안
② 일본, 독일 및 인도, 브라질, 이집트, 나이지리아 등 특정국가를 거부권 보유 혹은 거부권 없는 상임이사국으로 선출하는 방안
③ 아프리카 단결기구(OAU), 미주기구(OAS), 동남아시아연합(ASEAN) 등 지역기구 혹은 비동맹회의 등에 상임이사국 지위를 부여하는 방안
(3) 현재 거부권의 개편문제
① 현 거부권 제도의 폐지
② 현 거부권 제도의 보완 및 대체 – 절대다수결, 다수결, 합의제, 비중투표제(인구, 재정기여 기준) 도입, 복수거부권제(Dual or

Triple Veto) 도입 등

(4) 기타 개혁제안

① PKO 활동에 관한 규정을 헌장에 포함시키는 방안

② 안보리의 논의 및 활동에 '투명성'(Transparency)을 확보하고, 안보리의 총회에 대한 '책임성'(Accountability)을 강화시키는 방안

③ 안보리이사국 선임에 있어서 균형적인 지역적 배분과 선임기준의 강화 및 명시문제

이상과 같이 안보리 개편안에 대한 구상은 거의 망라되어 있었으나, 안보리 개편논의는 각국의 다양한 입장 때문에 그 활발한 논의에도 불구하고 쉽게 합의가 이루어지지 않았다. 즉 안보리의 개편필요성에 관하여서는 대체적으로 동의하고 있으나, 그 구체적인 내용에 대해서는 조정, 타협이 어려운 것이 당시의 현실이었다. 현재까지 안보리가 대표성을 갖추지 못하고 있는 것은 커다란 불안의 원인이며, 정당성의 위기를 불러일으키고 있다. 다시 말해 세계의 사람들이 그 정당성을 인정하지 않는다면 안보리는 평화와 안전의 진정한 관리자로서 역할을 다할 수 없는 것이다.7) 대체적으로 비동맹국가들은 '과소대표'(underrepresentation) 등 안보리의 정당성(legitimacy)에 대해 강한 불만을 갖고 안보리가 현재보다 더욱 공정하고 충실하게 회원국의 증가와 국제사회의 변화를 반영하는 방향으로 개편되기를 희망하고 있다. 또한 상임이사국 주도하에 '독점클럽'(exclusive

---

7) "The Report of the Commission on Global Governance", *Our Global Neighbourhood*(Oxford Univ. Press, 1995), p.237.

club)으로서 비공식협의, 비공개회의 진행 등 비민주적인 안보리 운영을 시정 또는 견제하기 위한 방안을 요구하고 있다.[8]

특히, 비동맹회의(NAM)는 1997년 4월 7일 인도 뉴델리에서 개막된 각료회의에서 안보리 상임이사국들의 거부권 폐지 등 유엔 개혁을 강력히 촉구했다. 113개 회원국 중 74개국 외무장관이 참가한 비동맹회의 각료회의에서 스탄 무덴게 짐바브웨 외무장관은 아프리카국가들의 입장을 대표해 안보리 상임이사국들이 누리는 거부권은 필요 이상의 과다한 권리라고 비판하면서, 개별 비동맹국가들이 안보리 의석을 노리고 내부다툼을 벌이는 일이 없도록 해야 한다고 강조했다.[9] 97년 유엔총회 의장이던 말레이시아의 라잘리 이스마일 유엔주재 대사는 상임이사국 5개국(2개 선진국, 아시아 · 아프리카 · 남아메리카 지역대표 3개국)과 비상임이사국 4개국(3개 지역대표와 동유럽 1개국) 등 9개국을 늘려 전체 이사국을 24개국으로 하는 야심찬 개혁보고서를 마련했다가 심한 반대에 부딪히기도 했다.

한편, 안보리 상임이사국 진출을 노리는 일본 정부는 독자적인 안보리 개편안을 마련하였는데, 그 개편안에 따르면 안보리 상임이사국을 현재의 5개국에서 독일과 일본을 포함하여 아시아, 아프리카, 중남미 지역에 1개국씩을 안배하여 10개국으로 늘리고 거부권도 갖도록 하며, 비상임이사국 수는 현재의 10개국에서 11개국으로 늘리자는 것을 골자로 하고 있었다.[10]

당시 코피 아난 유엔사무총장은 1997년 말까지 유엔 회원국들이

---

8) 박흥순, *op.cit.*, pp.106~107.

9) 『중앙일보』, 1997년 4월 9일.

10) 『朝日新聞』, 1997년 5월 10일.

안보리 확대개편에 동의하는 것이 유용하다며 안보리의 개편 여부에 따른 시한을 설정, 제시하기도 하였다.

이에 비하여 기존의 상임이사국들은 개편의 필요성을 인정하면서도 그들 사이의 입장은 통일되어 있지 않다. 가령 미국과 중국은 개편에 관하여 호의적인 반면, 영국, 프랑스, 러시아는 유보적 태도를 취하고 있는 것으로 보인다. 일본과 독일의 상임이사국 선출에 관해서는 대다수 국가들이 현실적으로 이들 국가들의 역할을 인정하지만, 지역강대국들과의 형평문제 등과 관련하여 현재까지는 뚜렷한 지지를 하지 않고 있다.[11] 그러나 상임이사국 수의 증가와 거부권문제에 대한 제3세계국가들, 특히 G77 내의 분열도 심각하다. 예를 들면 아르헨티나, 방글라데시, 말레이시아는 증원을 반대하고 있으며, 터키, 이란, 자메이카, 이집트는 지역의 대표성을 고려해 이사국의 순환을 주장하고 있으며, 인도네시아는 거부권의 삭제를 요구하고, 콜롬비아, 이란, 리비아는 거부권의 제한을 주장하고 있다. 그러나 현시점에서 안보리를 확대 · 개편하는 것은 바람직하다. 보다 많은 회원국들이 유엔의 가장 핵심적인 기관의 중요한 정책결정에 참여하는 것은 매우 고무적인 일이라 할 수 있다.[12] 미국은 그동안 국제사회에서 안보리 개편 논의가 진행되는 것을 지켜보다가 새로운 제안을 하였다. 미국은 기존 15개 안보리이사국에 5, 6개 국가만 늘리자는 입장을 철회하고 이사국의 대폭증가를 반대하지 않겠다고 밝혔다. 미국은 그동안 독일, 일본 외에 개발도상국 대표 3개국 정도를 추가해 안보리 이사국을 20~21개국으로 제한해

---

11) 박홍순, *op.cit.*, p.108.
12) 이대우, "유엔 개혁과 한국", 『정세와 정책』(세종연구소, 1997), pp.13~14.

야 한다고 주장했다.13)

  헌팅턴은 안보리의 개편문제와 관련하여 다문명 세계에서 이상적인 구도는 주요 문명별로 최소한 종신 회원국 자리를 한두 개씩 배당해야 한다고 주장한다. 지금은 세 문명만이 안보리에 참여하고 있다. 미국은 일본과 독일을 새로운 회원국으로 받아들이자는 입장을 지지하지만 다른 나라들도 포함되어야 이 두 나라가 종신 회원국 자격을 얻을 수 있을 것이다. 브라질은 설령 거부권을 부여하지 않는다 해도 독일, 일본, 인도, 나이지리아, 브라질을 새로운 종신 회원국으로 받아들이자는 안을 내놓았다. 하지만 그렇게 될 경우 나이지리아가 그런 역할을 떠맡는다면 또 모를까 전 세계 10억 이슬람교도들은 자신들의 대변 세력을 갖지 못하는 상황이 벌어진다. 문명의 관점에서 보자면 일본과 인도는 포함되는 것이 당연하고 아프리카, 라틴아메리카, 이슬람권도 종신 회원국을 가져야 온당하다. 아프리카, 라틴아메리카, 이슬람권의 경우는 각 문명을 주도하는 나라들이 돌아가면서 종신회원국 역할을 맡는 것도 한 가지 방안이 될 수 있으며, 누가 맡을 것인지는 이슬람 협의기구(OIC), 아프리카 통일기구(OAU), 아메리카 국가기구(OAS)에서 결정할 수 있을 것이다. 그는 또 영국과 프랑스의 의석을 유럽연합의 몫으로 단일화한 뒤 유럽연합 회원 국가들이 돌아가면서 그 자리를 차지하는 방안도 제안하였다. 그렇게 하면 일곱 문명이 각각 한 자리씩을 차지하고 서구는 두 자리를 갖게 되어 세계의 인구 분포와 세력 구도를 비교적 포괄적으로 대변할 수 있게 된다는 것이다.14)

---

13) *The New York Times*, April 4, 2000.

14) Samuel Huntington, *op.cit.*, pp.317~318.

현행제도의 개편에 관하여 비판적인 견해는 안보리이사국의 증가는 안보리의 '응집력'(Cohesion)과 '효율성'(Effectiveness)을 오히려 저해한다고 주장한다. 그러므로 어떻게 다양한 국가들의 의견을 조화시킬 뿐만 아니라 '민주성 및 형평성'과 '효율성과 투명성'이라는 양면적 요청을 조화시키느냐 하는 것이 개혁문제의 관건이다. 더군다나 어떠한 형식의 헌장 개정도 5개 상임이사국들의 거부권행사 대상이 되므로 결국 이들 국가들의 지지나 양보 없이는 개편이 불가능한 것이 현실이기 때문에 개편과정은 쉽지 않을 것이다. 그러므로 이러한 다양한 견해와 요구에 비추어 안보리 개혁의 구체적 논의는 마치 '판도라의 상자'(Pandora's box)를 여는 것과 같은 어려운 문제를 제기하고 있으며, 현재 유엔 내에서 개혁에 관하여 합의된 것은 국가들 사이에 '의견의 불합의가 있다는 것에 합의가 있다'는 것뿐이라고 할 수 있다. UN 사무총장과 다수의 국가들은 유엔창설 50주년을 계기로 개편안에 합의를 도출하기를 희망하였으나, 이것도 결과적으로는 희망사항으로 끝나 버렸다.[15]

2000년대 들어와서도 안보리 개편안은 국제사회의 뜨거운 논란거리였다. 특히 2001년 9·11테러에 따른 미국의 일방주의적 외교정책의 강화와 2003년 3월 유엔 헌장을 위반한 미국의 이라크 침략은 유엔의 권위를 정면으로 무시하는 것일 뿐만 아니라, 안보리 상임이사국의 역할과 기능을 무력화시킨 일이기도 하였다.[16] 미국

---

15) 박흥순, *op.cit.*, p.108.

16) 유엔 헌장은 외부의 공격에 대한 자위권 행사(제51조)와 안보리 결의에 따른 집단행동(제42조)을 제외하곤 무력행사를 원칙적으로 금하고 있는데 미국은 이 헌장 규정을 위반했으며, 프랑스가 이라크 문제와 관련하여 거부권 행사를 밝히자 미국은 유엔을 우회해 버려 안보리의 위신을 땅에 떨어뜨렸으며 기능 정지 상태에 빠뜨려 버렸다.

은 이라크전 승리 이후 유엔에 대한 홀대를 노골화하고 있으며 이라크 전후 처리 문제와 관련해서는 사실상 유엔을 아예 무시하고 있다. 부시 행정부의 네오콘 세력들은 유엔을 '지난 세기의 유물'로 취급하거나 유엔 무용론을 공공연히 주장하기도 한다. 이러한 와중에 코피 아난 유엔사무총장은 미국의 이라크 침공에 대해 "일국적이고 무법적인 무력사용의 확산을 초래할 수 있다"고 이례적으로 비난하면서 유엔의 오랜 숙원인 유엔 개혁을 강도 높게 촉구하였다. 그는 무엇보다도 전체 국제사회와 지정학적 현실을 고려하여 회원국들과 세계여론의 신뢰를 얻을 수 있도록 안보리의 이사국 수를 확대하자고 주장했다.17) 나아가 그는 2005년 3월 21일 유엔 총회에서 「더 많은 자유: 모두를 위한 개발, 안보, 인권을 위하여」(In large freeedom: towards development, security and human rights for all)란 제목의 유엔 개혁안을 발표하면서, 2004년 11월 자문기구인 고위급위원회가 마련한 안보리 상임이사국을 현재의 5개국에서 비토권이 없는 6개국(아프리카: 2개국, 아시아·태평양: 2개국, 유럽: 1개국, 아메리카대륙: 1개국)을 추가하여 11개국으로 늘리고, 임기 2년의 비상임이사국 수는 3개국을 늘려 모두 13개국으로 하는 안(Model A)과 상임이사국과 비상임이사국 사이에 임기 4년의 준상임이사국 8개국을 신설하는 것(아프리카: 2개국, 아시아·태평양: 2개국, 유럽: 2개국, 아메리카대륙: 2개국)과 비상임이사국 수를 1개국 늘려 모두 11개국으로 하는 것(Model B) 등 두 가지 안 중 하나를 총회가 선택하도록 하였다.18)

---

17) Kofi Annan, "Keynote Speech", *The 58th General Assembly*, September 23, 2003.
18) United Nations General Assembly, "Report of the Secretary-General", *Fifty-ninth session*,

그러나 코피 아난 유엔사무총장 재임 중 해결되기를 기대하였던 유엔 안보리 개편안은 논의만 무성한 채 아직까지 아무런 결실을 맺지 못하고 있으며, 안보리 확대문제는 대부분의 회원국들이 동의하면서도 10년 넘게 그 방법과 거부권 부여문제에 걸려 돌파구를 마련하지 못한 상태이다.

Ⅲ. 독일의 안보리 진출 노력과 전망

독일 외교정책의 가장 중요한 과제는 유엔 안전보장이사회의 확대에 있다.
- 요시카 피셔(독일 외무장관, 2004년 6월) -

독일(서독)은 동독과 1973년 9월 18일 유엔에 동시 가입하였으며, 1990년 10월 3일 통일 이후 단일국가로서의 유엔 회원국 자격을 행사하고 있다. 독일은 통독 이후 유엔에서의 역할 확대를 꾸준히 모색해 오고 있다. 특히나 1991년 걸프 전쟁 이후 일본과 독일 국내에서는 막대한 전비를 부담하고도 미국으로부터 그에 상응하는 대우도 받지 못하고 유엔 예산 분담금 기여(<표 3> 참조)에 걸맞은 유엔에서의 정치적 영향력이 전무하다는 비판에 직면하자, 양국 정부는 정치력 확보의 일환으로 안보리 상임이사국 진출을 적극적으로 추진하기로 하였다.

독일은 1991년 걸프 전쟁에 간접적으로 참여한 이래 국제적으로

March 21, 2005.

정치적·군사적인 역할 확대를 모색해 왔다. 1991년 4월부터 6월까지 터키와 이란 국경의 이라크계 쿠르드 난민 구호를 시작으로 1992년 5월부터 1993년 11월까지 약 130명의 독일연방군 구급요원들이 평화유지군으로 캄보디아에 투입되었으며[19] 1992년 7월부터 1993년 3월까지 34명의 공군사병들이 세르비아에 포위된 사라예보에 구호품을 실어 나르기 위해 자그레브에 주둔하기도 하였으며, 1993년 5월부터 1994년 3월까지 약 1,700여 명의 독일군이 소말리아에서 인도적인 구호활동을 펼치기도 하였다.[20]

<표 3> 94년도 유엔 예산(10억 6천2백만 달러) 분담률

순위	1	2	3	4	5	6	7	8
회원국	미국	일본	독일	러시아	프랑스	영국	이탈리아	캐나다
비율(%)	25	12.45	8.93	6.71	6.00	5.02	4.29	3.11
액수(단위: 백만 달러)	298	127	91	68	61	51	44	32

출처: *Der Spiegel*, Januar 16, 1995.

한편, 이 당시 독일의 여론조사 기관인 엠니트(Emnid)는 미국의 뉴욕타임스, 영국의 가디언, 일본의 아사히신문과 함께 4개국 국민들을 대상으로 독일과 일본의 안보리 상임이사국 진출에 대한 여론조사를 실시하였는데 다음의 여론조사 결과는 양국의 안보리 상임이사국 진출이 결코 쉽지 않다는 것을 보여 주고 있다.

---

19) 당시 평화유지군으로 참여했던 구급하사관인 알렉산더 아른트(Alexander Arndt)가 최조로 희생됨으로써(1993년 10월 14일) 독일의 국제평화유지군 활동에 대한 논란이 야기되었으나, 1994년 7월 연방헌법재판소(Bundesverfassungsgericht)는 독일군이 평화유지군으로 참여하는 데 아무런 헌법적 제약을 받지 않는다고 판결하였다. 이로써 안보리 상임이사국 진출을 노리는 독일은 유엔의 모든 전투행위에 참여할 수 있게 되었다. *Der Spiegel*, Juli 18, 1994.

20) *Der Spiegel*, Juli 18, 1994.

〈표 4〉 독일과 일본의 안보리 상임이사국 진출 여론조사

(단위: %)

국가	양국 진출 희망	독일만 진출	일본만 진출	양국 진출 불가
독일	73	10	2	8
영국	62	7	2	20
일본	51	4	4	18
미국	55	6	3	26

출처: *Der Spiegel*, April 4, 1994.

1990년대 안보리 개편안에 대한 다양한 논의가 진행되는 가운데 안보리 상임이사국 진출을 노리는 독일과 일본 그리고 이를 저지하려는 이탈리아는 1998년 유엔 총회에 정반대의 결의안을 각각 제출하고 지지국가 확보에 나서기도 하였다. 유엔총회의 일반토론이 시작된 11월 19일 이탈리아를 중심으로 한국, 캐나다, 이집트 등 32개국이 유엔안보리 개편에 관한 결의안을 유엔총회에 제출했고, 20일에는 일본과 독일이 미국, 영국, 벨기에 등과 함께 소위 '이탈리아 안(案)'에 대항하는 수정결의안을 내놓았다.

쟁점은 안보리 상임이사국 추가선출에 관련된 표결과 논의시한 문제로, 이탈리아 결의안은 안보리 개편이 유엔 헌장 개정을 필요로 하는 중요사항이므로 '회원국 3분의 2 이상의 찬성을 의무화'하고 개편 논의에 '시한적 제약을 두지 않는다'는 내용을 골자로 하고 있었다. 반면에 일본과 독일이 주도한 수정결의안은 '회원국 3분의 2 이상 동의를 법적 의무로 명시하지 않고 안보리 개편 시한을 설정하자'는 내용이었다. 당시에 일본과 독일은 유엔에서 '이탈리아 안'이 통과되면 상임이사국 진출이 늦어질 것을 경계하고 있었다. 그리하여 두 안의 표결 처리에 대비하여 양측은 유엔의 최대

표밭인 103개 비동맹국가의 지지를 얻기 위해 치열한 득표작전을 벌이기도 하였다.[21]

유엔 창설 50주년에 안보리 개편안을 포함한 유엔 개혁안을 관철시키려는 유엔 안팎의 노력이 사실상 무위로 돌아간 이후, 유엔 창설 60주년을 앞두고는 안보리 상임이사국 진출을 노리는 국가들의 노력이 또다시 활기를 띠기 시작하였다. 독일은 안보리 상임이사국 수를 5개국, 비상임이사국 수를 4개국 늘려 24개국으로 확대하여, 독일과 일본을 포함하여 라틴아메리카, 아프리카, 아시아에서 각 1개국씩 상임이사국에 포함되기를 희망하였다.[22]

전임 수상이었던 콜(Helmut Kohl)의 외교정책과는 달리,[23] 독일 수상 슈뢰더(Gerhard Schroeder)와 외무장관 피셔(Joschka Fischer)는 독일의 안보리 상임이사국 진출을 독일 외교정책의 최우선 과제로 인식하였다.[24] 이미 프랑스의 시라크 대통령의 동의를 획득한 슈뢰더 수상은 2004년 6월 피셔 외무장관을 중동지역과 인도, 중국, 파키스탄, 스리랑카, 방글라데시, 오스트레일리아, 뉴질랜드는 물론 심지어 남태평양의 작은 섬나라들인 투발루, 키리바티, 피지 등지에 보내 독일의 안보리 상임이사국 진출에 대한 지지를 획득

---

21) 『동아일보』, 1998년 11월 23일.

22) 독일의 이러한 안보리 개혁안에 대해서 독일 자체 내에서도 비판적인 시각이 존재했다. 브라질이 라틴아메리카에서 제일 큰 나라이지만 아르헨티나나 멕시코 같은 나라가 제외된다면 내나수 스페인어를 사용하는 라틴아메리카 국가들의 대표성에 문제가 있으며, 아시아 몫으로 인도를 생각하면 인도와 경쟁관계인 핵무기 보유국 파키스탄의 반발도 무시할 수 없으며 이집트, 나이지리아, 남아프리카 중에서 어떤 나라를 아프리카의 몫으로 해야 할지도 쉽지 않으며 마지막으론 아라비아 세계를 대표할 나라는 전혀 없다는 반론들이 그것이다.

23) 콜은 독일 수상 재임 시(1982~1999) 독일의 안보리 상임이사국 진출 노력이 자국 내에서 하나의 '새로운 과대망상증'(neue Grossmannssucht) 논쟁을 야기하는 것을 두려워하였으며, 당시까지 독일군의 해외파병을 위한 법률 개정이 추진되지 않았다는 점에서 안보리 상임이사국 진출에 적극적이지 않았다. *Der Spiegel*, September 27, 2004.

24) *Der Spiegel*, Juni 28, 2004.

하도록 하였다. 이와 아울러 독일은 유엔의 평화유지 활동에 약 7,800여 명에 달하는 군대를 파견하고 있으며, 약 9% 가까운 유엔 분담금을 부담함으로써 미국, 일본에 이어 여전히 세 번째로 많은 분담금을 지출하는 국가임을 홍보하였다. 또한 유엔이 추가적인 비용 지출을 결정하면 독일은 아무런 불평 없이 그 결정을 수용하였음을 홍보하기도 하였다.[25]

아직 임기가 2년 이상 남은 2004년 9월 아난 유엔사무총장은 안보리 개편을 의욕적으로 추진하였다. 아난의 개혁안은 안보리가 새로운 상임이사국 5개국을 포함하여 최소한 21개국은 되어야 하며 24개국이나 25개국으로 확대·개편되어야 한다는 것이었다. 당시 안보리 개혁안은 기존의 5개 상임이사국에 독일, 일본, 브라질, 인도 그리고 아프리카 1개국이 포함되는 안(Model 1)과 기존의 5개 상임이사국에 재선이 가능한 임기 4~5년의 독일이 포함된 준상임이사국 10개국 그리고 10개 비상임이사국으로 구성되는 안(Model 2) 등이었다. 피셔 외무장관은 2004년 9월 개최된 유엔총회 연설에서 "독일은 브라질, 인도, 일본과 마찬가지로 책임을 감당할 준비가 되어 있다"고 말하였다.[26] 피셔 외무장관은 총회가 열리기 전 일본 수상 고이즈미(Junichiro Koizumi), 브라질 대통령 룰라(Luiz Inacio Lula da Silva), 인도 수상 싱(Manmohan Singh)을 만나 소위 'G4'가 공동으로 안보리 상임이사국 진출을 위해 노력하기로 하였다. 유엔 회원국들의 약 80% 정도는 독일의 안보리 상임이사

---

25) 일례로 유엔의 결정에 의해 독일은 매년 동티모르와 코소보를 위해 각각 3천만 달러와 4천만 달러씩을 지불해 왔다. *Der Spiegel*, Juni 28, 2004.

26) *Der Spiegel*, September 27, 2004.

국 가입에 긍정적이었다.[27] 그러나 이탈리아 외무장관 프라티니
(Franco Frattini)는 안보리 개혁안에 아랍과 이슬람 세계를 대표하
는 자리가 없음을 들어 독일의 안보리 상임이사국 진출을 반대하
였으며, '이슬람 회의 기구'(Organization of the Islamic Conference)
회원국 56개국 대표들을 만나 독일의 안보리 상임이사국 가입이
불가함을 설득하기도 하였다. 그러나 미국은 이스라엘과의 관계를
고려하여 아랍권의 안보리 상임이사국 진출에는 반대하고 있었다.
한편 파키스탄은 독일의 안보리 상임이사국 가입에는 찬성하였으
나, 인도와 동반 가입하는 데에는 적극 반대하기도 하였다. 유엔 회
원국 중 빈국과 최빈국들의 모임인 G77 국가들은 EU에 매우 호의
적이었으나 EU 회원국들이 독일의 안보리 상임이사국 가입에 대
한 입장이 통일되지 않아 G77 국가들의 행동 통일도 어려운 상황
이었다. 프랑스와 영국은 독일의 입장을 지지하였으나, 스페인은
이탈리아의 입장을 지지하기도 하였다. 이러한 상황에서 영국은 공
식적으로는 독일을 지지하는 입장이었으나, 안보리 개편안을 급하
게 추진할 필요가 없으며 거부권을 가지고 있는 입장에서 안보리
개편에 적극적일 필요가 없다는 속내를 비치기도 하였다.[28]

2004년 11월 미국 대통령 부시(George W. Bush)가 재선에 성공
함으로써 독일의 안보리 상임이사국 진출은 더욱 어려움에 직면하
게 되었다. 부시 행정부는 일본의 안보리 상임이사국 가입에는 긍
정적이었으나, 독일에 대해서는 부정적이거나 입장을 유보하는 편

---

27) *Ibid.*

28) *Der Spiegel*, September 27, 2004. 한편, 독일 야당인 기민당(CDU)은 EU 회원국 중 어느 나라가
유엔 안보리 상임이사국에 가입하는 것이 좋은지 유럽인들이 스스로 결정하거나, 유럽 외무장관 회의
에서 결정하는 것이 좋다는 의견을 제시하기도 하였다.

이었다. 특히나 일본 수상 고이즈미가 부시 대통령과 절친한 반면, 독일 수상 슈뢰더는 부시와 인간적으로 가까운 사이가 아니었다. 그런데 미국 대통령선거 과정에서 독일은 프랑스와 더불어 민주당 후보였던 케리(John Kerry)를 적극 지지하였는데 결과적으로 부시가 당선됨으로써 독일의 입장이 더욱 난처하게 되었다.

2004년 11월 유엔 '실무협의그룹'에서는 그동안 전문가그룹이 작업한 유엔 안보리 개혁안을 토론하였다. 그 개혁안에 따르면, 유엔 안보리 상임이사국 수를 6개국(독일, 일본, 인도, 브라질, 남아프리카, 이집트), 비상임이사국 수를 3개국 늘려 24개국으로 확대하는 안(Model 1)과 기존의 15개 안보리 이사국(5개 상임이사국과 10개 비상임이사국)에 비토권이 없는 비상임이사국 9개국을 추가하는 대신에 비상임이사국의 임기를 기존의 2년에서 4년 혹은 5년으로 늘리는 안(Model 2)으로 독일 외교관을 포함하여 106명의 연설자 중 약 70% 정도가 첫 번째 안을 지지하였다. 이 안이 총회를 통과하기 위해서는 유엔 회원국 3분의 2 이상의 찬성을 필요로 하였다. 그러나 문제는 유엔 안보리 개혁안에 가장 커다란 영향력을 행사하는 미국이 이 안을 반대하였으며 미국 국무장관 파월(Colin Powell)뿐만 아니라 부시 행정부 고위 관료들이 독일을 반대하고 나선 것이었다.[29]

안보리 개편안을 포함한 유엔 개혁안을 자신의 업적과 유산으로 생각하고 있는 아난 유엔사무총장은 90년대에 이어 2000년대에도 여전히 미국, 일본에 이어 유엔 분담금을 세 번째로 많이 내고 있

---

29) *Der Spiegel*, November 8, 2004.

는 독일의 유엔 안보리 상임이사국 진출을 적극 지지하였다.[30]

<표 5> 2004~2006년도 유엔 예산(31억 달러) 분담률

순위	1	2	3	4	5	6	7	8	9
회원국	미국	일본	독일	영국	프랑스	이탈리아	캐나다	스페인	중국
비율(%)	22	19.5	8.7	6.1	6.0	4.9	2.8	2.5	2.1

출처: *Der Spiegel*, Dezember 6, 2004.

그러나 미국의 지원에 의해 유엔사무총장에 오른 아난은 이라크 전쟁을 앞두고 미국과 돌이킬 수 없는 사이가 되었다. 미국은 이라크 전쟁을 수행하는 데 유엔을 '부적절한'(irrelavant) 존재로 인식하였고, 아난은 유엔 결의를 거치지 않는 미국의 행동을 '불법적'(illegal)이라고 비난하였기에 양자의 갈등은 깊어져만 갔다. 대다수 유엔 회원국들은 유엔사무총장(Secretary-General)인 아난의 역할이 장군(General)이기를 바랐으나, 미국은 비서(Secretary)에 머물기를 바랐다.[31] 이러한 상황에선 아난의 유엔 안보리 개혁안이 한계에 부딪힐 수밖에 없었다.

2005년 독일은 유엔 안보리 상임이사국 진출을 하나의 '투쟁'(Kampf; fight)으로 인식하고 총력을 기울였다. 특히 기존의 EU 회원국들 중에서 독일의 안보리 상임이사국 진출에 회의적인 국가들의 지지를 획득하기 위해 '잠정적인 해결책'(Zwischenloesung; interim solution)을 제시하였다. 그 해결책에 따르면, 유엔 개혁의 일환으

---

30) *Der Spiegel*, Dezember 6, 2004.

31) *Der Spiegel*, Dezember 6, 2004.

로 안보리 상임이사국 자리는 15년 후에는 EU 회원국들의 결정에 맡기고, 독일은 그때 EU 회원국 중에서 작은 나라에 그 자리를 넘기는 것을 약속한다는 것이었다. 이렇게 되면 독일에 회의적인 스웨덴, 오스트리아, 네덜란드 등의 지지를 획득할 수 있으리란 것이었다.[32]

2005년 6월에 들어서면서 독일은 여러 가지 불리한 상황 속에서도 독일의 안보리 상임이사국 진출에 호의적인 아난 사무총장의 임기(2006년 말까지) 중 안보리 상임이사국 진출을 위하여 온갖 노력을 다하였다. 독일 외무장관 피셔는 2005년 6월 초 미국 국무장관 라이스(Condoleezza Rice)와 만난 자리에서 독일의 안보리 상임이사국 가입 희망을 매우 '상세히' 설명하면서 지지를 부탁하기도 하였다. 그러나 라이스는 이미 미국이 지원하는 유일한 나라는 일본임을 밝힌 상태였다. 덧붙여 일본과 더불어 개발도상국 중 한 나라가 안보리 상임이사국에 가입하기를 희망한다는 미행정부의 의견 표명은, 뉴욕타임즈(New York Times)의 표현을 빌리면, 독일의 안보리 진출 노력에 결정타를 날린 것과 다름없었다.[33] G4(독일, 일본, 인도, 브라질)의 안보리 상임이사국 진출 노력에 대하여 한국을 비롯한 이탈리아, 파키스탄, 아르헨티나 등 소위 '커피 클럽'(Coffee Club) 국가군에 속하는 회원국들은 분명한 반대의사를 밝혔으며, 중국은 자국의 외교관들을 세계 각지로 보내 중국의 반대 입장을 설명했으며[34] 중국과 의견을 달리하는 나라들에 대해서는 조심스

---

32) *Der Spiegel*, April 11, 2005.

33) *Der Spiegel*, Juni 20, 2005. 이에 대하여 독일의 고위 외교관은 안보리 상임이사국이 확대되면 미국이 안보리 상임이사회의 통제권을 상실할 것을 우려하고 있다고 분석하였다.

34) 일례로 중국은 G4안을 지지하는 나라들의 입장을 바꾸게 하기 위해, 아이슬란드 주재 중국 대사가 아이슬란드 정부를 다섯 번씩이나 방문하여 의견을 나누기도 하였다.

럽게 '제재'(sanction)를 거론하였으며 미국도 이에 동참하였다. 이러한 미국과 중국의 반대를 극복하기 위해 독일을 포함한 G4 국가들은 제3세계의 작은 국가들을 '선동하였다'(aufwiegeln).[35] 독일 외무성은 6월 중순 카타르의 수도 도하(Doha)에서 열리는 아프리카, 아시아, 라틴아메리카, 중동 지역의 개발도상국 정상회의에 4개 지역 책임자들을 보내기도 하였다. G4의 안보리 상임이사국 진출을 둘러싼 각국의 외교전은 갈수록 치열한 양상을 띠기 시작하였는데, 이탈리아는 주변의 작은 인접국들이 독일의 입장을 지지하게 되면 2억 2천만 유로(Euro)에 달하는 경제적 지원을 철회하겠다고 알바니아를 위협하였으며,[36] G4는 미국이나 중국의 제안에 비해 더 좋은 조건들을 약속하기도 하였다. 일례로 G4는 장기적으로는 라틴아메리카 1개국과 아시아와 아프리카에서 각각 2개국씩 지구 남반부에 속하는 나라들이 안보리 상임이사국에 포함될 수 있도록 하겠으며 추가적으로 3개 지역에 비상임이사국 자리와 동유럽에도 1개 자리가 돌아갈 수 있도록 하겠다고 제안하였다. 특히나 유엔총회에서 52표로 최대투표권을 가진 아프리카 지역에 대한 각국의 구애는 뜨거웠는데, 미국이 아프리카 지역에 안보리 상임이사국 자리 1개를 약속한 반면, G4는 안보리 개혁을 통하여 2개 상임이사국 자리를 포함하여 총 6개 자리를 아프리카 지역에 배정하겠다고 약속하였다. 이렇게 하여 독일은 아프리카 국가들의 약 90% 정도의 지지를 얻을 수 있을 것으로 기대하였으나 남아프리카, 이집트, 나이지리아와 경쟁관계에 있는 알제리, 세네갈, 케냐 등이 '커피 클

---

35) *Der Spiegel*, Juni 20, 2005.

36) *Der Spiegel*, August 1, 2005.

럽'과 의견을 같이하게 되었다. 특히 알제리는 아프리카 52개국들이 의견통일을 하는 데 주도적인 역할을 하면서도 결정적인 순간에는 독일의 기대를 저버리곤 하였다.[37]

2005년 7월 독일은 일본, 인도, 브라질과 공동으로 안보리 상임이사국 확대 결의안을 유엔 총회에 제출하였다. G4 결의안은 현재보다 상임이사국을 6개국, 비상임이사국을 4개국씩 늘려 모두 25개국의 안보리체제를 만든다는 것이었다. 이 결의안에 대한 유엔 총회 심의가 있던 7월 11일, G4 대표들은 자신들의 결의안이 유엔 가맹국 3분의 2 이상의 지지를 얻을 수 있는 유일한 제안이라며 찬성을 호소했으나,[38] 중국은 시기상조인 안보리 확대를 막기 위해 모든 노력을 기울이겠다며 반대의 뜻을 강력히 표명했다. 아울러 미국 역시 G4 결의안을 강력하게 반대하였으며, G4안을 무산시키기 위해 결의안 통과에 가장 큰 변수로 작용할 52개국에 이르는 아프리카 국가들 중에서 군소국들에 압력을 가하기도 하였다.[39] 특히 미국은 90년대와 달리, 독일의 안보리 상임이사국 진출을 저지하는 데 가장 적극적이었는데, 이는 미국의 이라크 전쟁을 비난해 온 독일에 대한 일종의 '응징'(Bestrafung)이라고 생각하였다.[40]

2005년 9월 13일 개막된 제60회 유엔 총회에서는 안전보장이사회 등 유엔의 핵심 조직개편 방안이 논의되었다. 그러나 안보리 개편에 대한 기존 상임이사국과 신규 상임이사국 진출을 노리는 독

---

37) *Der Spiegel,* Juni 20, 2005.
38) 아울러 일본은 만약 일본이 안보리 상임이사국 자리를 차지할 수 없게 된다면, 19.5%에 달하는 유엔 분담금을 삭감하겠다고 위협하였다. *Der Spiegel,* August 1, 2005.
39) 『한국일보』, 2005년 7월 12일.
40) *Der Spiegel,* Juli 18, 2005.

일을 포함한 G4 국가들, 그리고 G4의 안보리 진출에 반대하는 회원국들 간에 첨예한 갈등만 노출하였다.[41]

결국 안보리 상임 및 비상임이사국 확대 방안 합의에는 실패한 채, 전쟁 지역의 민간인 대량학살을 막기 위한 감시기구로 평화구축위원회를 신설할 것과 기존의 경제사회이사회(ECOSOC) 산하 9개 기능위원회 중 하나였던 인권위원회(Commission on Human Rights)를 확대 개편하여 독립적인 인권이사회를 신설하기로 합의하는 데 그치고 말았다.

Ⅳ. 결론

> 오늘날 세계의 많은 사람들에게 있어서 평화는 불가능한 꿈으로 비쳐지고 있습니다. 유엔의 사명은 이 같은 꿈을 실현시키는 것입니다.
> — 부트로스 부트로스 갈리, 『평화의 의제』 중에서 —

1950년 6 · 25참전을 시작으로 최근까지 거의 모든 국제분쟁은 형식적이라도 안보리의 의결을 거쳐 유엔의 이름 아래 이루어졌다. 특히 1991년 걸프진 당시 안보리 상임이사국의 협조하, 유엔 결의

---

41) 이와 관련하여 네덜란드는 이미 일본의 안보리 상임이사국 진출에 반대한다는 입장을 공식적으로 밝혔다. 2005년 4월 네덜란드 봇트 외교장관은 다케무라 일본 외상과의 도쿄에서 열린 외교장관 회담에서 일본의 안보리 상임이사국 진출에 대한 협조를 요청받자, 코피 아난 유엔사무총장이 제시한 유엔 안보리 상임이사국 확대안과 준상임이사국 창설안 모두를 지지하지 않는다는 입장을 분명히 밝혔다(『時事通信』, 2005년 4월 9일). 물론 네덜란드가 이처럼 일본의 안보리 상임이사국 진출에 부정적인 것은 네덜란드도 제2차 세계대전 중 자국 여성들이 일본군에게 잡혀 종군위안부 등으로 동물적 만행을 당한 역사적 경험이 있기 때문으로 일본이 이와 같은 과거사를 반성하지 않고 도리어 이를 은폐하려는 데 대한 반감인 것으로 보인다.

에 의한 이라크에 대한 군사적 응징을 포함한 강력하고 효율적인 제재조치를 통해서 유엔이 보편적 국제기구로서의 역할을 수행할 수 있다는 것을 보여 주었다.

그동안 국제사회에서는 유엔 약체론과 무용론 등 유엔을 조롱하는 견해들이 적지 않았으나, 현재 세계 각지에서 나타나고 있는 탈냉전 시대의 새로운 도전들은 역설적으로 유엔이 강화되어야 하며 광범위한 세계문제들에 대해 유엔의 적극적인 역할이 모색되어야 함을 말해 주고 있다.

현재 유엔의 조직 중 가장 영향력 있고 실질적으로 세계평화와 안보문제를 독점하고 있는 기관은 안보리 상임이사국인데, 안보리 상임이사국 수는 헌팅턴의 주장처럼 세계의 인구 분포와 세력 구도를 비교적 포괄적으로 대변할 수 있는 방향으로 개편되어야 하지만, 그보다 안보리 상임이사국 자리는 '국제평화와 안전' 및 '인류의 진보와 협력'이라는 유엔 헌장 정신과 유엔의 다른 목적들을 위해서 보다 잘 공헌할 수 있을 것인가가 무엇보다도 우선적으로 고려되어야 한다.

이런 점에서 전후 독일의 태도와 정책과 비교해 보면 아직까지 전쟁책임에 대한 진지한 반성과 보상을 회피하고 나아가 역사적 진실마저 왜곡하면서 식민지 및 전쟁피해국들과 심각한 마찰을 빚고 있는 일본이 국제사회의 성숙한 일원으로서 그 역할과 책임을 다하리라고 보는 것은 무리이다. 또한 현시점에서 보면 독일의 안보리 상임이사국 진출 노력은 좌절된 것으로 보인다. 독일 역시 미국과 중국의 반대는 물론 EU 내에서조차 의견 통일이 이루어지지 않는 상태에서 안보리 상임이사국 진출 노력을 계속한다는 것은 안보리 개혁을 늦추거나 불가능하게 할 수도 있다. 따라서 안보리 상임이사국 진출을 노리는 G4 국가들은 안보리 개혁안 중의 하나인 '준상임이사국'(half-permanent member)이나 '비상임이사국'(non-permanent member)으로 방향 전환을 하는 것이 현실적이며 합리적일 수 있다.[42]

특히 탈냉전 시대의 '세계관리'(global governance) 차원에서 유엔의 새로운 역할을 효과적으로 수행할 수 있는 유엔을 만들기 위해 각국 정부의 지도자들은 자국이기주의 차원을 넘어서 인류공동의 평화와 안전을 먼저 생각하는 자세가 필요하다. 그동안 국가들은 유엔을 통해 그들의 국가이익을 추구할 수 있을 때에는 유엔을 이용했고, 유엔이 그들의 국가이익을 위해 도움이 되지 못할 때는 무시했다. 그러나 이제 유엔은 합리적이고 현실적인 개혁과 전체 회원국들의 협력하에, 세계의 평화와 안전 그리고 인류의 공존공영을 담보할 보편적 국제기구로 거듭 태어나야 할 시점에 와 있다.

---

42) 이와 관련하여 유엔주재 한국대사를 역임하였던 박수길은 일본이 과거 10년간 외교의 중점과제로 설정하였던 안보리 상임이사국 진출 목표를 바꾸어 비상임이사국 확대개편 쪽으로 전략 수정을 해야 한다고 주장한다. 일본은 이제 그들의 상임이사국 진출 전략이 실패로 돌아갔음을 인정하고 재임 가능한 비상임이사국의 증가만이 타협의 기초가 된다는 사실을 인식해야 할 시점이며, 이것만이 일본의 가장 가까운 동맹국인 미국과 동북아의 가까운 두 이웃인 한국과 중국을 대결의 장으로 몰아넣지 않는다는 것이다. 『동아일보』, 2005년 8월 11일.

참고문헌

박흥순. "유엔의 국제정치". 윤영관 · 황병무 외.『국제기구와 한국외
　　교』. 서울: 민음사, 1996.

박흥순. "Kofi Annan 사무총장의 개혁".『유엔과 세계평화』. 선문대
　　학교 평화사상연구원 주최 제3회 평화포럼. 1998.

이대우. "유엔 개혁과 한국".『정세와 정책』. No.3(1997).

『중앙일보』. 1997년 4월 9일.

『동아일보』. 1998년 11월 23일; 2005년 8월 11일.

『한국일보』. 2005년 7월 12일.

『朝日新聞』, 1997년 5월 10일.

『時事通信』, 2005년 4월 9일.

Annan, Kofi. "The Path of Peacekeeping: Translating into Action".
　　Harvard International Review. Vol.15. No.4(1993).

Blechman, Barry M.. "The Intervention Dilemma". *The Washington
　　Quarterly*. Vol.18. No.3(1995).

Boutros-Ghali, Boutros. "An Agenda for Peace". United Nations.
　　A/47/217, S/24111(1992).『평화의 의제』. 서울: 경희대학교
　　출판국, 1993.

Caron, David D.. "The Legitimacy of the Collective Authority of
　　the Security Council". *American Journal of International
　　Law*. Vol.87. No.4(1993).

Crowe, W. & A. Romberg. "Rethinking Security in the Pacific".

Foreign Affairs. Vol.70. No.2(1993).

Donini, Antonio. "Beyond Neutrality: On the Compatibility of Military Intervention and Humanitarian Assistance". *Fletcher Forum of World Affairs*(Summer/Fall 1995).

The Graduate Institute of Peace Studies(KHU). "The Crisis of U.N. Legitimacy". *Peace Forum*. Vol.XIII. No.24(1996).

Huntington, Samuel P.. "The Clash of Civilizations?". *Foreign Affairs*. Vol.72. No.3(1993).

Huntington, Samuel P.. *The Clash of Civilizations and the Remaking of World Order*. New York: Simon & Schuster, 1996.

Naipaul, V. S. "Our Universal Civilization". *The Wriston Lecture*. The Manhattan Institute. New York Review of Books. 30 October, 1990.

Ra, Jong-Yil(ed.). *The New World Order and the Role of the* UN. Seoul: Kyung Hee University Press, 1994.

Song, Byung-Rok. "Reform Plan for Pax UN". Young Seek Choue(ed.). *Global Governance In The 21st* Century. 2000.

Song, Byung-Rok. "Is world Peace Possible Without UN?" Young Seek Choue(ed.). *Building A Global Common Society Through Neo-Renaissance*. 2003.

The Report of the Commission on Global Governance. *Our Global Neighbourhood*. Oxford University Press, 1995.

Toffler, A. & H.. *War and Anti-War: Survival at the Dawn of the 21st Century*. New York: Little Brown & Co, 1993.

The United Nations Department of Public Information. *Basic Facts About the United Nations*. New York, 1995. 『유엔이란 무엇인가』. 서울: 유엔한국협회, 1996.

United Nations Department of Public Information. *United Nations Handbook*. 1994.

Weiss, Thomas G., Forsythe, David P. & Coate, Roger A.. *The*

United Nations and Changing World Politics. Boulder: Westview Press, 1994.

Der Spiegel, Juni 28, 1994; Juli 18, 1994; September 27, 2004; November 8, 2004; Dezember 6, 2004; April 11, 2005; Juni 20, 2005; Juli 18, 2005; August 1, 2005.

The New York Times, April 4, 2000.

www.un.org/millennium/declaration/a55L2.htm(2006년 1월 10일 검색)

제3장 한국 정당정책연구소와 독일 정당재단의 역할과 특징:
2005년 한국정당정책연구소의 성과와 문제점을 중심으로

신두철

선거연수원 교수

Ⅰ. 문제제기

민주주의에서 정당은 시민들이 정치적 · 사회적 환경을 만들어 가는 데 능동적으로 자신의 영향력을 발휘할 수 있는 참여와 가치 전달의 통로로서 핵심적 역할을 수행한다. 또한 정당은 정당의 이념을 바탕으로 정책공약을 통해서 유권자들의 지지를 얻기 위해 경쟁하며 성치적 대안을 제시한다.

한국의 정당은 '지역정당', '보스정당', 그리고 세를 과시하는 물량주의 경쟁방식을 추구해 왔다. 특히 정당은 선거에서 정책이나 선거공약을 공론화되지 못하고 특별한 정책적 차별성이 없이 지역주의와 금권선거나 조직이 동원된 네거티브한 선거양상으로 인하여 정치에 대한 불신을 더욱 높였다.[1]

한국 정당이 기존의 '정책 없는 정당'에서 벗어나 '이념정당', '정책정당'으로서 변화하고 정당체계 안정화를 뒷받침할 수 있는 별도의 전문적인 정책연구소의 설립이 요구되어 왔다. 이에 일환으로 2004년도 정당법과 정치자금법을 개정하여 정당정책연구소를 설치하게 되었다.

독일은 이미 1925년에 사민당(SPD)에 밀접한 프리드리히 에버트 재단(Friedrich-Ebert-Stiftung)이 설립되어 정당재단의 모범적인 사례로 꼽히고 있다. 독일의 정당재단은 소속 정당의 정당활동을 돕는 정당연구소의 기능을 수행하는 것이 아니라 정당으로부터 완전히 독립된 '정당에 밀접한' 정치재단이다.[2]

한국의 정당연구소는 일반적으로 독일 정당재단과 같은 '교육·연수' 기능과 미국 정책연구소의 'Think Tank'의 역할을 추구하여 왔다.[3]

본 연구는 한국 정당정책연구소를 정책연구소의 기능적 특성, 2005년의 연간활동을 토대로 우리나라의 5개 정당정책연구소의 특징과 문제점을 비교 관찰하는 데 목적이 있다. 이를 위해서 먼저, 한국 정당연구소의 법적지위와 조직은 어떻게 구성되어 있는지를 분석하고, 둘째로 한국 정책연구소가 모델로 삼았던 독일 정당재단의 역할과 과제는 무엇인지를 서술적으로 살펴볼 것이다. 다음으로

---

1) 유권자의식 조사결과(선거관리위원회, 2006) 2006년도 5·31지방선거의 가장 큰 문제점은 '비현실적인 공약남발'(36.7%)이라는 의견이 가장 높게 나타났으며 그 다음으로 '지역감정 유발'(24.8%), '상호 비방 및 흑색선정'(22.3%) 등의 순으로 나타났다.

2) 김영태, "독일의 정당친화적 정치재단과 정치발전", 중앙선거관리위원회(편), 『정책연구소의 비전과 발전전략』(2005년), p.110.

3) 정광호, "미국 정책연구소의 역할 분석", 중앙선거관리위원회, 『정책연구소의 비전과 발전전략』(2005년), p.78.

본 연구의 핵심과제인 정당연구소의 성과 분석단계로 정당연구소의 기능적 특성과 2005년도 성과를 중심으로 현재 설립된 5개 정당연구소 간의 차이를 분석하고자 하며 마지막으로 정당연구소의 발전적 대안을 제시하고자 한다.

주지한 바와 같이 한국의 정당정책연구소가 설립된 지 3년이 채 지나지 않았다. 한국의 정당연구소는 독일의 정당재단과는 기능과 역할 또한 상이하다. 그럼으로 본 연구는 한국과 독일의 직접 비교보다는 한국 정당연구소의 특징과 문제점을 파악하는 데 주요한 목적이 있음을 다시 한 번 밝혀 둔다. 또한 한국의 정당연구소에 대한 기존의 연구가 존재하지 않아 자료 접근에 많은 제약이 있었다.

Ⅱ. 한국 정당정책연구소의 법적 지위와 조직

한국의 정당정책연구소는 우리나라 정당정치의 고질적 병폐로 지적되어 온 '정책 없는 정당'이라는 문제를 해소하고 정당으로 하여금 정책을 개발·연구하여 정책정당화를 촉진토록 하기 위하여 2004년노에 정당법과 정치자금법이 개정되면서 설치할 수 있는 근거가 마련되었다. 정당법 27조는 국고보조금 배분대상 정당에 한해서 의무적으로 설치하도록 하였다(정당법 제27조).

당시 국고보조금을 받는 5개 정당의 정책연구소가 2004년 9월과 11월 사이에 설립되었다. 물론 이전에도 정당의 정책 개발과 장기 비전을 제시하기 위하여 원내에 전문위원을 두거나 한나라당의 여의도 연구소처럼 정당 산하에 연구소를 운영한 적은 있지만 법적인 장치를 통해 정책연구소가 출범한 것은 처음이다.

정책연구소는 중앙당에 별도의 법인을 만들어 중앙선거관리위원회에 등록하도록 하였고, 2006년 12월 현재까지 국고보조금을 받는 5개 정당의 정책연구소가 중앙선거관리위원회에 등록되어 활동하고 있다.

관련법은 국고(경상)보조금을 지급받은 정당은 보조금의 100분의 30 이상을 정책연구소에 사용하도록 규정하고 있으며(정치자금법 제28조2항) 보조금은 정당의 운영에 필요한 경비 내에서 사용을 엄격히 규정하고 있다(정치자금법 제28조1항).4) 정책연구소는 전년도의 활동 실적을 다음 연도 2월 15일까지 중앙선거관리위원회에 보고하고 정당의 인터넷 홈페이지를 통해 공개해야 한다(정당법 제35조3항).

정책연구소의 연간 활동실적은 중앙선거관리위원회가 정한 정당사무규칙에 따라 간행물 등 자료 발간, 토론회 등 개최, 정책홍보 및 교육·연수 그 밖의 활동상황으로 구분하여 보고하도록 하고 있다. 또한 중앙선거방송토론회는 당의 정강정책을 알릴 수 있도록 연 2회 이상5) 보조금배분 대상 중앙당의 대표자·정책연구소의 소장 또는 중앙당의 대표자를 초청하여 정책토론회를 개최하도록 규정하고 있다(정당법 제39조).

한국의 정당정책연구소는 일반적으로 이사장, 연구소장 및 연구

---

4) 1. 인건비, 2. 사무용 비품 및 소모품비, 3. 사무소 설치·운영비, 4. 공공요금, 5. 정책 개발비, 6. 당원 교육훈련비, 7. 조직활동비, 8. 선전비, 9. 선거관계비용.

5) 선거방송토론회는 임기 만료에 의한 공직선거의 선거일 전 90일부터 선거일까지를 제외한 연 2회 이상 방송토론회를 개최해야 한다.

원·직원으로 조직되어 있으며 그 밖에도 감사와 고문단 그리고 정당에 따라 운영위원회 또는 정책위원회 등을 두고 있다(<그림 1> 참조).

<표 1> 정책연구소 현황

정당명	이사장	연구소명	연구소장(전임·현재)	연구인력
열린우리당	김근태	열린정책연구원	박명광·임채정·유재건(국)	37
한나라당	강재섭	여의도연구소	박세일·김기춘·임태희(국)	39
민주당	한화갑	국가전략연구소	김유배·송병록·모세원(학)	12
민주노동당	권영길	진보정치연구소	장상환(학)	13
국민중심당	신국환·심대평	국민중심정책연구원	이명수(공직자)	4

출처: 중앙선거관리위원회(인터넷검색 2006.11.28. 저자 재구성).

이사장은 이사회에서 선출한 당 대표가 맡고 있으며 연구소장의 경우 열린우리당과 한나라당의 경우처럼 현직 국회의원이 맡는 경우와 민주당과 민주노동당처럼 학계 인사나 현직 대학교수가 맡은 경우로 나누어 볼 수 있다.

2004년 9월 설립 이후 열린정책연구원, 여의도연구소, 국가전략연구소는 3대 소장이 현재 연구소장을 역임하고 있으며 열린정책연구원과 여의도연구소의 경우처럼 현직 국회의원들이 연구원장(소장)과 부원장(소장)을 겸직하고, 연구소장의 재임기간이 평균 1년에도 못 미치는 상황에서 과연 정책연구소가 추구하는 '독립기관으로서 정책을 중장기적으로 연구 개발'하고 'Think-Net'을 역할을 남낭하는 데 적절한지 의문시된다 하겠다.

<표 2> 2005년도 정책연구소 예산 및 정책 개발비

		열린정책연구원	여의도연구소	국가전략연구소	진보정치연구소	자유민주연합
활동경비	합계	4,223,273,760	3,923,941,372	914,361,786	698,839,427	308,871,359
	정당지원금	3,568,628,394	3,524,008,724	754,249,674	698,806,853	235,302,405
	기타 수입	36,844,869	33,951,857	160,112,112	32,574	33,026,429
전년도이월금		617,800,497	366,980,791			
지출		3,096,670,787	3,134,481,587	574,677,227	434,078,998	264,716,260
잔액		1,126,602,973	789,459,785	339,684,559	264,760,429	44,155,099
정책 개발비		1,048,269,808 (24.8%)	886,031,393 (22.5%)	574,677,227 (62.8%)	148,614,450 (21.2%)	

출처: 『책연구소 연간활동보고서/회계보고서』, 2005, 저자 재구성.

정책연구소의 연간 예산은 정당의석에 의해 지원되는 국고보조금의 규모에 따라 차이가 있는데, 의석에 의해 배분되는 국고보조금의 100분의 30 이상을 정책연구소에 사용하도록 한 규정에 따라 열린정책연구원은 2005년도 3,568백만 원의 정당지원금과 617백만 원의 전년도 이월금 등을 합쳐 4,223백만 원으로 운영되었으며, 여의도연구소는 정당지원금 3,524백만 원, 전년도 이월금 366백만 원 등으로 총예산은 3,923백만 원으로 나타났다.

주목할 만한 점은 2005년도 전체 예산에서 전년도 이월금이 차지하는 비중이 열린정책연구원은 14.6%, 여의도연구소는 9.3%나 된다는 것으로, 2005년도의 경우 정책연구소가 전년도 9월에 처음 설립되어서 나타난 결과로 해석할 수 있을 것이다.

하지만 2005년도 불용액(잔액)이 열린정책연구원의 경우 1,126백만 원으로 전체예산의 26.5%, 여의도연구소의 경우 798백만 원으로 20.3%나 되는 것은 정책연구소의 정책 개발이나 활동이 주어진 예산마저도 다 사용할 수 없을 정도로 미진하다는 것을 의미한

다. 다른 한편으로 예산의 20% 이상을 불용 처리하는 이유가 명백
하지 않은 점은, 혹시 내년도 대선을 준비하기 위한 것은 아닌지
의구심을 가지게 한다.

〈그림 1〉 정책연구소 조직표: 열린정책연구원, 여의도연구소

Ⅲ. 독일 정당재단의 조직과 역할

1. 독일 정당재단의 발전과 조직

독일에는 연방의회에 진출한 '정당들과 밀접한 관계를 맺고' 있는(Partein nahstehend) 여섯 개의 정당재단이 존재한다. 프리드리히 에버트 재단, 콘라드 아데나워 재단, 한스 자이델 재단, 하인리히 뵐 재단, 그리고 민사당에 밀접한 로자 룩셈부르크 재단이 이에 해당된다. 독일의 정당재단은 국가 지원금을 기초로 하여 활동하는데 모 정당이 3회 연속 연방의회에서 5% 이상의 의석을 얻은 경우 공적 지원을 요청할 권리를 얻는다.

위의 정당재단 중에서 프리드리히 에버트 재단의 역사가 가장 오래되었다. 프리드리히 에버트 재단은 1925년에 설립되었지만 1933년 나치에 의해 활동이 금지되었다가 1945년에 활동을 재개했다. 콘라드 아데나워 재단은 초대 독일연방 수상인 콘라드 아덴아워가 물러난 다음 해인 1964년에 설립되었지만 그 기원은 1955년에 건립된 '기독 민주 교육 사업회'에 근원을 두고 있다. 1958년에 나우만 재단, 1967년에 한스 자이델 재단, 1996년 하인리히 뵐 재단 그리고 가장 늦게 로자 룩셈부르크 재단이 그 뒤를 이었다.

나우만 재단을 제외하고 나머지 정당재단은 공익 협회의 성격을 가지고 있다. 즉 정당재단들은 모 정당에 밀접한 정당재단이지만 재정적·조직적으로 독립적으로 운영된다. 또한 정당재단은 모 정당과의 관계에 있어서 정당을 위해 직접적으로 선거운동 지원이나 정치적 활동을 해서는 안 된다.

정당재단의 교육프로그램은 참여를 원하는 모든 시민들에게 개방되어야 하며 또한 출판물과 시설들 예를 들어 도서관, 아카데미, 교육관 등은 기본적으로 모든 관심 있는 자들에게 접근이 가능해야 한다.

이미 상술한 바와 같이 독일의 정당재단은 거의 전적으로 국가지원금에 의해 운영된다. 정당재단별 지원액은 연방의회에서 결정된다. 따라서 정당재단의 재정은 의회, 연방감사원 그리고 각 재단의 인사운영 자금과 프로젝트 운영 자금을 조달받는 각 부처의 공적인 통제를 받게 되어 있다.[6]

2005년 기준으로 독일 정당재단에게 지원되는 총 예산은 현재 3억 5천만 유로(약 4,000억 원)이다. 이 중에서 프리드리히 에버트 재단과 아데나워 재단이 각각 1억 유로를 지원받으며 나머지 예산은 기타 정당재단에 분배된다.[7]

각 재단은 재원의 지출에 있어 법률이 정한 기본 원칙을 틀에서 자유롭게 사용할 수 있다. 일반적으로 예산의 가장 큰 부분은 국제사업 활동에 쓰고 있다.

정당재단의 인적 구성을 보면 에버트 재단과 아데나워 재단의 경우 약 600명의 임직원이 근무하며, 소수 재단의 경우 임직원 수는 150명에서 250명 사이이다.

---

6) 카르스텐 그라보프, "독일의 정당민주주의와 정당재단의 역할", 『정당민주주의와 정당재단의 역할 세미나』, No.1(2006년 12월), pp.14~17.

7) *Ibid.*, p.15.

2. 독일 정당재단의 역할과 과제

정당재단의 주요 과제는 독일과 국외에서의 민주주의 발전에 기여하는 것이다. 특히 정치 개발도상국가의 민주주의 발전에 도움을 주기 위한 교육 사업에 치중하고 있다. 흥미로운 것은 일반적인 과제 설정 및 목표 설정에 있어 로자 룩셈부르크 재단을 제외한 다섯 개의 정당재단 사이에는 기본 합의가 이루어져 있다는 것이다.

독일 정당재단의 사업은 다음의 4개 중점으로 구분할 수 있다.

(1) 독일 내 정치교육

(2) 학업 장려 및 우수 학생 및 연구자 지원[8]

(3) 일반적인 목적을 지닌 사회과학적 연구 및 자문

(4) 국제 지원 사업

정당재단은 대도시 교육시설을 이용하여 정치교육 아카데미를 운영하고 있다.[9] 예를 들어 교사, 학생, 대학생, 기업가, 정치인 그리고 공공단체의 대표자들과 같은 사회적 여론 형성층이 참여하여 의회 민주주의, 사회주의적 시장경제, 유럽 통합과 같은 사회적 이슈에 대해서 의견을 나누는 장으로 활용되고 있다. 정당재단들은 또한 모 정당의 기본강령과는 상이한 주제들에 대하여 정보 제공 및 세미나를 마련하기도 한다.

정치교육은 기본적으로 독일연방공화국의 민주적 가치들을 현 사회에 착근시키며 민주적 역량과 시민참여를 강화하는 데 목적이

---

8) 이 사업은 국내외의 우수한 신진 연구자들에게 박사과정 장학금 및 연구비를 지원하는 사업이다.

9) 아데나워 재단의 경우 독일 내 18곳의 교육시설을 운영하고 있다.

있다. 예를 들어 아데나워 재단은 독일통일 이후 구동독 지역에 두 개의 중앙 교육기관을 설립하여 구 동독지역의 주민들에게 민주주의와 원칙과 가치 등을 전파하는 데 노력하고 있다.

학업 장려 및 우수 학생 및 연구자 지원은 학업 성취도가 뛰어난 학생들을 선발하여 지원하는 사업으로 주 대상은 박사과정이다. 장학금 수혜자가 되기 위해서는 성적뿐만 아니라 사회 참여와 봉사 정도가 높아야 한다. 물론 모 정당에의 가입 여부는 큰 비중을 차지하지 않는다. 정당재단들은 재정적인 지원 외에도 정치 교육적 의미에서 정치적 이념을 확산하는 연구지원도 하고 있다.

일반적인 목적을 지닌 사회과학적 연구 및 자문은 정당재단이 정치적으로 중립적인 입장을 취하면서도 밀접한 관계의 모 정당의 여론 형성에 기여함을 목적으로 한다. 추가적으로 큰 정당재단은 기록물 자료실을 운영하고 있다. 예를 들어 에버트 재단의 '사회 민주주의 사료관'은 유럽 노동운동사에 대한 방대한 자료를 소장하고 있으며, 아데나워 재단의 '기독 민주주의 정치 사료관'은 독일과 유럽의 기독교 민주주의와 역사에 대한 대표적인 정치교육 자료실로 쓰이고 있다.

독일 정당재단의 국제 지원 사업은 연방 경제협력부(BMZ)의 예산지원으로 이루어진다. 아데나워 재단와 에버트 재단은 전체 예산의 가장 큰 부분을 국제 협력 사업에 쓰고 있다. 국제 지원 사업은 연방 정부와 정당재단 간에 합의된 개발도상국 발전을 위한 정책적 협업의 원칙에 의해 이루어진다. 이 원칙은 정당재단이 국가로부터 위임받은 사항일 뿐 아니라 정당재단의 국제 사업에 있어서 합의이자 실천이다. 이 원칙에 의하면 독일 정당재단의 국제 사업은 기본적으로 인권 보호, 민주주의, 그리고 법치주의에 입각한다.

Ⅳ. 한국 정당정책연구소의 특징과 문제점

1. 한국 정당정책연구소의 특징

한국 정당정책연구소는 설립취지, 조직과 인적 구성, 주요 활동 등을 분석해 볼 때 크게 미국의 정책연구재단과 독일의 정당재단과는 유사한 기능도 있지만 공통점보다는 다른 점이 많다고 볼 수 있다.

공통점으로 미국 정책연구소의 장점인 Think Tank로서의 기능과 독일의 정당재단의 장점인 교육 연수기능을 가지고 있다는 것을 들 수 있다.

하지만 미국의 정책연구소는 공화당이나 민주당에 속하지 않는 비영리성격을 띠고, 정책네트워크(policy network)나 정책공동체(policy community)로서 정치나 정책과정에 영향력을 발휘하기 위한 정치옹호가형 연구소의 성격이 강하며10) 독일 정당재단의 교육 · 연수 기능은 일반인들을 대상으로 하는 민주시민교육(politische Bildung)의 성격이 강하다.

그해 비해서 한국의 정당정책연구소는 형식적으로는 독립기관화되어 있지만 당의 이념과 정책을 실현하기 위해 설립된 기관이며 재정적인 측면에서도 정당의 국고보조금에 운영된다는 측면에서 정당에 소속된 준(準)독립기관으로 보는 것이 적절할 것이다.

또한 한국의 정책연구소에서 실시하는 교육과 연수는 당원들을

---

10) 정광호, "미국 정책연구소의 역할 분석", 중앙선거관리위원회(편), 『정당정책연구소의 비전과 발전전략』(2005), p.85.

대상으로 제한하고 있으며, 국가의 지원금을 받는 독일 정당재단은 법적으로 당원교육을 할 수 없게 되어 있다는 관점에서 민주시민교육을 수행하고 있다고 보기 어려울 것이다.

그 구체적인 예로 독일 정당재단은 소속 정당의 정당활동을 돕는 정당연구소의 기능을 수행하는 것이 아니라 정당으로부터 완전히 독립된 '정당친화적'11) 정치재단으로 평가받는데, 그 이유는 독일의 정당재단은 정당의 기본이념을 전파하고 정치교육을 목적으로 설립되었으며 재정적 측면이나 조직적·활동적 측면에서 독립성을 가지기 때문이다.

그리고 미국의 정책연구소는 정치적 성향을 함께하는 집단이나 개인이 정책과정에 영향을 미치기 위하여 연구소 운영에 필요한 재원을 기부함으로써 연구소가 설립되었기 때문이다.12)

그럼으로 한국의 정책연구소는 미국과 독일과는 달리 '당의 이념과 정책을 실현하고', 정당활동과 선거운동을 지원하는 '정당정책연구소'의 성격으로 규정할 수 있다.

한국 정책연구소의 성격은 각 정당의 '당헌'에도 명백히 드러나며 이사회의 구성과 연구인력의 구성에서도 나타난다. 자료의 제약으로 명백히 밝히기는 어렵지만 연구인력의 상당수가 전문연구자이기보다는 당직사 출신으로 채워졌을 것이라는 추측이 가능하다.

---

11) 김영태, "독일의 '정당친화적' 정치재단과 정치발전", 중앙선거관리위원회(편), 『정당정책연구소의 비전과 발전전략』(2005), p.92.

12) *Ibid.*, p.83.

2. 한국 정당정책연구소의 성과와 문제점

본 장에서는 정책연구소의 주요 활동을 기능적 특성으로 분석하고자 한다.[13] 이를 통해서 한국정당정책연구소의 정책 개발의 문제점과 정책정당화를 위한 정책연구소의 역할이 명백해질 것이다. 다만 여러 가지 연구의 제약으로 인하여 개발된 정책이 정책과정에서 얼마나 영향을 주며 어떠한 경로를 통해서 영향력을 미치는지에 대한 분석이 이루어지지 못한 점은 한계점으로 밝혀 두고자 한다.

연구소마다 차이는 있지만 정당정책연구소의 주요 활동은 <표 3>에서 나타나는 바와 같이 정책에 관한 연구, 정책자료 수집 및 출판 · 보급과 정책홍보활동, 당원 교육 · 연수 기능, 정책연구관련 교류협력 등으로 구분된다.

〈표 3〉 2005년도 정책연구소 주요 활동 실적

	열린정책연구원	여의도연구소	국가전략연구소	진보정치연구소	자유민주연합
연구원 수	37	39	12	13	4
연구 개발 실적	67(1.8건)*	**99(2.5건)**	9(0.75건)	20(1.5건)	29(7.25건)
토론회 등 개최	**133**	33	8	39	2
교육연수활동	23	24	3	19	1
정책홍보	23	12	1	0	1
간행물 발간	57	22	16	12	4
그 밖의 활동	33	8	0	13	0

출처: 정책연구소 연간활동보고서, 2005, 저자 재구성.
* ( ) 안의 건수는 연구원 1인당 연구 개발 실적.

---

13) 각 정당의 정책연구소 연간활동 보고서/회계보고서, 2005.

2005년도 연간활동실적 보고서를 토대로 정책연구소의 활동을 살펴보면 다음과 같은 결과를 얻을 수 있었다.

첫째, 전체 예산에서 정책 개발비가 차지하는 비중이 적다. <표 2>에서 보는 바와 같이 민주당의 국가전략연구소 62.8%를 제외하면 정책 개발비에 사용된 예산은 열린정책연구원 24.8%, 여의도연구소 22.5%, 진보정치연구소 21.2%로 30%에도 못 미치고 실정이며, 전체 예산에서 가장 높은 비중은 인건비로 나타났다.

둘째, 정책연구소의 가장 중요한 역할이라 할 수 있는 정책 개발 실적이 미비한 것으로 나타났다. 연구원별 1인당 연구 개발 건수는 열린정책연구원 1.8건, 여의도연구소 2.5건, 국가전략연구소 0.75건, 진보정치연구소 1.5건으로 나타났다.

셋째, 정책연구가 특정 분야에 편중되어 있으며 연구기간도 중장기적인 연구보다는 단기적인 연구에 치우쳐 있는 것으로 나타났다. 이를 보고서 분야별로 살펴보면 열린정책연구원의 전체 보고서에서 통일외교통상과 재정 분야가 차지하는 비중이 52.3%(35건)으로 가장 높으며 환경, 산업자원, 건설교통 분야에서는 단 한 건의 정책 개발도 이루어지지 않았다. 또한 토론회 역시 정치(30%)와 통일외교통상(25%)으로 치우쳐 있다.

여의도연구소의 연구 개발은 정치(21%)와 통일외교통상(34%) 분야가 높은 비중을 차지하고 있으며 토론회에서 차지하는 비중도 위의 두 개 분야가 가장 높게 나타났다. 이러한 정책 개발의 편중현상은 국가전략연구소와 진보정치연구소에서도 유사하게 나타났다.

⟨표 4⟩ 2005년도 정책연구소 연구 개발 실적

	열린정책연구원	여의도연구소	국가전략연구소	진보정치연구원	자유민주연합
노동	2	2	0	0	1
재정	14(20.9%)	12	3(33.3%)	0	11(36.6)
보건복지	6	6	0	7(35%)	1
여성	3	1	0	0	1
정치	7	21(21.6%)	4(44.4%)	9(45%)	0
통일외교통상	21(31.3%)	20(20.6%)	1	1	2
행정자치	5	3	0	1	5(16.7%)
교육	4	7	0	1	1
과학기술정보통신	1	1	1	0	0
국방	3	6	0	0	3
문화	1	7	0	0	0
환경	0	1	0	0	0
산업자원	0	3	0	1	1
농림해양수산	0	2	0	0	0
건설교통	0	4	0	0	2
경제	0	1	0	0	0
사법윤리	0	0	0	0	2
합계	67	97	9	20	30

출처: 정책연구소 연간활동보고서, 2005. 저자 재구성.

⟨표 5⟩ 2005년도 정책연구소 연구 개발 방법

	자체	외부전문가	공동	합계
열린정책연구원	39(58%)	14(21%)	14(21%)	67
여의도연구소	52(54%)	4(4%)	41(42%)	97
국가전략연구소	1(11%)	7(78%)	1(11%)	9
진보정치연구소	15(75%)	5(25%)	0	20
자유민주연합	12(40%)	18(60%)	0	30

출처: 정책연구소 연간활동보고서, 2005. 저자 재구성.

<그림 6> 2005년도 정책연구소 토론회 실적

	열린정책연구원	여의도연구소	국가전략연구소	진보정치연구원	자유민주연합
간담회	11(8%)	17(52%)	0	0	0
공청회	0	1(3%)	0	0	1(50%)
세미나	0	0	2(25%)	1(2%)	0
심포지엄	2(2%)	0	0	0	0
여론조사	17(13%)	0	0	3(7%)	0
진상조사	1(1%)	0	0	0	0
토론회	97(73%)	15(45%)	6(75%)	16(41%)	1(50%)
포럼	5(3%)	0	0	15(38%)	0
학술회의	0	0	0	5(12%)	0
합계	133	33	8	39	2

출처: 정책연구소 연간활동보고서, 2005, 저자 재구성.

<표 7> 2005년도 정책연구소 토론회 실적

	열린정책연구원	여의도연구소	국가전략연구소	진보정치연구원	자유민주연합
노동	1(1%)	0	0	1(3%)	0
재정경제	8(6%)	3(9%)	1(12.5%)	1(3%)	0
보건복지	10(7%)	4(12%)	0	12(30%)	0
여성	3(3%)	1(3%)	0	0	0
정치	41(30%)	7(21%)	2(25%)	10(26%)	2(100%)
통일외교통상	33(25%)	11(34%)	2(25%)	6(15%)	0
행정자치	5(4%)	0	0	0	0
교육	14(10%)	1(3%)	0	0	0
과학기술정보통신	1(1%)	3(9%)	0	0	0
국방	1(1%)	0	0	0	0
문화	1(1%)	0	0	0	0
환경	2(2%)	0	0	0	0
산업자원	0	0	0	1(3%)	0
농림해양수산	1(1%)	0	0	0	0
건설교통	2(2%)	2(6%)	1(12.5%)	0	0
경제	5(4%)	1(3%)	2(25%)	8(20%)	0
사법윤리	3(2%)	0	0	0	0
합계	133	33	8	39	2

출처: 정책연구소 연간활동보고서, 2005, 저자 재구성.

넷째, 정책연구소의 주요 활동에 있어서 정당별로 차이가 있음을 알 수 있다. 예를 들면 열린정책연구원의 경우 토론회의 개최 횟수가 133회로 다른 정책연구소에 비해 현저하게 높은 것으로 나타났고, 여의도연구소는 연구 개발 건수가 99건으로 가장 많았으며, 국가전략연구소는 간행물 발간의 비중이 높게 나타났다(<표 3> 참조).

위에서 상술한 바와 같이 정책연구소는 한국정당이 '이념정당', '정책정당'으로 발전하고 이를 통해 정당의 제도화와 정당체계 안정화를 이룩하며, 선거가 정책적 차별성을 가지는 정책선거로 전환되도록 지원하는 데 목적이 있다고 전제할 때 과연 우리의 정책연구소가 그 역할을 충실히 수행하고 있는지를 살펴보기 위해서 중앙선거관리위원회의 정당정책비교프로그램에 등록된 각 정당의 정책을 2004년도 총선부터 2006년도까지 비교하여 보았다.

결론적으로 한국 정당의 선거공약이나 정책들은 당내의 충분한 의견 수렴 절차 없이 선거에 맞춰 급조되거나 정치적 상황이나 여론에 따라 수시로 변화함을 알 수 있다. 이러한 정당의 잦은 정책변화는 유권자가 정당이나 후보자를 선택하는 데 있어서 정책에 큰 비중을 두지 않게 만들고 동시에 선거공약이나 정책이 정당과 국민 사이에 신뢰의 상징으로 자리 잡지 못하게 하는 결과를 낳게 된다.

동시에 정책연구소의 정책을 연구 개발하고 지원하며 이를 통해서 정당이 이념정당, 정책정당으로 발전하는 데 과연 기여하고 있는지 의문시된다 하겠다.

아래의 <표 8>은 2004년 국회의원선거에서 정당의 공약과 이 제시한 선거공약과 정당정책비교프로그램 1차에 나타난 주요정책의 변화된 사례를 비교한 것이다. 여기에서 나타난 바와 같이 2004년도 선거공약으로 제시한 정당정책이 1년 만에 바뀌었음을 알 수 있다.

한 예로 '국가보안법의 폐지' 여부에 대해서 열린우리당은 2004년 총선에서 국가보안법은 폐지되는 것에 '반대'로 답하였지만 2005년도 정당정책비교프로그램 1차에서는 국가보안법의 폐지에 대해서 '찬성'하는 입장을 표명하였다.

한나라당의 경우 '대학기여 입학제 도입'에 대하여 2004년에는 '찬성'에서 2005년에는 '조건부 반대'로 입장을 전환하였다. 민주당은 인터넷 실명제 도입에 대해서 '반대'에서 '조건부 찬성'으로 기업의 법인세 인하에 대해서는 '찬성'에서 '조건부 반대'로 당론을 바꾸었다.

〈표 8〉 2004/2005년도 정당정책비교

정당정책		정당입장				
		우리당	한나라	민주당	민노당	자민련
국가보안법을 폐지되어야 한다.	2004	반대	반대	찬성	적극찬성	적극반대
	2005	찬성	반대	조건부찬성	찬성	반대
대학기여 입학제는 도입되어야 한다.	2004	반대	찬성	찬성	적극반대	반대
	2005	반대	조건부반대	조건부반대	반대	반대
양심에 따른 병역거부를 인정하고 대체복무제를 도입해야 한다.	2004	찬성	반대	반대	적극찬성	적극반대
	2005	조건부찬성	반대	반대	찬성	반대
인터넷 자유게시판에서 실명인증세를 노입해야 한다.	2004	찬성	찬성	반대	적극반대	적극찬성
	2005	조건부찬성	찬성	조건부찬성	반대	조건부반대
기업의 법인세를 인하하여야 한다.	2004	반대	적극찬성	찬성	적극반대	찬성
	2005	반대	찬성	조건부반대	반대	찬성

2005년도와 2006년도의 정당정책을 비교해 보면 이러한 변화가

다시 나타남을 알 수 있는데, 열린우리당은 인간복제를 허용해야 한다는 의견에 2005년에는 '반대'하였다가 2006년도에는 '조건부 찬성'으로, CCTV의 설치 확대에 대해서 '조건부 찬성', '조건부 반대'로 당론을 바꾸었다. 한나라당과 민주당 역시 CCTV의 확대 설치에 대해서 '반대'에서 '조건부 찬성'으로 바꾸었다.

<표 9> 2005/2006년도 정당정책비교

정당정책		정당입장				
		우리당	한나라	민주당	민노당	국민중심*
사형제는 폐지되어야 한다.	2005	찬성	조건부반대	찬성	찬성	반대
	2006	조건부찬성	기타	찬성	찬성	조건부반대
인간배아복제를 허용하여야 한다.	2005	반대	조건부반대	조건부찬성	반대	조건부반대
	2006	조건부찬성	조건부반대	조건부찬성	반대	조건부찬성
CCTV의 설치는 (유지)확대 되어야 한다.	2005	조건부반대	반대	반대	반대	반대
	2006	조건부찬성	조건부찬성	조건부찬성	반대	조건부반대

* 2004/2005년도는 자유민주연합 당론.

2004년, 2005년 그리고 2006년의 사회적으로 관심이 된 주요정책에 대해서 각 정당의 당론은 연속성이 없는 경우를 발견할 수 있다. 예를 들어 인터넷 자유게시판에서 실명인증제를 도입해야 한다는 의견에 열린우리당은 '찬성', '조건부찬성' 그리고 '찬성'을 표시하였고, 한나라당은 2004년과 2005년에는 '찬성'에서 2006년에는 '조건부 찬성'으로 그리고 민주당은 2004년도 '반대'에서 2005년과 2006년에는 '조건부 찬성'으로 변화하였다.

<표 10> 2004/2006년도 정당정책비교

정당정책		정당입장				
		우리당	한나라	민주당	민노당	국민중심*
자립형 사립학교는 확대되어야 한다.	2004	반대	찬성	찬성	*적극반대*	적근찬성
	2006	기타	찬성	조건부찬성	*반대*	찬성

* 2004년도는 자유민주연합 당론.

사형제도의 폐지에 대해서는 열린우리당이 2004년과 2005년에 '찬성'에서 2006년에는 '조건부 찬성'으로 한나라당은 '반대' '조건부 반대', 그리고 2006년에는 '기타' 의견을 제시하였으며 민주당과 민주노동당은 당론의 변화가 없었다.

<표 11> 2004/2005/2006년도 정당정책 비교

정당정책		정당입장				
		우리당	한나라	민주당	민노당	국민중심*
인터넷 자유게시판에서 실명인증제를 도입해야 한다.	2004	찬성	찬성	*반대*	적극반대	적극찬성
	2005	조건부찬성	찬성	*조건부찬성*	반대	조건부반대
	2006	찬성	조건부찬성	*조건부찬성*	반대	조건부반대
사형제도는 폐지되어야 한다.	2004	찬성	*반대*	찬성	찬성	적극반대
	2005	찬성	*조건부반대*	찬성	찬성	반대
	2006	조건부찬성	*기타*	찬성	찬성	조건부반대

* 2004/2005년도는 자유민주연합 당론.

V. 한국 정당정책연구소의 발전방향

정당정치의 발전을 도모하고자 한국 정책연구소가 설립된 지 2

년이 지나지 않은 상태에서 정책연구소의 전반적인 활동이나 정책과정에서의 영향력을 평가하는 것은 무리일 것이다.

일반적으로 정책연구소는 정책아이디어를 제공함으로써 정책 의제화(policy agenda setting)를 수행하고 정책 혁신에 필요한 정보와 지식을 제공해야 하며, 정당의 정치이념을 적극적으로 정책과정에 구현하고 알리기 위해서 정책전문가로서 정책효과에 대한 과학적인 평가와 분석을 통하여 정책대안을 제시하는 기능을 수행해야 한다.

하지만 지금까지의 한국의 정책연구소의 주요 활동과 성과를 평가해 본다면 정책의제화의 기능과 정책분석의 기능, 그리고 정책전문가로서의 과학적인 평가와 분석이 부족해 보이며 정책과정에서의 영향력 또한 높지 않은 것으로 평가된다. 다만 정책연구소의 영향에 대한 객관적인 평가는 차후 연구과제로 남아 있다.

우리의 정치환경에서 지나친 요구일 수 있겠지만 한국의 정당이 이념정당, 정책정당으로서 한 단계 발전하기 위해서는 정책연구소가 그 주체가 되어야 할 것이며 정책연구소의 연구결과물이 정당의 최고의사결정에 중요한 자료로 활용되어야 할 것이다.

이를 위해서는 정책 개발에 있어 현상적 이슈에 대한 단기적인 차원이 아닌 중장기적인 차원의 연구가 지속적으로 이루어져야 한다. 동시에 정책 개발이 일시적 정치환경이나 여론에 의해서 휘둘리기보다는 정당의 이념을 바탕으로 독립적으로 이루어져야 할 것이며, 이를 통해서 각 정당의 정책은 연속성과 신뢰성을 확보할 수 있을 것이다.

이런 관점에서 정책연구소에 대한 정당의 지나친 간섭은 정책연구소의 본연의 기능을 훼손할 우려가 있으므로 의사결정과정에 있어서 시민사회와 각계 전문가 그룹 및 학계와의 정책네트워크를 통해서 투명성이 보장되어야 할 것이며, 정책연구소가 당직자의 회전문(revolving door)으로 이용되어서는 안 될 것이다.

또한 정책연구소가 정당의 Think Tank로서 기능하기 위해서는 연구인력의 전문성이 더욱 강화되어야 할 것으로 생각되며 이를 위해 좀 더 다양한 정책 분야의 전문가의 충원이 요구된다.

이 밖에도 정책 개발 분야가 특정 분야로 편중되어 있는 점, 연구원의 정책 개발 실적이 미비한 점 등을 개선하여 연구역량을 높아야 할 것이며, 또한 운영 측면에서 전체 예산에서 불용되는 예산의 규모가 너무 많다는 점은 시급히 개선되어야 할 부분이다.

마지막으로 한국의 정책연구소가 지향하는 '시민정치교육' 기능은 일반 시민에게 정당 이념을 전파하고 각종 공직선거의 신인충원 통로로 활용한다는 차원에서 바람직하지만, 정당의 국고보조금을 활용한다는 차원에서 실정법적으로 제약이 있으며 동시에 독일의 사례에서처럼 '정당친화적' 정치재단이 아닌 정당정책연구소가 시민교육을 담당한다는 것은 앞으로 해결해야 할 과제일 것이다.

참고문헌

김영태. "독일의 '정당친화적' 정치재단과 정치발전". 중앙선거관리위
　　원회(편). 『정당정책연구소의 비전과 발전전략』. 2005, pp.109
　　～121.

신두철. "정책선거의 시각에서 본 4·15 총선". 『한독사회과학논총』.
　　제14권. 1호(2004 여름), pp.177～194.

이현출. "정책선거 유도를 위한 공약이행 평가방안". 『선거관리』. 제
　　51호(2005), pp.38～53.

장동진. "한국민주정치와 민주시민교육: 적극적 시민육성을 위한 자
　　유주의적 논의". 『사회과학논총』. 제36집(2005).

정광호. "미국 정책연구소의 역할 분석". 중앙선거관리위원회(편). 『
　　정당정책연구소의 비전과 발전전략』. 2005.

정광호. "우리나라 선거에 있어서의 정책대결의 현주소 및 개선방안".
　　『선거관리』. 제51호(2005), pp.126～145.

정진민. "정책정당 실현을 위한 내부조건". 『통일로』. 3월호(2002),
　　pp.96～107.

중앙선거관리위원회. 『유권자 의식조사 보고서』(서울: 중앙선거관리
　　위원회, 2006).

중앙선거관리위원회. 『유권자 의식조사3차보고서』(서울: 중앙선거관
　　리위원회, 2004).

카르스텐 그라보프. "독일의 정당민주주의와 정당재단의 역할". 『정
　　당민주주의와 정당재단의 역할 세미나』. No.1(2006년 12월),

pp.3～21.

2005년도 정책연구소 연간활동실적보고 및 수입·지출 총괄표.

Anderson, Jamses E. *Public policy-Making*, 2rd Ed. New York: Holt, Rinehert and Winston, 1979.

Harrop, Martin and Miller, William L. *Election and Voters*. London: Mamillan., 1978.

Mansbridge, Jane. "Practice-Thought-Practice". Archon Fung and Eric Olin Wright. *Deepening Democracy: Institutional Innovations in Empowered Participatory Governance*. London/New York: Verso, 2003.

Rich, Andrew. "US Think Tanks and the Intersection of Ideology, Advocacy, and Influence". *NIRA Review*(Winter 2001), pp.54～59.

Wichard Woyke. *Bundestagswahlen*. Bonn: Bundeszentrale für politische Bildung, 2005.

William Crotty. *American Political Parties in Decline*. Boston: Little Brown and Company, 1984.

"정당정책비교프로그램". http://www.nec.go.kr:8088/3pweb/(2006년 11월 28일 검색)

제4장 독일의 공직제도에 관한 연구

정창화

단국대학교 행정학과 교수

Ⅰ. 서론

1. 문제제기 및 연구목적

오늘날 독일에서는 국가와 행정을 현대화해야 하는 당위성에 대해서는 어느 누구도 의심을 제기하지 않고 있다. 특히, 국가와 행정의 현대화라는 관점에서 '효율성을 추구하는 국가'라는 개념은 서구 국가에서 공공 행정을 현대화하는 과정에 지속적으로 영향을 미쳤다. 이것은 행정 분야에서 '관리주의'(managerialism)를 도입하는 결과가 나타났으며, 행정조치에 대한 결과와 시장 경제에 따른 방향 설정이 이전에 비해 강하게 대두되었다.[1]

---

1) Rainer Pitschas, "New Public Administration in Germany as a Good Bye to Max Weber's Theory of Bureaucracy? Government Reform between Managerialism, Rule of Law and Loss of Values", 『정부개혁과 이론 및 학계의 역할』 BK 해외석학초청세미나, 서울대행정대학원(2002), p.1.

특히, 공직제도에 있어서 지난 40여 년간의 특징은 여전히 공법과 전통적인 관료제도에 근간하여 법규범에 의존하는 인사관리체계를 유지하였다. 이러한 공직제도의 특징은 독일의 공무원이 수행하는 노동력에 대한 개념규정이 영미의 국가들의 그것과는 다르다는 것이다. 즉 독일 공무원은 자신의 노동력을 판매하는 일반노동자가 아니라, 국가의 부름을 받아 국가업무를 대행하는 국가의 대리자이며, 국가에 대한 봉사의 대가로서 임금(Lohn)이 아니 봉급(Besoldung)을 받는 것이다.[2]

그러나 이러한 공법과 전통적인 관료제에 도전이 90년대 이후부터 제기되었다. 즉 기존 관료제의 조직화된 무책임성(organisierte Unverantwortlichkeit), 경직성 등에 대한 비판이 제기되었고, 이러한 비판은 어떤 특정한 조직에 대한 비판이 아니라, 종래의 지방의 관료행정을 포함한 공직시스템에 대한 비판일 수 있다.[3]

이러한 맥락에서 90년대 이후 '신공공관리'(New Public Management)는 공공 행정 분야에서 관료주의적 측면이 해당 기능을 자유롭게 해주는 발전과 관련해서 패러다임을 형성하고 있으며, 공공 업무제도와 공공 관료제도에 관리주의 능력을 강화시키는 데 목적을 두고 독일 공직 분야에서 일부 도입되고 있다. 이러한 공직제도의 변화는 행성 사부의 간소화와 구조조정, 공공 서비스의 전달 과정을 개선시키는 데 중점을 두고 있으며, 국가와 비국가 조직 간의 관계에 있어서 새로운 구조 형성, 그리고 규제와 신뢰에 있어서 새로운

---

2) 이승협, "신자유주의 행정개혁과 독일 공무원 노사관계의 변화", 『산업노동연구』, 제12권, 제1호(2006), p.340.
3) 박해육, "90년대 독일 지방정부의 행정개혁", 『지방정부연구』, 제6권 제2호(2002 여름), p.70.

유형을 통해 이러한 제도변화를 표현하고 있다.[4] 이것은 특히 지난 2004년 10월 이후 연방정부의 공직제도 개혁에 대한 실행의지로 연결되고 있다.

따라서 이하에서 우선 독일 공직제도의 원리 및 라우프반 제도에 관하여 기술할 것이다. 이것은 독일의 공직제도가 경제적인 측면에서 기초한 개념보다는 법적인 토대에 기초한 제도 운영을 하고 있음을 확인할 수 있으며, 동시에 여전히 공법과 전통적인 관료제도에 기초한 근간한 제도 운영에 대해 언급할 것이다. 이후 지난 2004년 10월 이후 연방정부가 추진하고 있는 공직제도의 새로운 패러다임에 대해 논의하고 향후 독일공직제도의 방향을 가늠해 보고자 한다.

2. 연구범위 및 연구방법

본 연구에서는 다음의 세 가지 분야로 그 범위를 한정한다. 첫째로 독일의 공직 분류의 원리를 위해 독일 공무원의 개념, 독일 직업공무원제도의 헌법적 근거, 이원적 공직구조 그리고 계급제적 공직구조 등을 우선적으로 살펴보고, 둘째로 현재 독일의 공직분류제도로서 라우프반 제도의 개념 및 공무원관계의 종류, 라우프반 제도에 따른 인사행정 및 보수체계 등이 기술된다. 마지막으로 최근에 진행되었던 공직제도의 개혁에 대한 내용으로써 라우프반 제도

---

4) Rainer Pitschas, "Civil Service System Reform in Germany: Strengthening Professionalism and Leadership in the Era of Governance", 『각국의 공무원제도 개혁과 미래전망』한국행정연구원 개원 15주년기념 국제학술대회, 한국행정연구원(2006), pp.47~49.

개혁 및 성과관리제도 도입이 소개 및 상술될 것이다. 이는 그동안 독일 공직제도가 전통적인 공법적 관료제의 체제에서 신공공관리(NPM)의 영향에 따른 공직제도의 새로운 개혁으로 평가할 수 있음을 제시하는 것이다.

본 연구의 방법은 주로 현재까지 한국, 독일 및 유럽에서 출간된 자료를 중심으로 분석된다. 특히, 최근 연방정부에서 추진하고 있는 행정개혁과 관련된 자료와 공식문서 그리고 국내외 연구기관의 보고서를 중심으로 소개 및 검토된다.

Ⅱ. 독일 공직제도의 개관

1. 독일 공무원의 개념

독일에서 '공무원'(Beamte) 또는 '공근무자'(Öffentliche Dienst)라는 용어는 법적으로 일반 법률상에 정의가 내려져 있다.[5] 그러나 일반 법률상에 내려진 정의는 그 범위에 있어서 개별 법령에 귀속된 특정 사인으로 한정되어 있는 단점이 있다. 실제로 공무원의 기원이 헌법에 기초한 전통에 있기 때문에, 사실상 공무원이라는 용어는 법령에 따른 정의와는 다소 거리가 멀다고 할 수 있다. 즉 헌법에 근거한 개념을 순용해야 한다는 것이다.

---

5) Carl Sartorius, *Sartorius* Ⅰ(München: Verlag C. H. Beck, 2002), p.160; 연방공무원법(Bundesbeamtengesetz, BBG) 제158조 제5항 및, 고용보호법(Arbeitsplatzschutzgesetz) 제15조 제2항 참조.

독일 기본법상에 '공무원'이라는 용어의 적용은 과거에 공무원이라는 용어가 가진 한계를 조금이나마 극복하는 데 기여했다. 즉 공무원은 공법에 법적 근거를 두고 있는 기관, 지방자치단체 또는 재단이 직접 고용한 사람들을 총칭한다. 따라서 공무원은 사실상 공법에 기초해 특별 지위를 보장받은 법(독일재판관법 제3조)과 군인(군인법 제1조 제1항), 봉급을 수령하는 피고용 사무직원, 공공기관이 고용한 기타 피고용인들을 포함해 공무원의 지위를 부여받은 사람들을 지칭한다.6)

2. 독일 직업공무원제도의 헌법적 근거

독일 직업공무원제도의 헌법적 근거는 기본법 제33조 제5항이다. 즉 "공무원법(Das Recht des Oeffentlichen Dienstes)은 직업공무원제도의 전래된 제 기본원칙을 고려하여 규정하여야 한다"는 것이다. 이 조항에 의해서 직업공무원제도가 제도적으로 보장되고 있다.7)

Carl Schmitt에 의해서 설정된 개념인 '제도적 보장'(institutionelle Garantie)은 헌법제정권자가 헌법정책적으로 중요하고 의미 있는 공적 제도를 보장하기 위한 하나의 법기술적 장치이다. 따라서 이러한 제도적 보장의 의미는 국가법적인 제도로서 독일직업공무원제도에 대한 헌법적 근거인 것이다.8)

---

6) Helmut Lecheler, "Die Gliederung des öffentlichen Dienstes", Klaus König/Heinrich Siedentopf(eds.), *Öffentliche Verwaltung in Deutschland*, 2. Auflage(Baden–Baden, Nomos Verlagsgesellschaft: 1997), pp.501~503.

7) 김선옥, 『공무원법 비교 연구』(서울: 이화법학연구소, 1999), p.4.

8) *Ibid.*

독일연방헌법재판소는 "직업공무원제도가 국가생활을 형성하고 있는 정치적 세력에 대한 하나의 조정 요인이 되어야 한다"는 것에서 직업공무원제도의 제도적 보장에 대한 헌법적 정당성을 찾고 있다.[9] 이것은 직업공무원제도의 위치를 의회민주주의 국가의 입장에서 규정한 것이라 하겠다.[10]

또한 기본법 제33조 제4항은 "고권적 권한의 행사는 원칙적으로 공법상의 근무관계와 성실관계에 있는 공근무자에게 계속적인 업무로써 위임된다"고 규정하고 있으며, 이 규정에 의해서 공무원근무관계를 '공법적 근무 – 성실관계'라고 헌법적으로 확정했고, 공무원과 비공무원 간의 행정담당자로서의 구별을 전제함으로써 독일 공근무구조의 이원화제도(Zweispurigkeit)를 언급하고 있다.[11]

3. 독일의 이원적 공직구조

독일의 공근무자는 공무원(Beamte)과 비공무원인 사무원(Angestellte)으로 구성되어 있다. 이것은 상기한 대로 기본법 제33조 제4항에 의하여 고권적 권한의 행사를 맡은 공법상의 근무·성실관계에 있는 공무원과 사법성의 근무계약에 의한 비공무원인 공무담당자의 이원적 공직구조(Zweispurigkeit des öffentlichen Dienstes)를 의미한다. 즉 사무원(노무원 포함)은 근무계약(Dienstvertrag)에 의하여 그 관계

---

9) BVerfGE 7, 155(162).

10) 김선옥, *op.cit.*, p.5.

11) *Ibid.;* Helmut Lecheler, *op.cit.*, pp.503∼504.

가 성립하고, 이 근무계약은 원칙적으로 해약할 수 있다. 그리고 이들의 보수는 임금협약(Tarifvertrag)에 의하여 정해지고, 공무원과 달리 연금에 대한 국가의 보장의무가 없다.12)

사무원의 권리 및 의무관계는 노동법상의 원칙이 적용되는데, 국가의 행정수행이라는 업무의 특성에서 사무원은 공무원관계와 유사한 점도 있으나 기본적인 차이점이 있다.

공무원의 경우 법적인 신분보장(종신제)과 생활보장(봉급 및 연금)이 주어지는 동시에 엄격한 정치적 중립성과 공정성이 요구되며 파업금지 등 기본권에 제한이 가해진다. 반면에 비공무원인 사무원은 단결권·단체교섭권·단체행동권을 모두 가진다. 다만 이들 사무원이 노동쟁의에 참가함으로써 공공질서의 구체적인 장애 - 특히 국민생활에 필요불가결한 생존·생활배려 행정 분야에서 - 를 일으키는 경우에는 노동쟁의법의 일반원칙인 정당한 쟁의행사 및 비례원칙에 의해서 그러한 쟁의의 참가는 허가되지 아니한다.13)

또한 공무원과 비공무원 사이에는 기능과 업무 영역에서도 차이가 존재한다. 공무원의 경우, 공공행정 및 질서의 지속성과 연속성, 안정성 확보에 필수 불가결한 전통적인 핵심 행정영역과 공권력 집행업무, 가령 치안, 법무, 세무, 재무 등을 주로 담당하고 관리 및 지휘기능의 비중이 크다. 이에 비해 비공무원인 사무원은 보건이나 복지, 기술 관련 업무를 주로 담당하며 전문성에 기반을 둔 보완적

---

12) 김선옥, *op.cit.*, p.7.

13) 이 원칙은 특히 국민생활과 밀접한 관계가 있는 기업, 예를 들어 병원, 가스, 전기, 수돗물 등의 공급기업 및 교통사업 등 분야에서 중요하다. 이 분야에서는 스트라이크를 할 때에 필요한 비상근무와 유지근무의 수행에 대한 배려를 하지 않은 경우에는 사무원과 노무원의 스트라이크도 위법이 된다(김선옥, *op.cit.*, p.8).

역할을 수행한다. 이것은 공무원 - 사무원으로 구성된 독일의 이원적 공직구조가 상호 보완적·분업적 관계로 자리를 잡고 있으며, 동시에 이들 두 부분이 상호 견제를 통해 공무 수행의 건전성과 공직사회의 투명성을 제고하는 조직구조로 착근되었음을 의미하고 있다.14)

4. 계급제적 공직제도

1) 계급제에 따른 특별권력관계

독일 공직체계상 계급제는 라우프반(Laufbahn) 제도하에서 연계되어 발전해 왔다. 특히, 공직의 일반직군 카테고리 A와 B는 철저히 계급제적 요소와 연계되었다(<표 1> 참조).15)

특히, 독일공직제도의 근간으로 발전된 특별권력관계이론은 19세기 독일의 입헌군주정을 배경으로 입헌국가론과 입헌행정론에 의하여 당시의 관리의 근무관계를 모델로 하여 생성되었다. 동 이론에 따르면 특별권력관계는 일반법률관계와 달리 강제 또는 자유의사에 의하여 국가와 일정한 행정영역을 구성하게 되는 국민 사이의 특별한 관계에 근거하며, 형집행관계, 공무원관계 및 군복무관계 등이 이에 해당한다.

---

14) 남창현, "독일의 공무원제도와 이공계 전공자", 『공학교육과 기술』 제10권 4호(2003), pp.13~22; 2000년을 기준으로 독일 공근무자의 분포는 공무원 45%, 사무원 55%(노무원 21% 포함) 이다.

15) Lecheler, *op.cit.*, p.506.

<표 1> 계급제와 일반직군 A 및 B

카테고리 B직군

등급	대표관직
B11	차관
B10	차관보
B9	국장, 회계검사원차장
B8	연방특허국장,
B7	연방통계국장
B6	연방행정학원장
B5	부장, 인쇄국장,
B4	중앙수석관리관
B3	관리관
B2	수석이사관
B1	이사관

카테고리 A직군

등급	대표관직 라우프반			
	고등직			
A16	이사관			
A15	서기관			
A14	수석사무관			
A13	사무관	상급직		
A12		상급주사		
A11		주사		
A10		일등주사보		
A9		주사보	중급직	
A8			상급서기	
A7			서기보	
A6			일등조수	
A5			조수	단순직
A4				일등보조
A3				보조
A2				보조보
A1				

　이러한 특별권력관계가 있으면 특별권력 주체는 포괄적 지배권을 가지고, 특별권력복종자에 대하여 특정 행정목적의 실현범위 안에서는 개별적인 법률적 근거 없이 일방적으로 명령·강제할 수 있다.

　물론, 전통적 특별권력관계이론이 현재 시점에서 시대적인 산물로서 행정법사의 한 유물에 불과하다는 주장이 제기되고 있기는 하다. 그러나 현재 독일의 공무원 제도에는 실제 내용상 특별권력관계이론에 근거한 규정한 잔존하고 있는 상황에서 공직제도와 관

련한 공법이론의 중요한 역할을 하고 있는 것을 부인할 수는 없는 상황이다.16)

2) 계급제하에서 전문성 제고

1980년대 이후 독일의 공직제도는 계급제의 경직성을 보완하기 위하여 다음의 두 가지 방안이 실시되었다.

첫째, 근무제도의 유연성 강화이다. 1984년 시간제 근무제와 무급휴가제에 관한 규정을 확대하여 대부분의 직종에 적용되었다. 또한 이 제도의 시행에 따라 연금급여 부담이 증가하게 되자 연금분담금에 관한 규정을 신설하였다. 시간제 근무제는 1980년대에 지속적으로 확대되어 2002년의 경우 시간제 근로자는 전체 공무원의 약 19%에 이른다. 최근에도 시간제 근무제도(Teilzeit Arbeit)는 독일의 실업문제의 해소를 위해 적극적으로 권장되고 있는 실정이다. 즉 상시종사자의 경우 시간외수당을 반으로 줄이고 주 35시간 근로를 엄격히 지키도록 하여 그 대신 시간제 근무를 위한 일자리 수를 증가시키려는 계획 등이 그것이다. 2004년 6월 30일 현재 총 466만 9천 명의 공근무자 중 134만 2천 명이 시간제 종사자이다.

직업공무원의 경우에도 시간제 근무종사자가 증가함에 따라, 연방내무부는 시간제 근무제도가 공무 수행에 악영향을 주지 않도록 근무조건(근무시간 및 시간당 수당)에 관한 선택사항들을 법으로 규정하도록 하고 계속적으로 이에 대한 개신안을 바련하고 있다.17)

---

16) 김선옥, *op. cit.*, pp.37~39.

17) 총무처직무분석기획단, "독일의 정부혁신", 『신정부혁신론』(서울: 동명사, 1997), pp.719~720.

둘째, 능력주의 공무원 인사제도 강화이다. 1996년 연방정부는 연공서열제를 점진적으로 완화시키고 능력 및 성과주의 요소를 도입하는 데 합의하고 관련 법률을 개정하였다. 즉 모든 공무원에게 업무실적에 따라 특별보너스 또는 수당의 신설이나 차등지급이 가능하도록 법적인 근거를 마련하였다. 또한 기존까지 큰 하자가 없으면 2년에 한 번씩 자동승급이 되었으나, 이를 전면 재조정하여 실적에 따라 호봉등급을 차등하여 세분화하였다. 여기에 승진기회뿐만 아니라 보직이나 근무지 이동도 업무능력을 명확히 명시하도록 하여 이에 따라 제한을 두었다.[18]

Ⅲ. 공직분류제도로서 라우프반(Laufbahn) 제도

1. 라우프반의 개념 및 독일공무원관계의 종류

독일의 공직분류제도는 상기한 라우프반 제도로 표현할 수 있다. 라우프반이란 동일한 학력 및 수습을 자격요건으로 하여 동일한 전문영역을 포괄하는 공직의 집합을 말한다. 이때 공직은 단순영역, 필요한 학력 등을 기준으로 라우프반을 나눈다.[19]

동 제도는 직렬에 모든 신분법상의 직(Ämter)이 포함되는 것을 의미하며, 이러한 라우프반 원칙에 따라 공무원의 직업적 발전이 이

---

18) *Ibid.*
19) Lecheler, *op.cit.*, pp.506~507.

루어진다. 직군은 단순직(Einfacher Dienst), 중급직(Mittlerer Dienst), 상급직(Gehobener Dienst), 고등직(Höheren Dienst)의 4개로 나누어지며, 동일직군의 모든 직은 동일한 사전교육과 동일한 학력을 전제로 한다.[20]

이러한 직군 구분은 객관적인 인사정책을 수행하기 위하여 중요한 원칙이 되며 보수와 관련하여 동일직군 내의 동일한 또는 유사한 직에 대하여 동일한 업무, 동일한 책임이 요구되는 동시에 동일한 보수가 보장되어야 하는 것을 의미한다.[21] 각 직군그룹은 다시 수 개의 보수그룹을 갖게 된다.

독일의 공무원 관계는 종신직을 원칙으로 하며 다음과 같이 4가지로 분류된다.[22]

첫째, 종신직/수습직 공무원이다. 종신직으로 연방공무원법 제4조상 의미의 임무를 위하여 지속적으로 필요되는 자를 의미한다. 수습직 공무원은 장래에 종신직으로 임용될 수 있는 자이며, 이를 위해 실습기간의 경과를 필요로 하는 자를 의미한다.

둘째, 철회 가능한 공무원이다. 철회가 가능한 공무원관계는 다음과 같은 경우 임명될 수 있다. ① 규정상 또는 통상적 수습근무(예비적 근무)를 수행하는 자, ② 단지 부수적 또는 임시적으로 연방공무원법 제4조상 의미의 임무를 위하여 필요되는 자이다.[23]

셋째, 기간제(계약제) 공무원이다. 기간제 공무원은 일정기간 동

---

20) § § 16-19 BBG.

21) Vgl. BVerfGE 12, 326(334).

22) Gottfried Herbig, "Personnel Management", Klaus König/Heinrich Siedentopf(eds.), *Public Administration in Germany*(Baden-Baden; Nomos Verlagsgesellscgaft, 1997), pp.475~480.

23) 철회 가능한 공무원에 대해서 각 주(州)의 경우 입법자가 가능한 경우에 대해서 기간제 공무원을 허용하고 있기 때문에 실시된 바는 없다.

안 공무 수행을 위하여 필요한 경우에 한시적으로 임명되는 자를 의미한다. 이러한 기간제 공무원의 임용 사례 및 전제조건 등에 관해서는 법률로 정하고 있다.

넷째, 명예직 공무원이다. 연방공무원 제4조상 의미의 임무를 명예직으로 수행하기 위하여 공무원 관계에 임명된 자를 의미한다. 이러한 명예직 공무원은 그의 직무를 본업(Hauptberuf)으로 수행하지 않는다는 점에서 기간제 공무원과 구별된다.[24]

2. 라우프반 제도에 따른 인사행정

1) 라우프반 제도하의 공직임용제도

독일은 국가 구성방식에 의해 지역당국들(territorial authorities), 즉 연방정부, 주(州)정부, 지방자치단체 등이 임용권자가 된다(<그림 1> 참조). 독일공무원의 채용의 근거법규 - 연방기본법, 연방공무원법, 연방라우프반령(令), 연방관리 및 연방에 근무하는 재판관의 임면에 관한 명령, 각종 수습·시험규정 - 에 따른다.

임용에 있어서는 능률주의의 원칙을 토대로 하여 후보자의 공직에 대한 적성, 능력 및 전문적인 역량을 기준으로 하여 임용후보자를 선발한다. 먼저 공무원 지원자는 준비근무(조건부 공무원관계) 및 견습근무(견습공무원관계)를 거친 후 관직을 부여받게 되며, 종

---

24) 김형철, "독일 공무원제도에 관한 소고-계약직 공무원과 관련하여", 『연세법학연구』, 제6집 제2권 (1999), pp.56~57.

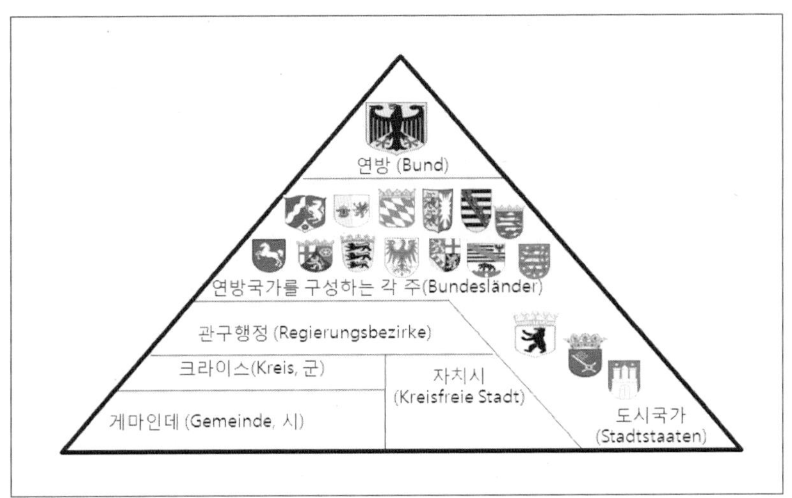

〈그림 1〉 독일의 국가행정구조

신공무원으로 된다. 준비근무에의 채용을 담당하는 채용관청은 선발위원회를 설치하여 지원자의 자격요건, 능력 등을 적절한 방법으로 심사하며, 준비근무를 위한 정원의 범위 내에서 채용한다. 라우프반의 자격을 인정받기 위해서는 일반적인 직종에 관해서 라우프반 시험에 합격하여야 한다.

라우프반 시험의 종류와 수험자격은 법률 및 라우프반령에 다음과 같은 사항을 규정하고 있다. 이에는 다음의 4가지 유형이 있다. 첫째, 단순직(einfacher Dienst)이다. 이는 초등학교 의무교육본과정 또는 이에 상당하는 교육과정 이수를 요구하며(라우프반령 제17조), 적어도 6개월의 준비근무 경력(라우프반령 제18조)이 전제된다. 둘째, 중급직(mittlerer Dienst)이다. 이는 실업중등학교 졸업, 의무교육본과정에 양호한 성적으로 취학·이수하고 동시에 직업교육을 수료, 공법상의 교육관계에 관한 라우프반에 적절한 교육을 이수할 것 또는 이에 상당한 교육 정도를 요구한다(라우프반령 제19조). 또한 2년간의 준비근무가 원칙으로서 요구된다(라우프반령 제20조). 셋째, 상급직(Gehobener Dienst)이다. 이는 대학입학자격(Abitur)을 인정받은 학교 교육 또는 이에 상당한 교육 정도를 요구하며(라우프반령 제21조), 3년간의 준비근무가 전제된다(라우프반령 제25조). 넷째, 고등직(Höheren Dienst)이다. 이는 대학졸업의 자격을 요구한다. 특히, 고등직에 속하는 간부급 공무원에 관해서는 제1차 국가시험(또는 이를 대체하는 시험)에 합격한 자(대학을 졸업한 연령이 32세 이하)가 채용되며, 2년간의 준비근무를 거쳐 라우프반 시험(제2차 국가시험)에 합격하여 다시 한 번 3년간의 견습근무를 거친 후에 채용된다.[25]

채용은 능률주의의 원칙을 기초로 임용후보자의 공직에 대한 적성, 능력 및 전문적인 역량을 기준으로 선발한다. 시험결과를 1단계에서부터 6단계까지 평가를 집약하여, 하위 2단계(5단계 및 6단계)는 불합격 처리한다. 합격자는 일차로 시보직공무원으로 임용된다.[26]

시보직공무원의 임용은 원칙적으로 준비근무를 종료하여 라우프반 시험에 합격한 자에 대해 이루어진다. 견습기간은 5년을 초과하지 않은 범위에서 정해지고 있다. 고등직의 경우 준비근무기간은 적어도 2년, 견습(시보)기간은 3년이 된다. 조건부 공무원에 임용되

---

25) Lecheler, *op.cit.*, pp.506~510.

26) Bundesministerium des Innern(BIM), *Der Öffentliche Dienst in Deutschland,*(Berlin: BMI, 2002), pp.54~82.

는 자는 각 라우프반에 인정된 일정기간 동안 공무원후보자로서 준비근무를 수행한다. 그 기간 중에는 신분보장은 되지 않으며, 원칙적으로 면직될 수도 있다. 최종적으로 시보임용기간이 유효하게 종료한 경우에 해당 관직에 종신공무원으로 임용된다(연방공무원법 제24조a).

2) 라우프반 제도하의 공직채용 분야

독일 공무원의 채용 분야는 크게 일반직 공무원과 특수 전문직 공무원 그리고 기타 분야로 나누어진다. 일반직 공무원의 채용은 일반행정직 공무원, 선출직 지방자치단체 일반직 그리고 정치적 일반직으로 구분된다. 기타 분야는 교수 및 법관임용에 관한 사항이다. 이하에서는 일반행정직 공무원 분야에 대해서 언급한다.

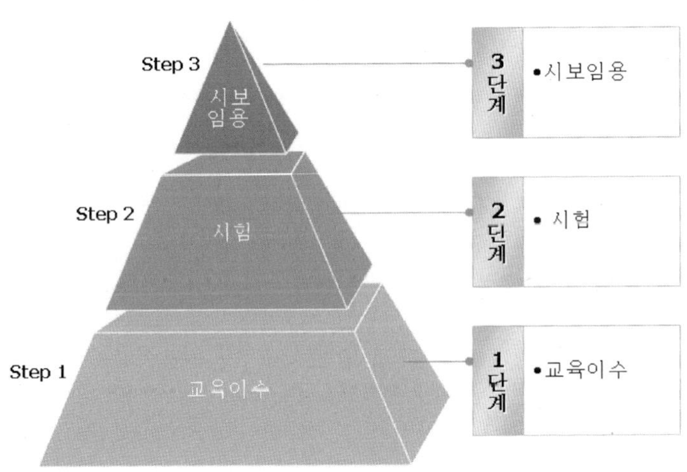

〈그림 2〉 일반직 공무원 임용절차

일반행정직 공무원에는 일반직 공무원과 특수전문직 공무원으로 이분할 수 있다.27)

첫째, 일반직 공무원이다. 일반직 공무원의 채용은 공법에 의해 규율된다. 연방공무원법과 연방라우프반법은 경력직 공무원에 대해 비교적 체계적인 임용요건과 절차를 규정하고 있다. 이는 일반행정직 공무원이 갖추어야 할 자질과 능력에 대한 보다 객관적인 기준을 부여하기 위해서이다. 동 법률에 따르면, 전통적인 행정직 공무원에 대해서는 ① 교육이수, ② 시험, ③ 시보 임용을 통한 자체 양성방식이 적용된다(<그림 2> 참조). 그러나 자체양성이라고는 하지만 일반직 공무원의 경우 정식 임용까지의 과정이 매우 까다롭다.

특히, 고등직의 지원자격은 법학, 경제학, 재정학, 기타 사회과학을 전공한 대학교 졸업학력이다. 이수과목과 성적, 실습 분야와 기간 등을 고려한 서류심사에 통과하면 이 지원자는 후보 공무원으로서 2년 또는 2년 6개월 정도의 직류별 이론 및 실무교육을 받아야 한다. 여기에 이러한 교육과정을 이수한 후에는 자격시험(이론, 구두, 실기시험)을 치러야 한다. 이 시험에 합격한 사람만이 시보직 공무원(Beamte auf Probe)으로 채용된다. 그리고 다시 3년간 시보 임용기간을 거친 후에야 최종 정규공무원으로 임용된다. 결국 석사학위 또는 동등자격(국가고시 등)을 취득한 후 5~6년 동안의 교육과 수습기간을 거친 뒤에야 정식 고등직 공무원으로서 공직에 채용될 수 있다.

---

27) Gottfried Herbig, *op.cit.*, pp.475~481.

둘째, 특수전문직 공무원이다. 특수 분야 전문직은 일반직에 비해 상대적으로 늦게 제도화되었다. 즉 1960년대부터 이 분야의 채용을 확대해 왔으며, 1970년대 이후 '특수전문직렬공무원에 관한 법'(Verordung über die Beamten in Laufbahnen besonderer Fachrichtungen, BFLV), 1978년 연방라우프반법 등을 통해 특수전문직공무원의 자격요건과 임용절차에 대한 통일적인 규정이 마련되었다. 즉 별도의 자체 교육과정과 시험을 거치지 않고 임용되며, 이 때문에 필요 근무경력을 산정하고 근무의 성격을 명확히 규정하고 있다.

현재 시행 중인 연방라우프반규정은 특수분야전문직렬의 고등직 지원자의 경우 석사학위 이상의 학력을 소유하고 동일한 전공 분야에서 3년 6월 이상 근무한 경력자이어야 한다. 상급직에 지원하기 위해서는 전문대학을 마치고, 전공 분야에서 2년 6월 이상의 경력자이어야 한다.

3. 라우프반 제도하의 공무원 보수체계

1) 보수산정시 기본원칙

연방보수법28)은 연방·주·지방자치단체에 대하여 공법상의 근무·성실관계에 있는 모든 공무원, 법관, 군인에게 통일적으로 직접 적용되며, 각 주는 동 법이 명문으로 정한 경우에 한하여 자신의 보수법상의 규정을 공포할 수 있다.

---

28) Vom 9. 3. 1991(BGBl, IS, 409).

이러한 보수체계는 라우프반 제도의 근간이며, 공무원법의 일부로서 공무원법상의 원칙인 ① 경력직렬구분의 원칙(Laufbahnprinzip), ② 능력주의원칙(Leistung-sprinzip), ③ 기능에 따른 보수원칙(Der Grundsatz der funktionsgerechten Besoldung), ④ 적응의 원칙(Anpassungsprinzip) 등과 관련된다.29)

일반적인 경제적 · 재정적 관계와 일반적 생활수준의 고려하에 공무원에게 직위에 적합한 보수를 보장한다는 것은 보수가 언제나 일정하게 고정된 것이 아니라 변화되는 상황에 적합하게 변화되게 한다. 이미 1958년 연방헌법재판소30)는 보수를 산정함에 있어 일반 경제적 · 재정적 관계와 일반적 생활수준을 고려해야 하는 입법자의 의무는 기본법 제33조 제5항에서 나온다고 결정한 바 있으며 연방공무원보수법 제14조도 이를 명문으로 규정하고 있다. 동 규정에 따른 보수조정법(Besoldungsanpassugsgesetz)이 매년 제정되고 있다.31)

---

29) 김선옥, *op.cit.*, pp.16~19; 보수산정 4원칙 중 ① 경력직렬구분원칙(Laufbahnprinzip)은 직렬에 모든 신분법상의 직(Ämter)이 포함되는 것을 의미하며, 이 원칙에 따라 공무원의 직업적 발전이 이루어진다. ② 능력주의원칙(Leistungsprinzip)은 공무원의 임용, 승진의 기준이 되는 능력주의 원칙은 보수법상의 주요 원칙이기도 하다. 동 원칙은 공무원보수를 직위에 적합하게 산정해야 하는 보수입법권자의 비교적 넓은 판단 여지를 한계 지어 주는 역할을 한다. ③ 기능에 따른 보수원칙(Der Grundsatz der funktionsgerechten Besoldung)은 연방보수법 제18조가 규정하고 있는 원칙으로 보수액은 당해 공무원이 수행하는 기능의 평가에 따라 행해져야 한다는 것으로 지위와 기능의 조화를 요한다. ④ 적응의 원칙(Anpassungsprinzip)은 부양원칙(Alimentationsprinzip)에 따라 공무원의 직위와 능력에 따른 보수는 일반적인 생활수준의 고려하에 그의 직위에 상응하는 적합한 생활을 영위하게 하는 것을 의미한다.

30) BVerfGE 8, 1(14).

31) 김선옥, *op.cit.*, p.19.

2) 보수의 구조 및 체계

(1) 보수의 내용 및 기준

연방공무원보수법(Bundesbesoldungsgesetz, BBesG) 제1조 제2항
과 제3항이 규정하고 있는 공무원보수의 내용은 같은 법 제1장의
일반적 규정의 적용을 받는 직무급(Dienstbezüge)과 기타 급여
(Sonstige Bezüge)로 나누어진다.

직무급에는 기본급, 대학교수에 대한 기본급, 지역수당(Ortszuschlag),[32]
수당 및 보상금 및 외국근무수당이 포함되어 있다. 수당 및 보상금은 직
위, 기능, 특별한 업무 또는 부가적인 수고나 능력에 의해 제한된다.

보수산정 시 구체적 기준으로는 연령, 근속기간, 가족관계 그리고
규정된 교육이 고려된다. 연령은 시보공무원의 경우 26세 전후의
차이를 두며, 근속연수에 시작의 연령을 고려함으로써 기본급의 산
정 시에 고려된다. 특히, 법관의 기본급 산정에 영향을 주고 있다.
이러한 연령의 고려는 나이가 많으면, 그 나이에 따른 생활수요가
많아짐을 계산한 것이다. 근속연한은 기본급의 산정에 있어서 최종
기본급에 이르기까지 근속연한의 2년마다 오른다. 가족관계는 지역
수당의 산정에 있어 결혼 여부, 자녀 수를 고려한다. 규정된 교육은
직렬그룹과 보수그룹의 연관성에서 직렬마다 요구되는 학력이 있으
므로 학력에 따른 보수가 되는 것이다(§§17, 19, 24 및 30 BLV).

---

32) *Ibid.*, pp.19~20; 지역수당은 보수그룹의 단계와 공무원의 가족관계에 따라 정해졌으며, 이전에는 지
역에 따른 물가상황을 고려하여 달리 규정되었기 때문에 지역수당이라고 명명하였다. 그러나 현재는
근무지에 따른 물가차이를 독일 국내에서는 고려할 필요가 없으므로 더 이상 고려대상이 아니다.

(2) 보수그룹

보수그룹에 따라 기본급이 정해지는데, 보수를 결정하는 주요 기준이 어느 보수그룹이며 또는 어느 직(Ämter)인가가 된다. 보수그룹의 등급은 기본급의 액수를 정할 뿐만 아니라 지역수당과 퇴직 후의 연금액수를 규정한다.

공직제도 개혁 이전의 연방공무원보수법(BBesG)상 보수그룹은 A, B, C, R 4개로 되어 있다. A보수그룹(일반직 공무원)은 단순, 중간, 상급, 고등직군의 4개 직군의 직에 대한 보수그룹으로 직위에 따라 A1부터 A16등급까지 있다. 이 중 대학졸업자의 경우 A13 등급으로 시작된다.

그 밖에 보수그룹 B는 고위직의 보수그룹으로서 직위에 따라 B1 부터 B11까지의 등급으로 되어 있다. 보수그룹 C는 대학교수의 보수를 규정하고 있으며, C1등급으로부터 C4등급까지 나뉘어 있다. 보수그룹 R은 법관과 검사의 보수를 규정하고 있으며, R1등급에서 R10등급까지 분류된다.[33]

---

33) Bundesministerium des Innern(BIM), Der Öffentliche Dienst in Deutschland(Berlin, 2002), pp.68~77.

〈표 2〉 A보수그룹(일반직공무원)의 보수체계

등급	2년 간위로 승급						3년 단위로 승급			4년 단위로 승급		
	1호봉	2호봉	3호봉	4호봉	5호봉	6호봉	7호봉	8호봉	9호봉	10호봉	11호봉	12호봉
A 1	1249.93	1282.03	1314.12	1346.22	1378.32	1410.41	1442.50					
A 2	1318.60	1350.44	1382.29	1414.14	1445.98	1477.84	1509.68					
A 3	1373.60	1407.48	1441.37	1475.26	1509.14	1543.03	1576.92					
A 4	1404.80	1444.70	1484.59	1524.49	1564.39	1604.28	1644.18					
A 5	1416.15	1467.23	1506.93	1546.61	1586.30	1626.00	1665.68	1705.37				
A 6	1449.68	1493.26	1536.84	1580.42	1624.00	1667.58	1711.17	1754.74	1798.33			
A 7	1513.39	1552.56	1607.40	1662.24	1717.07	1771.91	1826.74	1865.91	1905.08	1944.26		
A 8	€	1608.20	1655.06	1725.33	1795.61	1865.88	1936.16	1983.01	2029.86	2076.72	2123.56	
A 9		1713.41	1759.50	1834.50	1909.51	1984.51	2059.51	2111.07	2162.64	2214.20	2265.76	
A10		1846.20	1910.27	2006.36	2102.46	2198.55	2294.64	2358.71	2422.77	2486.83	2550.90	
A11			2128.19	2226.66	2325.12	2423.58	2522.05	2587.69	2653.34	2718.98	2784.63	2850.27
A12			2288.77	2406.17	2523.56	2640.95	2758.35	2836.61	2914.88	2993.13	3071.40	3149.66
A13			2576.21	2702.98	2829.74	2956.51	3083.28	3167.80	3252.31	3336.82	3421.34	3505.85
A14			2681.24	2845.63	3010.01	3174.40	3338.79	3448.38	3557.98	3667.57	3777.16	3886.76
A15						3490.81	3671.56	3816.15	3960.74	4105.33	4249.92	4394.51
A16						3855.50	4064.53	4231.75	4398.99	4566.21	4733.44	4900.67

※ 기준: 월액
굵은 숫자는 €

Ⅳ. 독일 공직제도의 개혁

1. 라우프반 제도의 개혁

연방정부는 지난 2004년 10월 4일 연방내무부에 의해 공직제도의 개혁안을 제시하였고, 2005년 6월 현행 라우프반 제도를 개혁하기 위하여 연방공무원법 개정을 추진하였다. 따라서 우선 동년 6월 15일 이러한 개정안은 내각에서 통과되어 2006년 7월에 발효되었다. 라우프반 제도 개혁 관련한 핵심적인 내용은 다음과 같이 요약할 수 있다.

	임용요건(학력)	기타	라우프반(Laufbahn) 임용	
			시보기간	라우프반으로 임용
단순직	중등학교졸 ★	행정업무 유경험자 또는 경력자	3년 + 필요에 따라 기간연장	-신규인력인 경우 라우프반에 기초해서 임용 -경력자 및 특별한 자격요건을 갖춘 경우 고위직 임용 가능
중급직	실업고등학교졸			
상급직	고등학교졸 (대학입학자격)★			
고등직	대학교졸 ★			
기타 직위	각각의 경력에 따라 전문화된 요구사항이 존재함			
특징	라우프반의 축소(Reduzierung der Laufbanhnen)			

자료: BMI(2005), p.3.

〈그림 3〉 새로운 라우프반 제도 개혁안

첫째, 현재 4단계로 되어 있는 라우프반 직렬을 '기타 직위'를 신설하여 필요한 경우 고위직으로 임용이 가능하게 되었다.

둘째, 시보기간의 연장가능성이다. 종신직 공무원으로 임용되기 위해서는 기존의 최고 3년간 시보직으로 임용되었지만, 향후에는 더욱 길어질 것이다.

셋째, 기존의 라우프반은 축소될 것이며, 현대적으로 변용될 것이다. 여기서 현대적이란 라우프반 제도에 성과관리제가 연계됨을 의미한다.

마지막으로 일반직 공무원 보수체계도 수정될 것이다. 현행 A 및 B 직군의 보수체계는 F직군으로 단일화되어 성과임금과 연계되어 실시되고 있다.[34]

2. 성과관리제도의 도입

상기하였듯이, 라우프반 제도를 근간으로 하는 독일의 공직구조는 경력체계방식을 원칙으로 공무원이 자신에게 주어진 직무수행을 충실히 하는 대가로 이에 상응하는 급료와 안정된 연금수익을 기대하게 된다는 소위 '부양의 원칙'[35]이 전통적인 원칙으로서 지배적이었다. 이에 독일 연방헌법재판소도 경력체계방식과 성과제 원칙(performance principle) 간 발생할 수 있는 문제점을 해결하는

---

34) Bundesministerium des Innern(BIM), *Aufbau und Inhalt des Gesetzentwurfs zur Reform der Struktur des öffentlichen Dienstrechts(Strukturreformgesetz–StruktRefG)*(Berlin, 2005), pp.1~3.

35) 독일 연방헌법재판소는 국가공무원의 직위에 상응하는 적정한 생활보장과 연금보장의 의무를 '전래된 직업공무원제도'의 중요한 원칙으로 보아 왔고 학설도 이를 인정하고 있다. 이것이 부조(Alimentation) 의 원칙이다. 독일에서 이 부조원칙은 처음에는 행정의 효율을 높이고, 능력 있는 공무지원자를 구하며, 군주에 대한 공무원의 개인적 예속을 완화하기 위한 하나의 정치적 프로그램이었다. 그러나 지금의 부조원칙은 공무원의 보수와 연금제도에 관한 기본으로서, 공무원이 그의 근무를 평생직업으로 바칠 수 있도록 하기 위한 조건으로서, 정치세력의 역동성 속에서 안정되고 지속적인 법에 성실한 행정을 보장하는 기본법이 규정한 직업공무원제도의 과제를 공무원이 법적 · 정치적 자주성 속에서 수행할 수 있게 하기 위한 것이다. 따라서 이 부조원칙은 직업공무원제도의 보존과 그 기능의 보장을 위한 공공이익의 의미가 있다(Lechler, 1997; 김선옥, 2002).

데 무리가 있음을 언급하였다.

그러나 지난 2005년 6월 15일 연방정부는 기존의 공무원 체계를 개혁하고자 하는 관련 법안(Strukturreformgesetz)을 공포하면서, 2006년 7월까지 성과 평가제 및 성과급제의 도입을 결정하고, 2008년 1월 시행되었다.36)

1) 현행 성과관리제의 현황 및 한계

현재 독일에서 실시되고 있는 성과관리제는 지난 1997년 2월 24일에 '공공근무자개혁법'(Gesetz zur Reform des öffentlichen Dienstrechts)이 제정되면서 비롯되었다. 그러나 독일의 공직체계인 라우프반 제도 내에서 실시되고 있다. 따라서 성과관리제의 근거는 연방라우프반령 제40조 및 제41조에 따르며, 각 부처(최상급청)의 장이 이에 대한 관할권을 향유하고 있다.

이러한 성과관리제는 공무원의 적성 및 업적에 대해 원칙적으로 5년을 초과하지 않는 기간(정기평정기간) 또는 공무원 개인 혹은 업무상의 필요가 있는 경우에(비정기평정) 평정하는 것으로 되어 있다. 근무평정은 문서에 의하는 것으로서 평정의 결과는 모두 피평정자에게 제시되며, 이에 따라 대화를 통하여 내용에 대해 합의하는 것으로 되어 있다. 또한 평정결과는 인사기록으로 취급된다. 특히, 평정은 피평정자의 전체적인 지적 소질, 성격, 교육 정도, 근무실적, 협조성 등 어떤 형태로든 부담을 감안하여 행해지며, 최종적으로 종합평가(점수) 및 장래의 배치에 관하여 제안을 하는 것으

---

36) Bundesministerium des Innern(2005), *op.cit.*, p.1.

로 되어 있다. 다만, 연방내무장관의 동의를 얻어 시험적으로 이와 다른 조치를 취하는 것이 인정되고 있다.

그러나 이러한 성과상여금은 1회에 한하여 지급되며, 부여된 해당업무에서 뛰어난 업적을 올린 데 대해 신속한 방법으로 보상한다는 특별보상성을 강조하고 있으며, 부가급여로서 기본급처럼 계속적으로 지급되는 급여가 아니다. 따라서 신공공관리하에 공직 분야의 효율성 제고를 위한 지속적인 성과급과는 차이가 있으며, 민간 분야의 탄력성을 공직 분야에 도입하는 데 미흡하였다.

2) 성과관리제도의 개혁

공직 구조 개혁을 위한 연방정부의 개혁은 구조 개혁법(Strukturreformgesetz)을 제정하여 공직사회에 효율성을 제고하는 것이 주된 목적으로 추진되었다. 이를 위해 공무원법대강법(Beamtenrechtsrahmengesetz)과 연방공무원법(Bundesbeamtengesetz)을 개정하고 동시에 공무원 보수 지급과 공무원 복지와 관련한 새로운 규정을 도입하였다.

이러한 공무원법 개혁은 다음의 3개의 핵심 추진 과제 ① 개별적인 성과급제 도입, ② 연방보수법의 개정, ③ 성과제의 유연성 확보에 있었다.37)

첫째, 개별적인 성과급제 도입이다. 수소 개혁법안에 따르면, 공무원의 권리 차원에서 성과 위주의 측면을 법적으로 공고히 하고 있다. 핵심 쟁점은 공무원 권리, 임금 관련 규정과 직위법(Statusrecht)상에서 현실에 맞는 성과 제의 토대를 마련하는 데 있다. 이에 구조 개

---

37) Bundesministerium des Innern(2005), *op. cit.*, pp. 1~5.

혁법 제9조에 따르면, 공무원대강법(BRRG)과 연방공무원법(BBG)의 개정을 쟁점 사안으로 거론되었다.

특히, 동 법률은 공무원을 대상으로 성과 위주의 임금지급제도인 성과급제 도입이 이슈화되었다. 새로운 제도로 두각을 드러내고 있는 성과급제는 최우선적으로 공무원 개인이 거둔 성과와 실무상에 인식되고 있는 개별 업무에 우선순위를 부여하고 있다. 따라서 연령에 따라 또는 결혼 유무에 따라 임금이 지불되는 기존의 평가기준들은 향후 더 이상 중요한 영향력을 행사할 수 없게 될 것이며, 완전 철폐될 것으로 예상되고 있다. 봉급은 최저 임금(Basisgehalt)과 개별적으로 산출한 성과를 바탕으로 한 성과임금을 합산하여 실질적으로 산출하고 있다.

둘째, 연방보수법의 개정이다.[38] 연방보수법에 따르면, 지금까지 동법이 연방정부와 주정부 소속 공무원들의 임금 지급에 관한 포괄적인 규정을 법적으로 명문화한 반면, 현재 개혁 작업의 일환으로 상정된 법률안과 관련한 새로운 임금지급법(Bezahlungsrecht)은 임금지급에 필요로 하는 '기본권'을 새롭게 규정하고 있다. 즉 주정부들이 독자적으로 통제할 수 있도록 임금지급법은 특별수당과 크리스마스 특별 수당과 관련한 규정과 비교해 향후 총체적인 추가 수당(공직상 주어지는 추가 수당)을 제도화하는 것이다. 예를 들면, 업무수당, 야근이나 전문적인 지식을 요하는 업무에 대한 특별근무수당, 특정한 성과 달성에 상여금, 연간 지급되는 특별 수당

---

38) 독일 연방행정법원의 2004년 6월 17일 결정에 대한 공무원급여규칙에 의한 행정입법에 관한 사항은 다음 논문 참조; 이상해, "공무원급여규칙에 의한 행정입법", 『공법학연구』, 제6권 제4호(2006), pp.56~57.

과 재산 축적에 작용되는 성과가 여기에 해당한다.

셋째, 성과제의 유연성 확보이다. 이번 공무원법 개혁을 위한 새
로운 시도는 공무원의 성과와 밀접한 연관성이 있고, 직책에 따른
다양화된 보수규정의 도입이 쟁점 사안으로써 부각되었다. 특히,
독일 연방정부는 이러한 현실을 반영한, 세분화된 임금지급제도를
통해 그동안 경직된 공무원체계를 개혁하고 성과제의 유연성 확보
를 추진하고 있다.[39]

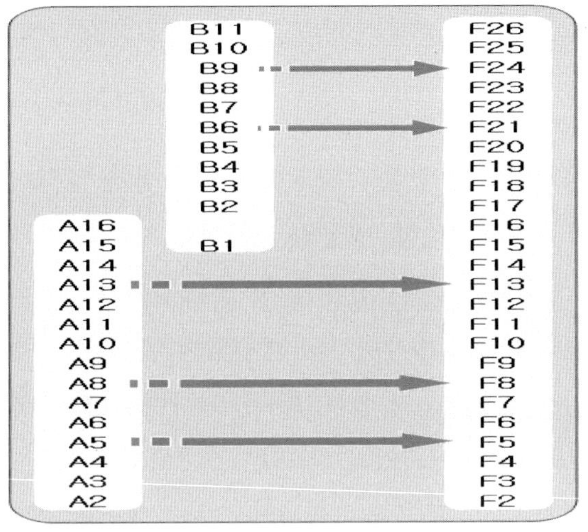

자료: BMI(2005), p.7.

〈그림 4〉 성과제 연계의 보수그룹의 재조징

---

39) Beate Busse, "Was leisten Leistungsanreiz?—Bedeutung und Erfolgsfaktoren effektiver
Leistungsanreize", Andreas Gourmelon and Christine Kirbach(eds.), Personalbeurteilung im
öffentlichen Sektor(Baden—Baden, Nomos, 2006), pp.78~85.

특히, 보수지급과 관련해서, 개별적으로 산출한 성과와 실무를 통해 인식되는 직책별 기능이 최우선적으로 고려되었고, 개인별 성과변수와 업무별 세분화에 따라 25등급의 임금지급체계를 구축하였다(<그림 4> 참조). 이러한 임금지급제도와 관련한 기본 체계와 근간은 향후 연방 입법기관을 통해 연방 차원에서 통일성을 유지할 수 있는 방향으로 통제되어야 할 것이다.40)

V. 결론

국가행정의 성패는 행정을 담당하는 공무원에 달려 있다고 해도 과언이 아닐 것이다. 특히, 행정의 전문성이 보다 많이 요청되고 있는 현대 행정에서는 매우 긴급한 사안일 것이다.

독일의 공직제도는 19세기부터 발전되어 온 특별권력관계이론을 배경으로 입헌국가론과 입헌행정론에 의하여 당시 관리의 근무관계를 모델로 하여 생성되었다. 이러한 공직제도는 특별권력 주체가 포괄적 지배권을 가지고, 특별권력복종자에 대하여 특정 행정목적의 실현범위 안에서는 개별적인 법률적 근거 없이 일방적으로 명령·강제할 수 있는 체제였다. 현재의 독일 공직제도는 사실상 특별권력관계이론에 근거한 규정이 잔존하고 있는 상황이었다.

물론 국가와 공법적 특별관계를 체결하고 국민 전체에 대한 봉사자이며, 국민에 대하여 책임을 지는 공무원이 국가의 행정을 담

---

40) Bundesministerium des Innern(2005), *op.cit.*, p.8.

당하여 민주주의와 법치주의를 실현시킬 수 있는 최일선에 있음을 부인할 수는 없다.

이러한 차원에서 독일은 지난 몇 년 동안 수십 년을 지켜 왔었던 공직제도를 연방정부 차원에서 개혁하였고, 지난 2006년 1월에 발표한 성과관리지침 규정을 통하여 성과제를 도입하였다. 이것은 유능한 인력을 행정부로 유치하고 공무원의 능력과 사기를 보장함으로써 행정의 효율성을 제고하고 국가를 현대화하는 작업의 일환으로 간주할 수 있다.

다만, 공직제도 개혁을 통한 국가현대화는 공무원들의 자발적인 참여와 개혁에 대한 의지가 고려될 때 가능할 수 있다. 즉 공직제도에 대한 개혁은 공무원들이 환경의 변화에 따른 개혁의 필요성을 인식하고 이를 자발적으로 실천하려는 의식이 생겨나야 이것이 국가 개혁과 맞물려 목적한 바의 효과를 달성할 수 있는 것이다.

대륙계 관료제도를 구축하고 있는 한국적 상황을 고려해 볼 때, 공법전통의 독일 공직제도 및 인사행정의 변화는 우리에게 의미 있는 시사점을 제공하고 있다. 즉 개혁의지가 조직구성원의 변화를 유도할 때, 이러한 개혁은 고품질의 행정서비스를 생산할 수 있는 제도적 장치로서 변모할 것이라는 점이다.

참고문헌

김선옥. 『공무원법 비교 연구』(서울: 이화여대 법학연구소, 2002).

김형철. "독일 공무원제도에 관한 소고 - 계약직 공무원과 관련하여", 『연세법학연구』, 제6집 제2권(1999), pp.51~67.

남창현. "독일의 공무원제도와 이공계 전공자", 『공학교교육과 기술』, 제10권 4호(2003), pp.13~22.

박해육. "90년대 독일 지방정부의 행정개혁", 『지방정부연구』, 제6권 제2호(2002 여름), pp.69~86.

이상해. "공무원급여규칙에 의한 행정입법", 『공법학연구』, 제6권 제4호(2006), pp.397~421.

이승협. "신자유주의 행정개혁과 독일 공무원 노사관계의 변화", 『산업노동연구』, 제12권 제1호(2006), pp.337~383.

중앙인사위원회, 『독일의 국가공무원 제도』(2000).

총무처 직무분석기획단. "독일의 정부혁신", 『신정부혁신론』(서울: 동명사, 1997), pp.705~730.

Bundesministerium des Innern(BIM), *Moderner Staat-Moderne Verwaltung*, Berlin, 2000.

Bundesministerium des Innern(BIM), *Der Öffentliche Dienst in Deutschland*, Berlin, 2002.

Bundesministerium des Innern(BIM), *Aufbau und Inhalt des Gesetzentwurfs zur Reform der Struktur des öffentlichen Dienstrechts (Strukturreformgesetz-StruktRefG)*, Berlin, 2005.

Bundesministerium des Innern(BIM), *Personalentwicklung: Zufriedene Beschäftigte-effiziente Verwaltung*, Berlin, 2006.

Bundesministerium des Innern(BIM), *Leitfaden-Leistungsbewertung*, Berlin, 2006.

Busse, Beate. "Was leisten Leistungsanreiz?-Bedeutung und Erfolgsfaktoren effektiver Leistungsanreize", Gourmelon, Andreas and Kirbach, Christine(eds.). *Personalbeurteilung im öffentlichen Sektor*. Baden-Baden: Nomos Verlagssellschaft, 2006, pp.78~94.

Donat Claus-D./Konzelmann, Lars. "Public Leadership-Kompetenzen für Führungskräfte im öffentlichen Sektor", Hermann Hill(eds.), *Die Zukunft des öffentlichen Sektors*. Baden-Baden: Nomossgesellschaft, 2006, pp.133~149.

Fehling, Michael. "Regulierung als Staatsaufgabe im Gewährleistungsstaat Deutschland -Zu den Konturen eines Regulierungsverwaltungsrechts", Hermann Hill(eds.), *Die Zukunft des öffentlichen Sektors*. Baden-Baden, Nomossgesellschaft, 2006, pp.91~111.

Hauschild, Christoph, "Aus-und Fortbildung für den öffentlichen Dienst", König, Klaus/Siedentopf, Heinrich.(eds.), *Öffentliche Verwaltung in Deutschland*, 2. Auflage. Baden-Baden: Nomos Verlagsgesellschaft: 1997.

Herbig, Gottfried. "Personnel Management", Klaus König/Heinrich Siedentopf(eds.), *Public Administration in Germany*, Baden-Baden; Nomossgesellschaft, 1997, pp.473~487.

Lecheler, Helmut, "Die Gliederung des öffentlichen Dienstes", König, Klaus/Siedentopf, Heinrich.(eds.), *Öffentliche Verwaltung in Deutschland*, 2. Auflage. Baden-Baden: Nomos Verlagsgesellschaft, 1997.

Klages, Helmut, "Die Situation des öffentlichen Dienstes", König, Klaus/Siedentopf, Heinrich.(eds.), *Öffentliche Verwaltung in Deutschland*, 2. Auflage. Baden-Baden: Nomos Verlagsgesellschaft, 1997.

König, Klaus/Siedentopf, Heinrich, *Öffentliche Verwaltung in Deutschland*, 2. Auflage, Baden-Baden: Nomos Verlagsgesellschaft, 1997.

Kroppenstedt, Franz/Menz, Kai-Uwe, "Führungspositionen in der Verwaltung", König, Klaus/Siedentopf, Heinrich.(eds.), *Öffentliche Verwaltung in Deutschland*, 2. Auflage. Baden-Baden: Nomos Verlagsgesellschaft, 1997.

Müller, Werner. "Ist der Beamtenstatus noch zeitgemäß?", Hermann Hill(eds.), *Die Zukunft des öffentlichen Sektors*. Baden-Baden; Nomos Verlagsgesellschaft, 2006, pp.123~131.

Pitschas, Rainer, "New Public Administration in Germany as a Good Bye to Max Weber's Theory of Bureaucracy? Government Reform between Managerialism, Rule of Law and Loss of Values",『정부개혁과 이론 및 학계의 역할』, BK 해외석학초청세미나, 서울대행정대학원, 2002.

Rainer Pitschas, "Civil Service System Reform in Germany: Strengthening Professionalism and Leadership in the Era of Governance",『각국의 공무원제도 개혁과 미래전망』한국행정연구원 개원 15주년기념 국제학술대회, 한국행정연구원, 2006.

Rothengatter, Werner. *Assessment: Volkswirtschaftliche Wirkungsanalysen*, Institut für Wirtschaftspolitik und Wirtschaftsforschung, Universität Karlsruhe, 2002.

Sartorius, Carl. *Sartorius I*, München: Verlag C. H. Beck, 2002.

Schäuble, Wolfgang. *Personalenentwicklungskonzept-Zufriedene Beschäftigte-effiziente Verwaltung*, Bundesministerium des Innern, 2006.

Schily, Otto. *Neue Wege im öffentlichen Dienst*, Bundesministerium des Innern, 2005.

제5장 경제 세계화에 대한 독일 정당의 대응 비교 연구:
사회민주당과 좌파당을 중심으로

김면회

한국외국어대학교 정치외교학과 교수

Ⅰ. 문제제기

경제 세계화 논의가 국민국가(nation state)와 세계시장(world market) 사이의 상관관계변화를 중심으로 국제정치경제(IPE)나 국제관계(IR) 영역의 주요 소재로 다루어진 초창기에 비해, 이제 그 논의가 세계화에 대한 각국의 대응전략을 추적하는 비교정치(CP) 및 비교제도론 영역으로 확대된 것을 보면 경제 세계화 논의의 열기는 여전하고 학문 영역의 접점 역시 더 넓어진 느낌이다. 더군다나 세계화에 대한 논의가 저명한 '세계화 이론가'인 헬드(D. Held)의 분류방식을 따르면 세계화를 완전히 색다른 시대로 규정하는 과대세계화론자(hyperglobalizers)와 세계화를 현실을 은폐하는 일종의 신화로 보는 회의론자(sceptics)뿐만 아니라 세계화라는 사실의 인정과 적응을 강조하는 변환론자(transformationalists)에 이르기까지 점점 더 다양화되고 풍부해지고 있으니,[1] 세계화를 둘러싼 논쟁의 전선 역시 분화되고 확대된 것이 분명하다. 세계화 논의는 비단 학계에서만 열기를 분출하고 있는 것이 아니다. 현실 정치경제 영역에서도 모든 지역(region)과 국가 및 기업은 경제 세계화의 흐름에 깊숙이 얽혀 있는 모습이다.

경제 세계화는 새로운 정치경제적 환경이다. 경제 세계화는 이전 시대에 관철되던 사회구조적 메커니즘과 운영방식에 급격한 변화를 가져왔고, 이에 따라 정치, 경제 영역의 주요 행위자들의 적응과 순응을 강제하고 있다. 이러한 상황에서 경제 세계화에 대한 논의는 지금까지 국가 차원의 대응전략과의 상관관계 속에서만 논의가 집중되어 온 것이 사실이다. 개인적 차원의 합리성과 사회 전체 차원의 합리성 사이에서 발생하는 간극을 국가의 적극적인 개입에 의해 해결하고자 하는 서구복지국가의 전통적 국가 행위는 경제 세계화를 맞아 점점 그 설득력을 상실하고 있다는 주장이나, 케인즈주의적(keynesian) 복지국가에서 슘페테리안(schumpeterian) 근로국가로의 기능적 변화라는 개념을 도입하여 세계시장에서의 자국 상품의 경쟁력 향상을 위해 매진하는 데에 주안점을 두는 국가 기능의 변화를 주장한 프랑크푸르트 비판이론의 계승자 히르쉬의 명제[2] 등이 이러한 논의의 대표적인 예에 속한다. 또한 경제 세계화 시대에 편승하여 변모한 국가 행위는 각국에서 시장우위에 무

---

1) 데이비드 헬드 외(조효제 역), 『전지구적변환』(창작과 비평사, 2002), pp.13~34; 존 베일리즈 & 스티브 스미스 편저(하영선 외 역), 『세계정치론』(을유문화사, 2005), pp.28~48.

2) Joachim Hirsch, *Der nationaler Wettbewerbsstaat: Staat, Demokratie und Politik im globalen Kapitalismus*(Berlin, 1995).

게 중심을 주는 국가 운영전략을 보편적인 것으로 받아들였고, 이의 이론적 뒷받침인 신자유주의(Neo-liberalism)는 개별 국가 일반에서 지배적인 대응전략으로 수용되고 있다는 설명 역시 경제 세계화와 개별 국가의 대응전략과의 상관관계를 추적하는 것에 집중하는 문제제기와 연구방식의 연장선에 놓여 있는 논리들이다. 하지만 이러한 접근 방식은 정치 행위자들 간의 차이를 간과하는 결정적인 한계를 노출하고 있다.

비교정치 관점에서 세계화에 대한 각 정당의 대응전략과 그 내용을 분석하고자 하는 본 연구는 다음의 문제제기에서 출발한다. 수렴 내지 동일화를 재촉하는 경제 세계화 과정에서 각국 정치의 주요 행위자들은 차이와 구별 없이 동일한 대응 모습을 보이는가? 본 연구는 그렇지 않다는 입장이다. 세계화라는 지배적 담론의 이면에서 정치 행위 주체들 사이의 차이점은 엄존하고 있고, 그들 사이의 경쟁 또한 심화되고 있는 모습을 우리는 어렵지 않게 찾을 수 있기 때문이다. 세계화 시대에 있어 정치세력 간 정책상의 차이는 희석되고 유사성이 부각되는 모습으로 진행되고 있는 것이 일반적인 현상이라고 운위(云謂)되지만, 현실정치에서 기존 정치세력 간 정치노선상의 차이점은 완전히 소멸되거나 무의미해진 것이 결코 아니다. 본 연구의 문제의식은 여기에서 출발하고, 본 연구는 경제 세계화라는 객관적 조건 속에서 사례 연구로 독일정치의 주요 세력인 독일 정당들 중 사회민주당(이하: 사민당)과 좌파당의 대응전략을 상호 비교하는 데 목적을 둔다.

새로운 환경으로 다가오는 경제 세계화에 대한 독일 정당들의 대응전략을 비교 분석하는 본 연구 주제는 국내 정치학계에서 활발한 논의가 이루어지지 못한 상태이고, 때문에 독일 및 유럽정치의 현실을 올바르게 해석하지 못하는 어려움의 한 요인을 이루기도 한다.3) 본 주제와 관련된 지금까지의 국내 연구들은 주로 개별 정파만을 연구 대상으로 삼아 왔고, 그것마저도 최근의 일이다. 본 연구는 세계화 시대를 맞아 진행되고 있는 독일 개별 정당들의 일반적인 동향에 대한 단순한 소개에 머물지 않고, 경제 세계화라는 외부 환경에 대한 각 정당의 대응전략을 심층적으로 추적함으로써 정치적 이념과 정체성에 따라 각 정치세력이 각각 어떠한 대응전략을 구사하는지를 비교적 방법을 통해 집중적으로 밝히려 한다. 특히 경제 세계화를 맞아 독일 사민당과 좌파당이 추진하고 있는 기본강령 개정 작업과 구체적인 대응전략을 담고 있는 경제정책의 기본 틀을 중심으로 연구를 진행함으로써 상이한 정체성에 기반을 두고 있는 각 정치세력의 행로를 추적해 보고자 한다.

II. 정당 대응전략 비교 연구의 정치학적 의미

1990년대 말 이래로 독일 정당들은 당의 정체성을 기본적으로 응축해 놓은 기본강령을 개정하는 작업에 몰두하고 있고, 2007년과 2008년에 개최된 전당대회에서 새로운 기본강령을 집중적으로

---

3) 물론 경제 세계화에 대한 독일 정당들의 대응에 대한 비교 연구 작업은 국내뿐만 아니라 독일 현지에서도 활발하게 이루어지지 않은 상태이다. 가장 큰 이유는 무엇보다도 경제 세계화에 대한 각 정당들의 대응이 아직은 현재진행형이기 때문이다. 국내뿐만 아니라 독일에서도 각 정파 내부에서의 논의를 소개 형식으로 간략하게 요약한 글은 있지만, 본 연구가 의도하는 경제 세계화에 대한 대응이라는 틀을 가지고 각 정파의 입장을 비교 분석하는 연구 작업은 여전히 많지 않은 것이 현실이다.

선포하고 있다. 새로운 기본강령의 필요성과 새로운 경제정책 모색의 배경을 이루는 것은 물론 경제의 세계화 문제이다. 때문에 지금은 독일 각 정치세력의 집결지인 정당을 통해 경제 세계화에 대한 입장의 내용과 차이를 분석할 수 있는 적절한 시점이다. 본 연구는 그중에서 좌파 실용주의 노선을 견지하는 독일 사민당과 사민당의 실용주의 노선에 반기를 들며 새로운 정치를 외치는 좌파당을 연구 대상으로 설정하여, 비교 분석하고자 한다.

경제 세계화 시대 이념적 정향을 달리하는 독일 정당들의 편차를 추적하고자 하는 본 연구의 목적과 관련하여 유럽정치 분석에서 이제 진부해져 버린 것으로 취급되는 정당이념의 수렴(convergence) 명제는 본 연구의 입장과는 상치된다는 점을 분명히 한다. 정당이념의 문제는 정치학의 낡은 논쟁을 되새김질하게 한다. 1960년대 중반, 키르히하이머(1966)의 포괄정당(catch-all-party) 테제는 이념적 정체성을 기반으로 하는 대중정당(mass party)에 대한 회의를 광범위하게 확산시켰다. 키르히하이머의 포괄정당테제는 정당이념의 퇴색과 정당 간의 이념적 상호 접근 현상을 핵심 내용으로 하면서, 특히 1959년의 고데스베르크(Godesberg) 강령을 통해 계급정당에서 대중정당(Volkspartei)으로의 전환을 선언한 독일 사민당을 가장 대표적인 사례로 들었다. 득표율의 극대화를 겨냥하는 정당들의 이념적 상호 근접성을 주장한 동시대의 다운스(1968) 논의 역시 정당이념의 수렴이론 명제의 연장선에 있었던 것이다.

그러나 키르히하이머와 다운스 스스로도 지적하듯이 이러한 정당 간의 탈이념적 접근에는 정당의 이념적 독자성을 무용화하고 궁극적으로는 정체성과 관련된 정당의 존립기반을 무의미한 것으로 해석하는 위험성이 내재되어 있다. 하지만 현실정치, 특히 독일 정치에 있어 정당은 여전히 독자적인 이념적 정체성에 의존하고 있고, 이를 기초로 충성스런 당원을 중심으로 정치권력의 획득을 위해 구심점을 형성하고 있으며, 각 정치세력이 추구하는 상이한 기본가치를 둘러싸고 정치 세력 간의 첨예한 이념적 논쟁을 충실히 수행하고 있다. 이러한 정당분화테제(Parteidifferenzthese)를 대변하는 일련의 연구들은 독일 정당의 이념적 정체성과 차별성이 여전히 유효한 결정적인 변수로 기능하고 있음을 강조한다. 클링에만(1997)과 볼프강 메르켈(1993) 그리고 슈미트(1996)의 논의가 이러한 관점을 뒷받침해 주는 대표적인 연구들이다.

정당이념에 대한 두 가지 상이한 접근 중 본 연구는 후자의 입장인 정당분화테제를 견지한다. 정당이념은 여전히 정당의 본질적 요소로 기능하고, 내적 통합과 외적 경쟁의 기능, 그리고 정책에 있어서의 일관된 지향성의 제시라는 제 기능을 수행하고 있다는 것이 본 연구의 입장이다. 특히 경제 세계화를 맞아 대응방식과 내용을 둘러싸고 분화되고 있는 독일 정당체제의 현재에 대한 설명을 위해서는 정당분화테제의 핵심과 이념정당 논의의 유효성을 떠나서는 불가능하다는 것이 본 연구의 일관된 주장이다. 2005년 9월 독일 연방하원 선거 결과로 급부상한 좌파당(Die Linke)의 등장과 대중적 호응의 확보 및 '중도'적 입장을 견지하는 정당들의 상대적인 왜소화는 본 연구가 견지하는 입장의 유효성을 결정적으로 입증하고 있다고 본다.

정당의 기본강령 변화와 경제정책 노선 전환은 언제나 시대적 환경과 관련되어 진행되어 왔다. 본 연구의 주제와 관련하여 여기

서 주목할 점은 현재의 독일 정당체제의 분화가 경제 세계화와 관
련된 대응전략과 노선상의 차이에서 기인하고 있다는 점이다. 1980
년대 초반 녹색당이 연방하원에 등장한 시기에 정당분화의 주요
전선이 환경문제와 평화운동이었다면, 최근의 정당분화 현상은 바
로 경제 세계화에서 그 원인을 찾을 수 있는 것이다. 한 정당의 강
령개정 논의는 기본적으로 위기감과 불안감의 팽배에서 출발한다.
때문에 현재 경제 세계화를 중심으로 한 새로운 도전을 맞아 독일
의 정당들이 기본강령을 개정하고, 경제정책을 중심으로 한 새로운
대응전략을 모색하려는 것은 한편으로 내부적으로 위기감이 고조
되고 있다는 방증(傍證)이며, 다른 한편으로는 기존의 기본강령과
각 당이 고수해 온 경제정책이 추구하는 바가 시대에 맞지 않는다
는 것을 인정하는 고백의 과정이기도 하다. 본 연구는 독일 정당들
의 기본강령 변천사의 연장선상에서 진행되고 있는 경제 세계화에
대한 사민당과 좌파당의 대응전략 내용과 그 주요 특징을 분석하
여 이를 종합적으로 평가하는 것을 주요 연구내용으로 한다.

경제 세계화에 대해 상이한 모습을 보이는 정당들에 대한 연구
작업, 특히 상대적으로 '좌파적' 성향의 정치 세력에 대한 비교 연
구의 의미는 다음의 네 가지로 요약할 수 있다. 첫째, 경제 세계화
에 대한 독일 사민당과 좌파당의 대응전략에 대한 비교 연구 작업
은 독일의 현실정치 변화를 이해하는 데 있어 핵심적인 사항에 섭
근하는 것을 가능하게 하는 의미가 있다. 제도권 내의 유력 정치세
력으로 부상하고 있는 유사하지만 상이한 정치세력의 비교 연구를
통해 독일정치의 현실을 정확하게 파악할 수 있는 것이다.

둘째, 좌파당에 대한 집중적인 분석은 그간 좌파 세력을 옥죄어

온 '대안부재' 명제에 대한 반명제가 이제 힘을 얻고 있다는 것을 입증하는 것으로 유럽정치 이해에 있어 매우 중요한 의미가 있다. 20세기 초반의 좌파 진영의 분열 이래 정치적 노선을 둘러싸고 고질적으로 분열되어 온 좌파 정치세력은 이제 경제 세계화를 맞은 21세기 초 또 한 번의 분열과정을 거치면서, 새로운 대안을 둘러싼 소용돌이 속에 휩싸이고 있는 것이다.

셋째, 정당의 대응전략 비교 연구작업은 독일 정당체제의 변화과정을 목도할 수 있다는 점이다. 좌파당의 득세는 독일 현대 정치를 지배해 온 기존 정당체제에 획기적인 변화를 추동하고 있다. 두 개의 거대정당과 연합정부 구성의 파트너로서의 한 개 내지 두 개의 군소정당으로 이루어진 정당체제, 즉 2.5당 체제는 이제 그 생명력을 상실하였고, 불안정이 극대화된 정당체제로 난립하는 형국으로 변질되고 있다. 이런 점에서 그 핵심에 놓인 좌파당의 이해와 거대 정당으로서의 사민당의 세력 약화를 집중적으로 분석해 나가는 것은 오늘의 독일 정당정치 체제를 이해하는 데 있어 핵심사항임에 분명하다. 아울러 경제 세계화 문제에 대응하는 과정에서 득세하는 좌파당은 정당 간의 '생존 경쟁'4)을 첨예화하고 있고, 이는 특히 환경문제를 중심으로 1980년 이래로 독일 현실정치 영역에서 일정 지분을 차지하고 있던 녹색당의 정치적 운명과 밀접한 관련이 있다는 점에서 앞으로 주시해야 할 대목이다.

넷째, 경제 세계화에 대한 독일 정당의 대응전략 비교 연구는 비단 독일의 정치에 한정되는 문제가 아니다. 이는 유럽 정치 및 세

---

4) 연합뉴스, 2007년 11월 26일자.

계화 시대 정치학의 전망과 밀접한 관련이 있는 것이기도 하다. 독일정치의 이해는 유럽과 세계정치의 전망을 위한 작업과 분리되어 진행되는 사안이 아니기 때문이다.

Ⅲ. 사민당의 함부르크 기본강령

독일 정당정치에서 '중도좌파'를 대변하는 사민당 역시 경제 세계화를 맞아 급격한 변화를 맞고 있다. 세계화 시대를 맞아 사민당은 기본강령상의 변화를 모색해 왔고, 이를 둘러싼 당내의 논쟁뿐만 아니라 결정과정에서 현실 정치의 세력관계 변화에 따라 우왕좌왕하는 모습을 보이고 있다. 제1절에서는 우선 2007년 10월 28일 함부르크 전당대회에서 결정된 기본강령이 결정되기 전까지 진행된 사민당내의 논의의 핵심과 혼동 과정을 2006년 연말에 결정된 '브레멘 초안'을 중심으로 정리하고, 이후 2절에서는 '함부르크 기본강령'의 위상과 내용적 특징을 밝힌다. 사민당의 기본강령 변화 과정은 경제 세계화에 대한 대응과정에서 보여 준 인식론적 혼돈과 현실 정치적 한계와 제약으로 인해 이전과 날리 우왕좌왕하는 모습을 보어 준다.

1. 사민당 기본강령 변천 약사: 2006년 '브레멘 초안'까지

140여 년간의 사민당 역사에서 기본강령은 지금까지 일곱 번 개정되었다. 1863년 창당 이후 1869년의 아이제나흐(Eisenach)강령, 1875년 고타(Gotha)강령, 에어푸르트(Erfurt, 1891)강령, 1921년의 괼리쯔(Görlitz)강령 그리고 1925년 힐퍼딩(R. Hilferding)이 주도한 하이델베르크강령이 산업화와 근대화 시기에 사민당이 개정한 다섯 번에 걸친 기본강령들이라면, 제2차 세계대전 이후 지난 60여 년간의 현대정치에서 사민당이 기본강령을 개정한 것은 두 차례이다. 1959년의 고데스베르크 강령과 30년 이후에 이루어진 1989년의 베를린강령이 그것이다.5) 이 중 2007년 10월의 함부르크 기본강령 개정과 관련하여 중요한 것은 물론 고데스베르크 강령과 1989년의 베를린 강령이다.

이제는 진부한 설명이 되었지만, 1959년 고데스베르크 강령 이래로 사민당은 강령적으로 노동자 정당에서 대중정당으로 변모했음을 공식화했다. 이는 고데스베르그 전당대회에서 채택된 기본강령 이래로 사민당은 전통적 의미의 사회주의적 사회이론과 분석방법으로부터 이탈한 것을 의미한다.6) 1989년의 베를린 기본강령은 고데스베르크 기본강령으로부터의 이탈이 아니라, 1959년 고데스베르크 강령 이후, 즉 1970년대와 1980년대에서야 비로소 사회민주주의의 시각에서 포착된 새로운 문제들을 적극적으로 수용하면

---

5) Hans–Peter Bartels, "Unsere Grundwerte heute", Friedrich–Ebert–Stiftung(ed.), *Die neue SPD: Menschen stärken–Wege öffnen*(Dietz, 2004), p.44.

6) Alf Mintzel, *Die Volkspartei: Typus und Wirklichkeit*(Opladen, 1984), p.32.

서 보완된 결과물로, 이는 당시 거세게 몰아닥친 정치·경제·사회적 도전들, 즉 환경문제와 신사회운동(neue soziale Bewegungen) 등의 거센 도전에 대한 사민주의자들의 시의적절한 '성찰'의 성과물이다.7) 이런 의미에서 베를린 기본강령의 기본적 속성은 고데스베르크강령의 연속이자 보완인 것이다.

하지만 1989년 이래의 베를린 강령은 새로운 시대상황을 담아낼 수 없는 한계로 시대적 상황에 맞는 새로운 기본 강령의 필요성은 분명해졌다는 점을 사민당은 강조한다.8) 경제 세계화 시대 사민당의 기본강령 개정 작업은 여기에서부터 시작된다. 1989년 이후 10여 년간에 걸쳐 연속적으로 발생한 세계사적인 급격한 변화들, 즉 동유럽 현존 사회주의체제의 붕괴와 냉전체제의 해체, 2001년 9·11사건의 발생, 국가 재정적 여력의 협소화, 경제 세계화와 과학기술진보가 새로운 기본강령 개정의 필요성을 부각시킨 주요 요인들9)로 지적된다. 1989년 이후의 변화에 대한 대응 필요성을 인정

---

7) Dieter Dowe/Kurt Klotzbach(ed.), *Programmatische Dokumente der Deutschen Sozialdemokratie* (Dietz: Bonn, 2004), p.51.

8) 이와 관련하여 바르텔스는 다음과 같이 언급한다. "새로운 기본강령의 임무는 현실 가능성을 실현시킬 수 있는 것이어야 하고, 집권 사민당이 사민당의 강령보다 앞서 있다"고 지적하면서 이제 그 위상이 역전되어야 함을 강조한다. 다시 말하면 강령 개정을 통해 그에 조응하는 정책을 도입할 것을 강변하는 것이다. Hans-Peter Bartels, op.cit., p.45. 베를린기본강령의 특징과 관련하여 놀테 교수는 1989년 강령은 급격한 성장회이론와 이상주의적인 조회론이 혼합된 시회를 바라보는 1980년내식의 관섬범을 지적하면서 이런 관점은 베를린 강령의 서언 부분뿐만 아니라 경제정책, 사회정책, 교육정책 그리고 문화정책 등 구체적인 정책 영역의 방향성을 규정하는 데에도 그대로 직용되고 있나고 분석한다. Paul Nolte, "Sozialdemokratisches Programm: Politik in neuen gesellschaftlichen Spannungsfeldern", in Friedrich-Ebert-Stiftung(ed.), *Die neue SPD: Menschen stärken-Wege öffnen*(Dietz, 2004), p.32.

9) Dieter Dowe/Kurt Klotzbach(ed.), *op.cit.*, p.54. 이외 관련히어 흥미로운 깃은 독일노동소합총넌뱅(DGB)은 이미 1996년의 드레스덴 대회에서 세계화 문제를 중심 내용으로 한 기본강령을 채택하였다는 점이다. 정확히 10년 앞서 개혁세력의 한 축을 형성하고 있는 노동세력이 경제 세계화와 관련된 문제에서는 사민당에 비해 빠르게 적응한 것이다. 1959년 사민당의 고데스베르크 강령이 1963년 독일노총의 뒤셀도르프 기본강령을 유도해 낸 역할을 했다면, 시간적 선후만을 고려하면 이번에는 그 반대의 경우가 성립되는 것이다. DGB, *Grudsatzprogramm des Deutschen Gewerkschaftsbundes: Die*

하면서 시작된 사민당의 기본강령 개정 작업은 1999년 베를린 전당대회에서 결정되었고, 2년 후인 2001년 11월 뉴른베르크 전당대회에 제출될 목적으로 루돌프 샤르핑(Rudolf Scharping) 주도의 강령위원회(Programmkommission)가 2년간의 토의와 논쟁 과정의 결과물을 모아 중간보고서를 마련하였다. 80명으로 구성된 강령위원회는 사민당 중앙위원회 소속의 유력 정치인을 비롯하여 지역대표 및 친사민주의적 성향의 학자들과 자문인들로 구성되었다.[10]

2006년 4월 24일에는 그간의 토의 결과를 집약한 '새로운 기본강령을 위한 도정에서의 주요요지문(Leitsätze)'(이하: 주요요지문)이 발표되었고[11] 이를 토대로 2006년 9월 기본강령위원회는 '새로운' 기본강령 개정을 위한 논의를 재개하여 그 결과를 12월 초 기본강령 초안, 즉 '21세기의 사회적 민주주의 - 독일사회민주당의 새로운 기본강령을 위한 브레멘초안'을 완성하였다. '브레멘 초안'은 2007년 10월 27~28일 양일간 함부르크(Hamburg)에서 개최될 사민당 정기 전당대회에서 공포될 새로운 기본강령의 핵심 내용의 윤곽을 미리 선보이는 의미를 담고 있었다.

기본강령 개정과 관련하여 새롭게 변모하려는 사민당의 모습과 방향을 그 이전부터 전혀 예상하지 못한 것은 아니다. 주지하듯이 '새로운' 시대 상황을 맞아 사민당이 '시의적절한' 대응책을 준비하면서 제시한 정책 내용은 이미 1998년의 집권과정에서부터 구체

Zukunft gestalten(Düsseldorf, 1996), pp.5~6을 참조하시오.

10) 볼프강 메르켈(Wolfgang Merkel)과 토마스 마이어(Thomas Meyer) 및 프리츠 샤프(Fritz Scharpf) 교수 등이 여기에 참여했던 대표적인 학자들로 사민당의 새로운 기본강령 작성에 있어 이념적인 기초를 제공하고 방향 감각을 잡아 가는 데에 있어 주요한 역할을 수행했다.

11) 본 연구의 활용자료는 〈주요 요지문〉과 '브레멘 초안'에 주로 근거한다. 두 자료는 사민당 기본강령 개정 작업의 구체적 내용과 도달 수준을 집대성한 당의 공식문건이었기 때문이다.

화되어 왔다. 그리고 재집권 기간인 2003년의 '아젠다 2010'과 2004년의 '하르츠 Ⅳ'로 명명된 거대한 '사회구조조정' 프로그램과 정책은 '신중도노선'이 추구하는 핵심적 내용을 함축하고 있었다. 기본 강령 개정 작업은 이의 연장선상에서 이루어지는 것이고, 당시 집권 정당으로서 제시한 정책 내지 운영 프로그램을 정당의 기본 방향을 의미하는 기본강령으로 승격시켜 명시적으로 당의 지향점과 노선으로 확정하려는 과정이었다. 때문에 '아젠다 2010'과 '하르츠 Ⅳ'에 대한 약술과 분석은 사민당 기본강령의 기조와 흐름을 이해하는 데 있어 훌륭한 징검다리 역할을 한다.

1998년 선거에서 사민당 총리후보로 지명된 게르하르트 슈뢰더(Gehardt Schröder)의 선거 모토는 '신중도'(Neue Mitte)노선이었다. 그는 독일통일과 유럽통합 및 세계화로 요약되는 새로운 경제적 도전에 조응하는 '혁신적' 사회민주주의를 구현하기 위한 집권전략으로서 신중도를 내세웠고 이는 '기존 사민주의와 시장 중심적인 신자유주의의 종합'이어야 한다고 강변했다. 연이은 집권 이후 슈뢰더는 2003년 '아젠다 2010'과 2004년 실업보조금과 실업수당, 사회보조금 등을 통합한다는 취지로 만들어 낸 소위 '하르츠(Hartz) Ⅳ' 법안을 통해 본격적으로 광범위한 노동시장 개혁 프로그램을 선포하고, 다수를 점하고 있던 의회를 중심으로 관련 법안을 통과시켰다. 개혁 구상의 핵심 내용은 독일 복지국가의 근간을 이루어 왔던 실업, 의료, 연금 등 제도적 기반을 대폭적으로 해체하고, 사회정책을 운용하는 데 필요한 지출 규모를 크게 삭감하는 것으로 요약된다. 광범위한 개혁 프로그램의 핵심 목표는 독일경제의 체질을 강화하고, 더 많은 일자리를 창출하며, 사회 시스템을 시대에 맞도록 현대화하여 장기적으로 사회 안정을 꾀한다는 것이다.

이 같은 개혁안을 통해 당시 집권당이었던 사민당이 궁극적으로 의도했던 바는 활력을 잃고 있는 독일경제를 다시 유럽과 세계경제의 견인차로 만든다는 것이다. 이는 고용 조건 규제의 완화에 의한 경제의 활력을 통해 새로운 일자리를 창출하여 대량 실업을 해결했을 때 가능하며, 이런 바탕에서 사회보장제도가 유지되고 사회안전망에 대한 재원 조달이 지속적으로 이루어질 수 있다는 판단에 기초한다. 경제의 활력을 위해서는 세대 간의 균등한 부담 분배가 우선해야 하고 이를 통해 정의로운 사회의 구현이 가능하다는 점을 이 정책에서는 특별히 강조한다. 기본강령 개정 작업은 이러한 정책의 도입과 시행과 관련하여 벌어진 논쟁과 노선 확정 과정에서 정리된 세계관, 가치관, 정책목표 및 구체적으로 동원될 방법과 수단들을 당의 최고문건 속에 공식적으로 수록하여 규범화하는 절차였던 것이다.

새로운 시대 상황에서 기존의 기본강령은 위기에 봉착한 '독일모델'의 탈출구를 제시하는 데 분명한 한계를 보이고 있다는 인식으로 이어진다.[12] 기본강령과 관련된 사민당의 문건이 시인하고 있듯, 기본강령이란 그 시대의 표현이다. 이러한 연장선에서 사민당은 새로운 시대 상황에는 자신들이 추구하는 기본가치, 즉 자유, 정의 그리고 연대를 새롭게 이해해야 하고 변화된 조건하에서 현실정치에 올바르게 적용해야 한다는 점을 강조한다. "1959년의 고데스베르크 강령은 사민당을 노동자정당에서 대중정당으로 바꾸었고, 1989년

---

12) 일반적인 독일 모델의 위기 요인에 대한 논의는 김면회, "독일모델의 생명력: '독일병' 논의에 대한 비판적 접근", 『국제정치논총』, 제44집, 1호(2004), pp.327~348을 참고하시오.

베를린강령으로 사회민주주의는 신사회운동의 영향을 수용"13)했듯이 오늘의 상황은 새로운 기본강령을 필요로 한다는 것이다.

새로운 기본강령의 개정 필요성과 관련한 핵심사항은 역시 경제의 세계화와 이에 대한 대응체계의 구축 노력과 관련되어 있다.14) 이론적 영역에서 경제세계화에 따른 '개혁적인' 정치세력으로서의 사회민주주의와 현대 복지국가의 종언을 설명하는 연구들은 많다.15) 이러한 논의는 특히 경제 세계화 문제를 자유주의적 관점에서 접근하는 일단의 학자들에서 많이 발견할 수 있다.16) 주요 내용은 경제 세계화에 따른 사민당의 정체성 위기와 정치경제적 선택의 어려움과 관련된 것이다. 경제 세계화라는 상황변수는 유럽 사민주의에 새로운 노선을 채택하도록 강요했으며, '제3의 길'과 '신중도 노선'이란 이러한 변화된 상황에 대한 서구 사민주의 세력의 실용주의적 접근의 산물이다. 그러한 고민들의 흔적이 새로운 기본강령 논의과정과 결과물들에 녹아들어 있고, 구체적 증거들은 '주요요지문'과 '브레멘 초안'의 주요 쟁점들 속에서 발견된다. 경제

---

13) SPD, *Kraft der Erneuerung: Soziale Gerechtigkeit für das 21. Jahrhundert-Leitsätze auf dem Weg zum neuen Grundsatzprogramm der SPD*(2006a); http://programmdebatte.spd.de/servlet/PB/show/1669218/210406_Leitsaetze_Programm_final.pdf p.1.

14) Hans Martin Bury/Ute Vogt, "Die Herausforderungen und Aufgaben der Sozialdemokratie", in Friedrich Ebert Stiftung(ed.), *Die neue SPD: Menschen stärken—Wege öffnen*(Dietz, 2004) pp.13~14. 세계화의 중요성에 대해 '브레멘 초안'은 많은 부분을 할애하고 있다. 21세기는 인류가 첫 번째로 맞이하는 진정한 전 지구적 세기임을 강조한 초안은 세계화로 인해 경제와 노동세계 그리고 사회영역 및 정치 부문에 걸쳐 이전 시기와는 전혀 다른 상황이 도래했음을 장황하게 설명하고 있다. SPD(2006b), pp.4~9.

15) 데이비드 헬드 외(조효제 역), 『전지구적변환』(창작과 비평사, 2002), p.32.

16) 세계화와 사회민주주의 및 복지국가와의 상관관계를 논한 학자들의 설명 유형과 이론적 차이는 데이비드 헬드와 앤소니 맥그류가 편저한 책 속에 잘 정리되어 있다. David Held/Anthony MacGrew, *The Global Transformations: Reader: An introduction to the Globalization Debate*(Polity: Cambridge, 2003), pp.19~28.

세계화 시대에 실용주의적 적응에 기초하여 기본강령의 핵심을 변모시키려는 흐름은 2006년 말까지 사민당 내의 전반적인 분위기였다. 때문에 함부르크 정기 전당대회는 '브레멘 초안'의 핵심 내용에 대한 이의 제기 없이 요식적인 과정을 거쳐 새로운 기본강령을 채택할 것으로 예견되었던 것이다. 1959년의 고데스베르크강령이나 1989년 베를린기본강령도 오랜 기간의 당내 논의과정을 거쳐 유사한 절차를 통해 예상했던 대로 결정되었기 때문이다.

2. '브레멘 초안'과 '함부르크 기본강령'(2007) 간극의 배경과 그 의미

'브레멘 초안'과 '함부르크 기본강령'의 형식적인 구성면에서는 큰 차이를 발견할 수 없다. 기본강령의 맨 앞부분을 차지하는 서언과 정당이 추구하는 기본가치에 대한 두 번째 부분 그리고 정당이 추구하는 정책의 기본 개요에 관한 세 번째 부분 및 정당이 가야 할 길에 대한 마지막 부분은 두 문건에서 공통적으로 나타나는 내용 구성적 핵심들이다. 다만 눈에 띄는 점은 '브레멘 초안'이 5장으로 구성되었던 데 반해, '함부르크 기본강령'에서는 '브레멘 초안'의 2장(사회적 민주주의의 기본가치들)과 3장(21세기의 사회적 민주주의)이 하나의 장(우리의 기본가치와 우리의 신념)으로 통합하여 구성되었다는 점이다. 이 부분에서 양 문건이 강조하는 개념과 정치적 지향점에 대한 내용 전개에 있어 확연한 간극을 발견할 수 있다.

'브레멘 초안'에서와 같이 2007년 10월의 '함부르크 기본강령'

역시 새로운 시대적 상황으로서의 세계화에 대한 중요성을 강조하는 것으로부터 시작한다. "세계화와 함께 세계는 점점 하나의 시장으로 통합되고 있다. 경제적 힘은 전 지구적인 차원에서 움직이는 기업가와 은행 그리고 기금들 속에 응집되고 있다. 초국적 기업은 모든 국경을 넘어서 이윤 획득의 전략을 계획하고 있다".17) 경제 세계화가 새로운 시대적 환경이자 중요 변인임을 '브레멘 초안'까지의 사민당의 인식을 함부르크 기본강령도 그대로 계승하고 있음을 알 수 있다. 아울러 이러한 세계화의 흐름은 기존의 노동세계의 변화를 몰고 오는 주요 요인임을 많은 양을 할애하여 장황하게 설명하고 있다. "이전보다 훨씬 많은 사람들이 세계화와 국제적 경쟁으로부터 직접적인 이해 당사자가 되고 있다. 세계시장의 등장과 함께 세계적 차원의 노동 분업 틀 속에서 가용될 수 있는 노동력의 양은 거대해지고 있고, 경쟁은 더욱 치열해지고 있다. 우리의 노동세계는 심대한 변화 속에 접어들고 있다. 전통적인 노동관계는 의미를 상실하고 있다".18)

이러한 동일한 상황에 기반을 둔 시대적 인식과 달리 이에 대한 대응 논리에 있어서는 이전과 다른 강조점이 부각되고 있음을 발견할 수 있다. 새로운 상황에 상응하는 순응을 강조했던 이전의 문건과 달리 '함부르크 기본강령'에서는 세계화를 맞아 사회민주의사가 고수해야 할 민주주의와 정치의 의미를 강조하고 있다. "세계화는 민주적인 국민국가의 운신 가능성을 약화시킨다. 동시에 정치에게는 새로운 임무가 부여된다. 많은 사람들은 세계화 시대에 있어

---

17) SPD(2007), *Hamburger Programm: Das Grundsatzprogramm der SPD*, p.4.
18) *Ibid.*, p.5.

국가가 힘을 상실하고 있음을 감지하고 있다. 그들은 더 이상 정치적인 변화의 가능성을 믿지 않는다. 우리의 민주주의는 신뢰의 위기 속에 놓여 있다".[19] 이를 타개하기 위해 사회민주주의는 다음의 임무를 가지고 있음을 '함부르크 기본강령'은 강조한다. "낡은 산업사회 시대와 20세기의 국민국가의 시대로 되돌아갈 길은 없다. 민주주의적인 정치를 통해 세계화를 조율해야 하는 21세기의 위대한 임무가 있다".[20]

아울러 세계화 시대에 대응하는 정치가 담아낼 내용이 무엇이어야 하느냐의 지향점과 관련하여 이전과 다른 사항을 강조하고 있음을 발견할 수 있다. '함부르크 기본강령'은 정치세력으로서의 자기 정체성과 관련하여 '브레멘 초안'까지의 표현에서 상대적으로 경시되던 '좌파'(linke)라는 표현을 반복적으로 강조하고 있다. "독일에서 가장 오래된 민주주의 정당인 사회민주주의는 항상 국제적인 자유운동의 한 부분이었다. 창당 이래로 노동자 해방운동과 민주주의운동을 지향해 왔다. 이는 프랑스 대혁명과 1848의 혁명을 이끌었다. 다른 정당과 달리 사회민주주의는 항상 국제적이고 범유럽적이었다. 때문에 우리는 1925년 하이델베르크 강령에서 하나의 비전으로 제시되고 이제는 완성된 통합된 유럽 프로젝트를 위해 일한다. 1959년 고데스베르크 강령 이래로 우리는 좌파 대중정당(linke Volkspartei)이다. 그 뿌리는 기독교 문명과 인본주의 그리고 계몽주의와 막스주의적 사회 부석 그리고 노동 해방운동이다. 좌파 정당은 여성운동과 신사회운동의 주요한 자극에 덕을 입고 있다

---

19) *Ibid.*, p.5.
20) *Ibid.*, p.5.

”.21) 아울러 사민당의 기본가치가 가지는 장점을 다른 정파와의 비교를 통해 뚜렷이 부각시키려 노력하는 흔적을 발견할 수 있다. “보수주의자와 자유주의자에 있어 기본가치는 상당 부분 상호 분리되어 겉돌고 있다. 자유가 많으면 많을수록 정의는 더욱 줄어들든지, 그 반대이다. 사회민주주의적인 관면에 있어서는 이들이 통합되어 있다. 기본가치들은 동등하고 동등하다. 이들 기본가치들은 서로 조건적이고 보충적이며 상호 보완적이다”.22) 이전과 달리 좌파 정당으로서의 자기 정체성 유지와 보수적 정치 세력과 다른 사민당의 차이를 강변하고자 하는 모습을 읽을 수 있다.

이와 관련하여 ‘함부르크 기본강령’에서 눈에 띄는 것이 ‘민주적 사회주의’(demokratischer Sozialismus)가 반복적으로 강조되고 있다는 점이다. 경제 세계화와 이에 대한 순응 속에서 ‘사회적 시장경제’(Soziale Marktwirtschaft)의 우월성과 ‘사회적 민주주의’(Soziale Demokratie)를 강조했던 ‘브레멘 초안’23)에서 볼 수 없었던 대목이다. “우리의 역사는 자유롭고 동등한 사회를 우리의 기본가치 속에서 실현하는 민주적 사회주의라는 관념에 의해 아로 새겨져 왔다. 이는 경제와 국가 그리고 사회에서 시민적 · 정치적 · 사회적 그리고 경제적 기본권이 모든 사람에게 보장되고 모든 사람에게 착취와 압제 그리고 폭력이 없는 삶이 보장되도록 하는 것이다. 소비에트 국가사회주의의 종말은 민주적 사회주의 정신과 상충되는 것이 아니다. 민주적 사회주의는 우리에게 자유롭고 정의로운 그리고 연

---

21) *Ibid.*, p.6.

22) *Ibid.*, p.7.

23) 이에 대한 구체적인 논의는 졸고(2006b) 참조.

대적인 사회의 비전으로 남아 있다. 우리 행위의 원칙은 사회적 민주주의이다".24) 그리고 정치 우위의 필요성을 역설한다. "우리는 민주적 정치의 우위를 고수하고, 경제에 굴복하는 정치를 배격한다. 여기에서 우리는 국가에 한정되지 않는, 인간의 자유롭고 자율적인 행위를 함축하는 시민사회적 동맹과 네트워크까지를 포함하는 포괄적인 정치 개념을 지향한다".25)

요약하면, 2007년 말 사민당의 '함부르크 기본강령'은 예상과 달리 기본강령의 전반부에서 '좌파'와 '민주적 사회주의'라는 개념을 강조하고 반복함으로써 사민당의 정체성이 정치적 좌파의 연장선상에 놓여 있음을 부각시키고자 애쓰는 모습을 읽을 수 있다. 세계화에 순응하는 모습보다는 세계화로 인해 야기되는 정치사회적 부정적 결과를 정치의 힘으로 완화 내지 방어하고자 하는 내용을 이전의 문건과 달리 찾을 수 있는 것이다. 하지만 이러한 선언적 내용은 기본강령 전체의 내용과의 연관 속에서 판단했을 때, 논리적 연관성과 일관성의 결여라는 문제에 봉착하게 된다. 앞의 선언적 내용을 구체적으로 실현할 수 있는 정책적 내용을 담고 있는 3장은 아무런 변화 없이 실용주의 노선의 반영물인 '브레멘 초안'을 그대로 담고 있기 때문이다. 이런 의미에서 '함부르크 기본강령'은 '좌파적' 정치 선언과 실용적 내지 현실 순응적 정책 제안이 혼돈스럽게 결합되어 있는 급조된 문건으로 평가된다.

'우'에서 '좌'로의 이러한 사민당의 급격한 정치노선의 변경 원인은 독일 현실정치의 변화 때문이다. 무엇보다도 이는 경제 세계

---

24) SPD(2007), *op.cit.*, p.7.

25) *Ibid.*, p.7.

화에 대한 사민당의 실용주의적 노선에 반기를 들고 세력화에 성
공하고 있는 좌파당의 등장과 무관한 것이 아니다. 연방의회 선거
에서 제4당으로의 등장과 아울러 전국정당으로의 조직 확대의 성
공, 그리고 구 동독지역뿐만 아니라 구서독 지역에서의 주 의회에
서 5%의 장벽을 넘어 연속적으로 의회 진입에 성공하고 있는 좌파
의 기세에 대응해야 하는 긴박함이 사민당의 실용주의 노선을 압
박하였고, 그 결과는 이전의 흐름과 단절되어 '함부르크 기본강령'
으로 나타나게 된 것이다. 이런 의미에서 사민당의 '함부르크 기본
강령'은 논리적 · 철학적 사유의 소산물이라기보다 현실 정치적 상
황 논리의 부산물에 불과한 것이다.

Ⅳ. 좌파당의 강령 초석(Programmatische Eckpunkte)

1. 좌파당과 독일 좌파의 정체성: 사민당과의 대립각 구축

경제 세계화를 맞아 일반적으로 좌파로 분류되던 사민당과 녹색
당의 실용주의적 적응전략과는 달리, 독일 통일 이후 독일 좌파의 적
사임을 상소하는 민수사회당(Partei des Demokratischen Sozialismus,
민사당)과 좌파연합(Linksbündnis)의 경제 세계화에 대한 대응전략
과 내용은 완진히 딜렀다. 민주사회낭은 구 동독의 성지적 유산을
배경으로 민주사회주의의 건설이라는 목표를 설정하고 출범한 정
치세력으로 당 내적으로는 개혁적인 사회민주주의 성향의 그룹으

로부터 스탈린주의적 경향을 띠는 그룹까지 다양한 이념적 그룹이 혼재하고 있었다. 민사당은 2005년 9월 연방하원 선거과정에서 경제 세계화에 대한 대응전략을 둘러싸고 사민당으로부터 이탈한 '좌파세력'과 연대하면서 전국적인 좌파연합 세력을 창설했다. 좌파연합은 슈뢰더로 상징되던 집권 사민당의 실용주의 노선을 시장 사회민주주의(Marktsozialdemokratie)라 규정하면서 이에 대한 대안세력으로서 자신들의 정체성 부각에 심혈을 기울여 왔다.26)

2005년 9월 18일 '성공적인' 연방의회 선거 직후 좌파연합 중앙위원회가 발표한 내용, 즉 "연방의회에서의 좌파정당은 독일 좌파에게 있어 커다란 성공이다. 이제 독일 연방의회에는 사회적 정의와 수미일관한 평화정책 그리고 경제와 재정 및 사회정책에 있어 근본적인 노선 변경을 꾀할 정파가 진입하게 되었다. 의회뿐만이 아니라 의회 밖에서 사회운동 세력과 어깨를 걸고 우리는 강력한 야당을 강화시킬 것이다"라는 성명서 내용과 "유권자는 '아젠다 2010'을 선택하지 않았다. 동시에 베를린 공화국은 사회보장국가의 파괴를 지지하는 세력에 다수를 주지 않았다. 신자유주의적인 정치는 많은 사람들에게 사회적 파괴 및 삶의 질의 상실과 연관되어 있음을 잊어서는 안 된다. 좌파연합의 임무는 분명하다. 경제적 침체와 대량실업 그리고 사회보장체계의 파괴 및 절망적인 공공재정 그리고 환경 파괴에 대한 정치사회적인 대안을 제시하는 것이다"라는 2005년 9월 19일 좌파연합 당중앙위원회의 성명서는 세계화와 신자유주의적 정책 및 집권 사민당에 대한 그들의 입장을

---

26) 이 부분은 졸고(2005)의 18~19쪽을 참고하여 정리한 것임.

분명하게 하고 있는 부분이다. 대연정 출범에 맞추어 발표된 2005년 10월 11일자 좌파연합 중앙위원회 성명서 역시 이러한 입장의 연속선상에서 이루어진 것이다. 좌파연합은 "기민/기사련과 사민당에 의해 이루어질 연방정부 사회경제적 후퇴를 정치적으로 강화할 것이다. 왜냐하면 지난 시기 동안에도 국가 재정의 파탄과 사회체계의 파괴는 사민당과 기민/기사련 공동의 힘에 의해 진행되어 왔기 때문"이라면서 그들의 정치적 정체성을 분명히 밝힘과 동시에 앞으로 그들이 취할 정치적 입장을 다시 한 번 강조하고 있다.

분명히 좌파연합은 슈뢰더를 중심으로 한 사민당 실용주의 노선이 견지해 온 정책적 내용에 반기를 들었고, 실용주의적 사민주의로는 독일의 사회와 경제가 봉착해 있는 문제를 결코 해결할 수 없다는 확신에 기초해 있다. 좌파연합은 순수 시장경제 우위의 맹목적인 세계화에 저항할 것이라는 점을 분명히 밝히고 있고, 그렇기 때문에 이들은 성장과 아울러 분배의 문제를, 그리고 시장 개방과 규제 완화보다는 기존 사회안전망의 온전한 복구와 건전한 국가와 사회 역할을 강조하는 세력에 해당된다.

2. '강령 초석' 주요 내용 분석

이러한 흐름은 2005년 연방선거 이후 좌파 세력의 조직적인 통합 과정을 거쳐 보다 정교한 형태로 문서화되었다. 선거공간에서 구서독지역에서 조직화되었던 '선거대안 노동과 사회적 정의'(WASG, Wahlalternative Arbeit und soziale Gerechtigkeit)와 동독지역에 기반을 두었던 좌파 민사당(Linkspartei.PDS)의 통합 문제는 2007년 3월 24일과 24일 도르트문트에서 개최된 전당대회에서 최종적으로 결정되었고, 2007년 3월 30일에서 5월 18일까지 거행된 당원들의 총 투표와 2007년 6월 16일 좌파당(Die Linke) 창당대회에서 승인 절차를 거쳐 '강령 초석'(Programmatische Eckpunkte)을 발표하기에 이른다. 문건의 서언에서 밝히고 있듯이 아직 완전한 형태의 정당 기본강령의 형태를 띠고 있지는 않지만,[27] 독일 좌파세력이 지향하는 정치적 내용과 현 정세에 대한 이해 그리고 대안 정책이 일목요연하게 정리되어 있다는 점에서 새로운 정치세력으로서의 좌파당의 정체성을 분석할 수 있는 중요한 문건으로 가치가 있다.[28]

좌파당은 서언에서 "독일에서는 아직까지 존재하지 않았던 민주적이고, 사회적인 그리고 환경친화적이고 평화정책 지향적인 좌파"[29]를 지향하고 있음을 선언하고 있다. '구좌파'와 '신좌파'를 구분하고 있는 이들의 세계관과 정세 분석은 사민당의 입장과 확연히 다르다. 부유한 독일에서 부의 불균등 배분을 제일 먼저 지적하고 있는 좌파당은 이러한 현상이 고도로 응집된 자본의 힘과 정치의 변질에서 연유하고 있음을 지적한다. "사회적 균열은 (경제 세계화 시대에) 국제 금융시장의 우위와 사회보장 원칙에 기반을 두어 조율되었던 자본주의에서 시장 근본주의와 신자유주유적 정치로 변질된 것에서 기인한다. 방목된 자본주의에 대한 우리의 대안

---

27) Die Linke(2007), *Programmatische Eckpunkte*, Berlin, p.1.

28) 2008년 5월 24일과 25일 코트부스(Cottbus)에서 개최된 제1차 전당대회에서도 당의 공식적인 기본강령은 발표되지 않은 상태이다. 여전히 강령 초석이 좌파당의 정체성을 알 수 있는 대표적인 문건인 셈이다.

29) Die Linke(2007), *op.cit.*, p.1.

은 연대의 강화와 사회의 민주적 변화에 있다".30) 사민당과 동일하
게 민주적 사회주의를 정치적 좌파가 지향해야 할 목표로 표방하
나, 구성요소와 기본가치 간의 상호 관계에 대한 설명은 완전히 다
르다. "자유와 사회적 안전, 민주주의와 사회주의는 상호 조건적이
다. 평등 없는 자유는 단지 부자들만의 자유이다. 민주적 사회주의
의 목표는 변환의 과정 속에 놓여 있는 자본주의를 극복하는 것이
다".31) 시장경제 질서의 온존하에 정치 개입하에 부분적인 조율을
강조하는 사민당의 입장에 비해, 상대적으로 사회주의에 대한 가치
를 보다 비중 있게 수용하고, 자본주의의 폐해에 대한 지적을 놓치
지 않고 있다는 점을 주시하지 않을 수 없다. 또한 자본주의 사회
에서 민감한 사항인 소유권 문제와 관련하여 좌파당은 "다양한 소
유형태의 유지 속에서 사유화와 독점화의 확산 대신에 효율적이고
민주적인 경제를 위한 토대"를 구축하고, "자본주의적 소유관계와
지배관계를 극복하고자"32) 함을 선언하고 있다.

경제보다는 정치의 우위를 분명하게 강조하는 좌파당은 전략적
인 목표를 실현하기 위해 정치적 방향 전환을 부각시키면서, 기존
의 정치경제 질서와 확연히 다른 '세계'의 구축이 필요함을 강조한
다. 이는 현재 진행되고 있는 신자유주의적인 세계화에 대해 맹렬
하게 비판하는 좌파당의 입장에서 보다 분명하게 드러난다. "보다
많은 자유의 이름으로 등장한 신자유주의 세력은 보다 작은 국가
를 강요하고, 사회보장국가를 강압적인 경쟁국가의 방향으로 해체

---

30) *Ibid.*
31) *Ibid.*, p.2.
32) *Ibid.*, p.3.

시켜 나가고 있다. 이는 노동조합과 민주적인 다른 조직들과 사회 운동 세력을 약화시키려 한다. 신자유주의는 시장 아래 모든 삶의 영역을 사유화와 탈규제 그리고 굴복의 정치로 내몰고 있다”.33) 이러한 신자유주의가 민주주의를 위협하고 있다고 보는 좌파당은 국제 금융 기금과 초국적 기업 그리고 전 지구적 자본주의의 초국적 기구들에 엄청난 힘이 집중되고 있음을 지적하면서, 이는 민주주의적인 통제가 불가능해지고 있다고 분석한다. 때문에 민주주의의 실체는 공허해져 가고 있다고 본다. 이러한 흐름에 대한 대안으로서의 새로운 정치가 필요하고 또한 가능하다는 것을 좌파당은 ‘강령 초석’에서 강조하고 있다.

이러한 인식과 정치적 정향에 기반을 두고 좌파당은 주요 정책적 지향점을 기존 정책에 대한 대안의 개념으로 ‘강령 초석’에 정리해 놓고 있다.34) 무엇보다도 좌파당은 예속적이고 경쟁 속에 놓이는 노동이 아니라 자결적이고 연대적인 노동 세계의 구축을 위한 정책 목표를 구체적으로 상술하고 있다. 경제와 환경 문제는 자본 지배적이고 환경 파괴적인 것이 아니라 공동체에 지속가능성을 부여할 수 있는 관계로 설정되어야 함을 좌파당은 강조하고 있다. 셋째는 사회체제와 관련된 부분이다. 여기에서 좌파당은 압력과 사회적 분열 대신에 모든 구성원에게 안전성을 제공해 주는 사회체제를 지향한다는 점을 강조하고 있다. 넷째, 상황 논리와 상황적 압력 담론 대신에 보다 많은 민주주의의 보장이라는 점을 좌파당은 부각시키고 있다. 마지막으로 좌파당은 양성평등뿐만 아니라, 군사

---

33) *Ibid.*, p.4.
34) *Ibid.*, pp.6~21.

화 대신에 평화가 그리고 민영화 대신에 사회적 정의와 민주주의가 보장되는 세계의 건설이라는 목표하에 국제 정치와 유럽 연합 정치도 진행되어야 함을 잊지 않고 있다. 이들 내용은 좌파당의 이념적 정체성을 실현하기 위한 연장선에서 제시되는 정책들로 기존 정당들과는 확연히 다른 개념과 내용적 구성요소를 담고 있다.

이러한 내용에 기초하여, 좌파당은 사민당과 녹색당의 연정정부에 의해 추진된 '아젠다 2010'과 '하르츠 법안들'에 함축되어 있는 신자유주의적 정책 노선을 강력하게 비판하면서, 앞으로 독일 현실 정치 영역에서 전략적으로 수행해야 할 핵심 임무를 다음으로 정리하고 있다. 첫째, 신자유주의적 이데올로기와의 논쟁과 대안 정책의 발전, 둘째, 반신자유주의 정치세력과의 정치적 동맹 구축, 셋째, 의회 안팎에서의 정치적 활동 병행, 넷째, 정부 참여, 다섯째, 다른 정치 세력과의 의회 내에서의 동맹 구축, 여섯째, 유럽 좌파 정당에의 영향력 강화 등이 바로 그것이다.35) 결국 좌파당의 탄생 과정과 이들에 의해 제시되고 있는 강령적 성격의 정치적 지향점에 대한 분석을 통해 경제 세계화에 대한 인식과 이에 대한 대응전략에서 사민당과는 확연히 다른 모습을 읽어 낼 수 있다. 이러한 인식론과 대응논리의 차이는 현실정치 영역에도 그대로 이어져서 진행되고 있다.

---

35) *Ibid.*, pp.21~23.

Ⅴ. 세계화 대응전략과 독일 정당체제의 변화

1990년대 말 등장한 사민당과 녹색당의 적·녹연정 이후 채택된 '신중도노선'의 사민당 개혁 프로그램은 대연정하에서는 보수적 색체의 기민/기사련의 지원하에 제도권 내에서 더욱 힘을 얻고 있다. 대연정은 강력한 의회를 의미하며, 이는 소위 시민사회에 대한 정치사회의 절대적 우위를 관철하는 정치적 지형을 뜻한다. 하지만 의회를 중심으로 한 불균형적인 정치권의 일방적인 우위는 사회 전체 구도상으로는 저항세력의 강화를 재촉할 수도 있다. 적·녹연정 시기 채택된 '아젠다 2010'이 곧바로 월요시위라는 시민사회의 도전에 직면했듯이 대연정 시기에도 노동세력을 중심으로 한 시민사회영역은 시장적 요소의 강화를 주 내용으로 하는 정치영역의 일방적인 구조 개혁 작업에 조직적으로 제동을 걸 준비를 하고 있다. 정치영역과 시민사회 영역의 부조화와 균열이 격화되고 있는 것이다. 이러한 흐름은 제도권 정치지형의 변화를 야기하고 이는 곧바로 독일 정당체제의 변화를 추동하는 요인으로 작동하고 있다. 경제 세계화에 대한 대응전략의 차이가 제도권 정치 지형에도 변화를 몰아오고 있는 것이다.

좌파당은 슈뢰더 적·녹연정의 개혁정책, 이른바 신중도 노선으로 더욱 어려움에 처한 계층을 대변하기 위해 분산되어 있던 동서독 지역의 좌파 지향의 정치세력이 통합되어 창설된 전국 정당이다. 좌파당의 탄생과 제도권에의 연착륙에 결정적인 공헌을 한 것은 노동시장 구조조정책인 '하르츠 Ⅳ'와 이를 앞장서서 비판한 사민당

전 대표였던 라퐁텐(Lafontaine)이다.[36] 앞서 언급하였듯이, 2005년 연방하원 선거에서 유력한 정치세력으로 응집되어 나타난 좌파당은 사회복지단체 및 노동조합들과의 연대를 통해 '흑·적(schwarz-rot) 대연정'에 대한 저항 활동을 장 내외에서 강화하고 있다. 신자유주의적 대응전략에 대한 전면적인 비판을 앞세운 좌파당[37]의 원내진출은 독일의 미래, 특히 소위 '독일병' 해소와 세계화 대응전략의 일방적 추진에 강력한 제동을 걸 것이다. 사민당이 추구하는 일하는 복지를 통한 독일경제의 경쟁력 강화를 지지하는 신중산층에 비해, 좌파당의 지지자들은 연대, 사회정의, 분배를 더 강조한다. 이런 상황에서 신자유주의적 정책기조에서 일치하는 기민/기사련과 사민당 실용주의 노선 대 좌파당의 대결은 앞으로 합법공간의 독일정치에서 극렬한 대립 전선을 형성할 것이다.

정리하면, 앞서의 '강령 초안'에서 분석했듯이 좌파당은 슈뢰더를 중심으로 한 사민당 실용주의 노선이 견지해 온 신자유주의적 정책에 반기를 들고 있고, 대연정 시기에 계속하여 연장되고 있는 신자유주의적인 방식으로는 경제 세계화 시대에 독일 사회와 경제가 봉착해 있는 문제를 결코 해결할 수 없다는 확신에 기초해 있

---

36) 라퐁텐은 신자유주의적인 정책에 반발하는 세력을 결집해 WASG(노동과 사회정의를 위한 선거 대안당: Wahlalternative für Arbeit und Soziale Gerechtigkeit)를 조직했고, 민사당은 전 당수인 기지(Gysi)를 중심으로 전열을 가다듬어 당명을 좌파당(Linkspartei)으로 개명하여 라퐁텐의 WASG와 함께 좌파연합(Linksbündnis)을 설성하여 2005년 총선에 임했다. 총선 이후 두 정파는 통합에 합의하고 2007년 6월 16일 베를린에서 창당대회를 개최했다. 이후 1년 후인 2008년 5월 24일과 25일 양일에 걸쳐 코트부스(Cottbus)에서 거행된 제1차 전당대회를 통해 선명한 좌파정당의 노선을 강조하면서, 이를 구체화하기 위한 재정정책과 조세정책을 결의했다.

37) 슈뢰더의 신자유주의에 격노된 신중도노선에 실망한 당원들은 사민당을 떠나 대안 정치세력으로 '선거 대안 노동과 사회적 정의'(WASG, Wahlalternative Arbeit und soziale Gerechtigkeit)에 합류했고, 사민당의 유력 정치인이었던 라퐁텐을 지도자로 내세웠다. 이후 WASG는 2005년 연방의회 선거에 구 동독지역에 자리 잡고 있던 민주사회당(PDS)과 함께 '좌파.민사당'(die Linke.PDS)이라는 선거연합을 구성하여 8.7%의 지지를 얻었다. 2007년 6월 16일 WASG와 PDS는 하나의 정당, 즉 좌파당(die Linke)으로 통합되었다. 이 정당은 독일의 제도권 정치에서 가장 좌파적인 정치세력이다.

다. 1998년 이래로 집권해 온 슈뢰더의 신중도 노선은 철저히 실패한 정책으로 판단하고 있으며, 따라서 이러한 정책이 폐기되었을 때만이 온전한 독일을 건설할 수 있다는 신념을 견지하고 있다. 이들은 시장경제 우위의 맹목적인 세계화에 저항할 것이라는 점을 분명히 밝히고 있고, 그렇기 때문에 성장과 아울러 분배의 문제를, 그리고 시장 개방과 규제 완화에 매진하는 것보다는 기존 사회안전망의 온전한 복구와 건전한 국가와 사회 역할을 강조하는 세력이기도 하다. 정책적으로 추구하고자 하는 내용으로만 보면 이는 분명 사민당 내부의 좌파그룹과 많은 부분 맥을 같이한다. 2005년 9월 연방하원 선거 이후 반신자유주의에 대항하는 결집체로서의 좌파당은 시민사회의 적극적인 지지를 기반으로 현실 정치 영역에서 강력한 세력으로 자리 잡아 가고 있다.

〈표 1〉 주 의회 선거에서의 좌파당 득표율(2004~2008)

주명 \ 연도	2004~2007	주명 \ 연도	2008
브란덴부르크	28.0%	헤센	5.1%
튀링엔	26.1%	니더작센	7.1%
작센-안할트	24.1%	함부르크	6.4%
브레멘	8.4%		

출처: http://die-linke.de/die_linke/wahlen/wahlergebnisse/landtagswahlen/bremen/(검색 일자: 2008년 6월 30일).

　연방의회 선거 전부터 주 의회 선거에서 두각을 나타내기 시작한 좌파 정치세력은 2005년 연방의회 선거 이후 실시된 2006년 작센-안할트 주 선거에서 24.1%를 획득, 주 내에서 제2의 정치세력으로 입지를 확고히 하였다. 특히 이 시기는 연방의회 선거 이후 통합과정을 거쳐 전국적인 면모를 부각시키고자한 좌파당(Die Linke)의 첫 번째 선거였다는 점에서 매우 중요한 의미를 지닌다. 이후 진행된 구 서독 지역에서의 주 의회 선거에서 좌파당의 위세는 수그러들지를 않았다. 브레멘 시의 8.4%에 이어 헤센 주와 니더-작센 주에서도 연속적으로 주 의회의 진입에 성공한 좌파당은 함부르크 선거에서도 6.4%의 득표율을 기록하며 전국 정당의 입지를 확고히 하였다. 이러한 위세는 2008년에 예정되어 있는 주 의회 선거뿐만 아니라, 2009년 말의 연방 하원의원 선거에서도 지속될 것으로 전망된다. 결국 좌파당은 독일정치에서 제3의 정치세력으로 분명한 입지를 확보하고 있는 중이다.[38]

이런 흐름은 결국 현대 독일정당정치를 특징지었던 2.5당 체제의 종말을 알리는 동시에 불안정한 다당제로의 진입을 예고하는 것이다. 이제 총선에서 40% 이상을 확보하는 거대 정당은 독일정치에서 찾아보기 어렵게 되었고, 10% 정도의 지지율 획득을 둘러싸고 자유민주당과 녹색당 그리고 좌파당 간의 경쟁은 더욱 치열해질 전망이다. 이런 의미에서 독일 정당체제는 이제 2.5당 체제에서 5당체제로의 전환 과정으로 진행되고 있다는 표현도 가능하다고 본다. 이러한 상황은 지금까지 거대정당과 군소정당 간의 소연정을 매개로 안정된 국정운영을 가능케 하였던 정치지형이 더 이

---

38) 연합뉴스, "독 좌파당 선명 좌익 노선 부각", 2008/05/26. 좌파당의 득세에 따른 독일정치의 논쟁은 최근 가장 뜨거운 소재이다. 보수 정당뿐만 아니라 녹색당과 사민당 역시 빠른 속도로 대중적 지지세를 얻고 있는 좌파당의 기세에 당황하는 흔적이 역력하나. 이에 대한 논의에 대해서는 다음 글을 참고하시오. http://www.spiegel.de/politik/deutschland/0,1518,druck-537716,00.html
http://www.spiegel.de/politik/deutschland/0,1518,druck-537489,00. html
http://www.spiegel.de/politik/deutschland/0,1518,druck-537459,00.html
http://www.spiegel.de/politik/deutschland/0,1518,druck-537656,00.html
http://www.spiegel.de/politik/deutschland/0,1518,druck-537472,00.html

상 존속하지 않게 되었음을 의미하고, 때문에 효율성과 안정성을 내세워 왔던 독일 정당정치의 시대는 더 이상 가능하지 않게 되었다. 결국 경제 세계화에 따른 사회 변화와 이를 둘러싼 각 정당 간의 대응전략의 차이는 현실 정치에도 그대로 반영되어, 기존 정당 체제의 변화를 가속시키고 있는 것이다.

Ⅵ. 맺음말

　본 연구는 경제 세계화를 맞아 독일 정당들이 본격적으로 추진하고 있는 기본강령 개정의 진행 현황과 그 의미 및 지금까지의 논쟁의 주요 쟁점을 정리하고, 앞으로의 전망과 예상되는 독일정치의 미래를 전망함으로써 독일을 중심으로 한 유럽 정치의 현실을 보다 체계적으로 이해하는 데 연구목적이 있다. 본 연구는 정당정치 일반에 대한 획일적이고 일반적인 명제(수렴이론)의 한계를 지적하고, 현실을 보다 객관적으로 이해하는 대안적 명제로서 정당분화테제를 제시하고 이를 증명하고자 하는 데서 출발했다. 정당분화테제의 유효성과 포괄정당 및 수렴이론의 한계를 독일 정당들의 구체적 사례 분석을 통해 증명하고자 하는 것이다. 이를 위해 본 연구는 독일 사회민주당과 좌파당을 중점적으로 다루고 있다.

　경제 세계화에 대한 대응양식과 내용에 있어 동일한 좌파적 전통에 기반을 둔 두 정치세력은 확연히 다른 입장을 견지하고 있고, 이론적 영역에서의 분화와 현실 정치적 영향의 접점 속에서 사민당이 혼돈된 모습에서 벗어나지 못하고 있는 반면, 좌파당은 좌파의 적통(嫡統)임을 강조하면서 사민당의 실용주의를 비판하고 뚜렷한 자기 정체성을 지향하면서 자기 세력을 확산시키고 있는 형국이다. 사민당의 '함부르크 기본강령'과 좌파당의 '강령 초안'은 바로 이러한 상황의 결과물들이다. 경제 세계화라는 구조적 압력 속에서 일반화되고 있는 신자유주의 정책에 대한 분명한 비판과 아울러 세계화에 따른 사회 양극화에 대항하는 독일 시민사회와의 강한 연대를 통해 좌파당은 독일 현실정치 영역에서 승승장구하고 있다. 이러한 좌파당의 세력 확대는 독일정치에서 기존 정치 지형을 대체하는 새로운 정치 지형을 가능하게 하고 있고, 이는 현대 독일정치의 새로운 분기점을 이룰 것임에 틀림없다. 이런 의미에서 경제 세계화에 대한 정파 세력 간의 대응전략의 차이와 대응과정에서의 시민사회와의 소통관계의 결과는 기존 독일 정당체제 변화의 방향과 내용을 결정짓는 핵심적인 요인이라는 주장은 더욱더 설득력을 얻고 있다.

참고문헌

김면회. 2001. "경제 세계화 조건 하의 독일노동조합총동맹과 독일사
회민주당의 관계: 경제정책을 중심으로". 『국제정치논총』 41
집 1호, 265~285.

김면회. 2004. "독일모델의 생명력: '독일병' 논의에 대한 비판적 접
근". 『국제정치논총』 44집 1호, 327~348.

김면회. 2005. "독일총선과 정체성 논쟁: 사회민주당을 중심으로". 『유
럽연구』 22권, 1~24.

김면회. 2006a. "독일의 통합정치와 도전들: 제도화와 해체의 변증
법". 『한독사회과학논총』 16권, 165~187.

김면회. 2007b. "독일사회민주당(SPD) 기본강령 개정 논의 연구: 주
요 내용과 전망". 『유럽연구』 제 24권.

존 베일리즈 & 스티브 스미스 편저(하영선외 역). 2005. 『세계정치론
』. 을유문화사.

데이비드 헬드 외(조효제 역). 2002. 『전지구적 변환』. 창작과 비평사.

연합뉴스. 2008. "독 좌파당 선명 좌익 노선 부각".
http://www.yonhapnews.co.kr/international/2008/05/25/060600
0000AKR20080525001800082.HTML

Bartels, Hans-Peter. 2004. "Unsere Grundwerte heute". in Friedrich-
Ebert-Stiftung(ed.). Die neue SPD: Menschen stärken-Wege
öffnen. Dietz.

Borchert, Jens et al.(eds.). 1996. *Das sozialdemokratische Modell:*

Organisationsstrukturen und Politikinhalte im Wandel. Opladen.

Bundesvorstand der SPD. 1959. Grundsatzprogramm der Sozialdemokratischen Partei Deutschlands. Bonn.

Bury, Hans Martin & Vogt, Ute. 2004. "Die Herausforderungen und Aufgaben der Sozialdemokratie". in Friedrich-Ebert-Stiftung(ed.). *Die neue SPD: Menschen stärken-Wege öffnen.* Bonn.

DGB. 1996. Grudsatzprogramm des Deutschen Gewerkschaftsbundes: Die Zukunft gestalten. Düsseldorf.

Dowe, Dieter & Klotzbach, Kurt(ed.). 2004. *Programmatische Dokumente der Deutschen Sozialdemokratie.* Bonn.

Downs, Anthony. 1966. *Ökonomische Theorien der Demokratie.* Tübingen.

Held, David. 1991. Democracy, the nation-state and the global system. in *Economy & Society Vol.20,* London.

Held, David/MacGrew, Anthony. 2003. *The Global Transformations: Reader: An introduction to the Globalization Debate.* polity: Cambridge.

Hirsch, Joachim. 1995. *Der nationaler Wettbewerbsstaat: Staat, Demokratie und Politik im globalen Kapitalismus.* Berlin.

Kesselman, Mark. 1996. "Sozialdemokratische Wirtschaftstheorie nach dem Ende des Keynesianismus". in Borchert, Jens et al.(eds.). *Das sozialdemokratische Modell. Opladen.*

Kirchheimer, Otto. 1966. "The transformation of the Western European party systems". LaPalombara, Joseph & Weiner, Myron(eds.). *Political parties and political development.* Princeton.

Klingemann, Hans-Dieter and Volkens, Andrea. 1997. "Struktur und Entwicklung von Wahlprogrammen in der Bundesrepublik Deutschland 1949~1994". in Gabriel, Oscar W. & Niedermayer, Oskar and Stöss, Richard(eds.). *Parteiendemokratie in Deutschland.* Bonn: Bundeszentrale für politische Bildung.

Koalitionsvertrag zwischen CDU, CSU und SPD. 2005. *Gemeinsam Deutschland-mit Mut und Menschlichkeit.* pdf.

Kocka, Jürgen. 2004. "Sozialdemokratische Grundwerte heute". in Friedrich-Ebert-Stiftung(ed.). *Die neue SPD: Menschen stärken-Wege öffnen.* Dietz.

Die Linke. 2007. *Programmatische Eckpunkte.* Berlin.

Merkel, Wolfgang. 1992. "Kritik der Theorien vom 'Ende des sozialdemokratischen Jahrhundert'". in Grebing, Helga/Meyer, Thomas(eds.). *Linksparteien und Gewerkschaften in Europa: Die Zukunft einer Partnerschaft.* Bund Verlag: Köln.

Merkel, Wolfgang. 1993. "Machtressourcen, Handlungsrestriktionen und Strategiewahlen. Die Logik sozialdemokratischer Wirtschaftspolitik". *Politische Vierteljahresschrift 34,* pp.3~28.

Meyer, Thomas. 1992. "Kritik der Theorien vom Ende des sozialdemokratischen Jahrhunderts". in Grebing, Helga & Meyer, Thomas(ed.). *Linksparteien und Gewerkschaften in Europa,* Köln.

Meyer, Thomas. 1998. "Theorien vom Ende der Sozialdemokratie: Die Konjunktur der Untergangsszenarien". in *Die Transformation der Sozialdemokratie: Eine Partei auf dem Weg ins 21. Jahrhundert.* Dietz: Bonn.

Mintzel, Alf. 1984. *Die Volkspartei: Typus und Wirklichkeit.* Opladen.

Nolte, Paul. 2004. "Sozialdemokratisches Programm: Politik in neuen gesellschaftlichen Spannungsfeldern". in Friedrich-Ebert-Stiftung(ed.). *Die neue SPD: Menschen stärken-Wege öffnen.* Bonn.

Schmidt, Manfred G. 1996. "When parties matter: A review of the possibilities and limits of partisan influence on public policy". *European Journal of Political Research 30.*

SPD. 2003. Agenda 2010: Mut zur Veränderung. Berlin: SPD.

SPD. 2007. *Hamburger Programm: Das Grundsatzprogramm der SPD.*

Vorstand der SPD. 1989. Grundsatzprogramm der Sozialdemokratischen Partei Deutschlands. Bonn.

Der Spiegel. "Debatte um Rot-Rotes Bündnis: SPD zementiert Linkskurs". Spiegel Online.
http://www.spiegel.de/politik/deutschland/0,1518,druck-537716,00.html(2008년 6월 30일 검색)

Der Siegel. "Linkspartei-Debatte: Streit in der SPD-Beck sagt alle Termine ab". Spiegel Online.
http://www.spiegel.de/politik/deutschland/0,1518,druck-537489,00.html(2008년 6월 30일 검색)

Der Siegel. "Hamburg-Wahl: CDU-Führung rät zu Pakt mit den Grünen". Spiegel Online.
http://www.spiegel.de/politik/deutschland/0,1518,druck-537459,00.html(2008년 6월 30일 검색)

Fischer, Sebastian & Wittrock, Philipp."Union und Grüne flirten sich fit für die Koalition". Spiegel Online.
http://www.spiegel.de/politik/deutschland/0,1518,druck-537656,00.html(2008년 6월 30일 검색)

Kleinert, Hubert. "Fünf-Parteien-System: Warum Deutschland umdenken muss". Spiegel Online.
http://www.spiegel.de/politik/deutschland/0,1518,druck-537472,00.html(2008년 6월 30일 검색)
http://die-linke.de/partei/organe/parteitage/1_parteitag/(2008년 6월 30일 검색)
http://dielinke.de/die_linke/wahlen/wahlergebnisse/landtagswahlen/bremen/(2008년 6월 30일 검색)

제6장 통일 이후 사회통합 수준에 대한 동서독 지역주민의 인식

고상두

연세대학교 지역학협동과정 교수

Ⅰ. 서론

베를린 장벽이 무너진 이후 20년이 지났다. 이제 동서독 간의 사회적 장벽은 무너졌을까? 동방정책을 추진하였던 빌리 브란트 전 수상은 베를린 장벽이 무너지는 것을 바라보며 이렇게 말하였다. "오랫동안 분단되었던 독일민족이 서로에 대하여 이해와 존중의 마음으로 대하게 되면 흉터 없는 봉합이 가능할 것이다." 과연 오늘날 독일은 통합된 사회를 이룩하였는가?

아직 독일의 사회통합이 완성되지 않았다는 의견이 지배적이다. 독일의 통일이 완성되기 위해서는 한 세대가 지나야 한다고 말한다. 한 세대를 30년으로 계산할 때, 과연 앞으로 10년이 지나면 독일의 통합이 완성될 것인가? 현재 독일의 사회통합은 어느 정도 진척이 되었는가? 사회통합 분야 중에서 어느 부분이 통합의 속도가 빠르고 어느 부분이 느린가? 그 이유는 무엇인가? 이러한 질문들이 이 글에서 다루려는 관심사들이다.

2009년에 실시된 연방의회 선거에서 구 동독공산당의 후신인 민사당이 주도적으로 참여한 좌파당이 약진하였다. 동독지역에서 좌파당은 **28.5%**의 득표율을 획득하여 여당인 기민당의 **29.8%**에 버금가는 정치적 지지를 얻었을 뿐만 아니라, 제1야당인 사민당의 득표율 **17.9%**를 크게 앞질렀다. 이것은 동독주민들의 사회적 불만이 얼마나 큰지를 잘 보여 주는 지표이다.[1)

동독주민들의 정치적 불만을 야기하고 있는 독일의 낮은 사회적 통합수준에 대해 검토하기 위해 이 글은 다음과 같이 구성된다. 먼저 독일의 사회통합에 관한 기존연구를 검토한 후, 사회통합의 수준을 평가하는 데에 필요한 분석개념을 마련한다. 그리고 나서 통일 이후 현재까지의 각종 여론조사 결과를 토대로 동서독 주민들의 사회통합에 대한 인식을 평가한다. 마지막으로 결론에서는 독일의 사례를 바탕으로 한반도 통일에의 함의를 제시한다.

II. 기존연구의 검토와 분석틀

그동안 국내에서 독일통일에 관한 많은 연구가 진행되어 왔다. 그중에서 사회통합이라는 주세에 관심을 가지고 연구한 학자로는 김학성, 전성우 등이 있다. 그들은 제도의 통합도 중요하지만 통합

---

1) 독일연방선거관리위원회, http://www.bundeswahlleiter.de(2010년 1월 10일 검색)

이 인간을 위해 존재하는 만큼 사람 간의 통합이 중요하게 고려되어야 한다며 사회적 통합의 중요성을 강조하였다. 그리고 정치통합과 경제통합은 사회통합에 의해 뒷받침되어야 한다고 주장하였다.[2]

특히 전성우는 독일의 사회통합 실패원인을 잘못된 통합양식에서 찾았다. 그는 인간을 '경제적 존재'로 보는 자본주의적 삶의 양식이 인간을 '공동체적 존재'로 보는 사회주의적 삶의 양식을 대체하는 과정에서 동독주민들이 심각한 자기 정체성의 훼손을 경험하였다고 본다. 따라서 통일은 동서독 사회가 서로를 향해 함께 겪는 학습과정이 아니라 한쪽 사회가 일방적으로 변화해야 하는 과정이 되었고, 독일의 통합은 수렴에 의한 과정이 아니라 일방이 근본적으로 변화해서 도달해야 하는 먼 길의 통합이라는 것이다.[3]

전태국은 이러한 통합양식이 독일국민의 동질성을 회복하는 데에 장애가 되었을 뿐만 아니라, 동독 출신 주민으로 하여금 서독주민에 대한 반발심을 초래하였다고 본다. 그리하여 동독주민들은 과거에 대한 향수에 빠지게 되고 저항적 지역정체성을 형성하게 되었다는 것이다.[4] 이러한 연구의 연장선상에서 이영란은 동독주민의 상대적 박탈감에 대한 원인분석을 하였다. 그는 상대적 박탈감의 원인을 두 가지 차원에서 찾았는데, 첫째, 경제사회적 관점에서 서독주도의 불공평한 통일과정이 중요한 원인이라고 보았다. 특히 구 동독 엘리트의 광범위한 청산은 동독주민들이 통일과정에서 박탈감을 느끼게 되는 주요 요인으로 작용하였다고 본다. 둘째, 개인

---

2) 김학성, "독일의 통일 후유증과 내적 통합의 제 문제", 『통일문제연구』, 제4권 3호(1992).

3) 전성우, "통일독일의 사회통합", 민족통일연구원 학술회의 총서, 97-04, 1997.

4) 전태국, "통일독일에서의 내적 통합의 문제", 『사회과학연구』, 38집(2000).

심리적 관점에서 서독식의 자본주의 양식이 상대적 박탈감을 야기한다고 보는데, 이 중에서 실업이 중요한 요인으로 제시되었다. 이러한 분석결과 그는 통일독일이 체제통합은 성공하였으나 사회통합에는 실패하였다는 결론을 내린다.[5]

사회통합은 개인적 통합과 구조적 통합으로 나누어진다. 개인적 통합이란 한 개인이 새로운 사회에 편입되는 통합과정을 말하며, 주로 이민이나 귀화 등이 이것에 해당한다. 반면에 구조적 통합은 구조기능주의 사회이론과 연관되는 개념으로서 하나의 사회체계를 구성하는 다수의 하위 체계가 공동의 질서하에 통합되어 가는 과정을 말한다. 파슨스(Parsons)는 공동의 사회질서가 형성되기 위해서는 집단적 정체성이 뒷받침해 주어야 한다고 본다. 집단적 정체성이란 사회적으로 공유된 기본가치를 의미한다. 따라서 사회통합은 기본가치에 대한 공동합의가 뒷받침될 때에 순조롭게 형성되는 것이다.[6]

크레켈(Kreckel)은 파슨스의 구조적 통합이론을 토대로 사회통합을 체제통합과 가치통합이라는 두 가지 과정으로 구분하였다. 체제통합이란 정치 및 경제적 제도의 통합을 의미한다. 가치통합이란 체제통합에 더하여 동일한 가치를 공유하게 됨으로써 공동의 정체성을 형성하게 되는 통합과정을 말한다.[7] 즉 파슨스의 개념을 빌려 설명하자면 사회통합은 하위 체제의 통합과 기본가치의 통합이 모두 이루어져야 한다는 것이다. 독일의 경우 체제통합은 두 단계에

---

5) 이영란, 통일 이후 동독지역 주민의 상태적 박탈감: 포커스 인터뷰 분석을 중심으로, 『한국사회학』, 제39집 1호(2005).

6) 파슨스. 탈콧트, 『현대사회의 체계들』(서울: 새물결, 1999).

7) Reinhard. Kreckel, Social Integration, National Identity and German Unification, in J. T. Marcus(ed.) *Surviving the Twentieth Century. Social Philosophy from the Frankfurt School to the Columbia Faculty Seminars*(New Brunswick: Transaction Publishers, 1999), p.90.

의해 이루어졌다. 1990년 7월에 동독이 서독의 화폐를 도입하면서 경제적으로 통합되었고, 그해 10월에 독일의 헌법을 받아들임으로써 정치적으로 통합되었다. 하버마스는 체제통합은 권력과 자본에 의한 통합이고 가치통합은 인간에 의한 통합이라고 본다. 그리고 독일의 경우 체제통합은 신속하고 효율적으로 이루어졌지만, 가치통합은 상대적으로 느리게 진행되었다고 비판한다.[8]

이상에서 서술한 사회통합의 개념을 바탕으로 이 글은 독일의 사회통합을 체제통합과 가치통합 두 가지 세부개념으로 나누어 살펴보고자 한다. 첫째, 독일의 체제통합은 통일 이후 독일의 정치와 경제체제에 대한 동독주민들의 시각을 통해 살펴볼 것이다. 이 글은 사회통합의 수준을 분석하기 때문에, 정치통합과 경제통합 그 자체를 연구하는 것이 아니라 그러한 제도적 통합에 대한 인식을 분석하려고 한다. 정치통합에 대한 시각을 분석하기 위해서는 통일 이후 도입된 서독식 민주주의에 대하여 동독주민들은 어떠한 평가를 하는지 그리고 지난날 자신들이 무너뜨린 사회주의에 대해서는 지금 어떠한 견해를 가지고 있는지 등을 알아보고자 한다. 경제통합에 대한 동독주민들의 견해를 알아보기 위해서는 경제상황에 대한 시각을 살펴본다. 동독주민들이 통일 이후의 경제현실에 대하여 어느 정도 만족하고 있는지를 알아보는 것은 그들의 통합정서를 파악하는 데에 매우 필요하다.

가치통합에 대한 분석은 동서독 주민들 간에 얼마나 동질성이 확보되었는지를 알아보는 작업이다. 동질성을 평가하기 위해서는

---

8) Habermas, Jürgen. "Faktizität und Geltung. Beiträge zur Diskurstheorie des Rechts und des demokratischen Rechtsstaats."(Frankfurt a. M.: Suhrkamp, 1992.

무엇보다도 첫째, 동서독 주민 간에 상대적 박탈감이 어느 정도인지 알아볼 것이다. 이와 함께 상호 교류는 어느 정도 활발히 이루어지고 있는지를 살펴보겠다. 그리고 동독주민들이 독일국민으로서 얼마나 강한 소속감을 가지고 있는지를 알아보기 위해 그들의 국민정체성을 평가하고자 한다.

이상에서 언급한 바와 같이 이 글은 독일의 사회통합을 체제통합과 가치통합이라는 두 가지 세부영역으로 나누고 각각에 대한 동독주민들의 정서적 태도를 평가하고자 한다. 이러한 평가를 위해 필요한 자료는 주로 독일 통계청의 독일사회보고서, 독일의 학제적 갈등연구소가 2002년부터 시작하여 2012년을 목표연도로 삼고 매년 실시해 오고 있는 사회갈등에 관한 여론조사 결과, 독일 연방민주시민교육원의 여론분석 자료 등을 활용하고자 한다.

Ⅲ. 독일의 사회통합에 대한 평가

1. 체제통합에 대한 동독주민의 태도

아래의 <그림 1>은 통일에 대한 독일국민의 일반적인 견해를 조사한 결과이다. 막대그래프의 아랫부분은 통일에 대하여 매우 긍정적으로 평가하는 응답자의 비율이고, 윗부분은 약간 긍정적으로 보는 응답자이다. 이 둘을 합친 수치는 독일통일을 긍정적으로 평가하는 독일국민의 비율을 가리킨다.

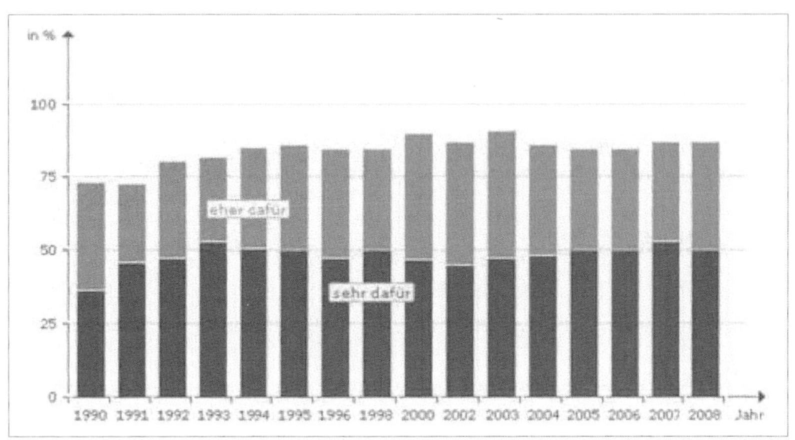

출처: Bundeszentrale für politische Bildung, *Sächsische Längsschnittstudie*, 2009.

〈그림 1〉 독일통일에 대하여 긍정적인 평가를 하는 국민의 비율

이 그림에 의하면 독일통일에 대해서 평균적으로 80%에 해당하는 국민들이 잘된 일이라고 평가한다는 것을 알 수 있다. 그리고 이러한 수치는 통일 이후 오늘날까지 큰 변화 없이 유지되고 있다. 굳이 변화를 찾는다면 통일에 대한 긍정적 평가가 지금까지 전반적으로 점증하는 추세를 보이고 있다는 것이다. 통일이 이루어진 1990년에는 통일 찬성론자가 75%에 조금 못 미쳤으나, 2008년에는 거의 85%를 넘어섰다. 특히 2000년과 2003년에는 최고점에 도달하였다는 것을 알 수 있다. 이 시기는 콜 정부가 슈뢰더 정부에 의해 교체되면서 독일의 경제적인 어려움이 부분적으로 회복되었던 때이다.

아래의 <그림 2>는 독일의 경제통합과 사회통합에 소요되는 기간을 묻는 여론조사 결과이다. 경제통합을 위해 앞으로 얼마나 많은 기간이 소요될 것인지를 묻는 질문에 대하여 1990년에는 불과

6년이면 경제통합이 될 것이라고 응답하였다. 통일 직후에 독일국민들이 경제통합에 대하여 얼마나 낙관적인 생각을 가지고 있었는지를 알 수 있다. 하지만 이 수치는 1996년에 14년으로 크게 상승하였고 그 이후에도 조금씩 증가하여 2006년에는 경제통합을 위해 17년이 필요하다고 대답하고 있다. 사실 통일 이후 시간이 흐르면 경제통합에 소요되는 기간이 줄어들어야 하는데, 이 결과에 따르면 독일국민들은 경제통합에 소요되는 기간이 전혀 줄어들지 않고 있다고 느낀다는 것이다. 오히려 더 많은 시간이 필요하다고 느낀다는 것이다. 이것은 동서독 양 지역 간의 경제격차가 좁혀지지 않고 있다는 것을 의미한다.

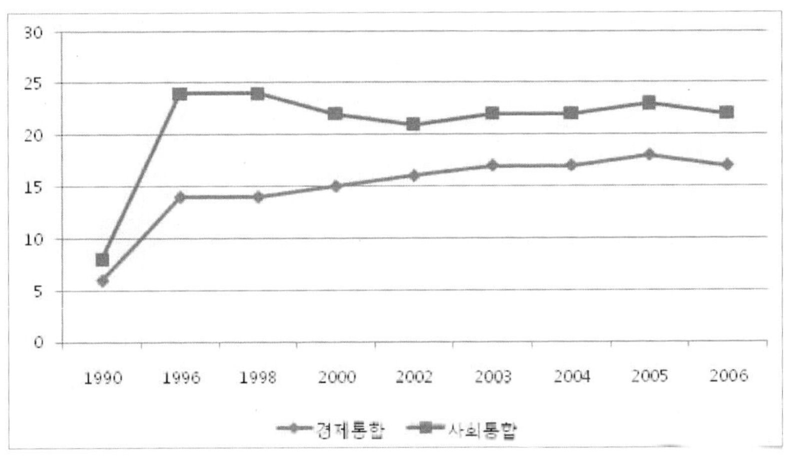

출처: Bundeszentrale fr politische Bildung, *Sächsische Längsschnittstudie*, 2009.

〈그림 2〉 경제통합과 사회통합의 달성에 필요한 예상기간(년)에 관한 여론조사

<그림 2>에서 서독과 동독의 주민이 내면적으로 통일되는 데에

는 얼마나 많은 시간이 소요되는지에 관해 묻는 사회통합 질문에 대하여, 1990년에는 불과 8년이 소요될 것이라는 응답이었다. 하지만 1996년에는 24년으로 크게 상승하였다. 하지만 그 이후 소요기간이 점차 줄어들어서 2006년에는 22년으로 감소하였다. 경제통합과 사회통합에 소요되는 기간에 대한 의견은 유사점과 차이점을 각각 보이고 있다. 유사점은 통일 직후에는 독일국민들이 경제통합과 사회통합에 소요되는 기간을 매우 짧게 생각하였으나, 1996년에 이르러 아주 현실적이 되었다는 것이다. 통합의 소요기간에 대한 인식상의 차이점이라고 한다면, 독일국민들은 사회통합이 경제통합보다 더 많은 시간이 필요하며, 평균 5~10년 더 걸린다는 생각을 가지고는 있다는 것이다. 이상에서 살펴본 바와 같이 경제통합과 사회통합에 대한 인식은 상호 긴밀한 관계에 있다는 것을 알 수 있다. 경제통합이 지연되는 만큼 사회통합도 이루어지지 않는다는 것이다.

1) 정치통합에 대한 태도

독일통일은 동독이 서독의 자유민주주의 정치제도를 받아들이는 방식으로 이루어졌다. 따라서 서독식 민주주의에 대한 동독주민들의 견해는 체제통합의 중요한 요소이다. <표 1>은 동독주민들의 민주주의 인식을 보여 주고 있다. 민주주의에 대하여 서독주민들은 85%가 좋은 정치제도라고 생각하는 반면에, 동독주민의 경우에는 64%에 불과해 약 20% 낮은 지지도를 보이고 있다. 그렇다면 현재 독일에서 실행되고 있는 민주주의에 대해서는 어떻게 평가하는지를 묻는 질문에 대해서는 서독주민의 **61%**가 긍정적인 답변을 하고 있다. 이처럼 자국의 민주주의에 대한 지지도에서 독일의 수치는 영국의 **62%**보다는 조금 낮고 이태리의 **56%**보다는 높은 것으로 나타나고 있다. 참고로 서유럽에서는 평균적으로 **66%**의 시민들이 자국의 민주주의에 대하여 긍정적으로 평가하고 있다. 특히, 덴마크의 경우에는 국민의 **94%**인 절대다수가 덴마크 식 민주주의에 만족하고 있다.

이러한 응답결과와 대조적으로 동독주민의 경우에는 세 명 중에 한 명에 해당하는 **33%**만이 독일 민주주의에 대하여 호의적으로 평가하고 있다는 것을 알 수 있다. 이러한 수치는 동유럽 지역에서 가장 높은 수치를 보이고 있는 체코의 **58%**보다 크게 낮고, **39%**인 폴란드보다 약간 낮고 **27%**인 루마니아보다는 높은 편이다.[9]

〈표 1〉 2006년 민주주의에 대한 동서독 주민의 견해(찬성 %)설문내용

설문내용	서독주민	동독주민
민주주의가 가장 좋은 제도이다	85	64
독일의 민주주의가 잘 실행되고 있다	61	33
사회주의가 이론은 좋지만 실행하기는 어렵다	63	89

출처: Statistisches Bundesamt Deutschland, *Datenreport (2008): Der Sozialbericht für Deutschland,* 2008, p.399.

사회주의에 대해서도 동시독 주민 간에 상반된 견해가 나타나고 있는데, 민주주의에 대한 인식보다 더 큰 격차를 보여 주고 있다. 일반적으로 동시독 주민의 다수가 사회주의는 이론적으로 좋지만

---

9) Statistisches Bundesamt Deutschland, *Datenreport 2008: Der Sozialbericht für Deutschland*(2008) p.401.

현실적으로 실행하기 어려운 제도로 보고 있다. 하지만 이러한 견해에 대한 지지도는 크게 차이가 나는데, 동독주민의 경우에는 89%, 서독주민의 경우에는 63%로 나타나고 있다. 따라서 동독주민 중에서는 약 10% 정도만이 사회주의가 이론적으로도 나쁘다고 생각하는 데 반해, 서독주민의 경우에는 약 40%가 사회주의를 부정적으로 본다는 것을 알 수 있다.

이것은 동독주민들에게 민주주의가 자신들의 생활수준을 향상하는 데에 별 도움이 되지 않는다는 현실적인 생각을 하게 만들기 때문에, 민주주의에 대한 신뢰가 낮게 나타나는 것으로 이해된다. 동독주민들이 통일을 원한 가장 주요한 동기는 서독수준의 생활수준에 도달하는 것이었다. 하지만 자유 민주주의는 개인의 권리와 소유를 우선적으로 보호하기 때문에 동서독 간의 통합을 위한 국가의 개입이 제한적일 수밖에 없고, 동독주민들의 눈에는 자유 민주주의가 통합과제의 수행에 기능적으로 미흡한 제도로 비칠 것이다.

2) 경제통합에 대한 태도

동독주민들이 통일을 받아들인 가장 큰 이유는 무엇보다도 경제적 요인 때문이다. 사실 베를린 장벽이 붕괴된 직후, 동독의 시민세력이 추구한 것은 통일이 아니라 개혁이었다. 폴란드나 헝가리와 달리 동독은 사회주의 체제개혁의 경험이 없기 때문에 인간의 얼굴을 가진 사회주의 이상에 대한 미련이 남아 있었다. 하지만 한 달도 지나지 않아 동독주민들은 새로운 사회주의 실험에 동참할 의사를 포기하고 통일구호를 외치며 거리로 나섰다. 그들은 서독

마르크가 우리에게 오지 않으면 우리가 서독으로 가겠다고 하며 통일을 요구하였다.[10)

하지만 통일은 동독주민들이 기대하였던 생활수준의 급격한 향상을 가져다주지 못하였다. 통일 초기 몇 년간은 동독 재건에 의한 건설경기 붐이 조성되었고, 이러한 통일특수로 인하여 1990년과 1991년에 경제성장률은 5%를 넘어섰다. 하지만 1990년대 중반부터 독일경제는 장기부진에 빠져들었다. 동독은 높은 임금 때문에 국내외기업으로부터 투자를 유치하는 데에 어려움을 겪었고, 서독은 과도한 통일비용 부담으로 막대한 재정적자에 직면해 경제의 탄력성을 잃었다.[11)

통일 당시 독일 정부는 5년에 걸쳐 약 1천150억 마르크의 비용으로 경제통합이 이루어질 것이라고 낙관하였고, 동독기업을 매각하여 얻는 수입으로 통일비용을 충당할 수 있다고 보았다. 이러한 예상과 달리 중앙정부는 동독지역에 매년 GDP의 약 5%에 해당하는 재정지원을 해야 했다. 동독을 위한 이전소득의 재원은 부분적으로 국채발행을 통해 조달되었고, 이것은 정부부채가 급격히 증가하는 결과를 가져왔다.[12)

정부의 높은 재정지출은 불가피하게 높은 세금과 사회보험료 부담으로 나타났다. 통일비용을 감당하기 위해 1991년부터 몇 차례의 세수확대 조치가 단행되었다. 통일세를 신설하여 개인소득세와 법인세의 7.5%를 부과하였고, 유류세, 담배세 및 실업보험료를 인

---

10) 고상두, 『통일독일의 정치적 쟁점』(서울: 오름, 2007), p.145.

11) Jrgen B. Donges, "통일 이후 독일 경제침체의 교훈", 세계경제연구원 보고서시리즈 07–02(2007), p.35.

12) 오승구, 『독일 경제위기를 어떻게 볼 것인가』(서울: 삼성경제연구소, 2005), p.41.

상하였다. 그리고 부가가치세를 14%에서 15%로 올렸다. 이처럼 경제적 부담이 계속 늘어나자, 독일국민은 1998년 선거에서 통일 수상인 콜을 외면하고 야당을 지지하여, 사민당의 슈뢰더 후보를 당선시켰다.

서독주민은 통일비용의 부담 때문에 불만을 가지게 되었고, 동독주민들은 서독의 생활수준에 도달하지 못해서 불만이다. 통일 후 20년이 되어 가는 2008년에 동독주민의 소득은 서독주민의 71% 수준에 도달하였다. 실업률의 경우 서독지역은 6.4%이고 동독지역은 13.1%이다.[13] 실업문제는 통일 초기에 동독주민들을 크게 불안하게 만들었던 이슈이다. 당시 동독지역에서는 약 350만 명이 일자리를 잃어 실질 실업률이 20%를 넘어섰다. 그 이후 실업률이 많이 개선되었지만, 서독에 비하면 여전히 두 배에 달하고 있다.[14]

<그림 3>은 경제통합에 대한 동독주민들의 기대감을 조사한 여론분석 결과이다. 1992년 통일 직후 동독주민들은 자신들의 경제 미래에 대하여 낙관적인 생각을 하고 있었다는 것을 알 수 있다. 주민의 40%가 경제상황이 개선될 것으로 보았고, 불과 12%만이 악화될 것으로 보았다. 이러한 수치는 1996년에 크게 바뀌고 있다. 경제상황이 개선될 것이라고 기대하는 주민은 13%로 크게 줄었고, 반면에 악화될 것이라고 우려하는 주민이 47%로 늘어났다.

---

13) BMVBS, *Jahresbericht der Bundesregierung zum Stand der Deutschen Einheit*(2009), p.5.
14) 김창권, 독일 통일 이후 동독지역 산업구조 변화의 특성, 『산경논총』, 제25권 1호(2005), p.170.

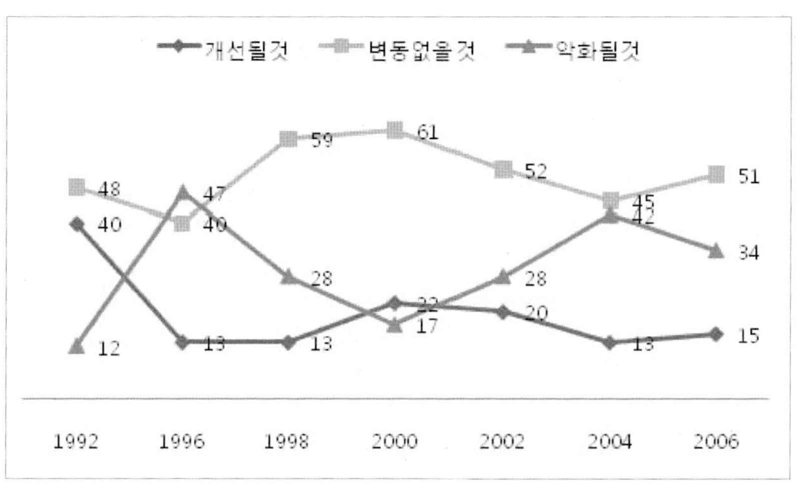

출처: Statistisches Bundesamt Deutschland, *Datenreport 2008: Der Sozialbericht für Deutschland*, 2008, p.417.
*응답자: 3,500 중에서 서독주민: 2,400, 동독주민: 1,100.

〈그림 3〉 경제상황에 대한 동독주민의 기대감

슈뢰더 정부가 집권하고 경제가 활성화된 2000년 전후로 동독주민들의 기대감이 일시적으로 다소 호전되었지만, 2006년 현재 낙관적인 기대감이 15%, 비관적인 우려가 34%를 나타내어 경제통합에 대한 동독주민들의 태도는 여전히 부정적이라는 것을 알 수 있다.

2. 가치통합에 대한 동독주민의 태도

1) 상호 이해의 수준

가치통합에 대한 동서독 주민들의 심리적 태도를 구체적으로 알아보기 위해서는 무엇보다 먼저 양 지역주민 간의 상호 이해 수준

이 어떠한지, 상호 간의 인식의 격차는 얼마나 큰지를 확인할 필요
가 있다. <표 2>는 동서독 주민이 얼마나 서로 잘 이해하고 있는지
에 관한 인식조사 결과이다. 이 조사결과에 의하면 통일로 인하여
손해를 보았다는 인식에서는 양 지역주민 간에 별 차이가 없는 것
으로 나타난다. 동서독 주민은 각각 **57%** 내지 **56%**가 독일통일로
인하여 손해를 보았다는 인식을 하고 있다. 통일이라는 민족적 과
업을 수행하는 데에 불가피하게 치르게 되는 전 국민의 희생이 손
해의식으로 자리 잡은 것이다. 그리고 그러한 손해의식이 양 지역
에서 동일하게 나타나고 있다.

〈표 2〉 동서독 주민 간의 상대적 박탈감에 대한 인식조사(%)

설문내용	서독주민	동독주민
통일이 서독/동독주민에게 많은 손해를 가져다주었다.	55.9	57.3
동독의 재건을 위해 힘쓴 서독/동독주민의 노력이 평가받지 못하였다.	53.9	75.2
서독/동독주민이 상대지역 주민에 대한 이해심이 부족하였다.	44.1	72.4

출처: GMF Survey, 2008.

  하지만 동독재건을 위한 자신의 노력이 얼마나 인정을 받고 있
는지에 관해서는 동서독 주민들 간에 큰 인식적 차이가 나타나고
있다. 서독주민의 경우에는 **53.9%**가 자신들의 희생이 제대로 인정
받지 못하고 있다고 생각한다. 그런데 동독주민의 경우에는 그 수
치가 **75.2%**로 크게 높아진다. 이것은 동독지역의 재건이 서독주민
들의 재정지원에 의해 이루어졌다고 주로 인식되고 있고, 동독주민
들의 보이지 않는 고통과 노력은 간과되고 있다는 사실에 대한 불
만의 표출이다. 이러한 맥락에서 동독주민의 **72.4%**는 서독주민들

에게 동독주민에 대한 이해심이 결여되어 있다고 생각하는 것으로 나타나고 있다.

2) 동서독 주민 간의 상호 교류 수준

이처럼 동서독 주민 간에 상호 이해가 부족한 현실적인 이유는 무엇일까? 아래 <표 3>은 그 원인에 대한 부분적인 설명을 제공하고 있다. 이 표에 의하면 통일 이후 동서독 주민 간의 교류협력 수준이 매우 낮은 것으로 나타나고 있다. 상대지역에서 한 달 이상 체류한 경험이 있는지를 묻는 질문에 대하여 동독주민은 33.8%가 경험이 있다고 응답한 반면에, 서독주민의 경우에는 17.1%에 불과하다. 이러한 경향은 타 지역 출신의 친구나 지인이 있는가라는 질문에서도 유사하게 나타나고 있다. 응답결과를 보면 동독주민의 경우에는 32.8% 서독주민은 20.6%이다.

더욱 우려할 일은 서로 상대지역에 가서 거주하고 싶은 의사는 매우 낮다는 것이다. 기회가 되면 타 지역으로 이주할 생각이 있는가라는 질문에 대하여 양 지역주민의 15%만이 그럴 의향이 있다고 응답하고 있다. 이상과 같은 응답결과들은 독일의 사회통합을 위해서 동서독 지역 간의 활발한 인적 교류가 절실히 요구된다는 사실을 말해 주고 있다.

〈표 3〉 동서독 주민 상호 간의 교류 태도조사(%)

설문내용	서독주민	동독주민
과거에 한 달 이상 서독/동독지역에 체류한 적이 있습니까?	17.1	33.8
서독/동독 출신의 친구나 지인이 많습니까?	20.6	32.8
서독/동독지역으로 이주할 의향이 있습니까?	14.6	15.0

출처: GMF Survey, 2008.

누구나 자신의 고향을 떠나 타 지역으로 이주하는 것을 꺼리기 마련이다. 하지만 통일 직후에는 이주에 대한 강한 동기가 있다. 동독주민들은 서독으로 높은 임금의 일자리를 찾아 이주하였고, 서독주민들은 동독지역으로 이주할 경우 상당한 수준의 물질적 보상을 받았다. 특히 동독지역에 파견된 서독 공무원의 경우에는 별거수당, 오지 근무수당 등을 받았고 각종 경비공제 혜택을 추가로 받았기 때문에 전체 소득이 같은 직급의 동독 출신 공무원보다 몇 배 많았다. 이제 그동안의 인센티브들이 모두 사라진 상태에서 동서독 주민의 이주 의향은 매우 낮게 나타나고 있는 것이다.[15]

3) 국민정체성의 수준

아래 <표 4>는 동서독 주민의 국민정체성을 조사한 여론조사 결과이다. 국민정체성이란 국민의 집단적 정체성을 의미한다. 이것은 국민이 서로를 동일한 집단의 구성원으로 인식하는 우리(we-group)라는 정서가 형성된 상태를 지칭하는 것이다. 즉 국민의식의 상호 동일화 과정을 말하는 것이다.[16]

---

15) 정용길, 『독일 1990년 10월 3일 통일을 생각하며 독일을 바라본다』(서울: 동국대학교 출판부, 2009), p.333.

아래 표에 의하면 독일국민이라는 정체성이 동서독 주민 간에 서로 다르게 나타나고 있다는 것을 알 수 있다. 서독지역에서는 주민의 78%가 독일인이라는 자부심을 가지고 있는 반면에, 동독지역에서는 그 수치가 주민의 61%에 머무르고 있다. 이처럼 동서독 간의 국민정체성 격차가 17%나 되지만, 불과 20년 전만 해도 서로 적대적인 국가였다는 점을 감안한다면, 동서독 주민들이 공동의 국민정체성을 형성하는 데에 어느 정도 성공하였다고 볼 수 있다. 특히 동독지역에서 주민의 2/3가 독일국민정체성을 획득하였다는 점에서 분리주의의 위험은 없다고 단정할 수 있다. 일부 독일 정치인들이 양 지역 간의 갈등과 마찰을 과장하고 있지만, 독일은 국민정체성의 형성이란 점에서 어느 정도 성과를 이루었다고 할 수 있다.

〈표 4〉 2006년 동서독 주민의 사회계층별 국민정체성(%)

	서독주민	동독주민		서독주민	동독주민
전체	78	61	전체	78	61
성별			이념 지향		
남성	78	61	좌파	75	61
여성	77	62	중도	80	65
연령			우파	83	66
18~34세	73	67	지지정당		
35~59세	74	58	좌파/민사당	–	46
60세 이상	86	63	연맹90/녹색당	69	70
직업			사민당	85	73
자영업	73	65	자민당	89	89
실업자	71	38	기사/기민당	89	92
연금생활자	86	61			

출처: Statistisches Bundesamt Deutschland, *Datenreport 2008: Der Sozialbericht für Deutschland*, 2008, p.400.

---

16) Georg. Elwert, Nationalismus und Ethnizitt. ber die Bildung von Wir-Gruppen, *Klner Zeitschrift fr Soziologie und Sozialpsychologie*, vol.41(1989), p.41.

하지만 아직 동서독 주민 간에 존재하고 있는 국민정체성 격차
를 성별, 연령, 직업, 이념지향, 지지정당 등 여러 가지 사회계층적
설명변인을 가지고 살펴보면 세부적인 측면에서는 아직도 사회적
균열이 있다는 것을 알 수 있다. 첫째, 성별의 차이는 정체성 격차
에 별다른 영향을 미치지 못하고 있다는 것을 알 수 있다. 둘째, 연
령의 경우 서독주민은 나이가 많을수록 국민정체성이 강하게 나타
난다. 그리하여 35세에서 59세에 해당하는 청장년층은 평균보다
조금 낮은 정체성을 보이는 반면에 노년층은 평균보다 8%나 강한
정체성을 보인다. 이에 비해 동독지역에서는 18세에서 34세에 해
당하는 청년층과 60세 이상의 노년층이 평균 이상의 정체성을 보
이는 반면에 흥미롭게도 중년층이 낮은 정체성을 보이고 있다. 이
것은 중년층이 현실의 삶에서 직접적으로 사회경제적인 차별을 느
끼기 때문인 것으로 보인다. 셋째, 직업에 따른 정체성을 보면 실업
자의 경우 매우 두드러진 결과를 보이고 있다. 서독지역에서 실업
자는 자영업자나 연금생활자와 큰 차이 없는 71%가 강한 독일국
민정체성을 가지고 있는 반면에, 동독의 실업자는 38%로 아주 낮
은 정체성을 보이고 있다. 넷째, 이념지향에 따른 정체성의 수준을
살펴보면 대체로 우파성향의 주민은 국민정체성이 강하고, 좌파성
향의 주민은 상대적으로 약하게 나타난다는 점에서 조사결과가 일
반적인 추세를 보이고 있다. 하지만 특이한 점은 좌파/민사당을 지
지하는 동독주민의 경우에는 46%라는 너무 낮은 정체성을 보이고
있다는 것이다. 따라서 동독주민이 독일국민으로서의 정체성을 약
하게 가지게 되는 사회계층적 요인은 실업과 정당지지라는 것을
알 수 있다. 즉 직업이 없고 좌파정당을 지지하는 동독주민의 경우

독일국민으로서의 자긍심이 가장 낮다는 것이다.

<그림 4>는 동서독 주민의 지역정체성을 조사한 결과이다. 이 그림에 의하면 서독주민들은 자신들의 지역에 대한 정체성을 통일 이후 지금까지 약 60% 수준에서 큰 변화 없이 유지하고 있다는 것을 알 수 있다. 이와 달리 동독주민의 경우에는 통일 직후에는 40% 수준에 불과한 동독정체성을 가지고 있었으나, 그 수치가 꾸준히 증가하여 2008년에는 80%의 동독정체성을 보이고 있다는 것이다. 위에서 언급한 것처럼 동서독 주민들이 공동의 국민정체성을 새롭게 형성하는 데에는 성공하였지만, 과거의 정체성을 완전히 없애지 못하고 있다는 것을 알 수 있다. 특히 동독주민들은 자신들이 스스로 결별한 정체성을 회복하고 있는 것으로 나타나고 있다.

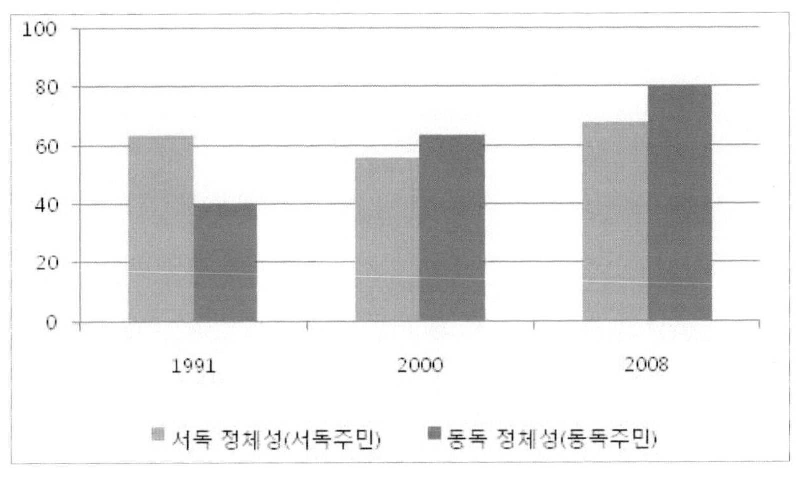

출처: Institut für Interdisziplinäre Konflikt-und Gewaltforschung, Universität Biclcfold, GMF Survey (2008)

〈그림 4〉 동서독 주민의 지역정체성(%)

이러한 현상은 옛 동독에 대한 향수를 의미하는 오스탈기(Ostalgie)
라는 용어로 대변되고 있다. 오스탈기는 구 동독체제로 돌아가자는
것은 아니지만, 동독주민을 지배하는 서독의 제도와 관습을 비판하
고 과거 동독의 제도와 관습을 이상화하는 반발적 정체성이다.[17)
오스탈기는 통일로 인하여 사라진 동독시절의 생활품, 음악, 미술,
유행에 대한 동경으로 나타나고 있다(Ahbe, 2005: 41).[18)] 특히 요즈
음 구 동독의 억압체제에 대한 경험이 없는 동독지역 젊은이 중에
서 33%가 과거의 긍정적인 면에 향수를 느끼며, 동독시대의 사회적
따뜻함과 친밀함을 아쉬워한다는 것이다.[19)] 이러한 오스탈기 현상
은 독일이 국가통합은 이룩하였으나 사회통합은 아직도 진행 중이
라는 것을 의미한다.

IV. 결론

이 글은 독일의 사회통합을 통일 이후부터 최근까지의 여론조사
결과를 토대로 분석하였다. 분석의 틀로서 사회통합을 체제통합과
가치통합으로 세분화하여 이 두 가지 차원에서 실태를 평가하였다.
여기서 체제통합이란 정치통합과 경제통합에 대한 주민들의 태도

---

17) 김누리, "동서독 사회문화 갈등의 원인", 김누리(편저), 『머릿속의 장벽』(서울: 한울 아카데미, 2006),
   p.29.

18) Thomas, Ahbe, *Ostalgie, zum Umgang mit DDR: Vergangenheit in den 1990er Jahren*(Erfurt:
   Landeszentrale fr politische Bildung Thueringen, 2005), p.41.

19) 이기식, 『독일통일 15년의 작은 백서』(서울: 고려대학교출판부, 2008), p.168.

를 말하며, 가치통합이란 동서독 주민 간의 상호 이해, 상호 교류, 공동정체성을 포함한다. 그리고 분석 결과 다음과 같은 결과를 확인하였다.

체제통합의 측면에서 먼저 정치통합에 대한 심리수준을 평가하기 위하여 민주주의에 대한 태도를 살펴본 결과, 동독주민의 약 90%가 사회주의가 현실성은 약하지만 좋은 제도라고 생각하고 있고, 약 60%가 민주주의를 좋게 생각한다. 하지만 독일의 현실 민주주의에 대해서는 30%가 약간 넘는 주민만이 긍정적으로 평가하고 있다. 경제통합에 대한 태도는 경제상황에 대한 기대감을 가지고 평가하였다. 동독주민들은 동서독 간의 경제통합이 완성되려면 아직도 20년 정도 필요하다고 보고 있으며, 향후 경제상황이 개선될 것이라고 보는 인구의 비율은 15%에 불과하다. 반대로 경제상황이 악화될 것이라고 보는 주민은 그 두 배가 넘는다. 물론 통일 초기의 대량 실업 등 시장경제의 도입에 따른 체제전환기의 어려움은 일단 종결되었다고 할 수 있다. 하지만 아직 동독지역의 소득수준은 서독의 약 70%에 불과하며, 실업률은 두 배에 이르고 있다. 그리고 통일은 동서독 지역 모두에게 어려움을 줌으로써 동서독 주민 간의 가치통합에도 걸림돌이 되고 있다.

동서독 주민의 가치통합 수준을 알아보기 위하여, 동서녹 주빈 간의 상호 이해 수준을 평가한 결과 양 지역의 주민들은 자신들이 동독 재건을 위하여 바친 노력과 희생이 제대로 인정을 받지 못하고 있다는 점에 대하여 서운하게 생각하고 있다는 것을 알 수 있다. 특히 동독주민의 경우에는 그 비율이 75%에 달한다. 상호 교류의 관점에서도 양 지역주민 간의 교류 경험이나 의향이 매우 낮다는 것을 알 수 있다. 반면에 공동의 정체성 형성이란 관점에서는 비교적 성공적이라는 것을 알 수 있다. 이것은 동서독 주민의 대다수가 통일에 대해서는 긍정적으로 평가하는 데에 기인하고 있다고 본다. 이러한 인식 기반에서 독일정체성을 형성하는 데에는 성공하였다는 것을 알 수 있다. 하지만 과거의 정체성이 완전히 사라진 것은 아니다. 특히 동독주민은 점차 강한 자기 집단 정체성을 가지고 있으며, 이것은 동독시절에 대한 향수로 나타나고 있다.

독일의 경험은 한반도 통일에 많은 함의를 제공한다. 특히 사회통합은 독일에서 가장 민감하고 논란이 많은 통합과정이었다. 따라서 독일의 경험은 남북한 통일 이후 사회통합의 문제를 최소화하는 데에 도움이 될 것이다. 독일의 경험을 토대로 아래와 같은 정책적 방안이 필요하다고 생각된다.

첫째, 북한주민들에게 민주주의에 대한 이해를 높이기 위하여 시민 정치교육이 필요하다. 오랫동안 사회주의 체제에 익숙해진 북한주민들이 민주주의에 대하여 비효율적이라고 생각하기 쉽다. 특히 남한에서 실행되고 있는 방식의 민주주의가 그들의 삶에 직접적인 개선을 가져다주지 못한다고 생각하고 체제 비판적이 될 가능성이 있다.

둘째, 독일의 경우 경제통합이 실패한 이유는 화폐통합은 경제적 논리를 무시하여 정치적 논리에 의해 진행하였고, 사유화는 정치적 논리를 무시하고 경제적 논리에 의해 추진한 데에 있다. 즉 화폐통합의 경우에는 동독의 화폐를 높게 평가하여 동독지역의 산업경쟁력을 약화시켰고, 사유화의 경우에는 생산성이 낮은 대다수 동독기업을 서둘러 헐값 매각함으로써 정부의 수익에 거의 보탬이 되지 못하였다. 이러한 경제통합의 실패는 동서독 주민들의 경제상황에 대한 부정적인 태도를 증폭시켰다. 따라서 한반도 통일의 경우에는 화폐통합은 경제적 논리에 의해, 사유화는 정치적 논리에 의해 추진하여야 할 것이다.

셋째, 한반도 통일의 경우에는 사회통합을 보다 지혜롭게 해결하기 위하여 북한주민의 잠재력과 헌신이 최대한 발휘될 수 있는 자발적 재건전략을 선택해야 할 것이다. 독일의 경우에는 통일 이후의 과정에서 동독 출신 주민들의 잠재력이 활용되지 못하고 원천적으로 봉쇄됨으로써 그들은 '이등국민'이라는 열등감에 빠졌고, 서독주민들은 자신들이 동독주민을 위해 희생하였다는 생각을 가지게 되었다. 따라서 통일 이후 남한은 북한주민에게 시혜적 도움을 주는 것이 아니라 생산적 도움을 줄 수 있도록 해야 할 것이다.

넷째, 남북한 주민 간의 상호 이해는 지속적인 상호 교류를 통해 강화될 것이다. 따라서 남북한 지역 간에 상호 교류를 촉진할 수 있는 인센티브의 시스템을 개발하고 유지하여야 할 것이다. 이러한 노력은 통일한국의 국민정체성을 형성하는 데에 보탬이 될 것이고, 북한주민들이 과거에 대한 향수를 갖게 되거나 혹은 북한 소지역주의가 형성되는 것을 방지할 수 있을 것이다.

참고문헌

고상두. 『통일독일의 정치적 쟁점』(서울: 오름, 2007).

김누리. "동서독 사회문화 갈등의 원인". 김누리(편저). 『머릿속의 장
벽』(서울: 한울 아카데미, 2006).

김창권. 독일 통일 이후 동독지역 산업구조 변화의 특성. 『산경논총』.
제25권 1호(2005).

김학성. "독일의 통일 후유증과 내적 통합의 제 문제". 『통일문제연구』.
제4권 3호(1992).

독일연방선거관리위원회, http://www.bundeswahlleiter.de(2010년 1월
10일 검색)

오승구. 『독일 경제위기를 어떻게 볼 것인가』(서울: 삼성경제연구소,
2005).

이기식. 『독일통일 15년의 작은 백서』(서울: 고려대학교출판부, 2008).

이영란. 통일 이후 동독지역 주민의 상태적 박탈감: 포커스 인터뷰 분
석을 중심으로. 『한국사회학』. 제39집 1호(2005).

전성우. "동서독 통일과정의 사회학적 함의: 사회통합의 관점을 중심
으로". 『경제와 사회』26호(1995).

전성우. "일독일의 사회통합". 민족통일연구원 학술회의 총서, 97-04,
1997.

전태국. "일독일에서의 내적 통일의 문제". 『사회과학연구』38집(2000).

정용길. 『독일 1990년 10월 3일 통일을 생각하며 독일을 바라본다』
(서울: 동국대학교 출판부, 2009).

파슨스, 탈콧. 『현대사회의 체계들』(서울: 새물결, 1999).

Ahbe, Thomas. Ostalgie, *zum Umgang mit DDR: Vergangenheit in den 1990er Jahren*. Erfurt: Landeszentrale für politische Bildung Thueringen, 2005.

BMVBS. *Jahresbericht der Bundesregierung zum Stand der Deutschen Einheit* (2009).

Donges, Jürgen B. "통일 이후 독일 경제침체의 교훈". 세계경제연구원 보고서시리즈 07-02(2007).

Elwert, Georg. Nationalismus und Ethnizität. über die Bildung von Wir-Gruppen. *Klner Zeitschrift für Soziologie und Sozialpsychologie*. vol.41(1989).

Habermas, Jürgen. *Faktizität und Geltung. Beiträge zur Diskurstheorie des Rechts und des demokratischen Rechtsstaats*. Frankfurt a. M.: Suhrkamp, 1992.

Kreckel, Reinhard. Social Integration, National Identity and German Unification. in J. T. Marcus(ed.) *Surviving the Twentieth Century. Social Philosophy from the Frankfurt School to the Columbia Faculty Seminars*. New Brunswick: Transaction Publishers, 1999.

Statistisches Bundesamt Deutschland. *Datenreport 2008: Der Sozialbericht fr Deutschland*, 2008.

제7장 드골과 미테랑의 유럽정책 비교연구:
개인적 비전과 정책의 제약

조홍식

숭실대학교 정치외교학과 교수

I. 드골, 미테랑, 그리고 유럽

유럽통합의 역사에서 프랑스와 독일로 형성된 핵심 강대국들이 중추적인 역할을 담당했다는 사실은 익히 알려져 있다.[1] 유럽통합이 시작되던 1950년대 통합의 가장 커다란 목적은 프랑스와 독일의 화해를 통해 서유럽 내부의 결속을 다지는 것이었고, 이 같은 평화적 결속은 다시 서방이 소련의 위협에 대응하는 주요 수단이었던 것이다. 따라서 유럽통합은 출발부터 이미 프랑스와 독일이라는 주요 국가를 그 핵으로 삼고 있었다고 표현해도 과언은 아니다. 1963년에 체결된

---

1) 유럽통합에서 프랑스와 독일 축에 대해서는 다음을 참고할 것: Alistair Cole, *Franco-German Relations*(Harlow: Longman, 2001); Gisela Hendriks, *The Franco-German Axis in European Integration*(Chetelham: Edward Elgar, 2000); David Calleo and Eric Staal, *Europe's Franco-German Engine*(Washington, DC: Brookings Institution Press, 1998); Thomas Pedersen, *Germany, France, and the integration of Europe: A Realist Interpretation*(New York: Pinter, 1998).

프랑스-독일 협력 조약은 이러한 중추적 역할을 상징적으로 보여주고 있다. 당시 프랑스-독일 커플은 드골 대통령과 아데나워 수상 사이의 절친한 관계로 나타났다. 이어 1970년대에도 프랑스와 독일은 지스카르 대통령과 슈미트 수상의 긴밀한 관계로 연결되었고 이들의 협력은 1979년 유럽통화제도(EMS, European Monetary System)이라는 획기적인 화폐협력체제의 제도화로 결실을 맺었다. 이어 유럽통합이 심층적인 진전을 이룩한 1980년대에도 다시 미테랑 대통령과 콜 수상의 장기적인 우의와 협력은 유럽단일의정서(1986년)와 마스트리히트에서 체결된 유럽연합조약(1992년)으로 현실화되었고, 이는 유럽통합을 공고히 하는 데 결정적으로 기여하였다. 이처럼 유럽통합사에서 프랑스와 독일이 핵심적 동력을 제공하였고, 이 양국 관계에서 국가 지도자들의 개인적 역할이 무척 중요했음에도 불구하고 이에 대한 연구는 체계적으로 이뤄지지 않았다.

프랑스-독일 커플이 유럽통합의 동력으로 작용하였다면, 양자 커플 내에서도 일종의 불균형은 존재하였다. 적어도 독일이 통일을 시작하여 완성하는 1990년대까지 프랑스와 독일의 관계는 정치와 경제 분야 각각의 불균형이 전체적인 측면에서 포괄적으로 균형을 이루는 모습이었다.[2] 정치적으로 프랑스는 제2차 세계대전 승전국이었고, 핵무기를 보유하고 있는 군사대국이있으며, 탈식민화가 진행되있지만 그럼에도 불구하고 세계적인 영향력을 보유하고 있는 국가였다. 따라서 세계대전 패전국으로 분단되어 있으며, 핵무기를 보유하지 못하고, 외교적으로 많은 제도적 제약을 안고 있는 독일

---

2) Georges–Henri Sotou, *L'Alliance incertaine: les rapports politico–stratégiques franco–allemands, 1954~1996*(Paris: Fayard, 1996).

에 비해 우위에 있었다.3) 반대로 경제 분야에서는 프랑스가 고도의 성장률을 달성하기는 하였지만, 그래도 규모에 있어서 독일 경제에 뒤처지는 입장이었고, 산업경쟁력도 독일에 비해서는 열세에 놓여 있었다. 특히 경제 및 화폐 관리의 측면에서 독일은 도이치마르크의 안정적 강세를 통해 반복적인 화폐위기와 평가절하를 겪은 프랑스의 프랑에 압도적인 우세를 보여 주었다.4) 결국 프랑스의 정치적 우위와 독일의 경제적 우위는 서로 어느 정도 '불균형의 균형'을 이루면서 유지되어 왔던 것이다. 국가 지도자들은 이 같이 유럽통합이라는 운동의 한가운데 있는 프랑스와 독일의 관계, 그리고 양국의 정치와 경제의 관계를 조정하고 결정하는 고리라고 부를 수 있다. 이 연구가 조명하고자 하는 부분은 기존 연구가 강조하는 구조적 요인의 거시적 논의에서 간과하는 정치 지도자 개인의 비전과 정책적 제약이 가지는 상호 관계라는 부분이다.

이 연구의 목표는 유럽통합이 시작된 이후 프랑스에서 가장 오랜 기간 동안 대통령을 역임한 드골(1958~1969년)5)과 미테랑(1981~1995년)6)의 유럽정책을 비교하는 것이다. 프랑스의 유럽정책과 최

---

3) Peter Katzenstein(ed), *Tamed Power: Germany in Europe*(Ithaca: Cornell University Press, 1997).

4) Kenneth Dyson and Kevin Featherstone, *The Road to Maastricht: Negotiating Economic and Monetary Union*(Oxford: Oxford University Press, 1999).

5) 드골에 관해서는 국제적으로 수많은 자료가 있기 때문에 일종의 드골학을 형성하고 있을 정도이다. 국내에 소개된 내용만을 간추리면 다음과 같다. 샤를 드골, 심상필 옮김. 『세계대회고록전집 13. 드골 Ⅰ』(서울: 한림출판사, 1980); 샤를 드골, 심상필 옮김. 『세계대회고록전집 14. 드골 Ⅱ』(서울: 한림출판사, 1980); 필립 라트, 윤미연 옮김. 『드골 평전, 그의 삶과 신화』(서울: 바움, 2002); 허만. 『드골의 외교정책론』(서울: 집문당, 1997).

6) 국내의 미테랑 소개와 연구는 다음과 같다. 김명섭. "프랑스의 문화외교: 미테랑 대통령 집권기(1981~1995년)를 중심으로". 『한국정치학회보』 제37집 2호(2003), pp.343~363; 김응운. "프랑스 미테랑 대통령의 유럽통합정책". 『프랑스학연구』 제41권(2007년), pp.129~150.; 자크 아탈리. 김용채 옮김. 『자크 아탈리의 미테랑 평전』(서울: 뷰스, 2006).

고 수준의 정치 지도자에 관한 보다 체계적인 연구를 위해서라면 대통령뿐 아니라 제4공화국의 수상들도 비교의 대상이 되어야 하고, 또 제5공화국의 퐁피두(1969~1974년), 지스카르(1974~1981년), 그리고 시라크(1995~2007년)나 사르코지(2007년 이후)도 비교의 대상이 되어야 할 것이다. 드골과 미테랑만을 비교하는 이유는 다음과 같다. 우선 연구 전략의 측면에서 두 대통령만을 선정함으로써 보다 세부적이고 체계적인 비교가 가능하다는 이유를 들 수 있다. 둘째, 드골과 미테랑은 각각 20세기 후반 프랑스 정치의 우파와 좌파를 대표하는 정치인이라는 특징을 공유하고 있다. 게다가 이들은 퐁피두, 지스카르나 사르코지에 비해 훨씬 장기 집권에 성공하였다. 물론 기간으로만 따진다면 시라크가 드골보다 장기간 집권한 것도 사실이다. 하지만 시라크 재임기의 상당 부분(1997~2002년)은 사회당의 조스팽 수상과 동거정부를 구성했다는 사실을 염두에 두어야 하고 시라크는 정치적으로도 드골파의 계승자라는 점을 상기해야 한다. 마지막으로 드골과 미테랑은 사실상 유럽통합의 커다란 방향을 결정하는 중요한 시기에 대통령으로 재임하였다는 사실을 들 수 있다. 드골의 대통령 재임은 유럽경제공동체의 출범과 함께 시작하여 처음 제도화되는 10여 년의 과정에 해당하며, 미테랑은 단일 시장 형성과 유럽 연합 출범 등 유럽통합 제2의 도약기라고 할 수 있는 1980년대와 90년대 초반기에 집권하였기 때문이다.

이 연구는 세 단계로 나누어서 진행할 것이다. 첫째는 드골과 미테랑의 정치적 배경과 사상적 성향에 비추어 이들이 가지고 있는 '유럽 비전'을 비교할 것이다. 달리 표현하자면 최고 정치 지도자의 개인적 특성을 확인함으로써 그것이 재임기에 실질 정책에 반영되느지를 살펴볼 수 있을 것이다. 둘째는 드골과 미테랑의 재임기에 추진되었던 유럽정책을 비교할 것이다. 정치 지도자 개인이 가지고 있는 비전은 크게 국내 요인, 유럽요인, 그리고 국제 요인에 영향을 받아 반응하고 진화한다는 것이 이 연구의 가설이자 접근법이라고 하겠다. 마지막으로는 두 대통령이 프랑스 유럽정책과 유럽통합 전체에 미친 영향을 비교 분석하고 평가하는 기회를 가질 것이다. 이 과정에서 위에 지적한 세 종류의 요인이 가지는 상대적 비중과 영향력을 논의하도록 한다. 그리고 결론으로 유럽통합이 1990년대 맞은 구조적 변화를 조명함으로써 드골과 미테랑이 공유하였던 역사성을 강조할 것이다. 두 대통령이 활동했던 시기는 20여년의 시간적 간격을 두고 있지만 그럼에도 불구하고 여전히 프랑스가 주도적인 역할을 할 수 있었던 시대라는 특성을 공유하기 때문이다.

이 연구의 방법은 역사적 비교를 통해 최고 정책 결정권자의 개인적 특성이나 비전이 다른 정책의 제약 요인들과 어떻게 상호 작용하는지를 도출해 내고 분석하는 것이다. 프랑스라는 특정 국가의 두 대통령을 중심으로 논의와 분석을 전개함으로써 의미 있는 결론을 도출해 낼 수 있다고 판단하였기 때문이다. 분석 대상의 수가 증가할 경우 질적인 분석이 불가능할 것이고, 반대로 시기를 더 좁혀 특정한 역사적 결정에 분석을 집중할 경우 국가 지도자라는 인물의 동일성이라는 연구의 기본 출발점을 포기하게 되기 때문이다. 이러한 연구방법과 문제의식을 통해 구조적 동인에만 초점을 맞추거나 유럽통합 운동을 사물화하여 분석하기 때문에 생기는 다소 기계적인 시각을 벗어나 통합에서 나타나는 행위자와의 상호 관계와 정치사회학적 분석을 강조하려 한다.

Ⅱ. 유럽 비전: '국가의 구원자'와 '위대한 유럽인'

드골과 미테랑은 26년 즉 한 세대 정도의 연령 차이가 나는 프랑스의 정치 지도자들이다. 드골은 1890년 집안 전통에 따라 외가가 있는 프랑스 북부 릴(Lille)에서 출생하였지만 원래 부친의 드골 집안은 파리에 오래 살아온 가문이었다.7) 미테랑은 1916년 세계 제1차 대전이 한창일 때 프랑스 샤랑트(Charente)라는 지방 도시에서 태어났는데, 그의 아버지는 철도 엔지니어였고 그 후 식초 제조 사업을 벌였다. 드골이 파리에서 그리고 미테랑이 지방에서 태어나 자랐지만 출신 계급이라는 차원에서 보면 아버지가 중등교사였던 드골보다는 미테랑이 더 윤택한 삶을 누렸을 것으로 짐작할 수 있다. 이들은 공통적으로 가톨릭 전통적 교육을 받았고, 드골이 왕권주의적 전통에 심취하여 대의민주주의에 대한 혐오감을 가졌던 것과 마찬가지로 미테랑도 대학생 시절 한동안 극우파 정치세력인 '불의 십자단'(Croix de feu)에 동참했던 것으로 알려졌다.8) 프랑스 20세기 초반 정치지형에서 종교와 정치의 상관관계는 무척 높았고, 이런 관점에서 드골과 미테랑의 가족적 배경은 상당한 보수적 성향을 두 청년에게 부여한 셈이다. 결국 정치 활동을 하면서 드골과 미테랑은 각각 우파와 좌파의 성향으로 제 갈 길을 갔지만, 그들은 모두 프랑스의 전통을 의미하는 가톨릭 가문에서 태어나 뿌리와 역사, 민족과

---

7) 드골과 미테랑의 삶에 관한 내용은 다음을 참고할 것: 필립 라트, *op.cit.*; 자크 아탈리, *op.cit.*

8) 아탈리는 미테랑의 우파적 과거에 대해 다음과 같이 표현하고 있다. "그 누구도 자신의 유년 시기를 피할 수 없다. 나의 어린 시절이 나에게 좌파가 되게 하고 정신적인 떠돌이가 되게 만들었다면, 그의 어린 시절은 그가 우파가 되고 시골에 애착을 갖도록 만들었다. 또한 앞장서서 이끌고자 하는 강한 욕망을 발견토록 해 주었다." 자크 아탈리, *op.cit.*, p.93.

국가에 대해 특별한 애착심을 공유하고 있다고 할 수 있다.

드골과 미테랑의 인생에 있어 또 다른 공통점은 이들이 모두 비교적 일찍 프랑스 정치의 전면에 등장하였지만 상대적으로 늦은 나이에 최고 권좌에 오르게 되었다는 점이다.[9] 드골은 30대인 1920년대부터 촉망받는 장교로 성장하였고, 50세가 되던 1940년에는 나치에 점령당한 프랑스를 위기에서 구해야 한다면서 그 유명한 '런던 연설'을 통해 일약 자유 프랑스의 대표로 부상하였다. 그는 이로부터 프랑스를 해방시키고 난 뒤 1946년 물러날 때까지 6여 년을 최고 정치 지도자로서 활약했던 것이다. 미테랑은 같은 시기 이미 20대에 레지스탕스 운동을 통해 정치에 입문하였고, 30대에 제4공화국에서 각종 장관을 맡으며 정치적 활약을 벌인다. 또한 1965년 그가 49세가 되는 해 드골과 대통령 선거에서 대결하여 결선 투표까지 가서 선전을 벌였는데, 그로서 미테랑은 야권의 대표적 주자로 등장하였다. 하지만 드골과 미테랑은 모두 조기 정치 활약에도 불구하고 전자는 60대 후반에, 후자는 65세에 대통령에 당선되었고, 각각 10년과 14년을 재임하였으며, 퇴임 이듬해에 세상을 떠났다. 달리 말해서 드골과 미테랑은 모두 굉장히 많은 정치적 경험을 겪은 뒤 인생의 종반기에 최고의 권좌에 올라 사망하기 직전까지 프랑스라는 국가를 장기간 지도하였다는 사실이다. 아마 이들이 오랜 기간 동안 국부(père de la nation)의 이미지를 가질 수 있는 이유도 바로 이런 인생의 리듬과 밀접하게 연관되어 있을 것이다.

드골과 미테랑이 정치인으로 가장 확연한 차이점을 보이는 부분

---

9) Vincent Wright, *The Government and Politics of France*, Third Ed.(London: Routledge, 1989), pp.39~52.

은 그들의 정치적 성향이다. 드골이 프랑스 우파의 대명사이고, 미테랑이 좌파의 대표적 인물이라는 사실은 명약관화하지만, 이들이 각각 내부적으로 어떤 성향을 대표하는지 살펴볼 필요가 있다. 드골은 프랑스 우파 중에서 개인주의와 의회주의 및 자유주의를 강조하는 세력도 아니고, 그렇다고 전통과 행동을 중시하는 극우 세력도 아니다. 그는 오히려 지도자와 인민의 상호 신뢰와 지지 관계에 기초한 보나파르트 전통의 우파 세력을 대표한다고 할 수 있다.[10] 미테랑은 좌파 내부에서 가장 극단적인 혁명적 좌파 세력도 아니고, 그렇다고 노동자 조직에 기초한 전통 노동운동 세력도 아니다. 미테랑은 가장 온건한 '가능성의 사회주의'로 표명되고 제3공화국 시절 민주주의 세력을 대표하는 급진주의(radicalisme)의 계승자라고 보는 것이 정확할 것이다.[11]

위에서 우리는 드골과 미테랑의 가족적 배경을 보았고, 이어서 이들이 처음 극우에 가까운 지점에서 정치 활동을 시작했다는 점을 지적하였다. 비슷한 출발점에서 미테랑은 드골보다 훨씬 좌익의 지점에까지 도달하였는데 이는 두 가지 요인에 의해 설명 가능할 것이다. 첫째는 이들의 직업적 경험으로 드골은 정치에 발을 내딛기 전인 1940년까지 이미 20여 년 이상을 군인으로 활동하였고, 이는 나치 독일이나 공산주의 소련에 대한 강력한 반발심을 고양했을 것이다. 반면 미테랑은 1940년대 중도 성향의 지점에서 정치활동을 시작하였고 점차 드골에 대한 반대로 좌익으로 이동해 가는

---

10) René Rémond, *Les droites en France*(Paris: Aubier, 1982).

11) Alain Bergounioux et Gérard Grunberg, *Le long remords du pouvoir: Le Parti socialiste français 1905~1992*(Paris: Fayard, 1992), pp.470~483.

모습을 보여 주었다. 당시 프랑스 정치 지형에서 골리즘은 우파의 대표적인 세력으로 성장하였다. 전통적 의미의 우파는 비시 정권, 즉 나치와의 협력 정권에서의 역할 때문에 해방 정국에서 중요한 역할을 하지 못했기 때문이다. 여기서 두 번째 차이점이 드러나는데 정치적 성향과 비전에 있어 드골이 훨씬 교조적이고 경직적이고 모습을 보여 준다면, 미테랑은 보다 유연하고 적응력이 높은 양상을 보여 준다는 점이다. 이는 이미 '국가의 구원자' 역할을 맡았던 드골의 자신감과 최고 수준의 정치인이지만 대통령이 되기까지 최종의 순간에 실패를 거듭 경험했던 미테랑의 차이에서 비롯될 수도 있다.

두 지도자의 성향이나 스타일을 너무나 대조적으로 대립시킬 필요는 없지만 드골의 경직성과 미테랑의 유연성은 유럽에 대해서도 상당 부분 잘 드러나고 있다. 이 둘이 대통령 직에 오르기 전에 발견할 수 있는 유럽 비전을 비교해 보면 몇 가지 공통점과 차이점이 드러난다. 우선 공통점으로는 드골과 미테랑 모두 유럽 자체가 정치적 목적의 중요한 요소라고 보기는 어렵다는 사실이다. 드골은 물론이거니와 자신을 유럽주의자로 소개하기를 좋아하는 미테랑도 사실 젊은 시절 유럽주의라고 부를 수 있는 운동에 적극적으로 동참했다고 볼 수는 없다. 물론 미테랑은 1948년 네덜란드 헤이그에서 열린 유럽운동 총회에 향후 유럽통합에서 결정적인 역할을 담당할 아데나워, 스파크, 스피넬리 등과 함께 참여하였다. 그러나 당시 정치인 미테랑의 최고 관심사는 유럽이 아니라 크게 보면 프랑스 제국, 작게 보면 지중해였다.[12) 드골과 미테랑의 또 다른 공통점은 유럽의 통합은 프랑스 민족과 국가의 장기적 이익에 부합할 경우에만 바람직하다는 시각이다. 부연하자면 유럽통합은 프랑스 민족을 위한 일종의 외교적 지렛대라는 시각이다. 예를 들어 이런 입장은 대통령 중에서도 가장 연방주의 혹은 유럽주의에 가까운 지스카르와는 대조적인 것이다. 따라서 드골과 미테랑은 모두 연방주의보다는 국가가 여전히 최종적 결정권을 보유하고 있는 정부간주의적 입장에 서 있다고 보아야 한다.

드골과 미테랑의 유럽 비전에서 차이점은 목적(프랑스를 위한 유럽)이나 방법(정부간주의)에 있다기보다는 정책 스타일에서 찾아야 할 것이다. 드골의 경우 프랑스를 위한 유럽을 실천하기 위해서는 그 방법이 프랑스의 독립성과 자율성을 보장하는 방식이어야 하고, 그 때문에 유럽통합 자체를 위기에 빠트리는 선택을 서슴지 않는다. 반면 미테랑은 같은 목적과 방법을 공감하지만 드골보다 훨씬 상대 국가들을 배려하고 경우에 따라서 타협하는 스타일이라고 하겠다. 제일 결정적인 차이점은 드골과 미테랑이 유럽을 만나게 되는 계기이다. 드골이 1958년 집권했을 때 유럽은 이전 제4공화국 지도자들이 이미 협상을 마친 국제 조약이었다. 따라서 드골은 이를 관리하고 이용하는 입장이었다.[13] 반면 미테랑은 집권하면서 유럽통합은 자신의 정치적 어젠다를 펼치는 데 가장 강력한 제약 요소로 등상하였고, 그에게 주어진 선택은 유럽을 부정하거나 반대로 유럽을 적극적으로 포섭하는 것이었다.[14] 드골보다 유연한

---

12) Alistair Cole, *François Mitterrand: A Study in Political Leadership*, 2nd Ed.(London: Routledge, 1997), pp.116~119.

13) Serge Bernstein, *La France de l'expansion.* Ⅰ. *La République gaullienne 1958~1969*(Paris: Seuil, 1989), p.246.

14) 1981년 사회당 정권이 집권하면서 다양한 개혁 정책을 폈는데 이는 재정 적자 및 경상 수지 적자로 이어졌고, 최종적으로 환율에 엄청난 부담으로 작동하였다. 이로서 미테랑 정권은 좌파 프로그램의 지

미테랑은 유럽을 자신의 새로운 깃발로 들고 적극적인 유럽통합 정
책을 주도하기 시작하였고, 그는 '위대한 유럽인'(Grand Européen)
으로 자신을 내던졌던 것이다.

Ⅲ. 유럽정책: 두 종류의 기회주의적 유럽주의

여기서는 드골과 미테랑의 재임 시기에 펼친 유럽정책을 비교한
다. 유럽공동체[15] 회원국 정부의 유럽정책은 여러 차원으로 나눠서
볼 수 있다. 가장 일반적인 구분은 정책의 범위와 성격에 따라 나누
는 것이다.[16] 우선 유럽통합에 대해 영향을 미치는 제일 거시적이
고 헌정적인 정책을 들 수 있다. 로마조약, 유럽통화제도 설립, 유럽
단일의정서, 유럽연합 등과 관련된 조약 체결 등이 이런 대규모 거
시 헌정 정책의 대표적인 경우라고 할 수 있다. 이 차원에서 적극적
으로 개입하는 것은 회원국의 국가원수 또는 정부수반이라고 할 수
있다. 다음 유럽정책은 유럽을 운영하는 정책에 있어 각국의 의사를
반영하는 과정을 지칭하기도 한다. 주어진 유럽의 조약이나 '헌정
질서'(constitutional order) 아래서 그것이 규정한 법칙에 따라 각국
의 이익과 의견을 조율하면서 통합적 정책을 결정하는 과정이다. 대

속과 유럽 환율 제도에서의 탈퇴냐, 아니면 유럽 환율의 협력 제도를 유지하면서 좌파 프로그램을 포
기하는가의 기로에 놓였다.

15) 유럽연합은 1994년 1월에 출범하였다는 점에서 이 연구가 다루는 시기의 대부분은 유럽공동체 시기
라고 할 수 있다. 따라서 현재 일반화되어 있는 유럽연합보다는 공동체라는 명칭을 사용한다.

16) Christian Lequesne, *Paris-Bruxelles: Comment se fait la politique européenne de la
France*(Paris: PFNSP, 1993).

부분 이 차원에서는 각국의 장관이 담당 영역에 정책을 조율하지만 회원국 간의 이견이 심할 경우에는 정부수반 차원에서 해결책이 모색되기도 한다. 마지막은 고위관료 수준에서 진행되는 일상적 정책 결정과 조율의 차원이다. 이 부분은 정치적 개입을 최소화한 관료적 정책과정이라고 볼 수 있다. 드골과 미테랑이 전개한 유럽정책이란 헌정 질서 차원의 정책과 유럽에서 시행되는 공동 정책 중 중대한 사안들에 대한 정책을 주로 살펴보아야 한다.

다른 한편 프랑스 정치제도의 특성상 대통령은 국가원수이자 행정부의 수반이기에 유럽정책에 있어 가장 중요한 결정을 담당하고 있다. 물론 그를 보좌하거나 보다 일상적인 유럽정책을 담당하는 직책으로는 외무장관과 유럽 담당 장관을 들 수 있다. 대통령의 정치적 성향과 의회의 정치적 성향이 다르게 나타나는 경우 프랑스는 동거정부의 형식을 갖게 된다. 대통령은 의회 다수파의 성향을 고려하여 자신과는 정치적으로 다른 수상과 내각을 임명하게 된다. 이럴 경우 대통령이 일종의 '유보영역'(domaine réservé)이라는 명칭으로 불리는 국가안보, 외교, 국방 등의 정책에서 여전히 독자적인 정책 권한을 보유하고 있다. 하지만 유럽정책은 외교적인 차원을 동반하고 있음에도 불구하고 동시에 대부분 경제 사회적 차원을 포함하는 정책이기에 사실상 대통령과 수상이 주요 정책 권한을 공유하게 되는 것이다.17) 우리가 연구하는 드골과 미테랑의 경우, 후자가 1986~1988년과 1993~1995년에 동거정부 형식을 경험하였고 따라서 이 시기에는 대통령이 독자적으로 주도하는 유럽

---

17) *Ibid.*, pp.134~182.

정책이 아니라 수상과 그 권한을 공유하는 정책이었다는 점을 지적해야 한다.

정책과정을 분석하는데 또 한 가지 중요한 분석 도구는 대통령 개인의 비전과 목적, 의지 못지않게 정책의 방향에 영향을 미치는 국내적·유럽적 그리고 국제적 상황이라는 변수이다.18) 개인의 유럽 비전에서 살펴보았지만 드골과 미테랑이 대립적이고 극단적인 차이를 보인다고 말하기는 어렵다. 오히려 드골과 미테랑은 모두 프랑스 민족과 국가의 독립성과 자율성에 가장 커다란 가치를 두는 세계관을 가지고 있다는 점에서 공통적이고, 유럽통합은 이를 실현하기 위한 수단으로 본다는 점에서도 공통적이다. 이들은 이런 관점에서 둘 다 기회주의적 유럽관을 가졌다고 해도 과언이 아니다. 물론 정책 스타일이라는 점에서 드골이 훨씬 독자적이고 경직된 양상을 보인다면 미테랑은 유연하고 수용적인 모습을 드러낸다. 여기서는 두 대통령의 주요 정책적 선택을 지적한 뒤 이들이 놓였던 국내적·유럽적·국제적 상황에 비추어 본격적으로 살펴본다.

1. 주요 정책: 제동자와 건설자

드골과 미테랑은 유럽통합사에서 서로 대조적인 위상을 차지하고 있다. 드골은 유럽통합사에서 주로 통합에 반대하거나 지연시키고, 순조로운 유럽공동체의 운영을 방해한 인물로 묘사된다. 반면 미테랑은 '위대한 유럽인'이라는 표현이 상징하듯이 유럽이 놓여

---

18) Lee Ann Patterson, "Agricultural policy reform in the European Community: a three-level game analysis", *International Organization*, Vol.51(1997), pp.135~165.

있는 어려운 상황을 타파하고 유럽통합이 거대한 진전을 이룩할 수 있도록 적극적으로 기여한 인물로 설명되고 있다. 이러한 분석은 보다 상세한 각자의 역할을 살펴보면서 논의해야 한다.

우선 드골이 1958년 제4공화국 마지막 수상으로 취임했을 때 유럽공동체는 이미 1957년 체결된 로마조약에 따라 형식적으로 출범한 상태였다. 당시 많은 프랑스 정치의 관찰자들은 드골이 유럽통합에 비판적이었다는 점을 감안하여 공동체의 순탄한 실현에 비관적인 입장을 보였다. 하지만 예상과는 달리 드골은 프랑스는 위대한 국가인 만큼 국가의 약속은 지켜야 한다는 관점에서 공동체의 실현에 아무런 제제를 가하지 않은 것은 물론, 공동통상정책에 덧붙여 공동농업정책을 출범시키는 데 적극적으로 기여하였다.[19] 또한 연방주의적인 유럽에는 반대하지만 '국가들의 유럽'은 필요하다는 입장을 표명하면서 일명 푸셰 플랜(plan Fouchet)을 제안하도록 하였고, 이로서 정치적인 유럽의 건설을 주도하려는 입장을 보였다.[20] 이처럼 드골은 그가 지니고 있던 극단적 또는 과도한 민족주의자의 이미지와는 달리 기존의 경제 사회 분야에서 유럽의 통합을 수용하였고 더 나아가 발전시켰으며, 정치적 부분에서는 정부간주의의 형식을 통해 더 심화된 통합을 추진하였던 것이다.

드골이 통합사에서 부정적인 이미지로 많이 묘사되는 이유는 아마도 영국의 가입에 대한 두 차례에 걸진 거부 때문일 것이다. 당시 유럽공동체의 회원국들은 모두 영국이 가입하기를 희망하고 있었다. 그래야만 진정한 서유럽의 통합이 이뤄질 것이고 동시에 프랑스의

---

19) Jean Touchard, *Le gaullisme 1940~1969*(Paris: Seuil, 1978), pp.212~213.

20) Serge Bernstein, *op.cit.*, pp.245~254.

과도한 독주를 막을 수 있을 것이라는 판단이었다. 하지만 드골은 1963년과 1967년 두 차례에 걸쳐 영국의 유럽 가입을 반대한다는 입장을 표명하였고, 이로써 영국은 1973년에야 유럽에 들어올 수 있었다. 통합사에서 드골의 또 다른 악역은 1965~1966년의 일명 '공석 위기'(empty chair crisis)를 초래한 데서 비롯된다.[21] 그는 공동농업정책의 결정과정에서 프랑스가 소수의 입장에 놓이게 되자 조약에 명시된 다수결제를 부정하면서 모든 공동체 기구에 참석을 거부하는 방식으로 유럽의 운영을 중단시켰다. 결국에는 다른 회원국들이 주요 사안에 대한 특정국의 비토권을 인정함으로써 위기를 극복했지만, 미테랑이 나선 유럽단일의정서로 이 문제를 해결하기까지 다수결제의 실질적 도입은 20여 년 이상 늦춰졌던 셈이다.

미테랑이 집권한 1981년에도 공산당이 참여하는 연정을 수립한 그에게 친유럽적 정책을 기대하는 사람은 거의 없었다. 그는 사회당 후보로서 '자본주의와의 단절'(rupture avec le capitalisme)을 외치면서 집권하였고, 그것은 지스카르-슈미트가 수립한 유럽통화제도의 사문화도 무릅쓸 수 있는 정책 프로그램이었던 것이다. 하지만 미테랑은 1983년 유럽통화제도의 경제적 규율을 존중하면서 오히려 자신의 사회주의적 개혁정책과 경기활성화 정책을 중단하였다.[22] 그리고 유럽 건설의 방향으로 자신의 모든 정치적 에너지를 동원하는 모습을 보였다. 그는 1984년부터 86년 사이에 영국 가입 후 지속적인 문제로 대두되었던 예산문제를 해결하였고, 에스파

---

21) Pierre Gerbet, *La Construction de l'Europe*(Paris: Imprimerie nationale, 1983), pp.315~331.

22) 이재승, "강한 프랑화의 정치: 프랑스 유럽통화정책의 정치적 기반", 『한국정치학회보』, 34권 2호(2000년), pp.377~396.

냐에 대한 프랑스의 비토를 거두었고, 유럽단일시장을 형성하는 단
일의정서를 도출해 내는 데 결정적인 역할을 담당하였다.23) 미테랑
은 드골과 마찬가지로 기대와는 달리 유럽통합에 적극적이고 주도
적인 역할을 담당하였던 것이다.

미테랑은 제1차 동거정부 시절 유럽집행위원장으로 보낸 들로로
(Delors)와 호흡을 맞추어 유럽단일시장을 추진하는 데 자신의 건
설자적 이미지를 최대한 선전하였고 이는 그의 재선에 상당한 도
움을 주었다. 미테랑은 두 번째 임기에서도 처음에는 독일의 통일
에 반대하는 듯한 애매한 태도와 시대의 변화를 읽지 못하는 듯한
모습을 보여 주었지만, 결국은 통독을 수용하고 이를 계기로 유럽
연합조약을 추진하는 능숙한 외교력을 선보였다.24) 왜냐하면 화폐
통합은 약한 프랑을 가지고 있던 프랑스가 전통적으로 강한 마르
크를 선호하던 독일에게 계속 요구해 오던 사항이었기 때문이다.
미테랑은 통독에 대한 유럽 주변 국가들의 인정과 협력을 얻기 위
해서는 독일이 화폐통합에 동참하고 정치연합에 '구속'되는 모습을
보여야 한다고 설득했던 것이다. 미테랑은 마스트리히트 조약의 비
준을 국민투표에 부쳐 위험하게 만들었다는 비판을 받기도 했지만,
결과적으로 유럽단일의정서와 유럽연합조약의 생성에 크게 기여한
유럽 제2도약의 아버지임에 틀림없다.

---

23) Alistair Cole, *op.cit.*, pp.119~124.

24) Andrew Moravcsik, *The Choice for Europe: Social Purpose and State Power from Messina to Maastricht*(Ithaca: Cornell University Press, 1998), pp.404~417.

2. 국내 요인: '영광의 30년'과 '정책 전환'

드골과 미테랑의 상반된 정책과 스타일을 설명하는 데 중요한 요인은 바로 그들이 당면하고 있었던 국내의 정치적·경제적 상황일 것이다. 우선 정치적 위상에 있어서 드골과 미테랑은 커다란 차이를 보여 주었다. 드골은 1958년 수상으로 임명될 당시 이미 1940~1946년의 국가위기 상황에서 프랑스를 구해 낸 수호자, 구원자의 영광을 안고 있었다. 게다가 그에게 정권을 다시 맡긴 이유도 알제리 독립전쟁과 관련 프랑스가 다시 내란의 상태로 빠져 들어갈 위기가 닥쳤기 때문이었다. 프랑스의 정치세력들은 그에게 전권을 위임하였고, 특히 새로운 헌법을 제정할 권한까지 주었던 것이다. 드골은 이후 비록 간선제이지만 자신의 요구와 희망에 맞추어 제정된 제5공화국 초대 대통령으로 취임하였고 막강한 국민적 지지를 받았던 것이다. 또한 드골은 1965년 선거에서 미테랑과 결선 투표까지 가는 '망신'을 당했지만 순탄하게 승리를 거두었고 여전히 강한 국민의 지지를 등에 업고 있는 국부의 위상이었던 것이다.

미테랑이 집권한 1981년 그는 프랑스 많은 국민의 지지와 희망을 안고 제5공화국 최초의 좌파 대통령으로 등장하였다.[25] 하지만 그는 드골이 취임 시 가지고 있던 민족의 수호자, 국가의 구원자, 국부와 같은 영광을 지니고 있지는 않았다. 수차례 결선 투표에서 아깝게 탈락한 좌파의 대표적 정치인이었고, 우파에게는 무척이나 정치적으로 편향된 절반의 대통령의 이미지를 갖고 있었다. 드골의

---

25) Stanley Hoffmann et George Ross(eds), *L'expérience Mitterrand: continuité et changement dans la France conteùporaine*(Paris: PUF, 1988)

경직성과 미테랑의 유연성은 부분적으로 이러한 위상의 차이가 만들어 낸 결과일 수 있다. 미테랑은 1988년 재집권할 때는 드골과 비슷한 국부의 이미지를 만들어 내는 데 성공하였다. 역설적으로 동거정부의 경험은 그로 하여금 종파의 지도자보다는 국가의 원수라는 이미지를 강화하였던 것이다. 그 때문인지 제2기의 미테랑은 과거의 유연성을 상당 부분 상실하고 고정관념에 집착하는 모습도 보였던 것으로 분석된다.

정치적 위상 못지않게 정치적 자원으로 작동하는 것은 반(半)대통령제 아래서 의회에 다수파를 보유하는가이다. 여기서도 드골은 미테랑에 비교해서 훨씬 안정적인 의회 다수 세력의 지지를 확보하고 있었다.26) 그는 집권기간 내내 의회에 안정적인 다수파를 보유하고 있었는데, 미테랑은 1981~1986년 사이에만 과반수의 사회당 지지 세력을 보유했지 1986~1988년과 1993~1995년에는 반대세력인 우파가 다수였고, 1988~1993년에도 다수이기는 했지만 절대다수가 아닌 상대 다수였다. 또 1981~1986년에는 사회당이 과반수 의석을 확보했지만 그중 1981~1984년의 초반기는 공산당과의 연합정부의 형식이기에, 의석수와 상관없이 자유로운 정책 결정의 상황은 아니었다. 덧붙여서 드골은 항상 드브레(Debré)나 퐁피두(Pompidou)와 같은 심복을 수상으로 두었지만, 미테랑은 파비우스(Fabius, 1984~1986년), 크레송(Cresson, 1991~1992년), 베레고부아(Bérégovoy, 1992~1993년)를 제외하고는 모루아(Mauroy, 1981~1984년), 로카르(Rocard, 1988~1991년)는 사회당이지만 당내 라이벌

---

26) 드골 시기에 관해서는 Serge Bernstein, *op.cit.*, 그리고 미테랑 시기에 관해서는 Jean-Jacques Becker, *Crises et Alternances 1974~1995*(Paris: Seuil, 1998)을 참고할 것.

관계였고, 시라크나 발라뒤르(Balladur, 1993~1995년)는 모두 우파 정치인이었다.

프랑스의 최대 당면 과제에 있어서도 드골과 미테랑의 정국은 큰 차이점을 보여 준다. 드골의 프랑스는 그야말로 고도의 경제성장과 사회발전 이뤄지는 '확장의 프랑스'(La France de l'expansion)였다. 푸라스티에는 1946~1975의 시기를 '영광의 30년'이라고 불렀는데, 드골 집권기는 이 영광의 핵심 부분인 셈이다.27) 물론 드골에게도 골치 아픈 문제는 존재했다. 바로 제국의 탈식민화를 안정적으로 추진하는 것이었는데 그는 1958년부터 1962년의 알제리 독립까지 이 문제를 빠르게 정리하고 집권 후반기는 자신만의 외교정책에 몰두하는 모습을 보였다. 반면 미테랑은 '자본주의와의 단절'과 사회주의 건설을 목표로 집권했지만 자신의 과제라고 할 수 있는 경제 사회 영역에서 집권 초기부터 커다란 실패를 맛보았다. 그에게는 이를 만회할 수 있는 테마가 필요했고 유럽은 실패를 성공으로 전환할 수 있는 절호의 기회를 제공하였다. 미테랑의 논리 전개에서 사회당 정부가 실패한 것은 유럽의 제약 때문이고, 따라서 성공하기 위해서는 유럽적 차원의 경제와 사회 정책이 필요하다는 주장이었다. 이처럼 드골에게 유럽정책이 일종의 '사치'였다면, 미테랑에게는 '구명조끼'였던 셈이다.

---

27) Jean Fourastié, *Les Trentes Glorieuses, ou la révolution invisible de 1946 à 1975*(Paris: Fayard, 1979).

3. 유럽요인: 통합의 확대와 심화

드골과 미테랑을 비교하는 과정에서 유럽요인 역시 중요한 역할을 담당한다. 두 대통령이 활동했던 유럽은 비록 같은 유럽공동체의 명칭을 보유하고 있지만 그 성격은 커다란 변화와 차이를 나타내기 때문이다. 첫째 유럽 공동체의 규모는 크게 달라졌다.[28] 드골의 공동체는 프랑스와 독일이 핵심이었고, 이탈리아와 베네룩스 3국이 찬반의 의사를 표명하면서 만들어 가는 공동체였다. 이런 상황에서 프랑스의 비중은 회원국 수를 반영한 1/6이 아니라 훨씬 더 커다란 것이었다. 예를 들어 당시에도 무리기는 했지만 다른 국가와의 긴밀한 협조를 생략한 채 푸셰 플랜을 제안하거나 공석 위기를 초래할 만한 구조였다고 하겠다. 하지만 미테랑의 유럽은 이미 10개국의 유럽이 되었고, 미테랑의 첫 임기에 12개국으로 늘어났다. 드골 시기에 비하면 두 배에 달하는 회원국 수인데 당연히 프랑스의 비중은 그만큼 축소되었다. 1960년대처럼 프랑스의 독자적인 주장이 유럽 전체를 마비시키기보다는 유럽에서 프랑스만이 고립되는 상황이 벌어질 가능성이 높아졌다는 의미이다.

게나가 새로 가입한 국가 중에는 영국과 같이 프랑스와 대등한 정치적·외교직 능력과 전통을 보유한 국가가 있었기 때문에, 독일과 이탈리아와 같이 세계대전 패전국들만이 프랑스와 비교할 만한 규모를 가지고 있던 과거와는 비교할 수 없는 복합적 구조로 변했다.[29] 달리 말해서 미테랑의 유럽은 드골의 유럽이 가지고 있었던

---

28) 조홍식, 『유럽통합과 '민족'의 미래』(서울: 푸른길, 2006), pp.170~199.

29) Stephen George, *An Awkward Partner: Britain in the European Community*, 3rd ed.

단순한 성격에서 이미 복합적인 구조로 돌변하였다. 또한 미테랑은 에스파냐의 가입에 반대하던 프랑스의 입장을 바꾸는 데 기여하였지만 그로써 또 다른 대국이 유럽에 동참하게 되었고, 제2기의 미테랑 시기에는 이미 중요한 행위자로 등장하였다. 따라서 미테랑의 유연한 정책 스타일은 개인적인 요인에 기초한 부분도 있지만 국내 정치와 유럽 정치의 구조적 변화에 기인하는 부분도 크다고밖에 볼 수 없다.

또 한 가지 유럽요인에서 중요한 것은 드골 시기에 유럽은 모든 것을 새롭게 결정해 나가는 초창기였다면, 미테랑의 유럽은 이미 상당한 전통이 수립되고 제도가 관성을 획득하여 경로의존성이 강해져 버린 유럽이라고 할 수 있다.[30] 드골의 주장과 제안과 결정은 유럽의 제도화에 결정적인 영향을 미칠 수 있었지만, 미테랑이 집권한 다음의 유럽은 이미 유럽 차원의 강한 사회적 압력을 행사하는 구조로 돌변해 있었던 것이다. 대표적인 사례가 프랑스가 유럽 통화제도의 규칙에 묶여 결국 정책적 대전환을 할 수밖에 없었다는 데 있다. 따라서 정치적 필요에 의해 유럽을 추진하였던 미테랑은 기존의 유산을 그대로 인정하고 수용하면서 새로운 통합을 만들어 나갈 수밖에 없었다.

제도와 함께 결정적으로 작용하였던 것은 유럽 회원국 사이에 형성된 경제적 상호 의존성의 증가이다.[31] 초창기 유럽통합 시기에 프랑스의 무역은 제국 내의 무역에 크게 의존하는 상황이었다. 반

(Oxford: Oxford University Press, 1998).

30) Paul Pierson, "The Path to European Integration: A Historical Institutionalist Analysis", *Comparative Political Studies*, Vol.29 N.2(1996), pp.123~163.

31) Andrew Moravcsik, *op.cit.*, pp.335~341.

면 탈식민화에 의해 제국이 해체되고 유럽통합으로 역내 의존성이 강화하였기 때문에 미테랑은 드골처럼 다른 회원국들을 무시할 만한 입장이 아니었다. 결국 드골에서 미테랑으로 오면서 나타난 커다란 변화는 유럽이 정책의 어느 정도 일방적인 종속변수에서 독립과 종속의 양면성을 가지게 되었다는 점이다.

4. 국제 요인: 프랑스 국가 위상의 변화

프랑스의 유럽정책은 대외 정책이라는 보다 커다란 틀과 구분해서 생각할 수 없다는 점에서 국제 요인에 대한 검토가 필요하다. 유럽정책에서는 상당한 차이를 나타내는 것으로 평가되고 있는 드골과 미테랑은 반대로 외교정책에서 있어서는 유사한 공통점을 많이 보유하는 것으로 평가되고 있다. 이미 지적했지만 미테랑은 드골 시기에 정착된 프랑스 민족의 독립성, 프랑스의 자율성, 위대함, 세계적 위상 등을 가장 중시하는 정책을 거의 그대로 답습하였다고 볼 수 있다. 미테랑은 국내 정치에 있어서도 제5공화국과 드골의 행태를 '끊임없는 쿠데타'(coup d'Etat permanent)라고 부르기도 했지만 자신이 대통령에 당선된 다음에는 그 행태를 그대로 답습하여 제왕적 대통령의 역할을 담당하였다.[32] 이러한 유산의 계승은 외교정책에서도 전체적으로 그대로 이어졌다고 보면 정확하다.

다만 우리는 이런 기본적 골격의 유지에도 불구하고 국제 사회

---

32) Jolyon Howorth, "Défense et politique étrangère: de l'indépendance à l'interdépendance". Peter A. Hall, Jack Hayward et Howard Machin. *L'évolution de la vie politique française* (Paris: PUF, 1990), pp.273~294.

에서 나타난 변화와 차이점에 주목해야 한다. 두 대통령은 모두 프랑스의 독립성과 자율성을 강조하였지만 이것은 1960대부터 1980년대 사이에 나타난 국제적 변화로 인해 그 의미가 크게 달라졌다. 1960년대까지만 하더라도 프랑스는 핵무기를 보유한 국가인데다 거대한 제국을 보유했던 강대국으로 인정되었다. 특히 자유진영에서 프랑스는 미국에 도전하거나 비판의 목소리를 내는 대표주자로서의 역할을 톡톡히 해냈던 것이다.33) 하지만 1980년대의 국제 사회는 1960년대에 비해 미국의 압도적 지배력이 더욱 강화된 시기였다. 소련은 과거와는 달리 간신히 미국과 경쟁하는 입장이었고, 자유진영에서도 프랑스가 미국을 비판하거나 견제하기에는 힘이 부쳤다. 따라서 미테랑에게 있어 유럽의 외교안보 통합과 대서양 연합은 상반되는 것이 아니라 하나의 전체를 형성하였다.34)

특히 국제 사회는 군사력과 일명 고위 정치가 중요하던 시대에서 경제력과 하위 정치가 힘을 발휘하는 시대로 변화하였고, 따라서 프랑스의 핵무기보다는 독일의 산업 경쟁력이 훨씬 위력을 발휘하는 시대로 변해 가고 있었던 것이다. 따라서 군인 출신으로 국방 외교 안보에서 절대적 전문성과 지혜를 발휘하던 드골의 위상은 미테랑에게서 찾아보기 어려운 상황으로 변했다. 미테랑은 제도를 만들어 가고 협상력을 발휘하고 타협안을 도출해 내는 데 훨씬 요긴한 정치력을 발휘해야 했던 것이다. 게다가 단일의정서의 단일

---

33) 이승근, "드골(de Gaulle)의 대유럽 안보전략 : 프랑스 제5공화국에서의 논의를 중심으로", 『한국 프랑스학 논집』, 제26집(1999년), pp.855~873.

34) Jean-Louis Bourlanges, "From De Gaulle to Mitterrand-conflict and continuity in French European policy", Martyn Bond, Julie Smith and William Wallace.(eds.), *Eminent Europeans: Personalities who shaped contemporary Europe*, London: The Greycoat Press, 1996, p.130.

시장, 그리고 유럽연합조약의 경제화폐통합(EMU)이 잘 보여 주듯이 경제력의 부활을 통한 프랑스와 유럽의 부상을 꿈꿀 수밖에 없었다고 판단된다.

종합적으로 보았을 때 드골과 미테랑은 유럽정책에 있어 무척이나 다른 선택을 했고 상이한 목표를 지향했던 것으로 나타난다. 이는 처음 검토한 개인적 요인에 영향을 받기도 했지만, 여기서 살펴보았듯이 국내적·유럽적·국제적 요인에 의한 차이라고 분석해도 무리는 아닐 것이다. 이제는 각각 요인에 대한 비중을 가늠하고 평가하는 분석이 필요하다.

Ⅳ. 분석과 평가: 세계 전략의 수단과 정치적 생존전략

다음 표는 우리가 지금까지 검토해 왔던 드골과 미테랑의 비교 요인들을 종합한 것이다. 우리는 방법론적으로 어느 한 가지 요소가 절대적인 역할을 했다고 판단하거나, 각 요소의 비중을 측정할 수 있는 수단은 없다는 입장이다. 두 대통령의 유럽정책을 비교한다는 것은 최고 정치 지도자인 행위자와 정책 환경(국내-유럽-국제)의 상호 작용에서 이뤄진다는 인식을 바탕으로 이를 서술하고 분석하는 것이 학자의 역할일 것이다.

<表 1> 드골과 미테랑의 유럽정책 및 요인 비교

	드골(1958~1969)	미테랑(1981~1995)
개인 요인	-가톨릭 배경과 교육 -68세에 수상 재취임 -왕권주의에서 공화주의로 -보나파르트 우파 -원칙과 신념에 충실	-가톨릭 배경과 교육 -65세에 대통령 취임 -불의 십자단에서 사회당 -'가능성의 사회주의' -타협과 변화의 능력
유럽 정책	-로마조약 수용 -공동농업정책 추진 -푸셰 플랜 제안, 실패 -영국 가입 반대 -공석 위기 초래 -경직된 정부간주의	-유럽통화제도 수용 -에스파냐 가입 수용 -유럽단일의정서 추진 -통독에 비판적 입장 -유럽연합조약 추진 -유연한 정부간주의
국내 요인	-취임 시 이미 민족 구원자 -임기 내 의회 다수파 확보 -경제 사회 발전기	-취임 시 좌파 대표 정치인 -임기 내 대부분 의회 내 소수 -경제 사회 위기
유럽 요인	-회원국 6개국 -유일한 승전 강대국 -제도화 초기 -제국 중심 경제 구조	-회원국 9~12개국 -영국과 에스파냐 가입 -경로 의존성 강화 -역내 상호 의존성 강화
국제 요인	-고위 정치 우위 -프랑스 강대국	-하위 정치 우위 -프랑스 중간 규모 세력

첫 번째 제기되는 중요한 문제는 드골과 미테랑이 얼마나 '진실한' 유럽주의자였는가 또는 얼마만큼 유럽에 대한 확고한 비전을 가지고 있는가라는 질문이다.[35] 두 정치 지도자의 삶을 토대로 평가해 본다면 드골과 미테랑은 모두 기회주의적 유럽주의자라고 볼 수 있다. 이들은 모두 제2차 세계대전의 프랑스의 몰락을 계기로 정치에 입문한 공통점을 가지고 있으며 그로 인해 프랑스의 주권과 정치적 독립 및 자율성이 최고의 가치이자 목적이라고 할 수 있다. 이들에게 유럽은 그 자체로 목적이 될 수 없다는 점에서 유럽

---

[35] Jean Touchard, *op.cit.*, pp.211~225; 허만, *op.cit.*, pp.101~144; Alistair Cole, *op.cit.*, pp.116~132; *Ibid.*, pp.150~163.

주의자라고 보기는 어렵다. 하지만 유럽통합이라는 현실이 주어졌을 때 둘 다 이를 받아들이고 자신이 원하는 방향으로 조정해 나가려 했다는 점에서 기회주의적이긴 하지만 여전히 유럽주의자라고 판단하는 것이다.

둘째는 유럽통합사에서 드골과 미테랑에 대한 평가가 상당히 과장된 측면을 가지고 있다는 점을 지적할 수 있다. 이들의 유럽에 대한 입장을 비교해 보면 차이점보다는 공통점이 더욱 강하게 드러난다. 드골과 미테랑은 모두 정부간주의를 존중한다는 조건에서 유럽통합이 프랑스의 국력을 강화시키는 지렛대로 작동할 것이라고 보고 있다. 다만 이 입장을 실천하는 과정에서 드골은 여러 국내·유럽·국제적 요인으로 인해 보다 자유롭고 강경하게 이를 추진하였다. 반면 미테랑은 같은 입장임에도 불구하고 다른 국내·유럽·국제적 요인으로 원칙을 굽히고 타협할 수밖에 없는 구조적 요인들이 있었다는 것이다.

마지막으로 드골과 미테랑의 가장 커다란 차이점은 드골에게 유럽정책은 프랑스의 세계 전략에 있어 하나의 수단에 불과했지만, 미테랑에게는 자신의 국내 정치적 기반을 유지하고 재선되는 데 결정적인 생존전략이었다는 점이다.36) 따라서 드골과 미테랑이 똑같이 대통령으로 유럽정책을 추진했다는 공동점에만 주목할 것이 아니라 이들 각각의 정치적 생존전략에서 유럽정책이 차시했던 비중과 중요성을 감안해야지만 진정한 비교 분석이 가능할 것이라는 주장이다.

---

36) Maurice Larkin, *France since the Popular Front: Government and People 1936~1996*, 2nd Ed.(Oxford: Oxford University Press, 1997), p.396.

덧붙여서 드골과 미테랑의 비교에서 드러나는 변화는 1960년대에는 국내·유럽·국제적 요인이 서로 따로 각자의 길을 가는 경향을 보여 주었다면, 1980년대에는 세 차원의 상호 관계가 더욱 밀접하게 돌변하였다. 따라서 미테랑도 유럽을 활용하여 국내 정치적 위기를 돌파하는 전략을 구사할 수 있게 된 것이다. 드골의 시기가 프랑스가 제국 중심 국가에서 유럽의 국가로 전환하는 과정이었다면, 미테랑의 시기는 이 전환이 완성되어 유럽 속에 프랑스가 완벽하게 구조화되는 시기라고 할 수 있다. "여러 측면에서 보았을 때 프랑스의 유럽에 대한 의지는 드골이 용기를 가지고 추진했던 프랑스 제국의 상실을 잊기 위해 설계된 장치로서 일종의 에르사츠 즉 제국의 대용물이었고 계속 그런 기능을 수행하고 있다."37)

결론적으로 드골을 유럽의 제동자로 보거나 미테랑을 위대한 유럽인으로 보는 단순한 시각은 배제되어야 한다. 오히려 두 정치 지도자는 무척 유사한 유럽관을 가지고 있었지만 상황적이고 구조적인 요인이 이들로 하여금 서로 상반되거나 다른 정책적 선택을 요구했던 것이다. 이처럼 개인사적 요인들과 환경적인 국내·유럽·국제 요인들을 섬세히 분석함으로써 주요 정치인과 회원국 유럽정책의 상호 관계를 보다 정확히 파악할 수 있다. 이러한 접근법은 퐁피두, 지스카르, 시라크 등 프랑스의 다른 대통령이나, 아데나워, 슈미트, 콜 등 다른 국가의 수상에게도 적용될 수 있을 것이다.

---

37) Jean-Louis Bourlanges, *art. cit.*, p.124.

Ⅴ. 유럽 속의 프랑스

드골의 시대에 유럽은 어떤 의미에서 프랑스의 유럽이었다. 유럽 통합 운동의 공식적 출범을 알리는 유럽석탄철강공동체는 프랑스인 장 모네(Jean Monnet)의 작품이었고, 그는 공동체의 첫 지도자로서 유럽의 초국적 경험을 성공적으로 이끌었다.[38] 프랑스는 유럽 방위공동체 계획을 무산시키면서 반(反)유럽적 결정을 내리기도 했지만 이는 역설적으로 프랑스가 반대하는 유럽은 불가능하다는 사실을 상기시켰다. 드골의 집권 즈음에 사람들은 그가 유럽을 거부할 경우 유럽이 사라질 것이라고 짐작했다. 그만큼 유럽에서 프랑스의 역할은 핵심적이었고, 유럽은 프랑스의 입김에 휘둘렸던 것이다. 이러한 현실은 드골이 집권하는 시기에 영국 가입 반대와 공석 위기에서 극명하게 드러났다. 물론 푸셰 플랜은 프랑스라고 할지라도 일방적으로 자신의 의지를 다른 회원국에 반영할 수는 없다는 사실을 보여 주었다.

미테랑 시대의 유럽은 프랑스와 독일과 영국의 유럽이었다.[39] 유럽 내 세 강대국의 합의 없이는 그 무엇도 이뤄지기 어려운 유럽이 되었던 것이다. 유럽단일의정서와 유럽연합조약은 이들 3개국의 공통분모를 바탕으로 한 유럽통합의 진전이었던 것이다. 이 과

---

38) Gérard Bossuat, *L'Europe des Français, 1943~1959: La IVe République aux sources de l'Europe communautaire*(Paris: Publications de la Sorbonne, 1996).

39) 유럽통합과 프랑스, 독일, 영국의 관계에 대한 연구로는 다음을 참고할 것: Martin Marcussen et al., "Constructing Europe? The evolution of French, British, and German nation state identities", *Journal of European Public Policy*, Vol.6 N.4(December 1999), pp.614~633; 조홍식, *op.cit.*, pp.83~164.

정에서 미테랑은 균형과 타협의 명수로서 능수능란하게 유럽 건설의 건축가로서 등장했던 것이다. 비록 기회주의적 '말 바꿔 타기'였지만 그는 커다란 성공을 거두었고 어떤 의미에서 유럽의 마지막 위대한 프랑스인이 될지도 모를 일이다.

왜냐하면 미테랑 재임 후기에 발생한 독일의 통일과 그가 퇴임하던 1995년에 나타난 유럽요인의 변화는 프랑스의 위상과 영향력을 크게 위축시켰기 때문이다. 독일은 이제 프랑스 - 독일 커플에서 우세를 점하기 시작하였고, 1995년 유럽이 15개국으로 확대하면서 프랑스의 상대적 영향력은 더욱 축소되었다. 2005~2007년의 확대로 다시 유럽은 27개국으로 늘어나 유럽통합에서 프랑스가 차지하는 비중은 드골이나 심지어 미테랑의 시대와 비교해서 극단적으로 축소되었다. 2006년 프랑스의 국민투표에서 유럽헌법 비준이 부결된 것은 과거 드골 대통령의 개인적이고 독단적인 결정이 할 수 있었던 통합 제동의 역할을 이제는 국민투표와 같은 대규모의 동원을 통해서야 가능하다는 것을 상징적으로 보여 준 것이다. 이제는 그 누구도 '프랑스의 유럽'(Europe française)을 언급하기 어려운 상황이고, 프랑스의 유럽은 미테랑을 마지막으로 역사의 뒤안길로 사라졌다. 21세기는 명백하게 유럽 속의 프랑스(France dans l'Europe)가 자리매김했다고 할 수 있다.

참고문헌

김명섭. "프랑스의 문화외교: 미테랑 대통령 집권기(1981-1995년)를 중심으로". 『한국정치학회보』 제37집 2호(2003년), pp.343~363.

김응운. "프랑스 미테랑 대통령의 유럽통합정책". 『프랑스학연구』 제41권(2007년), pp.129~150.

드골, 샤를. 심상필 옮김. 『세계대회고록전집 13. 드골 Ⅰ』(서울: 한림출판사, 1980).

드골, 샤를. 심상필 옮김. 『세계대회고록전집 14. 드골 Ⅱ』(서울: 한림출판사, 1980).

라트, 필립. 윤미연 옮김. 『드골 평전, 그의 삶과 신화』(서울: 바움, 2002).

아탈리, 자크. 김용채 옮김. 『자크 아탈리의 미테랑 평전』(서울: 뷰스, 2006).

이승근, "드골(de Gaulle)의 대유럽 안보전략: 프랑스 제5공화국에서의 논의를 중심으로", 『한국 프랑스학논집』, 제26집(1999년), pp. 855~873.

이재승, "강한 프랑화의 정치: 프랑스 유럽통화정책의 정치적 기반", 『한국정치학회보』, 34권 2호(2000년), pp.377~396.

조홍식. 『유럽통합과 '민족'의 미래』(서울: 푸른길, 2006).

허만. 『드골의 외교정책론』(서울: 집문당, 1997).

Becker, Jean-Jacques. *Crises et Alternances 1974-1995*, Paris: Seuil, 1998.

Bergounioux, Alain et Grunberg, Gérard. *Le long remords du pouvoir: Le Parti socialiste français 1905-1992*, Paris: Fayard, 1992.

Bernstein, Serge. *La France de l'expansion. Ⅰ. La République gaullienne 1958~1969*, Paris: Seuil, 1989.

Bossuat, Gérard. *L'Europe des Français, 1943-1959: La IVe République aux sources de l'Europe communautaire*, Paris: Publications de la Sorbonne, 1996.

Bourlanges, Jean-Louis. "From De Gaulle to Mitterrand-conflict and continuity in French European policy". Martyn Bond, Julie Smith and William Wallace.(eds.). *Eminent Europeans: Personalities who shaped contemporary Europe*. London: The Greycoat Press, 1996, pp.122~137.

Calleo, David and Staal, Eric. *Europe's Franco-German Engine*, Washington, DC: Brookings Institution Press, 1998.

Cole, Alistair. *François Mitterrand: A Study in Political Leadership*, 2nd Ed. London: Routledge, 1997.

Cole, Alistair. *Franco-German Relations*, Harlow: Longman, 2001.

Dyson, Kenneth and Featherstone, Kevin. *The Road to Maastricht: Negociating Economic and Monetary Union*, Oxford: Oxford University Press, 1999.

Fourastié, Jean. *Les Trentes Glorieuses, ou la révolution invisible de 1946 à 1975*, Paris: Fayard, 1979.

George, Stephen. *An Awkward Partner: Britain in the European Community*, 3rd ed., Oxford: Oxford University Press, 1998.

Gerbet, Pierre. *La Construction de l'Europe*. Paris: Imprimerie nationale, 1983.

Hendriks, Gisela. *The Franco-German Axis in European Integration*, Chetelham: Edward Elgar, 2000.

Hoffmann, Stanley et Ross, George.(eds), *L'expérience Mitterrand: continuité et changement dans la France conteùporaine*, Paris: PUF, 1988.

Howorth, Jolyon. "Défense et politique étrangère: de l'indépendance à l'interdépendance". Peter A. Hall, Jack Hayward et Howard Machin. *L'évolution de la vie politique française*, Paris: PUF,

1990, pp.273~294.

Katzenstein, Peter.(ed), *Tamed Power: Germany in Europe*, Ithaca: Cornell University Press, 1997.

Larkin, Maurice. *France since the Popular Front: Government and People 1936~1996*, 2nd Ed. Oxford: Oxford University Press, 1997.

Lequesne, Christian. *Paris-Bruxelles: Comment se fait la politique européenne de la France*, Paris: PFNSP, 1993.

Marcussen, Martin; Thomas Risse; Daniela Engelmann-Martin and Han Joachim Knopf Klaus Roscher, "Constructing Europe? The evolution of French, British, and German nation state identities", *Journal of European Public Policy,* Vol.6 N.4(December 1999), pp.614~633

Moravcsik, Andrew. *The Choice for Europe: Social Purpose and State Power from Messina to Maastricht*, Ithaca: Cornell University Press, 1998.

Patterson, Lee Ann. "Agricultural policy reform in the European Community: a three-level game analysis", *International Organization*, Vol.51 (1997), pp.135~165.

Pedersen, Thomas. *Germany, France, and the integration of Europe: A Realist Interpretation*, New York: Pinter, 1998.

Pierson, Paul. "The Path to European Integration: A Historical Institutionalist Analysis", *Comparative Political Studies,* Vol.29 N.2(1996), pp.123~163.

Rémond, René. *Les droites en France*, Paris: Aubier, 1982

Sotou, Georges-Henri. *L'Alliance incertaine: les rapports politico-stratégiques franco-allemands, 1954~1996*, Paris: Fayard, 1996.

Touchard, Jean. *Le gaullisme 1940-1969*, Paris: Seuil, 1978.

Wright, Vincent. *The Government and Politics of France*, Third Ed. London: Routledge, 1989.

제8장 프랑스 제5공화국 정치체제의 변동:
대통령중심제화의 요인에 대한 고찰

김응운

한국외국어대학교 프랑스어과 교수

Ⅰ. 서론

흔히 한 나라의 정치체제를 알기 위해서는 그 나라의 헌법규범을 살펴보게 된다. 헌법 규정 속에는 대체로 국가권력기관의 구성과 각 기관의 임무와 권한, 그리고 기관 간의 상호 관계가 규정되어 있기 때문이다. 그러나 헌법에 규정된 정치체제는 실제로 운영되는 정치체제와 상이한 경우가 적지 않다. 경우에 따라서는 전혀 엉뚱한 방식으로 나타날 수도 있다. 예컨대, 200여 년 전의 건국 이래 동일한 대통령제 형태를 유지하고 있는 미국의 정치체제마저도 시기에 따라 국회가 실질적으로 대통령보다 우위의 권력을 행사하는 '의회중심체제'(congressional system)와 대통령이 권력분립을 넘어서 막강한 권력을 누리는 '대통령중심체제'(presidentialist system)로 구분되기도 한다.1) 이러한 모순은 무엇보다 각 권력기관

간의 정치적 역학관계로 설명이 가능할 것이다. 한 권력기관이 다른 권력기관이 가진 권한을 자신의 이해와 의지에 걸맞도록 강제할 수 있고 이 때문에 명목상의 권한 사용과는 달리 실질적인 권한 사용은 헌법규범에 규정된 바와 다르게 이루어질 수 있다. 또한 이러한 '변용'이 지극히 한정된 권한이 아닌 상당수 권한의 사용에서 포괄적으로 발생하고 그 현상이 일과성이 아닌 지속성을 지니고 있다면 실질적인 제도적 의미에서 정치체제의 변동을 거론하지 않을 수 없을 것이다.

본 연구의 궁극적 목표는 헌법규범상의 변경 없이 이루어지는 정치체제의 변동이 어떤 메커니즘을 통해 이루어지는지 설명해 내는 것이다. 구체적으로 말하여 헌법규범에서 배분된 역할과 권한의 실질적 운용은 어떤 요인에 의해서 변용이 가능하며 또 그렇게 될 경우 헌법규범의 역할은 어떠한가 하는 질문들로부터 제기된 것이다. 본 연구의 구체적 대상은 1958년 이래 오늘날까지 유지되고 있는 프랑스 제5공화국의 정치체제가 될 것이다. 프랑스 제5공화국의 정치체제는, 우리의 개헌 논의 때마다 중요한 참고 대상으로 거론될 정도로 흥미로운 요소를 보유하고 있을 뿐 아니라 헌법상 정치체제와 실제 정치체제 사이에 눈에 띄는 차이를 보이고 더구나 그 정도가 일시적 파행이 아닌 '지속 가능한' 내체로 나타남으로써, 앞서 지적한 문제영역에 있어 매우 특징적인 사례라 할 수 있기 때문이다.

진정 '정치체제의 실험실'(laboratoire des régimes)이라 불리기에

---

1) 올리비에 뒤아멜(Olivier Duhamel)을 비롯한 프랑스의 일부 학자들은 정치체제를 의미하는 용어를 사용함에 있어, 헌법규범적이고 정태적인 체제를 의미할 경우에는 '레짐'(régime)으로, 정치현실적이고 동태적인 체제를 의미할 경우에는 '시스템'(système)으로 구분할 것을 제안한다.

손색이 없는 프랑스는 1789년 프랑스 대혁명 이래 매우 다채로운 헌정체제를 경험하여 왔으며 오늘날 채택하고 있는, 모리스 뒤베르제(Maurice Duverger)의 이론에 의거하면 '준대통령제'(semi-presidential regime)라 불리는 체제 또한 매우 독특하다. 1958년 제정된 프랑스 제5공화국 헌법의 자구가 해석의 이견을 불러일으킬 수 있는 소지가 있는 다소 애매모호한 부분이 있고 따라서 헌법상의 정치체제를 분류하는 데 논란의 여지가 많다. 프랑스 내 대부분의 헌법학자들은 프랑스 제5공화국의 체제가 대통령 직선제를 보유하고 있다고 하더라도 내각제적 틀을 유지하고 있음을 부인하지 않는다. 그럼에도 불구하고 전형적인 내각제에서 익숙하지 않은 많은 요소들을 보유하고 있고 특히 국가원수의 지위와 권한이 상당하다는 점에서 '이원집정제'를 포함한 다양한 명칭으로 제5공화국의 정치체제를 분류하고 있다. 더구나 이러한 헌법학적 논란은 헌법규범과 명백한 괴리가 존재하는 프랑스의 체제 운용 현실을 고려하면 더더욱 복잡해진다. 프랑스의 정치 현실에서 대부분의 경우에 실질적으로 국정을 주도하는 최고책임자는 대통령이다. 이는 '이원집정제'와는 사뭇 동떨어진 현상이다. 외국인의 입장에서 우리가 프랑스의 수상이 누구인지 아는 경우는 매우 드문 일이나 프랑스의 대통령이 누구인지 아는 사람은 적지 않다는 사실은 이러한 괴리를 보여 주는 구체적 사례라 할 수 있을 것이다. 실제로 국내의 여러 글에서 프랑스 정치체제가 '대통령제' 또는 '대통령중심제'로 소개되어 있는 실정이다.

본 글에서는 먼저 프랑스 제5공화국 헌법의 관련 규정, 즉 대통령과 정부 그리고 국회의 임무, 권한, 상호관계 등과 관련된 조항들을 면밀히 분석함으로써 1958년 프랑스 입헌가들이 구상하였던 통치구조가 무엇이었는지를 분석하고 이어서 정치현실에서 나타난 실질적인 체제를 살펴볼 것이다. 그런 연후 우리는 두 체제 간 괴리가 발생하게 된 요인을 파악하게 될 것이다.

Ⅱ. 헌법규범상의 정치체제

태어난 직후부터 당대의 프랑스 최고 헌법학자 중 하나로 알려진 르네 카피탕(René Capitant)에 의해 '가장 잘못 만들어진 헌법'이라고 비난받을 정도로 1958년 5월 제정된 프랑스 헌법은 기술적으로 불완전하고 그 표현된 형태에 있어서 애매모호함을 내포하고 있다. 이는 입헌의 기조에 있어 명확한 합의가 이루어지지 않은 상태에서 어정쩡한 조우와 타협에 의해 헌법이 작성되었기 때문이라 할 수 있다. 그럼에도 불구하고 프랑스 정치체제를 이해하기 위해서는 새로운 제도 구상의 근저를 이루는 두 개의 지적 흐름을 이해해야 한다. 그런 다음에 자구로 표현된 헌법규범은 어떠한지 살펴보기로 한다.

1. 1958년 헌법구도의 이원적 본질

흔히 프랑스 제5공화국 헌법을 '드골 헌법'(Constitution gaullienne)이라 부른다. 1958년 알제리 사건의 발발을 계기로 정계에 복귀한 드골 장군이 원자화된 다당제와 의회 중심적 내각제의 폐해로부터 내각의 안정을 도모하고 국가위기 시에 국가의 핵심적 이익을 보호할 수 있는 새로운 제도의 제정을 주도하였기 때문이다. 그러나 이러한 구상이 민주주의와 공화제적 전통을 훼손하지 않고 이루어져야 했던 만큼, 드골이 최선의 해법으로 간주하였던 것은 그 자신의 표현대로 '군주정과 공화정의 조합'2)이다.

이러한 맥락에서 이미 드골은 제4공화국 헌법이 제정되는 시점인 1946년 자신이 생각하는 이상적 정치체제에 대한 구상을 밝혔던 바이유 연설(Discours de Bayeux)에서 국가원수의 권한 강화를 통하여 '정당을 초월한 국가적 중재자'(arbitre national au-dessus des partis politiques)를 설치할 필요성을 역설한 바 있다. 1958년 실질적으로 입헌 작업을 주도했던 당시의 법무장관이자 5공화국에서 드골의 초대 수상을 역임했던 미셸 드브레(Michel Debré)도 1945년 자키에 브뤼에르(Jacquier-Bruère)란 가명으로 엠마뉘엘 모니크(Emmanuel Monick)와 공저한 저서 『프랑스의 재건: 어떤 세대의 노력(Refaire la France: l'effort d'une génération)』에서 군주 개념의 수용을 '프랑스 민주주의를 위한 유일한 기회'3)라고 주장한 바 있다. 1958년 헌법에서 내각제의 틀에 강화된 대통령권을 접목하게 되는 것은 바로 이러한 개념의 표현이라 할 수 있다.

---

2) 알랭 페이르피트(Alain Peyrefitte)는 자신의 저서 『프랑스의 병(Le mal français)』(Paris: Plon, 1976)에서 1958년에 드골 장군과 가진 대담 내용을 이렇게 옮기고 있다.
드골: "내가 하려고 했던 것, 그것은 군주정과 공화정의 조합(synthèse)입니다."
페이르피트: "군주공화정(République monarchique)이란 말입니까?"
드골: "그렇게 부를 수도 있겠지요. 그러나 공화주의적 군주정(Monarchie républicaine)이라 부르는 게 더 낫겠네요."

3) p.108.

한편 조르쥬 뷔르도(Georges Burdeau)의 경우는 종래에 공화주의적 전통에 이론적으로 반하는 것으로 거부되었던 '국가적 권력'(pouvoir d'Etat) 개념을 재도입하여 1958년 헌법의 본질적 구조를 이루는 권력 개념을 설명하고자 하였다. 그에 의하면, "1958년 헌법의 가장 중요한 특징은 국가를 정치의 동력으로 복원한 점에 있다. 반세기의 의회 패권주의에 추상적 영역으로 격하되었던 국가가 더 이상 하나의 상징(symbol)이나 비유(allégorie)로서가 아니라 행동을 위해 무장된 힘(une puissance armée pour l'action)으로 갑자기 다시 우리 앞에 모습을 드러낸 것이다."4) 즉 1958년 헌법구조는 대통령이 보유하는 국가적 권력과 의회에 의해서 대표되는 '민주적 권력'(pouvoir démocratique) 또는 '정치적 권력'(pouvoir politique) 간의 조화의 모색인 것이다.

2. 헌법텍스트상의 통치구조

제도의 근간을 이루는 권력 개념은 헌법자구에 의해서 구체적으로 어떻게 표출되고 있는가를 살펴보아야 한다. 헌법규범성의 통치구조 분석은 해당 조항들의 자구의 총체적 분석을 통해서 이루어져야 할 것이다.

각 권력기관의 임무 면에서 살펴보면, 프랑스 제5공화국 헌법은 제5조에 대통령의 임무를 천명하고 있다. "대통령은 헌법의 준수를

---

4) Georges Burdeau, "La conception du pouvoir selon la Constitution française du 4 octobre 1958", in Nicholas Wahl(dir.), *Naissance de la Cinquième République*, Paris: Presses de la FNSP, 1959, p.87 et s.

감시한다. 대통령은 중재에 의하여 국가의 영속성과 국가권력기관의 정상적인 기능을 보장한다. 대통령은 국가독립, 영토보전, 공동체협정 및 조약준수의 보장자이다.” 이 자체로 보면 애매모호한 부분이 있으나 제20조는 국가정책을 결정하고 수행하는 것은 정부이며 제21조는 수상이 정부의 수장임을 명시하고 있다는 점에서 제5조의 모호성을 제한하고 있다. 드골 장군은 원래 “대통령은 정부의 보좌를 받아 국가 대내외정책의 대강을 결정하고 그 지속성을 보장한다”고 규정하기를 원하였지만 최종적인 헌법안에 반영되지 못하였다는 점을 강조하고자 한다.

또한 임무의 해석 문제는 배분된 권한의 문제와 연계되어 분석되어야 할 것이다. 먼저, 대통령의 권한이 양적 · 질적으로 확대 강화된 점은 이론의 여지가 없다.5) 수상임명권, 국민투표결정권, 하원해산권, 비상대권, 헌법위원회 제소권 등 양적으로 확대되었을 뿐만 아니라 많은 중요한 권한에 있어서는 그 이전의 내각제하에서 실질적인 권한 행사를 방해하였던 법적 · 정치적 제약을 수상이나 장관의 부서(contreseing) 면제 및 대통령 선거를 위하여 확대된 간선제 채택을 통하여 제거 내지는 완화시켰기 때문이다.

그러나 대통령이 보유한 권한 중에는 정책결정에 직접적으로 결부된 권한은 거의 포함되어 있지 않다. 당시 법무장관이자 향후 제5공화국 초대 수상이 될 미셸 드브레의 표현에 의하면 대통령은 ‘다른 권력기관에 요청할 수 있는 권한’만을 보유할 뿐인 것이다.6)

---

5) 수상이나 장관의 부서를 필요로 하지 않는 권한만을 열거한다.

6) Michel Debré, Discours devant l'Assemblée générale du Conseil d'Etat, 27 août 1958, in Nicholas Wahl, *op.cit.*, p.47.

체제성격의 규명을 위한 핵심적인 단서 중 하나인 수상 및 각료 임면권을 보더라도, 헌법 제8조는 비록 대통령에게 독자적 수상 임명권을 부여하고 있으나 이 임명권의 실질적 행사는 여전히 명시되어 있는 하원의 내각불신임권에 의해 제한되고 있으며 또한 수상 및 각료해임을 위해서는 수상 자신에 의한 내각총사퇴서 제출이라는 전제조건이 규정되어 있어 대통령제적 형태와는 거리가 멀다. 헌법안이 만들어졌을 당시, 드골 장군 자신도 "수상은 오직 의회 앞에서만 책임을 지며 대통령 앞에서는 책임을 지지 않는다고 말하고 만약 그렇지 않으면 수상이 국정을 제대로 수행할 수 없다"고 강조한 바 있다. 다만 대통령은 헌법 제16조에 규정된 '비상대권'(pouvoir exceptionel)의 행사를 통해서 국가 및 제도상의 중대한 위기 시에 전권을 직접 행사할 수 있을 뿐이다.

　하나의 헌법에 두 개의 체제가 담겨 있다고 할 수 있으나 이 이원성이 수평적인 분권을 의미하지는 않는다. 단지 평시와 위기시의 구분이 있을 뿐이다. 평시에는 수상 주도의 정부가 국정의 실질적인 결정자이자 운영자이며 대통령은 정부와 입법부 간 관계의 파행이 발생될 경우에도 하원해산권 등을 통하여 원활하고 정상적인 기능을 회복하도록 돕는 '중재자'에 불과할 뿐이다. 일반적인 내각제와 다르게 국무회의를 주재할 수 있도록 되어 있으나 이 또한 국가이익의 심각한 훼손이 없는지 권위를 통하여 감시하고 국가 사무에 대하여 예의 주시하도록 만든 것이라 볼 수 있을 것이다. 따라서 프랑스 정치체제는 전형적인 내각제의 범주에 머물러 있다고 볼 수 있다. 대통령의 권위와 권한 강화에도 불구하고 헌법의 자구로 볼 때는 체제의 본질을 바꾸기에는 불충분하였던 것이다. 미셸 드브레

가 표현한 대로 '진정한 내각제'(véritable régime parlementaire) 또
는 '개선된 내각제'(régime parlementaire rénové)라고 규정하는 것
이 더 설득력이 있어 보인다.[7]

흔히 프랑스 1958년 헌법의 주창자로 알려진 드골의 구상은 적
어도 1958년에 실현되지 못했다고 볼 수 있다. 내각제만이 민주적
이고 공화적인 체제라고 믿고 있던 당시 주류 정치권의 뿌리 깊은
의식에 부딪혀 부분적으로밖에는 반영되지 못하였다고 말할 수 있
겠다. 프랑스 헌법체제의 파행의 정당한 요인으로 자주 그리고 당
연히 거론되는 1962년의 직선제 도입은 형식적으로는 대통령의 선
출방식에 관한 것일 뿐 대통령의 권한에 관계된 어떤 수정도 수반
하지 않았다. 2000년 9월의 대통령임기를 5년으로 단축하는 개헌
도 마찬가지이다.

Ⅲ. 현실상의 프랑스 정치체제

헌법규범상의 정치체제가 현실적으로 왜곡된 형태로 운영되는 것
은 그 격차의 정도는 다를지라도 보기 드문 현상이 아니다. 프랑스
제5공화국의 경우 본질적으로 그러한 위험성을 보유하고 있었다.
1958년 헌법 채택 직후 모리스 뒤베르제(Maurice Duverger)는 국왕과
의회가 권력을 분점하는 '오를레앙식 내각제'(régime parlementaire
orléaniste)를 연상시키는 새로운 체제의 이원적 또는 이중적 본질을

---

7) *Ibid.*, pp.7~29 참조.

간파하고 그러한 이원적 체제는 대치되는 양 성향이 지속적인 균형을 이루기 어려워 궁극적으로는 체제의 성격이 어는 한쪽으로 편중될 수밖에 없음을 지적한 바 있다.8) 그는 뒷날 또한 이러한 변화의 핵심은 대통령과 수상 중 누가 하원을 정치적으로 장악할 수 있느냐에 달려 있음을 간파하였다. 실제로 이러한 지적은 현실화되었으며 먼저 하원 장악에 기반을 둔 대통령중심제적 편향이 즉각적으로 또한 장기간 이루어졌으며 뒤늦게 대통령이 하원의 지지기반을 상실하면서 소위 '코아비타시옹'(Cohabitation)이라 불리는 좌우동거체제가 형성되어 이러한 대통령중심제적 편향에 제동을 걸게 되었다.

1. 대통령중심제로의 변질

대통령 선거방식이나 보유권한은 법률상으로 볼 때 직접적으로 정책결정에 참여할 수 있는 수단은 아니다. 그러나 직접적 정책결정권한을 보유한 자를 정치적 복종이나 동의상태로 만들 수 있을 때 대통령은 실질적 정책결정권자가 될 수 있다. 유리한 역학관계의 조성을 위해서 대통령 선거제도나 헌법적 권한은 정치적 무기로 사용될 수 있다는 말이다.

제5공화국 초대 대통령이 권좌에 오른 드골은 소위 '헌법정신'(esprit de la Constitution)을 앞세워 헌법조항의 자구를 무시 내지는 지나치게 확대 해석하면서 자신의 본래 의도대로 국정을 운영하였다. 이후의 모든 대통령도 예외 없이 자신이 국가정책의 최고결정자임을

---

8) Maurice Duverger, "Les institutions de la Cinquièe Réublique" in Nicholas Wahl, *op.cit.*, 참조.

주장하였으며 적어도 1986년까지는 실지로 그렇게 행동하였다.

물론 이러한 시기 동안에도 모든 대통령들에게 대통령의 역할과 수상의 역할 사이의 구분을 시도하려는 공통된 경향이 발견된다. 그러나 이러한 형태는 수사적인 것에 그치는 것이었다. 대부분의 대통령들이 대통령과 수상의 역할분담을 거론한 바 있지만 제왕적 대통령제의 본질을 바꾸는 것이 아니라 오히려 본질에 충실한 모습이었다. 그들이 제시한 것은 정책 분야별 분담이 아닌 차원의 분담이었으며 그 기준 또한 자의적이고 애매한 것이었기 때문이다.

드골 대통령의 경우, 5공화국 초기 적어도 1962년까지는 국내정책 분야에서 수상에게 상당한 자율성을 부여한다는 인상을 유지하였다. 초대 수상이었던 미셸 드브레 스스로가 인정하였던 사실이다. 그는 자신이 수상이었던 3년 동안 "(드골 대통령이) 국방, 외교, 알제리 문제에 관해서는 확실한 우월성을 과시하였다. 이러한 문제에 있어 수상은 말 그대로 국가원수의 최고 협력자였다. 그러나 나머지 문제에 있어서는, 즉 경제, 재무, 행정, 교육, 사회 정책 등 모든 국내문제에 있어서는 수상의 자율에 맡겨졌다"9)고 지적하였다. 그러나 충실한 드골주의자인 자크 샤방-델마스(Jaques Chaban-Delmas)가 국가원수의 '고유분야(domaine réservé)론'을 거론하였을 때, 드골 대통령이 보인 반응은 매우 냉소적인 것일 수밖에 없었다. 그는 1964년 1월 31일의 기자회견에서 "모든 것은 평시에 국가원수의 역할과 활동영역과 수상의 것 사이에 구별이 유지되는 것을 요구한다"고 언급하면서 이러한 구분을 결정하는 것은 대통령 자신임을 잊지

---

9) Michel Debré, *La Constitution de 1958, sa raison d'être, son évolution*, Paris: RFSP, Vol.28, No.5(oct. 1978), p.832.

않고 강조하였다.

　그러나 적어도 1962년 이후 대통령들은 더욱 근거리의 관리를 통해 정부의 일상적인 작업에 집착하는 정치적 리더로 행동하는 경향을 보였다. 퐁피두(Georges Pompidou) 대통령과 지스카르 데스탱(Valéry Giscard d'Estaing) 대통령이 그러했고 이러한 제왕적 대통령체제는 처음으로 정권교체를 이룬 미테랑(François Mitterrand) 대통령에 의해서도 지속되었다. 전임 대통령의 행태를 모든 것에 상관하려는 집착증에 걸려 있다고 신랄히 비난하며 그리고 기관 간의 균형이 이루어질 수 있도록 정부의 고유한 책임의 존중을 필두로 하여 모든 기관을 제자리에 되돌리겠다는 의지를 누차 천명하였던 미테랑 대통령 역시 선임자와 별반 다르지 않은 방식으로 제도를 운영하였던 것이다. 미테랑은 1964년 4월 24일 하원의원의 자격으로 국민의회(Assemblée nationale)에서 드골의 대통령중심제적 체제에 대해 신랄하게 비판하면서 "대통령이 1958년 헌법 제5조의 조항을 근거라고 주장하는 권한들은 그가 자신의 임무를 수행하기 위해 필요로 하는 권한들을 수상에게 부여한 특별한 조항들에 의해 무력해진다. (……) (대통령의) 고유영역(secteur réservé)은 헌법을 위배하였으며 돌연 우리의 제도에 등장하는 최상 분야(domaine suprême)는 공화국을 파괴한다"10)고 역설한 바 있었지만 자신이 대통령이 되고 나서는 "국민이 내게 부여한 기간 동안 모두의 대표이며 따라서 국내 분야건 대외 분야건 내게 부여된 책임을 조금도 포기하지 않을 것"11)이라고 주장하면서 이전의 우파대통령

____

10) *Questions orales AN*(*Journal Officiel* du 25 avril 1964).
11) 1982년 9월 27일 프랑스 타르브(Tarbes)에서 행한 연설에서, *Le Monde*, 1982년 9월 29일.

들과 다름없이 모든 분야에 걸쳐서 국정의 실질적인 최고책임자 역할을 수행하였던 것이다.

결국, 대통령중심제적 체제 동안 수상의 역할은 제5공화국 대통령들에게 '긴장과 초과부담을 피하는 편리한 수단'[12]이거나 조르쥬 퐁피두 전 대통령의 표현에 따르면, '압력이 너무 높아질 때 증기를 빼내는 안전실린더'(soupapes de sûreté)[13]였을 뿐이었으며 의회의 역할은 대체로 대통령의 정책과 국정운영을 지지해 주는 거수기에 불과하였다.

2. 좌우동거체제(Cohabitation)와 내각제로의 일시적 회귀

프랑스 정치체제의 '대통령중심제화'는 위기와 일시적 단절 없이 이루어지지 않았다. 1986년~1988년, 1993년~1995년, 1997년~2002년 총 세 차례, 모두 9년 동안 소위 '동거체제'(Cohabitation)라 불리는 시기가 있었으며 이 기간 동안 체제는 헌법규범이 정하고 있는 내각제로 가까이 돌아가게 된다. 대통령은 자신의 개인적 의지와 상관없이 적대진영의 인물을 수상과 각료로 임명해야 했으며 그들에게 정책결정권의 대부분을 실질적으로 행사하도록 놔둘 수밖에 없었다.

재차 강조하자면 프랑스 제5공화국이 창설 이래 줄곧 대통령중심제적으로 운영되어 왔던 것은 대통령과 하원 다수파 사이의 정치적 일치에 기반을 둔 것이었다. 그러나 이러한 일치가 제도적으

---

12) J.-M. Donegani et M. Sadoun, *La Ve République: Naissance et mort*(Paris: Calmann-Lévy, 1998), p.244.

13) Georges Pompidou, *Le Noeud gordien*(Paris: Pilon, 1974), p.65.

로 보장된 것은 아니다. 퐁피두 대통령이 언급한 대로, "각기 다른 날짜에, 전국단위로 치러지는 대통령 선거와 지역구단위로 치러지는 하원의원 선거 사이에 차이가 있을 수밖에 없다. 따라서 대선 다수(majorité présidentielle)[14]와 의회다수(majorité parlementaire) 사이에 모순이나 차이가 있는 것은 당연하고 또한 불가피"하기까지 하다.[15] 실제로 제5공화국 초창기부터 대통령이 하원다수파의 장악에 실패, 적대적인 하원다수파에 직면하게 되어서도 대통령제적 운영이 가능할지는 초미의 관심대상이었다.

제5공화국의 역사가 28년이 흐른 뒤, 사회주의자인 프랑수아 미테랑 대통령이 집권하던 1986년에 와서야 처음으로 그러한 불일치 상황이 발생하였다. 1981년 우파가 하원의 다수파를 형성하고 있는 상황에서 당선되었을 때, 의회 해산에 이은 조기총선을 통해 자신을 지지하는 좌파정당들을 다수파로 만드는 데 성공하였지만, 5년 뒤에 치러진 하원의원 선거에서 패배하였던 것이다. 대통령도 해산권을 행사할 수 없는 상황이었고 적대적인 하원다수파의 뜻에 따라 수상을 임명할 수밖에 없었으며 새로 다수파가 된 우파 역시 대통령의 사임을 강요할 제도적 수단이 없었던 만큼, 결국 대립적 정치진영에 속하는 대통령과 수상이 한 행정부 내에 공존하는 상황, 즉 '동거'를 의미하는 '코아비타시옹 체제'가 이루어지게 된다.

본래, 프랑스 제5공화국의 대통령중심제적 운영은 헌법규범에 의한 것이 아니라 정치적 위계질서에 묶인 수상의 위임 때문에 가능한 것이었다. 하원의 다수파가 대통령에 반하여 수상을 지지하는 이

---

14) 대통령 선거 시에 표출된 다수를 의미한다.
15) 1972년 3월 16일 연설에서.

상, 대통령은 수상으로부터 더 이상 양보를 기대할 수 없고 수상과 내각은 헌법이 명시한 대로 국가정책을 결정하고 수행하는 임무(헌법 제20조)와 그 임무를 수행을 위해 부여받은 권한들을 행사할 수 있다. 이러한 새로운 상황은 임무와 권한의 배분 문제, 특히 대통령의 헌법적 임무와 권한의 문제를 부각시킬 수밖에 없다. 1986년 4월 8일 새 의회의 등원 첫날, 미테랑 대통령은 대의회 교시에서, "그런 상태에서, 더욱이 자신들이 원했던 상태임에도 불구하고, 많은 우리 시민들이 권력기관들이 어떻게 운영될 것인가를 알고 싶어한다. 이러한 의문에 관하여, 나는 유일하게 가능한, 유일하게 합당한, 유일하게 국익에 합치하는 단 하나의 답변밖에는 알지 못한다. 헌법, 오직 헌법만이다." 다수파도 이러한 법치주의적 주장에 이의를 제기할 수 없음은 물론이다. 그러나 이러한 원칙에 대한 합의가 모호한 헌법의 해석을 둘러싼 대립을 억제할 수는 없었다.

미테랑 대통령은 국내정책에 있어서 수상의 배타적 책임영역임을 인정하지 않을 수 없었지만 대통령이 상징적 역할만으로 제한되는 것을 원치 않았다. 헌법의 적극적 해석을 통해 국가원수로서의 중재자적 임무를 확대 해석하였으며, 대통령의 권한에 있어서도 '명시적이고 한정적인'(précis et limites)[16] '독자권한'(pouvoirs propres)에만 국한되는 것이 아니라, 내각제적 관례에 따르면 형식적이어야 할 많은 권한들에 대통령의 의지적 판단을 인정하는 실질적인 의미를 부여하였다. 비록 그러한 권한들이 수상 주도의 국정운영을 막을 수는 없지만, 대통령에게 다양한 방식으로 정부에 대한 '견제권'(pouvoir

---

16) 지스카르 데스탱 전 대통령, 1986년 1월 14일 기자회견에서 '코아비타시옹'에 대하여 언급하면서.

d'empêchement) 또는 '비판기능'(fonction tribunitienne)을 행사할 수 있게 허용하는 것이다.

단지 외교 안보 분야에서만큼은 정책결정과정에 대통령의 실질적 참여를 주장하였다. 국가 독립, 영토 보전, 공동체협약 및 조약 준수의 보장자라고 규정한 헌법 제5조 2항과 상기한 헌법 제15조와 제52조도 의회주의적 해석을 거부하고 적극적으로 해석하면서 외교안보 분야에서 일종의 정책결정권을 의미하는 권위적 기능을 도출해 냈다. 그러나 미테랑 대통령 스스로도 강조한 것처럼 외교안보 분야가 대통령의 고유영역(domaine réservé)을 의미하는 것은 아니었다. 고유영역의 개념은 대통령 스스로의 행동반경을 한정시킬 위험이 있을 뿐 아니라 모든 정책 분야에 예외 없이 최고책임자로 되어 있는 수상의 권한(특히 헌법 제21조는 수상이 국방정책의 책임을 진다고 별도로 명시하고 있다)을 배제할 수 없기 때문이었다. 외교안보 분야가 그처럼 대통령과 수상의 '공동분야'(domaine partagé)로 인식되었다면 미테랑 대통령은 이 분야에서 국가원수의 우월성을 요구하였다. 그는 이미 코아비타시옹 체제가 형성되기 일년 전부터 "하원다수파의 변화로 인해 그 누구든지 대외정책을 강탈하면 그것은 쿠데타일 것이다. 우리 무기의 사용에 대하여, 나아가 나라의 운명이 걸려 있는 결정에 대하여 최고 책임을 가진 자는 국가원수이다. 따라서 그는 당연히 이 책임을 담당하기 위해 국방정책의 대강을 결정해야 한다. 물론 수상과 정부는 정책을 발의하고 옵션을 작성하고 선택하는…… 이 단계에서 관섬이 서로 다르면 토론이 있는 것은 지극히 당연한 일이다. 그러나 최종결정은 (국가원수) 한 사람에게밖에 속하지 않는다. 그것이 바로 헌법 제5

조로부터 비롯된 원리이다"17)고 주장했었다.

흔히 코아비타시옹 체제를 '헌법규범으로의 회귀', '법논리의 정치논리에 대한 우위성 회복' 등으로 묘사한다. 그러나 코아비타시옹 체제 내에서 대통령과 수상 간의 분권의 양태가 헌법규범에 대한 정확한 해석에 일치하는 것으로 보기 어렵다. 정치적 역학관계의 영향하에 형성된 정치적 타협에 의한 하나의 헌법 해석이라는 점을 간과해서는 안 된다. 다시 말하여, 만약 다른 정치적 상황이었다면 코아비타시옹 체제의 형성 자체가 이루어지지 않았거나 적어도 다른 모습의 코아비타시옹 체제, 즉 다른 분권의 경계가 형성되었을 수 있었다. 만약 1986년 총선에서 사회당 및 좌파의 패배가 매우 심각했던 것이었다면 승리를 거머쥔 우파 내부에서 대통령의 사임을 요구하는 목소리가 더욱 드높아졌을 것이며 적어도 그들의 리더인 자크 시락(Jacques Chirac) 수상이 역할과 권한 해석을 둘러싼 미테랑 대통령과의 갈등에서 훨씬 전략적 우위에 놓일 수 있기 때문이다.

동일한 대통령의 집권기하에서의 비교, 즉 미테랑 대통령 재임 중에 이루어졌던 1986~1988의 코아비타시옹과 1993~1995의 코아비타시옹의 비교는 전술한 가정을 더욱 설득력 있게 만든다.18) 대통령의 정치적 기반이 매우 취약해진 1993~1995년의 코아비타시옹 기간 동안이 대통령이 비록 하원을 장악하고 있지는 못하였더라도 상대적으로 상당한 정치적 지지기반을 확보하였던 1986~

---

17) *Pouvoir*, No.35(Paris: PUF, 1986), p.195에서 인용.

18) 미테랑 대통령의 헌법자문이었으며 헌법위원회 위원을 역임한 바 있는 장 클로드 콜리아르(Jean Claude Colliard) 교수는 같은 시각으로 두 개의 '코아비타시옹'을 비교 설명하였다. 그의 논문 "Que peux le président", *Pouvoir*, No.68(Paris: Seuil, 1994) 을 참조할 것.

1988년에 비해 대통령의 제도적 행동반경이 축소되었던 것이다. 비록 첫 번째 코아비타시옹 당시 형성된 분권형태가 선례의 힘으로 작용하여 그 유동성을 제한하고 있기는 하지만 구체적으로 살펴보면 그 경계가 수상에게 유리한 쪽으로 이동하였음을 발견할 수 있다. 1986년 선거의 결과는 미테랑 대통령과 사회당에게 예상보다 그렇게 실망스러운 게 아니었다. 승리한 우파는 하원의석의 과반수를 가까스로 넘긴 상태였고 비슷한 세력을 가진 두 정당이 내부적으로 경쟁하는 연합구조였던 점도 우파의 위상을 취약하게 만드는 것이었다. 더구나 미테랑 대통령은 즉각적으로 인기를 회복, 대통령으로서 보유하고 있는 하원해산권의 행사가능성을 시킬 수 있었던 것이다. 그러나 1993~1995년 동거체제의 경우, 우파의 승리는 전체 하원의석의 2/3을 넘어서는 거대한 것이었고 에두아르 발라뒤르(Edouard Balla)역 수상의 인기도와 용의주도한 국정 수행은 이미 과거의 인물로 여겨지는 미테랑 대통령의 영향력을 약화시킬 수밖에 없었다.

결국 두 번째 코아비타시옹 기간 동안 정부에 대한 대통령의 견제와 비판은 그 빈도와 톤(ton)에 있어 그전에 비해 현저히 약화되었으며, 외교안보 분야에서조차 수상의 역할이 눈에 띄게 증대하였다. 전반적으로 거의 전형적인 내각제의 경우와 그게 다를 비 없었던 것이다. 당시 수상 발라뒤르가 "대통령이 나를 수상식에 임명한 날 저녁 그와 나 사이에 정한 원칙이다. 모든 경제, 사회, 내무 정책은, 국가의 모든 분야에서 새로운 다수파 내각의 책임에 속한다. 오늘날 공동 분야라 부르는 바로 그것이다"[19]라고 강조한 것은 첫 번째 코아비타시옹 때와 유사한 원칙을 말하는 것이라 할지라도 그 뉘앙스는 사뭇 달랐다. 그즈음에 우파의 실질적인 리더였던 자크 시락이 강조하였던 것처럼, 외교안보 분야에서조차 대통령에게 어떤 우월성도 인정할 수 없을 정도였다. 이 점에서 발라뒤르의 또다른 언급은 매우 시사적이고 적절한 것이라 할 수 있을 것이다. 그에 따르면, "코아비타시옹은 정치적 상황에 따라 가변적으로 헌법을 적용하도록 만드는 특이한 시스템이다."[20]

Ⅳ. 대통령중심제화의 요인

본 연구가 갖고 있는 문제의식의 핵심은 프랑스 제5공화국의 헌법상 통치구조와 실질적 정치체제를 나열하고 평면적인 비교를 통해 단순히 그 변형된 정도나 방향을 보여 주는 것이 아니라 어떤 요인과 메커니즘에 의해서 그러한 변형이 가능했는지를 설명해 내는 것이다. 따라서 연구의 뒷부분에서는 프랑스 제5공화국이 내각제적 구도로 보이는 헌법규범상의 임무 및 권한 배분 규정을 이탈하여 대통령중심제로 변질되는 데 중요한 역할을 한 것으로 판단되는, 특히 대통령의 하원 장악을 용이하게 해 주는 몇 가지 요인을 제시하고 면밀히 분석하고자 한다.

---

19) TV 방송 *F3*의 «La marche du siècle». 1993년 6월 2일.
20) TV 방송 *France 2*, 1994년 8월 12일(*Le Monde*, 1993년 8월 14/15일).

1. 정치문화

새로운 체제가 시작된 초창기의 운영방식은 소아기 때 각인된 경험과 인식이 이후의 인생에 영향을 미치듯 향후의 제도 운영 문화와 방식에 상당한 영향을 미친다. 특히 관련된 제도적 규범 해석이 불명확할수록 그 가능성은 커진다고 말할 수 있다. 따라서 초기의 제도운영 방식이 정치적 관행 또는 나아가 정치문화를 형성함으로써 이후의 헌정체제 운용에 그 영향이 적지 않았을 것으로 가정되는 제5공화국 초창기를 살펴보는 것 또한 대통령중심화 요인 분석에 있어서 간과할 수 없는 일이다.

초대대통령인 드골은 헌법문구보다 '헌법정신'(esprit de la Constitution)을 우선시하며 자신의 의지가 완전히 관철되지 못한 1958년의 헌법 텍스트를 초월하여 자신의 개념과 자의적 해석에 의거하여 제도를 운영하고자 하였고 알제리 문제로 비롯된 국가위기상황은 이러한 대통령의 초헌법적 행태를 가능하게 만든 가장 중요한 요인이었던 것으로 판단된다. 당시 하원인 국민의회(Assemblée nationale)의 과반의석을 점하고 있던 중도우파부터 좌파에 이르는 프랑스 정치세력은 대체로 새로운 헌법을 내각제로 해석하고 있었으며 드골 대통령의 제도운용방식에 불만을 품고 있었지만 자신들의 직극적 의사 표시와 나아가 석극적 행동으로 나서기 위해시는 1962년 알제리 독립을 통한 알제리문제 해결 이후를 기다릴 수밖에 없었던 것이다. 새로운 공화국의 유아기에 깊이 각인된 대통령중심제석 문화가 이후 체제의 변질에 상당한 영향을 미치지 않았을 리 없다.

2. 대통령 직선제

프랑스 정치체제의 대통령중심제화의 가장 핵심적인 요인은 1962년 헌법 개정을 통해 도입된 대통령 직선제라 할 수 있겠다. 일반적으로 내각제의 국가원수는 왕이나 간선제로 선출된 대통령으로 이루어진다. 1958년 제5공화국 헌법이 제정될 당시에는 프랑스도 간선제 형태였다. 비록 대통령의 권위를 신장시키고 정당과 의회로부터 독립적인 위상을 가질 수 있도록 8만 명 이상으로 선거인단을 확대시켰다고는 하지만 직선제로 선출된 대통령과는 그 권위를 비교할 수 없다. 그러나 앞서 언급한 것처럼 드골 대통령은 국가위기 상황에 기대어 대통령중심제적 체제 운영을 가능케 하였지만 정상적인 상황에서 간선제를 통해 선출된 대통령이 지속적으로 최고권력을 행사하는 것은 불가능하다.

이미 1946년 드골이 대통령권의 강화를 주창한 바이유(Bayeux) 연설을 행했을 당시부터 사회주의자 레옹 블룅(Léon Blum)은 그러한 체제가 수립될 경우에는 대통령직선제 도입이 '논리적인 귀결'(conclusion logique)이라고 주장한 바 있다. 그럼에도 불구하고 1958년 헌법은 대통령의 권한을 강화하였음에도 대통령 직선제를 배제하였다. 드골 자신도 직선제가 정당의 영향력을 강화시킬 수 있다는 우려 등으로 직선제에 회의적 입장을 취했으며[21] 당시 법무장관 미셸 드브레는 직선제를 도입하는 것이 '배제된 대통령제

---

21) 드골이 1958년 당시 대통령 직선제에 회의적이었던 여러 이유에 대해서는 Odile Rudelle, "De Gaulle et l'élection directe du président", in *La Constitution de la Cinquième Réublique*, nouvelle éd.(Paris: Presses de la FNSP, 1988), pp.101~128을 참조할 것.

적 헌법을 도입하는 것'22)이라고 강조하였다. 실제로 알제리 독립
을 통해 국가위기가 해소된 1962년 드골 대통령은 그때까지 대통
령중심제적 운영을 감내해 오던 야당들로부터 '내각제적 헌법체제
로의 회귀'나 '드골의 자진하야'를 외치는 반발에 직면해야 했고
1958년 당시에는 직선제 도입에 회의적이었던 드골 대통령은 직선
제 개헌을 단행하게 된다. 반대세력들이 드골 대통령의 행태에 대
한 반발로 내각불신임을 결의하였지만 드골 대통령은 하원을 해산
하고 국민투표를 통해 압도적인 찬성으로 개헌에 성공하였다.

1965년부터 실행된 대통령 직선제가 당선자들의 민주적 정당성
과 정치적 권위를 크게 강화시켜 주었음은 자명한 일이다. 그러나
이 자체로 대통령이 국정의 실질적 최고책임자를 자처할 명분을
완전히 갖추어 주는 것은 아니다. 오히려 프랑스 내에서 치러지는
대선의 현실적 양태가 매우 중요한 요인으로 작동한다.23)

프랑스에서 대선은 1965년 최초 직선제 시행 때부터 후보들이
중재자로서의 덕망이나 인물 못지않게 정책적 논쟁이 전개되는 상
황 속에서 이루어졌던 것이다. 물론 1965년 대선에서는 드골을 위
시한 대부분의 후보들이 구체적 공약을 나열하기보다는 전체적인
국정방향을 제시하는 데 국한되었지만 이후 대선의 후보들은 점점
더 수많은 세부공약을 제시하였다. 예컨대, 1981년에 프랑수아 미
테랑 후보는 '프랑스를 위한 110개 제안'(110 propositopns pour la

---

22) Michel Debré op. cit.

23) Jean Massot, *L'arbitre et le capitaine: la responsabilité présidentielle*(Paris: Champs-
    Flammarion, 1987), pp.193~195 참조. 뒤베르제의 분석에 따르면, 프랑스와 유사한 모든 '준대통
    령제' 국가들에서 직선으로 선출된 대통령이 프랑스처럼 실질적인 정부 수반의 역할을 하는 경우는
    거의 없다. 이를 자세히 보기 위해서는 그의 저서 *Echec au roi*(Paris: Albin Michel, 1978)이나
    Les régimes semi-présidentiels(Paris: PUF, 1986)을 참조할 것.

France)을 제시하였으며 2007년 대선에서 현 대통령인 사르코지 (Nicolas Sarkozy)나 함께 결선투표에서 경합한 좌파후보 세골렌 루아얄(Ségolène Royal)도 10여 쪽에 달하는 구체적인 공약집을 발견하였던 것이다. 이러한 상황은 당선된 대통령들로 하여금 선거기간 중 행한 '국민과의 약속', 심지어는 '국민과의 계약(contrat)'을 이행해야한다는 민주적 당위성을 들어 국정의 최고책임자 역할을 자임하게 만들었다. 뿐만 아니라 이러한 대선문화는 구조적으로도 친대통령적 내각 보유에 필수불가결한 하원 다수파의 장악을 용이하게 만들며 역학관계의 정점에 위치하게 만들었다. 대선에서 전 국민을 상대로 과반수의 지지를 획득한 대통령의 동원능력은 대부분의 경우 특정 정당의 지지율을 뛰어넘는 막강한 것일 수밖에 없었으며 이는 대통령이 속해 있거나 대통령을 지지하는 정치세력들의 대통령에 대한 의존도를 심화시킬 수밖에 없기 때문이다.

3. 대통령임기 단축을 위한 헌법개정: 대통령중심제의 제도화?

코아비타시옹 체제의 출현은 대통령 직선제만이 대통령중심제화의 절대적 요인이 될 수 없음을 입증하였다. 대통령의 임기(7년)가 하원의원의 임기(5년)보다 더 긴 만큼 임기를 온전히 마치는 모든 대통령은 재임 중에, 특히 재임 2년이 경과한 뒤에 적어도 한 번의 하원의원 선거를 겪어야 한다. 이는 대통령의 하원 장악이 반드시 보장되지 않는다는 것을 의미한다. 더욱이 대통령의 하원 장악 실패와 그로 인한 동거체제의 형성은 1986년 최초로 출현한 이래로 대통령 임기마다 되풀이되었던 것이다. 프랑스의 정치권이 2000년에 대통령 임기를 7년에서 5년으로 단축하는 헌법 개정을 단행한 것은 그 어떤 이유보다 이러한 가능성을 차단하기 위함이었다.

사실 프랑스 제5공화국에서 대통령 임기를 단축해야 한다는 주장은 해묵은 것이었다. 프랑스의 헌법학자 뤼셰르(François Luchaire)는 1958년 6월 19일 헌법입안작업팀 소견서에서 "전통적 임기(7년)는 선임자들처럼 무난히 임기를 수행하고자 하는 대통령에게 역할의 변화를 모색하지 못하도록 막을 위험이 있다. 더 짧은 임기(4, 5년)는 국가원수로 하여금 국민 앞에서 직접적으로 책임지도록 만들 것이며 실질적으로 자신의 권한들을 행사하도록 만들 것이다"24)고 강조한 데 이어 며칠 뒤인 6월 30일에 그는 관계장관회의에 상정된 헌법안과 관련하여 "(대통령의) 임기를 7년으로 정하는 것은 국가원수의 무력화를 초래했던 전통을 유지하는 것"이라고 우려를 피력한 바 있다. 제5공화국의 출범 이후에도 대통령 임기 단축 주장은 빈번히 제기되었다. 드골에 이어 대통령이 된 퐁피두 대통령은 5년제를 위한 헌법 개정절차에 착수하였다가 주간에 무기한 보류한 바 있고 1974년 세 번째 대통령이 되는 지스카르 데스탱(Valery Giscard d'Estaing)도 대선기간 중에 "좀 더 문명하게 대통령제적인 방향으로 제도를 변화시키는 것에 찬성"25)함을 밝히면서 임기 단축에 긍정적인 시각을 시사하였으며 미테랑 대통령 또한

---

24) *L'histoire de l'élaboration de la Constitution du 4 octobre* 1958, Vol. I ,(Paris: La Documentation française, 1987), p.270.

25) 1974년 4월 11일 라디오 방송 *Europe 1*에 출연하여, *Le Monde*, 1974년 4월 12일.

1981년 자신의 선거공약에서 5년제 채택을 포함시켰다.

그 오랜 주장이 현실화된 것은 오히려 헌법 개정에 미온적이던 자크 시락 대통령 재임기에 와서이며 사회주의자 리오넬 조스팽 (Lionel Jospin) 수상과 동거체제 기간 중이었다. 2000년 5월 10일 전직 대통령 지스카르 데스탱이 하원에 헌법개정안을 제출, 1995년 대선 당시 5년제를 지지했던 조스팽 수상이 이를 적극적으로 수용하였고 자크 시락 대통령도 여론의 지지도가 높은 것을 감안하여 종래의 유보적 입장을 철회함으로써 여야를 뛰어넘는 대합의가 이루어질 수 있었다. 개정안은 2000년 6월에 상하원에서 각각 통과된 후 9월 24일 실행된 국민투표에서 압도적 다수의 찬성(61.4%)으로 헌법개정안이 가결되었다.

개정 헌법의 첫 번째 적용 대상이 되는 대통령을 선출하는 대선이 열릴 2002년에는 비슷한 시기에 하원의원 선거도 있게 될 예정이었다는 점에서 양대 선거 결과의 접합을 고려하고 헌법 개정이 이루어졌다는 점은 동거체제의 재발 가능성을 종식시키고자 하는 의도를 명확히 드러내는 것이었다. 더구나 조스팽 내각은 선거법을 개정하여 대선 이전으로 예정되어 있던 총선의 일정을 대선 뒤로 연기하였다. 하원선거의 결과가 대선의 결과에 미치는 유발 효과(force d'entrainement)가 반대의 경우보다 약하기 때문이며 예정된 일정대로라면 두 선거가 다른 결과를 낼 가능성이 그만큼 높아진다는 사실 때문이었다. 이는 또한 하원에 비해 대통령의 우월적 위상을 보장해 주는 효과도 가져올 것이기 때문이었다. 기대했던 효과가 곧바로 나타났음은 물론이다. 대통령 임기마다 반복되던 여소야대 현상은 새로운 임기제가 적용되는 첫 번째 대통령을 선출하는 2002년부터 오늘날까지 다시 나타나지 않고 있는 것이다.

V. 결론

본 연구를 통해 우리는 적어도 두 가지 사실을 밝힐 수 있었다.
첫째로는, 프랑스 제5공화국 정치체제를 '이원집정제'로 분류하
는 것이 적절하지 않다는 점이다. 헌법규범상으로 볼 때는 내각제
의 범주에 속하는 것이며 현실상으로 도 대체로 대통령중심제적으
로 운영되기 때문이다. '이원집정제'란 용어는 국가원수와 내각수
반이 별도로 존재한다는 물리적 이원성만을 의미하는 것이 아니라
정책결정상에서 권력과 권한의 분점이 있음을 의미하는 것이기 때
문이다. 다만 '코아비타시옹' 체제만이 이원집정제적 형태로 오해
될 수 있는 성격을 띠고 있다고 볼 수 있는데 이러한 이원성이 '이
원집정제'라는 표현이 오해를 불러일으킬 수 있는 것과는 달리 제
도적으로 매우 불명확하고 유동적인 것이며 따라서 내각제의 범주
를 벗어나는 것이라 볼 수 없다. 무엇보다 이 체제는 28년간의 대
통령중심제적 운영 이후에 비로소 처음 니다난 헌상이며 지금까지
총 52년산 운영되이 온 제5공화국의 기간 중 4분의 1에 해당하는
9년간에 불과하다는 점에서 예외적이고 일시적인 현상으로 간주될
수밖에 없다.
둘째로는, 프랑스 제5공화국의 정치체제가 내각제적 규범에도 불
구하고 실질적으로 대통령중심제화가 되었는데, 그 '변질' 또는 '변

동’이 대통령을 비롯한 권력기관의 임무와 역할에 관련된 헌법규정을 개정함으로써 이루어진 것이 아니라 중재적 권한이나 대통령 선거방식, 대통령의 임기 등 정치적 역학관계에 심대한 효과를 미칠 수 있는 정책결정외적 규정들을 바꿈으로써 이루어진 점이다. 바로 이 점에서 우리는 프랑스 정치체제의 변동이 법적 논리로 볼 때, 미완성이며 부적절하기까지 하다는 점을 지적하지 않을 수 없다.

이러한 결론은 매번 개헌 논의가 있을 때마다 프랑스 제5공화국의 체제를 한 참고 사례로 거론하는 우리에게 시사하는 바가 적지 않다. 우리는 프랑스의 정치체제가 헌법상으로 볼 때 제대로 작동되기 어려운 제도에 기반을 두고 있다는 점을 주시해야 할 것이며 우리의 궁극적 개헌작업에 있어서 권력기관의 임무나 권한 배분 문제 못지않게 정치적 역학관계에 영향을 미칠 수 있는 모든 요소들을 신중히 고려해야 한다는 사실을 유념해야 할 것이다.

참고문헌

김응운. "프랑스 대통령 임기단축을 위한개헌의 의미". 『국제지역학
　　논총』. 제2집(2003년 10월), pp.223~240.
Boutin, Christophe et Rouvillois, Frédéric. *Quinquennat ou septennat?*.
　　Paris: Flammarion, 2000.
Cohendet, Marie-Anne. *La cohabitation: Leçns d'une expérience*,
　　Paris: PUF, 1993.
De Baecque, Françis. *Qui gouverne la France?*, Paris: PUF, 1976.
Debré Michel. *La Constitution de 1958, sa raison d'être, son
　　éolution*. RFSP, Vol.28, No.5(oct. 1978).
Donegani, Jean-Marie et SADOIN. Marc. *La Ve République:
　　Naissance et mort*. Paris: Calmann-Lévy, 1998.
Duhamel, Olivier. *Le Quinquennat*. Paris: Presses de Science Po,
　　collection ≪*La Bibliothèque du citoyen*≫, 2000.
Duhamel, Olivier & Parodi, Jean-Luc(dir.). *La Constitution de la
　　Cinquième République*. Nouvelle éd., Paris: Presses de la
　　FNSP, 1988.
Duverger, Maurice. *Echec au roi*. Paris: Albin Michel, 1978.
　　＿＿＿＿＿(dir.). *Les régimes semi présidentiels*. Paris: PUF, 1986.
Guettier, Christophe. *Le Président de la République sous la Ve
　　République*. collection ≪*Que sais-je?*≫, Paris: PUF, 1995.
Lacroix, Bernard et Lagrote, Jacques(dir.). *Le président de la*

République: usages et génèses d'une institution. Paris: Presses de la FNSP, 1992.

Massot, Jean. *L'arbitre et le capitaine: La responsabilité présidentielle.* Paris: Champs-Flammarion, 1987.

Pompidou, Georges. *Le Noeud gordien.* Paris: Pilon, 1974.

Wahl, Nicholas(dir.). *Naissance de la Cinquièe République.* Paris: Presses de la FNSP, 1959.

L'histoire de l'élaboration de la Constitution du 4 octobre 1958. Vol. I, Paris: La Documentation française, 1987.

La Ve République(30 ans). Pouvoirs, No.49, Paris: PUF, 1989.

Qui gouverne la France?. Pouvoirs, No.68, Paris: Seuil, 1994.

La Cohabitation. Pouvoirs. No.91, Paris: Seuil, 1999.

Les 40 ans de la Ve République. numéro spécial, *RDP*, Paris, 1998.

제9장 대처 영국수상의 경제정책과 함의

김영세

연세대학교 경제학부 교수

Ⅰ. 서론

1970년대 영국은 만성적 무역수지 적자, 파운드화 가치 하락, 물가 상승, 급격한 외환보유고 감소 등으로 거시경제위기에 직면하게 되고 급기야 1976년 당시로서는 최대 규모의 국제통화기금(IMF) 관리체제에 들어갔다. 비록 1년 만에 IMF 관리체제를 졸업하기는 하였으나 당시 영국의 경제 환경은 강성 노조, 공공부문 비효율, 과잉 규제와 정부 간섭으로 특징지어진다. 선진국으로서는 최고 수준의 임금상승률, 최하 수준의 노동생산성에도 불구하고 파업과 태업이 일상화되어 있었다. 제2차 세계대전 직후로부터 시작된 국유화와 사회민주주의 체제는 극에 달해 공공부문의 방만, 정부의 과잉 규제는 재정을 압박하고 이는 또다시 조세부담 증기로 이어지는 악순환이 계속되었다.

상황은 마거릿 대처(Margaret Thatcher) 보수당 정부가 1979년 집권하면서 완전히 달라졌다. 대처 수상은 1990년 하야할 때까지 중앙 및 지방 정부의 개혁, 대규모 감세, 노사관계 개혁, 공기업 민영화, 도덕적 해이를 최소화하는 복지 추구 등 과감한 개혁을 단행하면서 영국 사회에 구조적 변화를 가져왔다. 대처의 이러한 개혁 프로그램은 개인의 자유를 신장하고, 시장경제 원리의 적용을 통해 효율성의 제고를 가져오는 이른바 하이에크(Fridrich von Hayek) 정치경제론을 근간으로 한 것이었다. 대처 개혁의 영향력은 영국 국내는 물론 1990년대 '신자유주의' 혁명이라고 할 만큼 세계적 파급효과를 가져왔다.

본고는 1980년대 마거릿 대처의 정책이 – 적어도 경제적 관점에서는 – 오늘날 한국 경제에도 여전히 유효한 시사점을 갖는다는 의식에서 출발한다. 한국은 1995년 국민소득 1만 달러 시대에 진입한 이후 2007년 현재에 이르기까지 2만 달러 시대에 들어서지 못하고 있다. 1960년대 박정희 정부 이후 주효했던 관(官) 주도와 대기업 위주의 경제개발 모델은 1990년대 들어오면서 한계에 부딪히기 시작하였다. 한국은 급기야 1997년 말 IMF 관리체제를 맞았으며 비록 2001년 차입금 전액 상환으로 조기 졸업하기는 하였으나 금융·외환 문제 해결과는 별개로 경제구조 선진화는 요원하다.

한국의 노조는 1987년 자유화된 이후 일반국민의 민주화 열망과 묘하게 맞물려 강성화·파행화·조직화하고 급속한 임금 상승을 통해 산업경쟁력에 부담을 주기 시작했다. 그 후 정부는 개별 단위 노사분쟁에 지속적으로 개입하여 왔으며 그 과정에서 공정한 법집행자라기보다는 정치적 타협의 중재자로 개입해 왔다.[1] 1998년 설치된 노사정위원회도 공익 대변자가 아니라 정치적 중재자로서 정부 역할이 강조됨으로써 노사관계가 경제논리보다는 정치논리에 휘둘리는 문제를 드러냈다. 보호의 필요가 현저히 줄어든 대기업 정규직 노조와 보호의 필요는 절실하면서도 정작 보호의 사각지대에 놓여 있는 여타 노동계급 간의 양극화는 갈수록 커지고 있다. 상당수 중소기업 근로자들은 노조 설립이나 권익 향상 주장이 한계상황에서 조업을 계속하고 있는 기업에 결정적 타격을 주리라 우려하기에 열악한 노동환경에 놓여 있다. 2007년 7월 실시된 비정규직보호법은 본래 입법의도와는 반대로 수많은 비정규직의 외주, 해고 혹은 준정규직화를 초래하고 있다. 2007년 11월 현재 입법발의 중인 '특수형태근로종사자의 지위 및 보호에 관한 법률안' 역시 재계의 경제법적 해결방안과 노동계의 노동자성 인정 간의 갈등 틈새에서 정작 당사자인 학습지 교사, 화물운송 차주, 보험설계사, 골프장 캐디는 기존 체제를 지지하는 괴이한 일이 벌어지고 있다.

이처럼 중소기업, 외국인, 여성, 비정규직 등 정작 보호받아야 할 대상들은 취약한 환경에 처해 있는 반면 현대기아자동차를 위시한 대기업 노조는 일상화된 투쟁과 협상을 통해 조합원의 임금인상, 고용안정 및 심지어 정치쟁점에의 참여에 치중해 왔다. 한미 FTA 반대 투쟁에 적극 참여한 전국교직원노동조합이나 현재 설립을 준비 중인 전국교수노동조합 등 이중삼중의 보호장치가 되어 있는 노동계급은 더욱 강력한 정치적 이권 쟁취 게임에 몰두하고 있다. 물론 이면에는 소비자와 하청업체의 희생을 강요할 수 있도록 노

---

1) 김대일, "영국의 경제정책과 노사관계의 변화", 『사회과학연구』, 제23권, 1호(2001).

조-경영진 간의 암묵적 담합 체제를 가능토록 하는 대기업의 최종생산물 시장에서의 독과점 구조가 있다. 또 인수합병을 통한 대기업의 시장지배력 강화나 불공정거래행위에 대한 제재의 미비, 그리고 해외로부터의 시장개방(특히 교육, 의료와 같은 서비스시장 개방) 미흡과 같이 산업 경쟁구조에 근본적인 문제가 있다.

현재 한국은 국제경쟁의 심화, 특히 신흥 성장국 브릭스(BRICs)의 급속 성장으로 인해 전반적인 성장 잠재력 둔화를 경험하고 있다. 현재 OECD 선진국의 70% 수준에 불과한 서비스산업 경쟁력 향상과 글로벌 시대에 대비한 제1, 2차 산업의 구조조정이 지속 가능한 경제성장에 필수적이지만 비효율적인 공공부문, 과도한 규제, 왜곡된 노동시장 구조 등이 발목을 잡고 있다. 이러한 상황에서 노조는 정치적 영향력 확대를 통한 자신의 이익 보호보다는 근로자에 대한 서비스를 강화하고, 기업의 생산성 증대에 동참하는 노력이 요구된다. 또한 기업도 정부 개입을 통한 정치적 타협에 의존하지 말고, 경영 투명성, 지배구조 개선, 국제경쟁력 제고를 통해 기업가치를 높이는 동시에 근로자 복지 향상 등을 통해 근로자의 자발적 협력을 유도하는 데 노력해야 한다.

IMF 외환위기 이후 사회적 안전망의 확충 필요성이 커진 것은 사실이나 복지지출이나 공공투자는 사실상 크게 늘지 않은 반면 공무원 수, 정부부처 등 공공소비부문은 10년간 괄목할 증가를 보여 왔다. 예컨대 공무원 수는 김대중 정부, 노무현 정부를 거쳐 꾸준히 늘어 2006년 말 현재 95만 명을 넘어섰으며 2007년 말에는 100만 명에 달할 것으로 예상된다. 한국의 경제개발 과정은 관(官) 주도였기에 민간경제에 대한 정부의 간섭과 규제는 유별나다. 우리나라의 등록규제는 IMF 외환위기 극복 과정에서 대폭 완화되어 1998년 10,185개에서 1999년 7,128개로 대폭 줄었으나 그 후 매년 증가하여 2006년 말 현재 8,084개이다. 규제일몰제(Sunset Clause)도 말뿐이어서 노무현 정부에서 존속기한이 설정된 규제는 미미하다(<표 1> 참조). 각종 공단을 포함한 공기업의 방만 경영과 도덕적 해이는 매년 국회 국정감사, 감사원 감사 등에서 일일이 열거하기 힘들 만큼 다양한 형태로 등장한다.

<표 1> 신설규제 수와 규제일몰제 적용 현황

연도	1998	1999	2000	2001	2002	2003	2004	2005	2006	2007
신설규제 수	76	394	520	318	337	204	254	297	127	22
존속기한 설정	0	4	13	11	2	7	2	9	0	0

※ 자료: 대한상공회의소(2006)

　본고에서는 1970년대 영국의 경제사회 상황을 살펴본 다음 마거릿 대처 수상의 경제개혁 정책의 대명사인 감세, 노조관계 개혁, 공기업 민영화 및 그 효과를 고찰한다. 또한 대처의 경제개혁 정책이 오늘날 우리나라의 조세정책, 노동정책 및 공기업 민영화에 주는 함의를 지적하고 한다.

Ⅱ. 1970년대의 영국 경제 상황

마거릿 대처가 집권하기 직전 영국의 경제는 경기침체, 고물가, 파운드화 위기 등 어려움에 처해 있었다. 1970년대 초반 제1차 석유파동의 여파로 영국을 비롯하여 전 세계는 높은 실업률과 높은 인플레이션을 함께 겪었다. 이는 실업률과 인플레이션 사이에 상충 관계가 성립한다는 케인즈 경제철학을 뒤엎는 현상으로 스태그플레이션(stagflation)이라는 신조어를 낳기도 하였다. 영국의 연평균 성장률은 1973~1979년 2.3%로 선진 7개국 가운데 최하인 독일의 2.2%와 엇비슷한 수준이었다. 반면 높은 고용보장 정책과 노동조합 친화적 노동시장으로 인하여 실업률은 1973~1979년 기간 3.9%로서 일본(1.8%), 독일(3.1%) 다음으로 낮은 수준을 유지하고 있었다.

1970년대 영국은 만성적 무역수지 적자, 파운드화 가치 하락, 물가 상승, 급격한 외환보유고 감소 등으로 거시경제위기에 직면하게 되고 급기야 1976년 9월 국제통화기금(IMF) 관리체제에 들어간다. 당시 집권 노동당의 윌슨 수상은 계속된 경제실정으로 1976년 3월 사임하고 같은 해 5월 캘러헌(Callaghan)이 수상으로 취임했으나 파운드화는 더욱 폭락하고 인플레이션은 25%에 달해 결국 국제통화기금(IMF) 관리체제에 들어가게 되었다. 영국은 당시까지 IMF가 제공한 지원액 중 사상최고액인 39억 달러를 빌리기로 되어 있었다.

영국은 IMF의 권고에 따라 통화긴축, 금융시장 개방, 금융시스템 개선 등을 단행하고 파운드화 가치는 빠르게 회복되어 불과 1년 만인 1977년 9월 IMF를 조기 졸업하였다. 이처럼 영국은 IMF 체제하에서 경제구조 개혁의 배경이 마련되어 있었음에도 불구하고 강성노조, 공공부문 비효율, 과잉규제 등 구조악에 휘둘려 기회를 제대로 활용하지 못했다는 평가를 받았다.

대처 집권 직전 영국의 경제는 또한 낮은 생산성, 높은 임금, 높은 인플레이션으로 특징지어진다. 1973～1979년 영국의 연평균 노동생산성 증가율은 1.1%로 선진 7개국 가운데 꼴찌였던 반면 연평균 시간당 임금상승률은 19.4%로 이탈리아(22.0%)에 이어 2위를 기록하고 있었다(아래 <표 2> 참조). 이 기간 단위노동비용 증가율은 18.1%로 선진 7개국 가운데 최고였는데 이는 강성노조의 임금 인상 요구로 인한 것이었다. 이처럼 생산성 대비 높은 임금인상은 가뜩이나 오일파동으로 압박받고 있던 물가를 더욱 압박하여 선진국으로서는 보기 드문 고(高)인플레이션을 겪게 되었다.

〈표 2〉 선진 7개국의 제조업 연평균 노동생산성, 임금 및 단위노동비용 증가율
(기간: 1973～1979년, 단위: %)

	미국	일본	독일	프랑스	이탈리아	캐나다	영국
노동생산성	2.6	4.6	4.2	4.5	5.3	2.1	1.1
시간당임금	9.7	12.8	9.2	15.8	22.0	12.4	19.4
단위노동비용	6.9	7.8	4.8	10.9	15.9	10.0	18.1

※ 자료: Cobet and Wilson(2002)

영국의 연평균 인플레이션은 1973～1979년 14.8%로 선진국 가운데 최악의 물가상승률을 경험했던 이탈리아(15.4%)와 맞먹는 수준이었고 여타 선진국들(5.0～ 10.4%)에 비해 월등히 높은 수치였다. 노동당의 윌슨(Wilson)은 1974년 재집권에 성공했으나 1975년 인플레이션이 무려 24.2%나 되자 1976년 3월 수상 직을 사임하는

등 인플레이션은 정권도 갈아 치울 만큼 강력한 것이었다.

　노동조합은 인플레이션과 함께 영국 정권을 좌지우지하는 요인이었다. 보수당의 히스(Heath) 수상 집권 당시인 1974년 2월 탄광노조는 전면파업을 선포했다. 당시 히스 수상은 "누가 영국을 지배하는가, 정부인가 노조인가?"라고 외치며 노조와의 전쟁을 선포했으나 결국 하야하고 1974년 3월 노동당의 윌슨에게 정권을 이양하였다. 당시 히스 수상을 굴복시키고 정권에서 퇴진시켰던 탄광노조 부위원장 스카길(Arthur Scargill)은 훗날 대처 수상에게 굴복하게 된다. 노동당 캘러헌(Callaghan) 내각 때에는 공공부문 노조가 임금인상률을 물가상승률 이하로 묶겠다는 정부정책을 거부하고 총파업에 돌입하였다. 1978년 말에서 1979년 초에 이르는 추운 겨울 내내 그치지 않는 파업으로 1926년 총파업 이후 최악으로 기록되고 있다. 트럭운전사 노조 파업을 시작으로 병원, 학교, 지하철, 청소 노조 등의 연대파업으로 겨우내 도시 곳곳이 쓰레기장으로 변하였으며 '불만의 겨울'(Winter of Discontent)로 불렸다.2)

　1970년대 영국의 공공부문은 과도한 복지, 과중한 정부규제 그리고 비대하고 비효율적 공기업으로 특징지어졌다. 영국은 1941년 노조의 권유에 따라 작성된 베버리지 보고서를 기초로 1944년 국민보험법 제정, 1946년 국민의료서비스법 제정, 1948년 조세를 재원으로 하는 공적부조제도를 도입한 유럽 복지국가 모델의 선두주자였다. 제2차 세계대전으로 폐허가 된 영국에서 복지정책은 확실

---

2) 일화로 묘지조성인부 노조가 50%의 임금인상을 요구하며 묘 파기 파업을 단행하였을 당시 시신을 묻을 수 없게 된 유족들은 얼음과 드라이아이스로 시신의 부패를 막고 파업 해제를 기다리기도 하였다. 또한 묘지조성인부 노조 파업에 편승하듯 장의사 노조는 관 가격을 50% 인상하는 바람에 국민들의 불만은 폭발 일보 직전에 이르기도 하였다.

히 순기능이 있었으나 반면 1970년대에 이르러서는 그 정도가 지나쳐 과도한 복지와 비대한 정부에 의한 경제 활력 저하가 문제시되었다. 과도한 정부규제와 반시장적 정책은 선진 7개국 가운데 으뜸이었는데 1970년 영국의 경제자유평점(Fraser연구소)이 5.9점으로 조사대상 54개국 가운데 33위였고 이는 당시 한국(6.1점, 30위)보다도 못한 수준이었음은 영국 경제의 현주소를 잘 보여 주는 통계이다. 1975년에는 조사대상 72개국 가운데 21위로 상당히 나아지기는 하였으나 경제자유도는 여전히 사회민주주의 노선에 가까운 유럽대륙 국가들 수준에도 못 미치는 형편이었다. 1945~1951년 집권 노동당 정부가 주요 기간산업과 공익산업을 국유화하면서 시작된 공공부문 비대화는 1970년대에는 정점에 이르렀다. 예컨대, 1979년도에 영국 공기업의 비중은 GDP 대비 10%, 총투자의 14%, 피고용자의 10%에 해당할 정도로 커져 있었다. 그런데 정부가 방만하고 비효율적인 공기업들을 국민 세금으로 메우는 바람에 재정적자가 매년 30억 파운드 이상 발생하고 있었다.

이러한 상황에서 보수당의 마가렛 대처는 1975년 2월 11일 히스(Edward Heath)를 꺾고 영국 역사상 최초로 여성 보수당 당수로 당선되었고 같은 해 5월 4일 영국 수상으로 취임하였다. 1979년 5월 총선거에서 대처가 이끌던 보수당의 선거공약은 크게 세 가지였다. 첫째, 지나친 누신세가 국민의 일할 의욕을 꺾고 있다고 판단하고 감세를 내세웠다. 둘째, 법과 질서를 철저히 유지하겠다는 공약을 내걸었다. 당시 국민들은 노조의 위법 파업과 노동당 정부의 미온적 대응에 불만을 갖고 있었는데 법과 원칙에 의거하여 질서를 회복한다는 마거릿 대처의 공약은 국민적 공감을 얻었다. 셋째,

국민 개개인의 자력갱생과 자율을 강조하여 도덕적 해이 및 무임승차를 줄이자고 역설하였다.

Ⅲ. 감세

감세는 영국 대처 보수당 정부와 미국 레이건(Roanld Reagan) 공화당 정부의 대표적 공통정책이다. 1980년대 전후 감세정책의 논리는 첫째, 국민들로 하여금 열심히 일할 유인을 높여 노동공급의 왜곡을 줄이며, 둘째, 기업 활동을 활성화하여 투자 촉진 및 생산성을 증대하며 셋째, 탈세 및 조세회피의 유인을 줄이자는 것이었다. 또한 영국의 경우 감세분만큼 가처분소득이 늘어나므로 임금인상에 대한 노조 압력이 느슨해지리라 기대하는 정치적 고려도 있었다.

먼저 개인소득세 감세정책을 살펴보자. 대처 집권 직전의 노동당 정부하에서 최상위 계층의 근로소득 한계세율은 83%, 근로 및 비근로 소득을 합한 경우 98%에 달했다. 그러다가 대처 정부 출범 직후 근로소득 한계세율을 60%로 인하하였으며 1988년에는 최고 세율을 40%로 인하하였다. 집권 직후 소득세의 기본세율도 33%에서 30%로 인하하였으며 그 후 세 차례(1986년, 1987년, 1988년)에 걸쳐 기본세율을 29%, 27%, 25%로 계속 인하하였다. 반면 저소득층을 위한 사회보장보조금을 늘리고 면세점을 물가인상률보다 높임으로써 조세부담 경감조치를 취하였다. 이처럼 소득세율 자체는 낮춘 반면 국민보험부담금은 평균소득을 버는 독신남성을 기준으로 할 때 대처의 수상취임 당시 소득의 **6.5%**에서 **1987**년 **9.0%** 수준으로 증가하였다. 이는 일반국민에게는 감세로 부담을 덜어 주며 노동공급 왜곡을 최소화하는 반면 취약계층에 대해서는 오히려 보조금을 높여 주자는 대처의 철학을 반영한 것이었다.

대처 정부는 개인소득세와 함께 법인소득세 부담도 줄여 갔다. 구체적으로 재무상이 **1984**년 발표한 예산교서에 의하여 법인세율을 **52%**에서 **35%**로 단계적으로 인하하였다. 이와 동시에 조세감면을 일부 정리 폐지하였는데 주식평가절상에 관한 세금완화 조치 폐지,[3] 세제상 자본장비에 대한 경비 계상 폐지[4] 등이 대표적 조치였다.

<**표 3**> 소득 대비 소득세, 국민보험부담금 및 부가가치세의 비율

		출범 당시	1979년	1986년	1987년	1988년	사임 직후
근로소득세	최고	83%		60%		40%	40%
	기본	33%	30%	29%	27%	25%	25%
국민보험부담(평균수입을 버는 독신남성)		6.5%		9.0%			8.0%
부가가치세		사치재 12.5%, 표준율 8%, 식품/유아용품 0%		15%			17.5%

대처 정부는 직접세인 근로소득세, 법인세 부담을 줄이는 대신 간접세인 부가가치세(VAT: Value-Added Tax) 부담을 늘렸다. 대처 집권 이전 노동당 정부하에서 식품 및 유아용품에 대한 부가가치세는 면세, 표준세율은 **8%**, 사치재에 대한 세율은 **12.5%**로 차별

---

3) 석유파동과 높은 인플레이션을 경험했던 1970년대에 단지 인플레이션으로 인한 주가상승 및 그로 인한 세액증가를 상쇄하려는 목적으로 주식평가절상에 관한 세금완화조치를 실시하고 있었다.

4) 당시 투자촉진을 위해 세제상의 자본장비에 대하여 경비 계상이 가능하도록 함으로써 자본지출의 100%까지 법인세를 경감해 주고 있었는데 대처 정부는 이 제도의 단계적 폐지를 공표하였다.

화되어 있었는데 1979년 6월 모든 재화에 대한 부가가치세율을 15%로 일괄 인상하였다. 부가가치세 제도는 대처 집권 내내 이 수준이 유지되다가 대처 수상이 사임한 직후인 1991년 3월에는 17.5%로 다시 인상되었다.

대처 정부의 감세 정책이 영국 경제에 미친 효과와 그에 대한 평가는 다음과 같다. 첫째, 소득세율 인하로 노동 유인이 증가하여 노동공급의 왜곡을 감소시킨다는 감세의 취지가 성공한 것으로 평가된다. Minford(1986)에 따르면 세율이 60%에서 40%로 줄어든 소득계층이 15%만큼 더 많은 시간을 노동하였다. 또한 고소득층에게 소득세율을 큰 폭으로 인하했음에도 불구하고 총소득세수입에서 차지하는 비중은 오히려 증가하였다. 예컨대 대처 정부 출범 직전 상위 5% 소득계층이 납부한 소득세액은 전체 금액의 24%였는데, 1991/92 회계연도에는 이 비율이 32%로 증가하였다. 이는 노동공급의 증가 및 기업 활동 번창 그리고 그에 따른 소득상위계층 소득이 늘어난 결과로 사료된다.

둘째, 대처 정부의 조세 개혁으로 인하여 직접세 수입은 감소한 반면 간접세 수입은 현저히 늘어났다. 이는 개인소득세율 및 법인세율을 낮추고 부가가치세를 높인 데 따른 자연스런 결과이다. 1970년대 영국의 국내총생산 대비 조세수입은 연평균 34.3%였는데 1980년대에 이 수치는 연평균 37.4%로 다소 증가하였다. 하지만 이 역시 사회민주주의 노선을 걷고 있는 여타 유럽국가에 비해서는 여전히 낮은 수준이다.

셋째, 법인세율 인하 조치 이후(1984년) 법인세 수입이 오히려 증가하였음을 주목할 필요가 있다. 이에는 기업의 생산활동 활성화와 이윤 증대, 그리고 민영화된 기업들의 이윤 창출이 한몫하였다. 반면 재정연구소(Institute for Fiscal Studies)의 분석처럼 법인세율 인하와 조세감면 폐지의 순효과가 오히려 기업의 조세 부담을 증가시켰다는 일부 반론도 있다. 그러나 법인세율 인하의 방식으로 기업부담을 줄여 주고 그렇게 증대된 순이윤의 사용처를 기업자율에 맡기는 형태의 포괄적 부담 완화가 정부에 의해 자의적으로 겨냥된 수혜자를 낳는 조세감면의 효과보다 시장친화적일 뿐 아니라 장기효과가 나음을 보여 주는 반증이기도 하다.

마지막으로 소득세율 인하가 임금상승 억제에는 기여하지 못한 것으로 평가된다. 대처 정부의 1979년 감세는 오히려 급격한 임금상승을 수반하였고 1986년, 1987년 감세도 임금상승 억제에 크게 기여하지 못했다. 이는 임금안정화 문제가 노사 간의 임금협상 과정에서 시장원리에 따라 결정되어야 하며 감세를 통해 가처분소득이 증가하면 노조가 임금협상에서 덜 공격적으로 나오리라는 정치적 계산은 환상에 불과했음을 교훈으로 남겼다.

Ⅳ. 노사관계 개혁

마거릿 대처의 노동정책을 한마디로 표현하면 법과 제도의 개혁을 통한 친시장적 노동정책이다. 대처는 집권하자마자 정부, 기업, 노조가 함께 참여하였으나 사실상 노조가 강력한 입김을 행사하던 통로였던 소득정책 기구를 무력화시켰다. 특히 오늘날 우리의 노사정위원회와 흡사한 국가경제개발회의(National Economic Development Council)의 역할을 대폭 줄였는데 당시로는 혁명적 조치였다. 무엇보다도 대처 수상은 집권 11년간 다섯 차례에 걸쳐 고용법과 노동관계법 제·개정을 통해 노조의 힘을 약화시켰다(<표 4> 참조).[5] 대처 정부의 과감한 노동개혁의 결과 영국의 노조조직률은 1985년 50.5%에서 2000년 29.5%로 하락했고 현재 노동유연성이 세계적으로 가장 높은 국가 가운데 하나가 되었다.

〈표 4〉 대처 집권 이후의 노동 관련법 재·개정 내용[6]

노사관계 개혁입법	핵심내용
① 1980년 고용법 (Employment Act)	−법적 노동조합 승인(statutory recognition procedure)의 폐기 −개별 근로자가 노동조합가입을 거부할 수 있는 근거의 확충 −사업장 외에서의 피켓팅 불법화 −동조파업(secondary action)의 제한 −클로즈드숍(closed shop)의 제한 −노동조합 내 비밀투표(secret ballot)를 위한 공공기금 조성
② 1982년 고용법 (Employment Act)	−'정당한 임금'(Fair Wages) 결의를 무효화 −클로즈드숍(closed shop)에 대한 추가적 제재 −면책권이 부여되는 노사분규의 범위 축소 −파업참가자에 대한 선별적 해고 허용
③ 1984년 노동조합법 (Trade Union Act)	−5년마다 노조지도부의 신임을 묻는 비밀투표를 법제화 −파업전 찬반 비밀투표 법제화 −정치적 헌금에 대한 비밀투표 법제화
④ 1986년 임금법 (Wages Act)	−임금위원회(Wage Councils)의 임금인상률 제한
⑤ 1988년 고용법 (Employment Act)	−쟁의행위 중지명령(injunction) 신청권을 조합원에게도 부여 −노동조합에 대한 조합원의 항변과 소송에 필요한 상담과 비용 지원을 목적으로 하는 Commissioner for the Rights of Trade Union Members(CROTUM) 설립 −노조원의 노동조합 회계열람권 부여 −클로즈드숍(closed shop)에 대한 추가적 제재 −사업장별 파업 전 찬반 비밀투표를 의무화

---

5) 소득정책이란 임금, 이자, 지대, 이윤 등 요소소득을 규제함으로써 비용 상승을 막아 물가안정을 달성하려는 정책인데 소득정책기구는 임금규제를 놓고 노조가 목소리를 높일 수 있었던 기구였다.

⑥ 1989년 고용법 (Employment Act)	−여성과 청년층에 대한 근로시간 제한 철폐 −영세기업에 일부 근로기준을 면제 −노조활동을 위한 근로시간 사용을 제한
⑦ 1990년 고용법 (Employment Act)	−비공식 파업참가자에 대한 선별적 해고 허용 −모든 동조파업을 불법화 −취업 전 클로즈드숍(pre−entry closed shop) 불법화 −비공식 파업에 대한 노동조합의 책임범위를 확대
⑧ 1993년 노동조합 개혁 및 고용권리에 관한 법률 (Trade Union Reform and Employment Rights Act)	−파업 찬반투표와 노조합병에 대한 제약 강화 −노동조합 회계관리에 대한 규제강화 −조합비 일괄공제(check−off arrangement)에 대한 조합원의 사전 서면동의를 의무화 −비밀투표를 위한 공공기금의 점진적 철폐 −임금위원회(Wage Councils) 철폐

출처 : Shackleton(1998), 임무송(1997).

탄광노조 파업을 둘러싼 노동정책은 대처 정부의 노동정책을 단적으로 보여 주는 대표 사례였다. 1984년 3월 6일 영국석탄공사 맥그리거(Ian MacGregor) 총재는 효율성이 낮은 탄광 20개소의 폐쇄 통합 및 직원 2만 명 감원을 이듬해인 1985년 단행하겠다는 계획을 제시하였고 이에 탄광노조는 총파업을 선언하였다. 당시 탄광노조 위원장 스카길은 1974년 히스 보수당 정부를 퇴진시켰던 전설적 인물이었으나 1985년 3월 3일 결국 대처 정부에 무릎 꿇고 파업 종료를 선언하였다.

당시 탄광노조원 17만 명 가운데 약 30%인 5만 명이 불참하였는데 특히 생산성이 높은 탄광이었던 더비(Derby), 노팅햄(Nottingham) 등의 노조원이 많이 이탈하였다. 앞선 1974년 히스 정권 타도 당시에는 석탄의존율이 70%나 되어 파업으로 인한 민생고가 심각했으며 정권이 버티기가 어려웠다. 반면 1984년에는 석탄의존율은 35%

---

6) *Ibid.*; 김성순, 『대처 정부의 경제개혁: 평가와 교훈』(서울: 지샘, 2003); 박동운, 『대처리즘: 자유시장 경제의 위대한 승리』(서울: FKI미디어, 2004).

에 불과하여 상대적으로 노조의 지렛대는 약한 편이었다. 더구나 대처 수상은 파업 장기화를 미리 예측하고 석탄을 몰래 수입해 놓는 등 치밀한 대비책을 마련해 놓았다. 탄광노조의 파업이 진행 중이던 1984년 가을 대처 수상은 파업권 확립 투표를 의무화하여 투표로 승인되지 않은 파업을 위법으로 인정하는 내용의 노동조합법 개정을 단행하였다. 이는 파업권 투표 없이 실시된 탄광노조는 파업 참가자들 사이에 급속한 동요를 초래했다.

대처 정부에 이어 집권한 메이저(John Major) 보수당 정부도 대처의 경제정책 기조를 유지하였는데 노동시장 유연성을 높이는 법 개정을 계속하였다. 구체적으로 1990년 고용법 개정에서는 와일드캣(wildcat) 파업에 참가한 근로자에 대한 사용자의 해고권을 부여하였고, 파업참가로 해고된 자에 대하여 부당해고 구제 신청권 불인정 등 보완책을 마련하였다.

대처 정부 시절 이루어진 노조개혁의 결과 가운데 가장 괄목할 만한 성과는 노동생산성의 대폭 향상이었다. 1974~79년 노동당 정부하에서 영국의 노동생산성은 G7 국가 중 최하위권이었던 반면 임금상승률은 최상위권이었고, 그 결과 단위노동비용 증가율은 선진국 1위였다. 대처 정부의 노조 개혁으로 노동생산성은 대폭 향상되었으며 임금상승률 역시 높은 수준을 유지하였다. 대처 집권 시기를 크게 둘로 나누면 초기(1979~1985년)에는 노동생산성 증가율은 4.4%로 G7 국가 중 1위, 임금상승률은 12.2%로 중위권, 그리고 단위노동비용 상승률은 7.5%로 중위권이었다. 대처 집권 말기(1985~1990년)에는 노동생산성 증가율은 4.6%로 여전히 G7 국가 1위, 임금상승률도 9.4%로 1위를 차지하였다.

<**표 5**> 대처 집권이전, 집권초반, 집권말기 연평균 노동생산성 증가율 국제비교

(단위: %)

	미국	일본	독일	프랑스	이탈리아	캐나다	영국
1973~1979년	2.6	4.6	4.2	4.5	5.3	2.1	1.1
1979~1985년	3.5	3.5	2.1	3.0	3.5	3.4	4.4
1985~1990년	2.4	4.3	2.1	3.4	2.4	0.5	4.6

※ 자료: 박동운(2004)

대처의 보수적 노동정책에 비판적인 학자들은 당시 노동생산성의 파격적 개선이 취업자 격감에 따른 결과일 뿐이라는 반론을 제기한다.7) 전체적으로 1979년에서 1990년 말 사이 영국의 제조업에서 근로자 1인당 산출량은 50%만큼 증가하였는데, 이는 제조업 총 산출량 8% 증가와 제조업 고용 30% 감소에 기인한 것일 뿐이라는 주장이다. 그러나 이러한 반론은 실효임금가설(efficiency wage hypothesis)에 비추어 볼 때 근거가 약하다. 산업구조조정과 노조개혁으로 인하여 실업자 수는 증가했으나 생산성이 높은 피고용인들은 노동시장에 남아 더욱 높은 임금을 받고 산업경쟁력 강화에 기여하였다. 이렇게 대처 정부가 주도한 노동시장의 유연성 제고로 인하여 영국은 제조업 비중 감소 및 서비스업 비중 증가라는 고도 선진형 경제구조를 갖추어 나갈 수 있었으며 이는 현재에 이르기까지 강성노조로 골치를 앓고 있는 프랑스, 이탈리아 등과 대비된다. 더욱이 국제비교 통계자료를 볼 때 포스트대처 시대에도 여디 G7 선진국에 비해 생산성이 지속적으로 괄목할 증가한 것은 대처 정부의 성과일 가능성이 높다는 반증이다.

---

7) 김성순, *op.cit.*, 5장의 논의 및 거기서 인용된 해외 문헌 참조.

대처 정부의 노동정책의 두 번째 성과는 산업평화의 달성이다. 첫째, 노조가 약화되었다. 노동조합 수는 1977년 말 481개, 노조원 수는 1979년 말 1,329만 명 정점으로 계속 감소하여 1989년 조합 수는 309개, 노조원 수는 1,016만 명으로 급감하였다(아래 <그림 1> 참조). 이러한 노조원 수 감소의 원인으로는 노조파워가 상대적으로 강한 산업에서 고용비율 감소, 서비스업이나 IT산업에서 노조 가입 저조 추세, 그리고 노동법 개정에 따른 클로즈드숍의 약화 혹은 폐기 등을 들 수 있다.

둘째, 탄광노조 파업이 있었던 1984년을 제외하고는 1980년대는 그 이전에 비해 노사분규가 현저히 감소하였다. 예컨대 1970년대 근로자 1천 명당 1년간 근로손실일수가 최저 146일(1976), 최고 1,274일(1979년)이었던 것에 비해 대처 집권 시대 근로자 1천 명당 1년간 근로손실일수가 최저 85일(1990년), 최고 521일(1980년)로 절반가량 줄었다.8) 대처 정부에서 노조개혁 및 친시장적 노동정책의 결과 실업자 수는 단기적으로 급속히 늘었으나(대처 집권 당시 120만 명, 1982년 가을 300만 명 돌파, 1983년 350만 명) 장기적으로 경제기반이 건실해지고 경기가 회복됨에 따라 점차 감소하여 1990년 초에는 160만 명 수준을 회복하였다. 또한 실질임금 상승률도 27%로 생산성이 뛰어난 근로자들은 그만큼 대우를 받게 되었음을 의미한다.

---

8) Kate Sweeny and Jackie Davies, "Labour Disputes in 1995", *Labour Market Trends*(1996), pp.271~85의 통계수치를 인용.

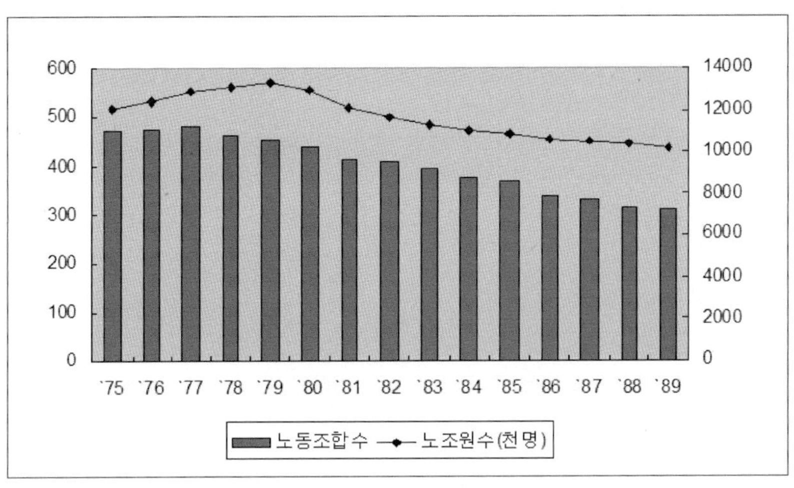

〈그림 1〉 노조 및 노조원 수(윌슨 노동당정부에서 대처 보수당정부까지)

대처 노동정책의 초점은 노사관계의 파행적 현상에 두지 아니하고 그 원인을 다양한 경제·정치적 요인의 상호작용에 두었다. 무엇보다도 영국의 파행적 노사관계의 원인을 제공하였던 전후합의(Post-War Consensus)에 대한 과감한 수정이 선행되었다. 노사관계에 대한 직접적 정부 개입을 통한 해결보다는 시장규율에 의존하는 시장친화적 정책을 채택하였다. 끝으로 영국 노사관계의 전통적 자율주의를 인정하면서도, 노조의 권리와 책임을 명확히 하고, 조합 내 민주주의 활성화를 통해 개별 조합원의 권리를 강화하는 한편 노조의 의사결정과정을 합리화하였다.[9]

1997년 보수당 정권을 교체하고 들어선 토니 블레어(Tony Blare) 노동당 정권도 대처 정부의 노사관계 개혁의 기본 원칙을 승계하였다. 블레어는 정파적 이득보다는 경제 활성화에 더 비중을 두고

---

9) 김대일, *op.cit.* 참조.

'신노동당'(New Labor) 및 Giddens(1998)가 주창한 '제3의 길'(The Third Way)라는 기치 아래 대처의 시장주의를 받아들였다. 신노동당의 중요한 기여는 시장주의에 의해 설정되는 경제여건으로부터 협조적 노사관계를 유도하고, 이를 또다시 경쟁시장에서 영국기업의 강점으로 부각시키는 계기를 제공하였다. 이처럼 영국의 경험은 노사관계 개혁정책의 방향에 대해서는 시장규율의 중요성을, 정부의 역할에 대해서는 중립적 법집행자의 중요성에 무게를 둔다. 오늘날 영국의 노동시장은 세계에서 가장 유연하다. 2003년 현재 정규직 고용보호에 있어서 영국은 미국에 이어 두 번째이지만 정규직, 임시직, 집단해고의 어려움 등을 평균한 고용보호지수에 있어서는 미국을 제치고 OECD 국가 가운데 1위이다.

V. 민영화

대처 정부가 주도한 혁명적 경제정책 가운에 빼놓을 수 없는 것으로 대규모 공기업 민영화가 있다. 민영화의 추진 배경을 살펴보자. 제2차 세계대전 후 전쟁으로 폐허가 된 서유럽국가들은 주요 산업을 국유화하여 일자리 마련 및 경제재건의 순기능을 담당시켰다. 영국도 예외 없이 1945~1951년 집권 노동당 정부는 전기, 통신, 도로, 항만, 조선 등 주요 기간산업과 공익산업을 국유화하였다. 공기업의 규모는 계속 늘어 1979년 대처 집권 당시 영국 공기업의 비중은 국내총생산(GDP)의 10%, 총투자의 14%, 피고용자의

10%에 달하였다. 반면 정부는 방만하고 비효율적인 공기업들을 국민의 세금으로 먹여 살리는 바람에 매년 30억 파운드 이상의 재정적자를 감수하고 있었다.

대처는 집권 이전 보수당 당수 시절부터 공기업의 비효율성과 방만을 질타하고 민영화를 해법으로 제시하였다. 그럼에도 불구하고 집권하자마자 민영화를 밀어붙이지는 않았으며 매각대금으로 제값을 받아 재정수입을 극대화하고 동시에 국민경제에 미치는 순기능을 극대화하기 위한 사전 정지작업을 진행시켰다. 대처 수상의 민영화 추진 목표는 시장경쟁을 통한 기업 효율성 제고, 공기업에 대한 정부의 규제와 간섭 완화, 재정적자 개선 그리고 국민 대중의 지분보유 증가를 통한 자본주의의 저변 확대로 요약된다. 이러한 대처 정부의 민영화 추진 목적과 목표는 다른 국가에도 영향을 미쳐 1980년대 후반에서 1990년대에 걸쳐 세계적인 민영화 붐을 견인하게 된다. 한국도 노태우 정부(1987~1992) 시절 한국전력과 포항제철을 국민주 방식의 민영화를 부분적으로 실시한 바 있다.[10]

<표 6> 대처 정부의 공기업 민영화 추진 연표

민영화 1단계(1979~1983년)	
대상	소규모 공기업, 민간과 경쟁이 가능한 공기업
방식	주식매각, 경쟁입찰
기업	British Petroleum(1979~1990년), British Aerospace(1981), Cable & Wireless(1982), National Freight Consortium(1982), Amersham International(1982), British Sugar(1982), International Aeradio(983), Britoil(1982~86), Associated British Ports(1983), British Rail Hotels(1983), Land Settlement(1983~87)

10) 김영세/정갑영, 『민영화 추진을 위한 성과평가와 개선방향의 도출』(서울: 기획예산처, 2002) 참조.

민영화 2단계(1983~1987년)	
목적	공기업 투자재원 마련, 국가재정적자 해소
방식	1985년 이전에는 매수제의(takeover bid) 다단계입찰 방식, 그 이후에는 국민주 방식
기업	British Telecom(1984~1993), Enterprise Oil(1985), Sealink(1985), British Gas(1986~93), British Airways(1987) 등
민영화 3단계(1987~1991년)	
방식	민영화 2단계와 동일한 방식으로 진행
기업	British Airport Authority(1987~89), Rolls Royce(1988), British Steels(1988~90), Water Holding Companies(1989~92) 등

대처 수상은 집권 당시 80개가 넘었던 국영기업 가운데 48개를 민영화하였으며 1980년 175만 명이던 공기업 종사자는 1990년대 초 50만 명 미만으로 줄었다. 대처 정부의 민영화는 대략 3단계를 통해 이루어졌으며 시기, 대상, 방식, 민영화된 기업 등은 <표 6>에 정리되어 있다.

대처 직후 메이저 보수당 수상은 대처의 민영화 정책을 계승하여 완성하였다. 메이저 집권 초기인 1991~1993년에 주로 전기통신 및 에너지 부문을 매각하였는데 National Transcommunications(1992), Electricities Industry(1990~1993), Girobank Insurance Services(1992), Trust Ports(1992), Northern Iceland Electricity(1993) 등이 민영화되었다.

대처 정부 및 메이저 정부 초기까지 지속된 민영화의 성과는 다음과 같다. 첫째, 기업의 효율성 및 경쟁력이 제고되었다. 즉 민영화된 기업들은 효율성을 제고함과 동시에 신기술 도입과 경쟁촉진을 통해 기업경쟁력을 제고하였다. 반대급부로 소비자들은 질 좋고 다양한 서비스를 제공받음으로써 소비자후생은 증가하였다. 예컨대 **Associated British Ports**는 민영화된 지 6개월 만에 순이익이

150만 파운드에서 680만 파운드로 급증하였으며 British Airways 는 종업원 1인당 생산성이 50% 이상 향상되었다. 또 British Aerospace는 민영화 5년 후에 매출이 2배로 증가하였다.

둘째, 공기업 주식 매각을 통해 개인 주식보유자가 대폭 늘었으며 그 결과 자본주의의 저변이 확대되었다. 주식보유비율은 1979년 성인인구의 7%에서 1987년 초에 거의 20%로 증가하였으며 인구의 8%가 민영화된 기업의 주식만을 보유하였다. 민영화의 완결 시기인 1993년 영국민 가운데 주식보유자 수는 1993년 1천만 명을 초과하기에 이른다. 이러한 주식보유의 저변 확대는 정권이 바뀐 이후에도 민영화된 기업이 재차 국유화되지 않도록 취한 전략적 고려이기도 하였다.

셋째, 대규모 민영화는 영국정부의 만성 재정적자 해소에 큰 도움을 주었다. 국가재정수입에 기여한 금액은 대처 집권 시기에만 327억 파운드에 달했으며 1990/91 회계연도에도 53억 원의 추가 수입을 올렸다.

대처 정부의 민영화 성공 비결은 다음과 같다. 첫째, 충분한 사전 정지작업을 포함하여 충분하고 단계적으로 추진하여 이익집단의 저항을 최소화하는 데 성공하였다. 둘째, 대상 공기업마다 맞춤형 전략을 적용하여 다양화하였다. 경우에 따라서는 종업원에게 주식을 무상 혹은 염가로 공급하기노 하고 다른 경우에는 국민주 방식으로 매각하기도 하였다. 셋째, 공기업 민영화를 중앙 및 지방정부 개혁 등과 함께 공공부문 전체의 구조개혁 일환으로 이용하였다. 민영화가 부적절한 부처나 공기업의 경우 민간위탁, 시장시험 (market testing: 민간과 정부 내 팀 간의 경쟁입찰) 등 다른 방식으

로 시장경쟁을 도입하였다. 넷째, 민영화 이후 발생할 수 있는 부작
용을 줄이기 위한 보완책 마련에 부심하였다. 독과점의 폐해 방지, 국
가전략산업의 보호, 소비자후생 극대화 등을 위하여 개인 혹은 기관별
소유지분 제한, 무의결권 주식 도입, 대상기업의 사업 분할, 경쟁민간
기업 육성, 정부의 황금주(Golden share) 도입 등이 그것이다. 예컨대
민영화 후 민간독점을 규제할 MMC(Monopolies &Merger Commission)
혹은 OFT(Office of Fair Trading) 등과는 별도로 전기, 가스, 수도,
통신 등 대규모 공익사업에 대해 9개의 전문기구를 설치하여 독과점
폐해를 최소화하고 소비자 후생을 극대화하고자 하였다.

VI. 성과평가와 함의

본고에서는 대처 정부의 성과 가운데 경제적으로 볼 때 가장 큰
쟁점인 감세, 노사관계 개혁, 민영화에 집중하였으나 경제 관련 여
타 분야에서도 괄목할 개혁 성과를 내었다. 우선 금융개혁을 예로
들어보자. 대처는 집권 5개월 만인 1979년 10월 외환관리규제를 철
폐하고 해외투자규제를 완화하였으며 1981년 보완적 특별예치금제
도 폐지, 1982년 7월 예금은행에 대한 규제 철폐, 1986년 10월 증권
거래제도 개혁('Big Bang'으로도 불림)을 단행하여 증권시장규제를
대폭 완화하였다. 그 결과 소액주주보호의 강화, 건전하고 투명한
회계관리, 독립된 단일 감독기구로서의 영란은행(Bank of England)
의 위치 재정립, 부실은행 구제에 대한 정부 불간섭 등을 이끌어

내었다.

주택시장에 만연해 있던 각종 규제도 대폭 개혁하여 주택시장이 시장원리에 의해 작동하도록 유도하였다. 대처 집권 당시 영국에서는 공영주택의 개인소유가 금지되어 있었는데 대처는 선거공약에 '대중자본주의의 실현'을 위한 공영주택 소유를 허용하기로 약속한 바 있다. 1980년 주택법 제정 후 1989년까지 해마다 주택법을 개정하면서 주택관련 규제를 완화 혹은 철폐하였고 그 결과 1979~88년간 1백만 채 이상의 공영주택이 세입자들에게 매각되어 국민의 재산 규모가 확대되었다.

투자 활성화를 위한 규제 개혁은 역시 반드시 언급하고 넘어가야 할 대목이다. 대처 정부는 외국인의 영국 내 투자 활성화를 위해 원스톱서비스(one-stop service) 프로그램 도입하였는데 오늘날 전 세계 국가들의 행정 표준으로 자리 잡았다. 영국의 포스트대처(1990~2003년) 기간 해외직접투자 유입액은 5,387억 달러로 미국(15,079억 달러)에 이어 세계 2위였으며 최근 들어 다소 둔화되기는 하였으나 여전히 G11 국가의 중간 정도를 기록하고 있는데 그 근저에는 대처 정부의 투자 활성화 정책이 자리 잡고 있다.[11]

대처 정부의 경제개혁의 성과와 효과는 포스트 대처 시대 영국 경제에 어떠한 변화기 있었는지를 살펴보면 극명하게 드러난다. 특히 국가경쟁력, 노동시장유연성, 정부규제도 능 각종 지표에 있어서 괄목상대할 성과가 있어왔다. 영국은 경제자유도(Indicator of Economic Freedom) 순위에 있어서 1975년 조사대상국 72개국 가

---

11) OECD, *Factbook*, 2005.

운데 21위에 불과했으나 2006년에는 조사대상국 157개국 가운데 6위를 차지하였다.

<표 7> 주요 OECD 국가들의 경제자유도 순위

연도 국가	1975 72	1980 105	1985 111	1990 113	1995 123	2000 123	2006 157
미국	4	4	3	4	4	3	4
일본	13	9	8	7	28	23	18
독일	9	9	11	14	13	15	19
영국	21	21	11	7	6	5	6
프랑스	34	35	35	20	37	37	45
이탈리아	43	51	44	29	43	33	61
캐나다	9	7	6	5	8	7	10
한국	38	35	40	34	45	45	36

※ 자료: 2005년 이전까지는 Fraser Institute의 자료, 2006년 수치는 Heritage Foundation과 The Wall Street Journal의 공동연구 자료.
주. 연도 밑 행은 조사대상국의 수.

대처 10여년의 경제개혁 및 대처리즘의 정신을 계승한 메이저 보수당 정부, 블레어 노동당 정부 덕택에 포스트대처 시대 영국은 그야말로 황금시대를 누리고 있다. 제2차 석유파동으로 출렁거렸던 1980년대 말~1990년대 초를 제외하고 지난 13년간 실업률은 안정적으로 하락하고 있고 경제성장률도 선진국으로는 이례적으로 계속 3% 내외를 유지해 왔다. 예컨대 2003년도 영국의 실업률 5.0%는 G7 국가 가운데 가장 낮으며(일본 5.3%, 독일 9.6%) OECD 평균인 7.1%에 비해서도 압도적으로 낮은 수치이다.

대처 집권 당시 경제규모나 1인당 GDP로 볼 때 영국은 G7 가운데 최하위였으며 경제 효율성은 꼴찌였으나 대처 집권 10년간 강

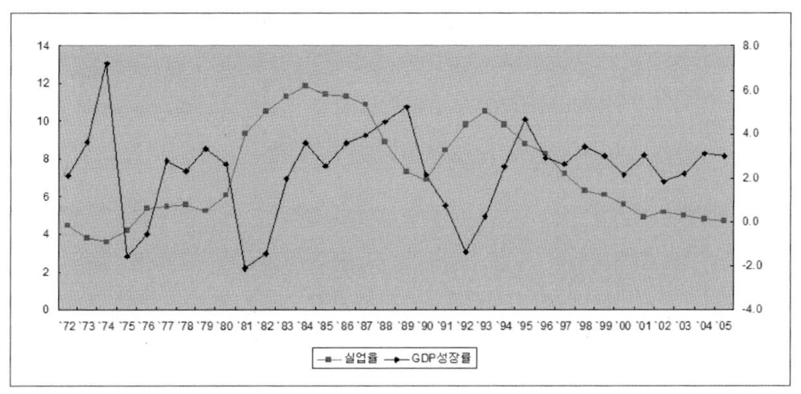

(좌측은 실업률, 우측은 경제성장률을 나타냄)

〈그림 2〉 영국의 실업률과 **GDP** 성장률 추이

도 높은 경제구조조정과 규제 개혁을 거치면서 – 제2차 석유파동으로 흔들렸던 기간을 제외하고 – 지난 16년간 지속성장에 성공하였다. 아래 <표 8>에 나타나듯이 2006년 말 현재 영국은 전체 경제 규모는 5위, 국민1인당 소득으로는 미국에 이어 **OECD**국가 가운데 2위를 차지하고 있다. 또한 영국 대처 정부의 경제정책(특히 외국 기업에 대한 파격적 대우 및 원스톱행정서비스 등 투자활성화 정책)을 1987년부터 지난 20여 년간 그대로 벤치마킹하다시피 한 아일랜드는 당시 1인당 국민소득 1만 달러도 되지 않는 유럽의 최빈국에서 2006년 현재 국민소득 52,900날러를 자랑하는 세계최고 수준의 경세여을 자랑하고 있다.

〈표 8〉 주요국의 2006년도 경상 국내총생산(GDP) 및 1인당 GDP

순위	국가	GDP (백만 달러)	1인당 GDP (달러)	1만 불→2만 불→3만 불→4만 불 (연도)
1	미국	13,201,819	44,155	1978→1988→1998→2005
2	일본	4,340,133	34,023	1978→1987→1992
3	독일	2,906,681	35,271	1979→1990→2004
4	중국	2,906,071	2,034	
5	영국	2,345,015	38,850	1987→1996→2003
6	프랑스	2,230,721	36,546	1979→1990→2004
7	이태리	1,844,749	31,496	1986→1991→2005
8	캐나다	1,251,463	38,440	1980→1997→2004
9	스페인	1,223,988	28,108	1989→2003
10	브라질	1,067,962	5,660	
11	러시아	986,940	6,932	
12	인도	906,268	817	
13	한국	888,024	18,341	1995
30	아일랜드	222,650	52,900	

※ 자료: The World Bank, *World Development Indicators Database*, 1 July 2007.
* 주:(1) 첫 번째 열은 국민총생산 규모 순위. (2) 네 번째 열의 1인당 국민총생산은 위의 자료로부터 저자가 직접
　　계산한 값임.

참고문헌

권혁주. "영국 복지개혁의 소득재분배 효과: 쎄처 정부시기를 중심으로(1979~1991)". 『한국행정학보』. 제32권. 1호(1998).

김대일. "영국의 경제정책과 노사관계의 변화". 『사회과학연구』. 제23권. 1호(2001).

김성순. 『대처 정부의 경제개혁: 평가와 교훈』. 서울: 지샘, 2003.

김영세/정갑영. 『민영화 추진을 위한 성과평가와 개선방향의 도출』. 서울: 기획예산처, 2002.

박동운. 『대처리즘: 자유시장경제의 위대한 승리』. 서울: FKI미디어, 2004.

임무송. 『영국의 노동정책 변천사』. 서울: 한국노동연구원, 1997.

Cobet, Aaron E. and Gregory A. Wilson. "Comparing 50 Years of Labor and Productivity in the U.S. and Foreign Manufacturing". *Monthly Labor Review*(June 2002), pp.51~65.

Giddens, Anthony. *The Third Way: The Renewal of Social Democracy.* Polity Press, 1998.

Hayek, Fridrich von. *The Road to Serfdom.* The University of Chicago Press, 1944.

Kuroiwa, Toru. *Tatakau Leadership Margaret Thatcher*(1989); 정인봉 역. 『대처리더십: 영국을 부활시킨 폭풍 속에 핀 꽃』. 서울: 김영사, 2007.

Minford, Patrick. *Unemployment.* Blackwell: Oxford, 1986.

OECD. *Factbook*. 2005.

Shackleton, J. R. "Industrial Relations Reform in Britain". *Journal of Labour Research*. XIX No.3(1998), pp.581～605.

Sweeny, Kate, and Jackie Davies. "Labour Disputes in 1995". *Labour Market Trends*(1996), pp.271～85.

Thatcher, Margaret H. *Statecraft*(2002); 김승옥 역.『국가경영』. 서울: 작가정신, 2003.

The World Bank. *World Development Indicators Database*. 1 July 2007.

Yergin, D. and J. Stanislaw. *The Commanding Heights*. Simon & Shuster Inc., 1998; 주명건 역.『시장 대 국가』. 서울: 세종연구원, 1999.

International Monetary Fund 홈페이지 http://www.imf.org/

Margaret Thatcher Foundation 홈페이지 http://www.margaretthatcher.org/

■ ■ ■ **제2부**

기타 유럽연합 국가의 정치

제10장 베를루스코니 정부의 위기와
이탈리아 정치변동

김시홍

한국외국어대학교 이탈리아어과 교수

I. 서론

2008년 출범한 우파 정부는 최근 구성원 간의 불화로 인해 내홍을 겪고 있다. 지난 총선에 대비하기 위해 전진이탈리아(Forza Italia)와 민족연합(Alleanza Nazionale)은 자유민중당(Popolo della Libertà, PDL)으로 합당하여 선거에서 승리하였으나 최근 구민족연합의 구성원들이 여러 이유를 들어 분당사태에 이르렀으며 정권의 위기를 야기하고 있다.

이러한 위기의 핵심에 총리인 실비오 베를루스코니(Silvio Berlusconi)가 있다. 그는 미성년자 및 매춘부와의 스캔들에 더해 자신의 지위를 이용하여 부당한 조치를 취했다는 비판을 받아 왔다. 여론의 지지조사에서도 하락세가 보이자 당내 타계파의 리더인 쟌프랑코 피니(Gianfranco Fini)는 지지세력을 중심으로 의회 내 교섭단체인 이탈리아미래자유동맹(Futuro e Libertà per l'Italia, FLI)을 결성하면서 연립정권의 기반을 좌초시켰다. 이로써 압도적 다수로 집권하였던 중도우파 정권은 이 년 반 만에 위기에 봉착하게 되었으며 어떠한 결과가 초래되든 간에 제도 개혁과 경제활성화에 어두운 그림자를 드리우고 있다.

이 글은 단기적으로 정치위기를 맞이한 이탈리아의 상황을 중장기적 정치변동의 차원에서 해석해 보고자 한다. 이를 위해 1992년 부패수사로 시작되어 1993년의 선거법 개정으로 '제2공화국'을 탄생시킨 이탈리아의 정치가 다섯 차례의 총선을 통해 그간 표면적으로는 좌우 정권교체의 원활함을 보여 주었지만 실효적 제도 개혁에 실패함으로써 '유럽의 병자'라는 비난에 처해 있는 현실을 분석할 것이다. 이어서 헌법과 선거법의 개정을 통한 제도 개혁이 지지부진한 이유를 설명하면서 지난 20년의 공과를 평가하려 한다. 마지막으로 이탈리아 정치변동이 보여 주는 패턴이 비교 가능한 것인지 아니면 이탈리아 특유의 현상으로 규정되어야 하는가를 거시적 시각에서 검토할 것이다.

Ⅱ. 제2공화국: 위기와 전환

1. 제2공화국의 탄생

1992년 밀라노의 시립요양원 사건으로 시작된 부패수사(Mani Pulite)는 이차대전 이후 이탈리아 정치를 규정하여 오던 기민당 (Democrazia Cristiana, DC) 중심의 장기집권에 막을 내리게 하였다. 기민당의 집권 방식은 단독으로 정권을 수립할 수 있는 정도의 지지를 결여한 상태에서 중도나 온건좌파 세력과의 연합을 통해 오랜 기간 권력을 유지하는 형태였다. 이 과정에서 이탈리아 공산당(Partito Comunista Italiano, PCI)은 철저하게 배제되었으며 냉전체제하에서 미국의 진영에 속하였던 이탈리아는 반공과 경제발전을 이유로 국민들에게 지지를 호소해 왔다.[1]

1989년 베를린 장벽의 붕괴를 시작으로 동유럽 현실사회주의와 구소련의 붕괴는 이탈리아 공산당에게 치명적인 것이었으며, 1991년 당명을 좌익민주당(Partito Democratico della Sinistra, PDS)으로 개칭하는 결과를 낳았다. 그러나 공산당의 약화는 집권여당이었던 기민당에게 희소식이 되지 못하였나. 그간 정경유착의 잘못된 관행으로 유지되어 온 이탈리아 정치경제가 새로운 시대를 맞이하여 그 한계를 노정하게 되었고 부패수사라는 거대한 물결로 나타나 자신들의 입지를 송두리째 흔들어 놓게 된 것이다. 따라서 전후 사

---

1) 김시홍, "이탈리아의 정치변동: 1990년대의 정계개편", 『서유럽연구』, 제3권(1997), p.9.

십여 년을 풍미해 온 두 거대정당인 기민당과 공산당은 새로운 정치환경에서 몰락할 수밖에 없었다.

부패수사는 일파만파로 이탈리아 사회의 근본적 개혁을 요구하는 국민적 지지를 받으면서 제도 개혁의 첫발을 디디게 된다. 선거법의 개정을 통해 구태의 악습을 청산하고 특정 정당이나 연합이 장기적으로 집권하여 정권교체를 불가능하게 만드는 유산을 청산하려 했다. 전후 정치에서 실시된 단순비례대표제는 특정 정당이 단독으로 다수당이 되는 것을 원천적으로 봉쇄하는 제도였다. 이러한 제도의 도입은 파시즘의 유산을 청산하는 과정에서 만들어진 공화국 헌법의 정신에 부합되는 것이었는데, 과거 일당독재의 폐해를 극복하려는 의지가 반영되었다.[2]

단순비례대표제는 다당 난립 현상을 낳았고 결국 연립내각을 통해 정권이 구성되게 되는데, 그간의 정치사에서는 여당연합 정당들 간의 갈등 그리고 심지어는 기민당 계파 간의 알력에 의해 정권이 붕괴하는 불안정한 모습을 보여 왔다. 그러나 정부의 위기는 정치인의 위기와 동일시되지 못하여 인물 중심으로는 수십 년간 권력을 쥐는 기형적인 형태를 노정하였다. 따라서 이러한 정체 현상을 타파하기 위해서는 선거법의 개정을 통해 양대정당제를 지향하며 동시에 정권교체를 원활히 하는 과제가 시급한 것으로 인식되었다.

이탈리아에서 선거법의 개정은 헌법적 개정을 요구하지 않는다. 따라서 1993년 도입된 다수대표제 중심의 선거법 도입은 공화국의 성격을 변화시키는 것이 아니었다. 그러나 언론적 수사로 '제2공화

---

2) 김시홍, "이탈리아의 선거제도", 『국제지역연구』, 제3권 2호(1999), p.32.

국의 탄생'이 채택되었으며 지금까지도 학자들에 의해 인용되고 있다. 부패수사와 선거법의 개정을 통해 정치행태가 선진화하여 이탈리아 경제를 활성화하고 유럽연합의 일원으로 국제사회에서 위신이 제고되는 낙관적 미래전망을 하게 하였다.

2. 1994년 총선

새로운 선거법을 활용한 1994년의 총선결과는 이전과는 차별적인 모습으로 나타났다. 우선 과거의 거대정당들은 참패를 면치 못하였다. 부패수사와 새로운 선거제도는 구시대의 인물이 다시금 정치일선에 나서는 것을 용납지 않았다. 대신 새로운 정당과 정치신인들에게 상대적으로 유리하게 작용하였다.

우파에서는 언론기업 총수였던 베를루스코니가 전진이탈리아당을 신설하여 선거에 참여한 결과 제1당으로 나서게 되었다.3) 또한 과거 네오파시스트정당이었던 사회운동당(Movimento Sociale Italiano, MSI)의 후신인 민족연합이 부정적 의미에서의 파시즘 잔재를 청산하는 우익정당을 표방하였다. 북부동맹(Lega Nord)은 로마의 정치가 부유한 북부지역에서 세금을 걷어 상대적으로 가난한 남부에서 부적절하게 사용하는 패턴이 부당하다는 주장을 펼치는 지역정당이다. 전진이탈리아는 자유동맹(Polo delle Ljibertà)이라는 선거용 연합을 통해 남부에서는 민족연합과 그리고 북부에서는 북부동맹과

---

3) Carlo Ruzza and Stefano Fella, *Re-inventing the Italian Right. Territorial politics, populism and post-fascism*(NY: Routledge, 2009), pp.105~107.

연계하는 방식을 통해 효과적인 캠페인을 벌인 결과 선거에서 승리할 수 있었다.4)

좌파는 진보주의자(Progressisti)라는 연합을 결성하였는데, 좌익민주당, 공산재건당, 녹색당, 연결망당 등이 주요 파트너였으며 이밖에 군소집단으로 사회당의 잔존세력, 사회기독당, 공화당, 민주연합 등이 참가하였다. 좌파는 1993년 지방선거에서의 선전을 기반으로 집권을 향한 의지를 강하게 현시하였다. 중도진영에서는 기민당의 잔존세력들이 연합을 형성하였는데 기민당에서 당명을 교체한 이탈리아민중당(PPI) 그리고 선거법 개정을 위한 국민투표를 제한하여 유명해진 마리오 센니가 이끄는 이탈리아를 위한 협약이 주요 참가단체였다. 중도연합은 부패수사에 연루된 정치인들이 선거에 참가할 수 없었으며 과거와 같은 후견제적 기제를 활용할 수 없었지만 가톨릭교회의 지지를 확보하는 것으로 만족해야 했다.

선거의 결과 우파동맹이 승리하였는데 하원에서는 절대다수를 확보하였고 상원에서는 한 석이 모자라는 상태였다. 베를루스코니가 총리로 등극하였으며 자신의 정당인 전진이탈리아를 비롯하여 민족연합 그리고 북부동맹 등으로 구성된 우파연합의 집권연정이 실시되었다. 그러나 베를루스코니 정부는 출범 7개월 만에 붕괴하게 되는데 정부 내의 분열상, 수상으로서의 문제, 그리고 야당의 역할 등이 주요 요인이었다. 즉 3개 당 연정은 지역적으로 확연하게 구분되는 정치적 이해관계를 지니고 있어 갈등요인이 내재되었다. 남부의 민족연합과 북부의 북부동맹은 화학적 결합이 불가능했다. 수상으

---

4) Michael E. Shin and John A. Agnew, *Berlusconi's Italy: Mapping Contemporary Italian Politics* (Philadelphia: Temple University Press, 2008), pp.75~77; 김시홍, *op.cit.*(1997), p.15.

로서의 문제는 현재까지도 쟁점사안으로 남아 있는 이해상충(conflict of interests)을 말하는데 재벌기업인 피닌베스트사의 총수이자, 전국적 방송채널을 세 개나 소유하고 있는 언론주가 정부를 대표하는 것이 적절치 않다는 것이다. 야당은 선거 직후에는 건설적 비판자를 자처했으나 시간이 지나면서 적대적으로 변모하였다.

3. 1996년 총선

당시 정부의 위기는 위기관리내각이 들어서면서 일단락되었으나 결국 1996년 4월 조기총선을 실시하게 된다. 이 선거는 이탈리아 국민의 입장에서 반갑지 않은 것이었는데, 1992년에 이어 1994년 그리고 다시금 2년 만에 치르는 선거였기 때문이었다. 선거전에서 우파는 민족연합과 북부동맹 공히 일부 세력이 당을 떠남으로써 결과적으로 전체적으로는 축소된 상태로 선거에 임하게 되었다. 좌파 역시 유사한 현상이 발생하였으나 집권의 의지를 높였고, 구기민당 계열의 지식인이자 볼로냐대학교 경제학 교수 출신인 로마노 프로디(Romano Prodi)를 총리 후보로 내세워 올리브나무연합(L'Ulivo)이라는 이름으로 참가하였다.[5] 중도진영은 내부의 복잡한 사정으로 인해 해체된 상태에서 양쪽 진영에 이합집산하는 모습을 보였다.

선거전은 양대 진영의 총리 후보들 간의 이미지로 축약되는 형태를 띠었다. 베를루스코니는 사적인 부와 성공의 이미지, 전용비행기로의 여행, 정치적 슬로건을 반복적으로 외치는 양태를 보였

---

5) *Ibid*, p.22.

다. 반면 올리브연합의 지도자인 프로디는 대조적으로 겸손하고 대중적인 자세를 견지하였는데, 선거전을 통해 자신의 이미지를 변신해야 한다는 주변의 요구를 거절함으로써, 조용히 말하고 버스로 여행하며 예의 바르고 심사숙고하는 모습으로 전달되었다.

선거의 결과 중도좌파인 올리브연합이 승리하였으며 중도우파는 패배를 감수해야 했다. 1996년 선거에서 좌파가 승리한 배경은 다음과 같이 설명될 수 있다. 우선은 1994년과 비교하여 공산주의라는 좌파의 위협이 감소된 점을 들 수 있다. 좌파의 수장 격인 좌익민주당의 지도자 맛시모 달레마(Massimo D'Alema)는 올리브연합의 총리후보로 나서지 않고 프로디를 내세움으로써 레드컴플렉스를 극복할 수 있었으며 유권자들에게 좌파집권의 위협이라는 의혹을 현저하게 완화시키면서 반사이익을 얻을 수 있었다. 그리고 선거 이전에 존재한 과도정부하에서 좌파는 지속적인 개혁작업에 지지를 보냄으로써 건설적인 태도를 보인 반면, 우파는 편파적이면서도 파괴적이고 개혁에 대한 비판적 태도를 견지하였다. 유권자들의 입장에서 보면 좌파가 국가의 이익을 위해 노력하는 모습으로 비춰졌다면 우파는 선거에서 자신들의 이익에만 신경 쓰는 집단으로 여겨졌다. 즉 좌파에게 힘을 실어 주고 우파에게는 경종이 필요하다는 선거심리가 작용하였다.

선거에 승리한 좌파는 프로디를 총리로 하는 정부를 신속하게 구성하였고, 그는 취임 전 중도좌파 정부가 오 년간 안정적으로 지속되리라는 점을 천명하였다. 그러나 프로디 정부는 유럽통합을 위한 여러 노력에도 불구하고 2년 만에 붕괴하였으며, 이어서 달레마와 아마토가 각기 정부를 이끌면서 5년의 임기를 채우게 되었다.

4. 2001년 총선

이번 선거는 조기총선이 아니었다. 비록 중도좌파정부가 총리를
세 번씩 교체하면서 연명하였지만 기본적인 노선이 유지되었다는
점에서 과거에 비해 진일보한 측면이 있었다. 그러나 좌파는 집권기
를 통해 유럽세의 신설, 경기침체의 지속, 연정 내 파트너 간의 심
각한 갈등 등으로 선거의 패배가 예상되는 상태였다. 반면 우파는
집권의 의지를 불태우면서 자유의 집(Casa della Libertà) 동맹을 결
성하였고 다시금 총리후보로 나선 베를루스코니는 선거에 임박하여
세금축소, 공공안전 향상, 최저연금 증액, 실업률 감소, 주요 공공사
업 실시를 골자로 하는 '이탈리아인들과의 계약'(Contratto con gli
italiani)이라는 문건을 작성하여 배포하는 자신감을 보였다.[6]

선거의 결과는 우파가 상하원 모두에서 절대다수를 점하는 압승
이었다.[7] 비록 유럽의 일부 언론들이 베를루스코니에 대한 비판적
기사를 통해 선거이슈가 될 수 있었으나 구심점을 잃은 좌파진영
에서는 패배를 준비하는 소극적인 캠페인에 머물렀다. 우파의 확실
한 승리는 1996년 좌파의 불안전한 결과에 비해 괄목할 만한 것이
었으며, 이탈리아 국민들이 이렇게 확실한 표심을 보인 적이 없었
다는 점에서 정치사적으로도 의미 있는 결과였다.

국민적 지지를 빚은 베를루스코니 정부는 그 자신에 대한 여러
비판에도 불구하고 적어도 경제적 측면에서 기대가 컸던 만큼 효

---

6) 김시홍, "2001년 이탈리아 총선과 Berlusconi 정부", 『EU연구』, 제9호(2001), p.127.

7) Paul Ginsberg, *Italy and Its Discontents, Family, Civil Society, State 1980~2001*(NY: Palgrave, 2003), p.317.

과적인 정부정책의 실행이 중요한 관건이었다. 비록 2005년 지방선거에서의 패배와 경제활성화의 실패에 대한 문제로 훼손이 되었지만, 기본적으로 우파연정은 5년의 기간을 집권하여 지난 좌파정부에 이어 정치적 안정성을 높이는 계기를 마련하였다. 또한 1994년의 새로운 선거법이 양대정당제와 정권교체의 원활화를 도모했다는 점에서 1994년의 우파, 1996년의 좌파 그리고 2001년의 우파로 이어지는 교체상은 원래의 목적을 달성하고 있는 것처럼 보이기도 했다. 아래에서 언급되겠지만 2006년 선거에서 좌파가 승리했고, 조기총선이었던 2008년 선거에서의 우파 승리는 완벽한 좌우의 변화패턴을 보여 주는 것이다.

그러나 정권의 교체와 필요한 제도 개혁의 실행은 자동적으로 주어지는 것이 아니었다. 총선을 통해 집권한 베를루스코니 정부는 효과적인 정부정책을 집행하기보다는 총리 자신의 이해상충 문제로 여야 간의 간단없는 정쟁이 그치지 않았다. 또한 민영 텔레비전의 전국적인 네트워크를 소유한 총리가 국영방송의 운영진마저 선정하는 현실에서 언론독재 현상이 심화되게 되었다.[8] 또한 기대했던 최저연금의 증액이나, 실업률의 감소가 나타나지 못하자 국민들의 실망감이 상승하게 되었다.

---

8) 이선필, "이탈리아 언론과 정치권력 간의 관계에 관한 고찰: 후견적 정당지배체제 정치문화를 중심으로", 『국제지역연구』, 제13권 3호(2010), p.324.

5. 2006년 총선

이번 선거는 2001년 선거와 마찬가지로 조기총선이 아닌 정상적인 5년 임기의 상하 양원 의원을 선출하는 것이었다. 이전 우파정부에 실망한 국민들의 표심이 여론에서 드러난 바와 같이 좌파의 승리가 예견되는 형국이었다. 선거의 결과 좌파가 예상대로 승리하였으나 그것은 압도적인 것이 아니라 문자 그대로 박빙의 승부였다.

2006년 총선은 1993년에 마련된 다수대표제 중심의 선거제도를 폐기하고 2005년 말 우파정부 주도로 개정된 비례대표제 방식의 새 선거방식으로 치러졌다.9) 그러나 과거와 같은 단순비례제가 아니어서 전국적으로 일정 비율의 득표를 하지 못하는 군소정당에게는 의석수가 배분되지 않는 제한 요건이 있었다. 그리고 안정적인 다수를 위해 다수파에게 프리미엄을 주어 정부의 효율성을 제고하자는 내용이 포함되어 있었다. 따라서 되도록 정당연합으로 공천되어 출마하여야 승리가 보장되는 방식으로 변모한 것이며 군소정당이 몰락할 수밖에 없었다. 이러한 변화는 기존의 제도로 선거에 임할 경우 패배가 예상되는 형국에서 우파가 자신에게 유리할 수 있는 제도로의 변환을 의미하였다. 역설적이게도 박빙의 승부를 보인 선서결과는 우파가 제안한 새로운 제도를 통해 좌파가 득을 보게 되었다는 사실이다.

선거전을 통해 우파 진영은 커다란 차이가 없이 대안부재의 상태에서 다시금 베를루스코니를 총리 후보로 내세웠다. 좌파는 1996

년 총선의 승리공식을 재현하기 위해 유럽연합집행위원회 위원장을 역임한 프로디 전 총리를 다시금 총리후보로 내세웠다. 베를루스코니에 대한 비판은 이번 선거에서 뜨거운 감자였다. 이해상충관계에 더해, 선거전에서 특정 정당에게 유리한 방송을 하는 점이 부당하므로 이를 제어해야 한다는 의견이 모아지게 되었다. 그 결과 동등조건법(par condicio)이 통과되어 이제 우파진영이 선거방송에서 특별히 우위를 점할 수 없게 되었다. 또한 양대 진영의 대표를 대상으로 초청토론회를 개최하여 선거의 쟁점이 확연하게 대비되도록 하였다. 그러나 1990년대 이후 치러진 선거전에서 양 진영의 공약이 커다란 차이점을 보이고 있지 않다는 것은 이번 선거에서도 예외가 되지 못하였다.

선거 결과 비록 적은 차의 승리였지만 좌파가 승리하게 되었고 프로디는 다시금 중도좌파 정부를 이끌게 되었다. 그러나 이 정부의 전망은 매우 불투명하였는데, 1996년의 집권과 마찬가지로 프로디 총리는 정치적 지지기반을 갖고 있지 않은 중재자형 정치인이었기에 태생적으로 한계가 있었다. 경제개혁과 복지감축 및 정부 재정적자 해소를 위한 세금증액이라는 카드는 비록 정당한 당위임에도 불구하고 복지 의존적 이탈리아인들에게 환영받기 어려운 프로그램이었다. 결국 새해예산안과 선거법 개정 등의 문제로 연정 내 소수정파가 반발하면서 2년을 다 채우지 못하고 정권이 무너지게 되었고 2008년의 조기총선을 맞이하였다.

6. 2008년 총선

조기총선으로 치러진 선거에서 우파의 승리가 예측되었다. 그런 점에서 2001년 선거와 유사한 패턴을 보였다고 볼 수 있다. 식상한 후보이기 했지만 베를루스코니가 다시금 우파진영의 총리후보로 나섰으며, 좌파에서는 발터 벨트로니(Walter Veltroni)를 연합의 좌장으로 추천하였다.

선거연합의 구성에서 우파진영은 전진이탈리아와 민족연합이 합당을 통해 만든 자유민중당과 북부동맹 그리고 자치운동당이 하나의 진영을 구성하였다. 좌파에서도 되도록 적은 수의 연합이 선거에 유리하다는 계산하에 좌익민주당과 마르게리타당이 합당하여 만들어진 민주당(Partito Democratico, PD)[10])과 부패수사의 영웅인 안토니오 디 피에트로가 이끄는 이탈리아 가치당(Italia dei Valori)만이 연합하여 선거에 임하였다.[11]) 따라서 이들 두 진영에 합세하지 못한 정당들은 어쩔 수 없이 단독으로 참가할 수밖에 없었다.

선거전에서 양 진영은 확연한 공약의 차별화보다는 지난번과 같이 어느 진영이 보다 효율적으로 경제난국을 타개해 나갈 수 있는가가 관건이 되었다. 부패한 우파의 대안으로 선택된 좌파정부의 두 번에 걸친 경험에서 이탈리아 국민들은 커다란 실망을 한 상태였다. 그리고 프로디 2기 정부에서 통과시킨 아프가니스탄 파병 연장안으로 인해 우파와의 차별이 불가능할 정도로 기대수치가 낮은

---

10) Gianfranco Pasquino, "The Democratic Party and the restructuring of the Italian party system", *Journal of Italian Studies*, Vol.14, No.1(2009), p.22.

11) Alex Wilson, "The Italian Election of April 2008: A Political Earthquake?", *West European Politics*, Vol.32, No.1(2009), pp.218~219.

상태였다.12) 따라서 세계적인 경기침체와 함께 비록 많은 문제를 지니고 있는 후보이기 하지만 대안 부재라는 논리로 다시금 베를루스코니 정부를 지지하지 않을 수 없었다.

선거의 결과는 예상대로 우파의 압승으로 막을 내렸다.13) 이로써 상원과 하원 모두에서 안정적 의석수를 확보하게 되었다. 선거전에서 양대 진영이 유효표(voto utile)라는 명분으로 호소하였던 점이 주효했다고 볼 수 있다. 즉 군소정당에 투표하여 사표가 되느니 최악의 상황을 회피하기 위해 특정 진영에 투표하도록 주력한 결과이다. 유권자들은 선택의 폭이 좁아진 상황에서 좌우의 양 진영에 표를 몰아주는 선택을 하게 되었다. 그 결과 전후 최초로 사회주의와 공산주의를 내건 정당이 단 하나의 의석도 의회에 진출시키지 못하는 현상이 발생하였다. 선거의 승자는 우파진영이었지만 지역주의정당인 북부동맹이 약진하였다.14) 양측에 속하지 않은 상태에서 단독으로 참가한 민주기독연합(UDC)도 자신의 위치를 유지하게 되었다. 의회에 진출한 정당 수가 감소되었으며, 다당 난립으로 인한 연립정권의 난맥상이 극복될 수 있는 계기가 마련되는 것으로 이해되었다.15)

이상에서 살펴본 다섯 번의 총선결과를 하원기준의 의석수와 득

---

12) 김종법, "2008년 이탈리아와 한국의 총선비교: 정치문화와 투표행태 분석을 중심으로", 『지중해지역연구』, 제11권 1호(2009), p.7.

13) Maurizio Carbone and James L. Newell, "Towards the End of a Long Transition? Bipolarity and Instability in Italy's Changing Political System", *Politics*, Vol.28, No.3(2008), pp.142~143.

14) Daniele Albertazzi and Duncan McDonnell, "The Lega Nord Back in Government", *West European Politics*, Vol.33, No.6(2010), p.1320.

15) Alessandro Chiaramente, "Italian Voters: Berlusconi's Victory and the New Italian Party System", James, L. Newell(ed), *The Italian General Election of 2008, Berlusconi Strikes Back*(NY: Palgrave 2009), pp.202~204.

표율로 비교해 보면 다음과 같다. 1994년에서 2008년까지 치러진 총선에서 우파와 좌파 그리고 중도라는 큰 흐름은 유지되었지만 개별적인 정당의 당명변경 및 이합집산이 있었는데 <표-1>과 같이 파악될 수 있다.

〈표 1〉 이탈리아 하원선거결과(1994~2008)[16]

(단위, 의석수)

	1994년*		1996년*		2001년*		2006년**		2008년**	
우파	FI, AN, LN	366	FI, AN, UDC	246	FI, AN, LN	366	FI, AN, LN, UDC	277	PDL, LNMPA	344
		47.2%		40.3%		45.4%		49.7%		46.8%
좌파	PDS, PRC	213	PDS, PRC	319	DS, Margherita	244	Ulivo, PRC	340	PD, IdV	247
		32.8%		42.2%		43.7%		49.8%		37.5%
중도 및 기타	PP	51	LN	65	PRC	20	동포	13	UDC	39
		20.2%		15.7%		10.9%		0.5%		15.7%
합계		630		630		630		630		630

* 하원 다수대표 득표율
** 하원 비례대표 득표율

전체적으로 양대 진영인 우파와 좌파는 승리와 패배가 교차되어 표면적인 정권교체는 원활하게 이어져 왔다. 상대적으로 좌파는 신승을 경험한 반면 우파의 경우에는 압도적인 결과가 더 많이 발생하였다. 중도진영의 경우 일관된 정치세력이 존재하고 있지는 않지만 나름대로 유권자들의 심판을 받고 있다는 분석이 가능하다. 조기총선이든 정규적으로 치러지는 선거이든 간에 다음 선거에서 과연 좌우 양 진영에 소속되지 않은 정파나 정당이 안정적인 제3세력

---

16) James, L, Newell(ed), *op.cit.* p.201 & p.244; 김시홍, *op.cit.*,(2001) &(2006) 등에서 재구성.

을 형성할 수 있는가는 흥미로운 변수가 될 것이다. 또 다른 선거
법의 개정에 따라 이들 존재의 소멸 내지 강화가 결정될 수 있기
때문이다.

Ⅲ. 제도 개혁의 과제

1992년에 발발한 부패수사운동이 이탈리아 정치사회의 위기를
가져다주었다면 이후에 나타난 선거법의 개정과 제도 개혁의 노력
들은 과거로부터의 전환을 의미하는 것이다. 지난 다섯 번의 총선
을 통해 적어도 외견상으로는 좌우의 정권교체가 원활하게 진행된
것으로 평가할 수 있다. 문제는 이러한 정치적 변화에도 불구하고
이탈리아의 정치경제가 아직도 위기를 벗어나지 못하고 있으며 타
유럽국에 비해 뒤처지는 상황에 처해 있다는 사실이다. 제도 개혁
은 현재진행형이지만 미완으로 남아 있으며 지지부진한 모습을 보
이고 있다. 여기서는 선거법의 개혁과 헌법 개정의 문제를 짚어 보
고자 한다.

1. 선거법의 개정

이탈리아에서 선거법의 개정은 헌법의 변화를 전제로 하지 않지
만 그 효과는 막대하며 정치적 이해관계가 맞물리는 갈등의 장으

로 자리매김하여 왔다. 1992년 이전의 정치현실에서 단순비례대표
제가 다당 난립과 기민당의 장기집권 그리고 정경유착의 관행을
유지시켜 온 핵심 요인이었다는 지적이 있어 왔다. 단순비례대표제
는 지역정당은 물론이고 국회의원 일인 정당을 가능하게 하는 시
스템이어서 총선이 끝나게 되면 통상적으로 서른 개가 넘는 군소
정당들이 난립하는 상황을 연출해 왔다. 절대다수를 점하는 정당이
부재한 상태에서 내각책임제하의 정부를 구성하기 위해서는 연립
정권이 필수적이었고 소수당들도 적지 않은 정치적 목소리를 가질
수 있는 기제로 작용하였다.

이러한 집권 여당연합은 다양한 정치적 스펙트럼을 지닌 요소들
의 화학적 융합이 아니었기에 중요한 이해관계가 걸린 법안이나
새해 예산안을 상정하는 경우 심각한 갈등을 불러일으키곤 하였다.
1945년 이후 정부의 평균 수명이 채 일 년을 채우지 못한 현실은
이상과 같은 제도의 근본적인 결함에 그 책임이 있었던 것이다.

〈표 2〉 전후 선거제도의 변천17)

	1948년	1993년	2005년
하원 630석	단순비례대표	다수대표 3/4 비례대표 1/4	비례대표
상원 315석	난순비례내표	다수대표 3/4 비례대표 1/4	비례대표
특징	하원 선호노투뵤 상원 지역대표성 가미	하원 다수대표 4% 규정	프리미언제 340서 보장 하원 10-4-2% 규정 상원 20-8-3% 규정

1993년의 새로운 선거법은 이상과 같은 정부의 불안전성을 극복

---

17) 김시홍, op.cit., (1997) pp.12~14, (1999) pp.31~36 & (2006) pp.28~29에서 재구성.

하고 효과적이면서도 책임 있는 정부정책의 시행을 전제로 만들어졌다. 다수대표제 중심의 제도를 통해 군소정당의 의회 진출을 어렵게 만들며 종국적으로 정당의 수를 획기적으로 줄이고 책임정치를 통한 정권교체의 원활함을 목표로 했던 것이다. 선거법의 개정은 여러 정파의 정치적 타협의 산물이었던 만큼 전체 의석수의 3/4은 소선거구제를 통한 다수대표제로 그리고 1/4은 비례대표의 방식으로 선출하는 이중구조로 귀결되었다. 그러나 비례대표 부분에서도 다수대표제하에서 전국적으로 4%의 득표를 얻지 못한 정당에게는 의석을 배분하지 않음으로써 군소정당의 진출을 되도록 억제하려는 정신을 반영하였다.

새로운 선거법으로 치러진 세 차례의 총선에서 의회에 진출한 정당 수는 이전에 비해 감소하였지만 여전히 14~20여 개의 수준을 보여 왔다. 그리고 2001년의 총선을 제외하고는 두 차례 모두 연립정부 구성원 내부의 갈등으로 정부가 무너지는 상황을 초래한 점 역시 과거와 크게 다르지 않았다. 2005년의 개정 선거법은 그 의도에서 의혹이 있었지만 새로운 방식을 채택하였다. 즉 비례대표제로 전환하게 되었으며, 선거연합이나 단일 정당에게 일정 수준의 득표를 요구하여 이에 해당되지 않으면 의석수를 배분하지 않은 방식이었다.

하원에서 의석을 배정받기 위해서는 각 정당연합이 전국적으로 10%의 득표를 얻어야 하며 연합에 참가하지 않는 정당은 4%, 연합에 참가한 정당도 2%의 지지를 받아야 의회에 진출할 수 있었다. 상원의 경우에는 주차원에서 결정되는 데 정당연합이 20%, 개별 정당이 8% 그리고 연합에 참가한 정당도 3%를 얻는 것이 최소 여건이었다. 또한 효율적인 정부 구성과 책임 정치의 실현을 위해 선거에서 상대적 다수를 점한 진영에 하원의 경우 전체 의석의 55%에 해당되는 340석을 보장하는 프리미엄제도를 도입하였다. 이러한 제도 변화로 인해 소수정당은 필수적으로 정당연합에의 참여가 요구되었다.

그러나 개정 선거법은 여야 합의가 아닌 야당이 불참하여 통과된 것이어서 문제의 소지가 있었다. 당시 여당이었던 우파연합은 2006년 총선에서 패배가 예상되자 선거법의 개정을 통해 자신들에게 유리한 환경을 만들고자 하였다. 우파에 의해 개정된 선거제도는 박빙의 승부를 통해 결과적으로 좌파에게 유리하게 작용되었다. 선거에서 승리하여 출범한 프로디 정부는 문제가 되는 선거법의 개정을 시도하였는데 2008년 1월 정부가 붕괴되면서 예정되었던 국민투표의 실시가 불투명하게 되었다. 다만 여야 진영에서는 조기총선을 맞이하여 양대 진영의 다당연합보다는 진정한 의미에서 양대정당제로 변모해야 한다는 의견의 일치를 보게 되었다. 그 결과 좌파진영에서는 민주당(PD)의 이름으로 여러 정파가 모이게 되었으며, 우파의 경우 전진이탈리아와 민족연합이 합당하게 되는 계기가 되었다.

실제로 2005년의 선거법을 개정하지 않은 상태에서 치러진 2008년 총선에서는 의회에 진출한 정당 수가 획기적으로 삼소하는 결과를 낳았다.[18] 2010년에 신행된 베를루스코니 정부의 위기에서노 선거법의 개정은 뜨거운 감자로 부상하고 있다. 즉 양대정당제(bipolarismo)를 훼손하지 않는 상태에서 부수적인 개정을 도출할

18) Federico Russo and Luca Verzichelli, "A different Legislature? The Parliamentary Scene Following the 2008 Elections", James, L. Newell(ed), op.cit., p.213.

수 있을 것이라는 전망이다. 집권 여당의 경우 상원선거에서 주단 위로 계산되기보다는 전국 차원에서 결정되는 것을 희망하고 있으며 개별 정당의 최소 득표율도 5% 수준으로 높이려는 의도를 가지고 있다. 그러나 선거법의 개정은 여러 정당들의 이해관계를 대변하는 산출물이기에 정치선진화보다는 정치인들의 득실에 의해 조정될 가능성이 높다고 판단된다.

선거법의 개정은 따라서 아직도 진행 중이며 안정적인 제도화를 위해 좀 더 시간이 소요될 것으로 예상된다. 단기적으로는 베를루스코니 정부의 연명을 위해 어느 정도의 타협이 필요할 것이지만 만일 2011년 3월 혹은 5월 조기총선의 현실에 당면하게 된다면 개정작업이 어려울 수도 있을 것이다. 문제는 2005년의 개정이 우파 일방에 의해 이루어진 만큼 여야의 합의에 의해 새로운 발전적인 제도가 만들어질 수 있는가이다.

이탈리아 선거제도의 변화를 통해 정치적 안정이 담보되지 못한 상황이 이어져 왔다. 선거제도는 양대정당제로의 전환을 요구하고 있으나 의회제도의 현실이 여전히 이러한 변화를 담아내고 있지 못하며 복잡다기한 이해관계를 표출하고 있다. 따라서 선거제도의 개정이 정당체계 및 의회 운영과 맞물리지 못한다면 의도했던 결과를 도출하기 어려울 것이다. 여기에는 남부와 북부의 고질적인 지역격차가 주요 원인의 하나로 작용하고 있다. 지역주의는 현대 민주주의에서 흔히 나타나지만 이탈리아의 경우 통일 이후 150년이 지난 현재에도 고질적인 문제로 남아 있다는 데 심각성이 있다. 북부동맹이 지역주의 정당으로 뿌리내리고 있는 현실은 다양한 해석이 있지만[19] 양대정당제로 정립되는 데 걸림돌이 될 수도 있다.

결국 변화는 유권자의 의지에 달려 있으며 2011년의 조기총선이건 2013년의 정규 총선이건 간에 단순화된 정당체계에 대한 심판으로 결론이 날 것이다.

2. 공화국 헌법 개정

선거법의 개정과 함께 헌법구조의 변화를 동반하는 제도 개혁에 대한 요구도 전환을 위한 중요한 변수로 이해되고 있다. 가장 중요한 부분은 양대정당제를 추구하는 선거방식에도 불구하고 정권의 안정성이 취약하며 특히 내각의 총리가 효과적으로 정부를 대표하고 있지 못하다는 지적이 있어 왔다. 1996년과 2006년 두 번에 걸쳐 정부의 수반이 된 프로디는 다양한 연립정부 구성원들의 이해관계를 조정하지 못하여 낙마한 대표적인 사례이다. 베를루스코니 정부 역시 1994년 선거를 통해 집권하였으나 북부동맹과 민족연합의 갈등으로 7개월 만에 붕괴되었다. 2008년 선거에서 승리하여 출범한 우파정부에서도 동일 정당의 타계파와의 의견충돌로 정치적 위기를 맞이한 바 있다.

---

19) Albertazzi, *op.cit.*, p.1336.

〈표 3〉 헌법개정안 비교[20]

	1948년 헌법	1997년 개정안	2005년 개정안
대통령	상하양원합동회의에서 선출 임기 7년, 연임가능, 국가수반, 국가일치를 위한 존재	국민 직선으로 선출 6년 임기, 재선만 가능	양원합동회의 선출 연방공화국의 대통령
총리와 내각	의회선거 결과 다수파에서 선 정되어 대통령 재가 총리는 정부 수반	총리 정부의 수반 총리와 각료 의회에 책임	총리premier 권한 강화, 의회해산권, 각료 임명권
상하 양원	상원 315명 하원 630명 임기 5년, 양원 권한 균등	상원 200명 하원 400명 임기 5년 양원 권한 균등	연방상원 252명 하원 518명
기타	지방자치 보장 헌법재판소	이원집정부제적 성격	주자치 강화 로마시의 특별지위

따라서 내각책임제를 유지하면서도 효과적이고 안정적으로 정부를 대표하는 체제의 마련이 제도 개혁의 중점 사안이 되고 있다. <표-3>에 제시된 바와 같이 부패수사 이후 진행된 두 차례의 헌법 개혁안은 현실화되지 못하였다.[21] 중도좌파 정부 시절인 1997년 만들어진 상하양원위원회(Commissione parlamentare per le riforme costituzionali)는 2년에 걸친 기간 동안 헌법 후반부의 공화국 조직에 관련한 전반적인 제도 개혁안을 마련하였으나 실패로 귀결되었다. 당시에는 상징적 존재였던 공화국의 대통령을 국민직선으로 선출하는 방안을 포함하는 새로운 시도를 보였다. 2005년에도 우파에 의해 제안되어 의회를 통과한 제도 개혁안이 부상하였는데, 총리의 권한을 영국식(premiership)으로 강화하고, 균등한 양원이 아

---

20) Martin Bull and Gianfranco Pasquino, "A long quest in vain: Institutional reforms in Italy", *West European Politics*, Vol.30, No.4(2007), pp.673~674.; Costituzione della Repubblica Italiana, Senato della Repubblica,
http://www.senato.it/documenti/repository/istituzione/costituzione.pdf(2010년 11월 30일 검색)

21) 이전에도 상하양원합동위원회의 가동을 통한 헌법개정안이 두 차례(Bicamerale Bozzi, 1983-5 & Bicamerale De Mita-Iotti, 1993-4) 시도된 바 있다. 매번 국회의원 수를 줄이자는 안이 나왔으나 한 번도 실행된 적이 없다.

닌 연방상원에 대한 하원 우위의 제도 변화를 도모한 것이었다. 그러나 이 안은 2006년 6월 국민투표를 통해 61.3%의 반대로 부결되면서 좌초하였다.

이탈리아에서 제도 개혁의 과제는 의회와 행정부와의 관계와 자치단체로의 권한이양(devoluzione)을 통한 연방제가 주로 논의되고 있다.[22] 의원내각제는 총선에서 나타난 결과에 의해 다수를 점한 개별정당이나 정당의 연합이 정부를 구성하며, 정부의 법안이 의회를 통과하여야 국정이 수행되는 특징을 지니고 있다. 그런데 이탈리아의 의회는 양원으로 구성되어 있으면서 상원과 하원이 권력을 균등하게 가지고 있어 모든 법안이 양원을 통과하여야 효력을 발생하는 방식으로 운영되어 왔다. 행정부의 경우 의회의 신임이 필수적일 뿐 아니라 연립정부의 성격상 구성원 간의 조화와 타협이 핵심적이며 사소한 문제로도 정부의 위기를 촉발시키는 관행이 이어져 왔으므로 총리의 권한이 강화될 필요성에 대한 사회적 합의가 있어왔다. 즉 중재적 총리가 아닌 책임총리로서의 역할이 보장될 때 효율적인 정책집행이 가능하다는 것이다.

문제는 이탈리아의 정치행태에서 연립내각에 각료로 포함된 자들만이 아니라 여당연합에서 당료로 활동하는 인물들의 역할과 위상을 무시할 수 없다는 점이다. 과거 기민당 중심의 정부에서 각료로서의 위치보다 당내에서의 실권자적 역할이 보나 강력하게 작용하였던 역사를 기억할 필요가 있다. 우파의 경우 베를루스코니라는 카리스마적 리더가 있음에도 연정 내의 갈등에는 취약한 모습을

---

22) Christophe Roux, "Italy's path to federalism. Origins and paradoxes", *Journal of Modern Italian Studies*, Vol.13, No.3(2008), p.330.

보여 왔으며, 좌파가 정권을 잡았을 경우에는 구심점을 결여하고 의견합일에 더 많은 에너지가 소요되는 행태가 빈번하였다.

따라서 국가의 형태와 정부의 형태를 규정짓는 부분에 대한 개혁이 전제되지 않는다면 이탈리아 정치의 안정적 운영은 용이하지 않을 것이라는 결론에 도달하게 된다. 단기적 시각에서 제도 개혁이 순조롭게 이루어지기는 어려울 것이다. 여야의 합의와 국민적 지지라는 폭넓은 사회적 합의가 요구되기 때문이다. 헌법구조의 개혁을 위해서는 이탈리아 경제의 회복이 필요하며 악화되고 있는 정부재정적자를 감소시키면서 사회복지체계의 개혁을 시도하는 어려운 작업이 동반되어야 한다. 가령 유럽사회 전반에 적용되는 문제이지만 연금제도의 개혁이나 국립대학의 자치화 내지 주립대학화 등 문제는 성장과 고용 그리고 담세라는 복잡다기한 퍼즐을 풀 수 있을 때 가능한 것이기 때문이다. 따라서 기술적 측면에서의 헌법 개정은 국민적 지지를 얻기 어려울 것이며 정치안정화와 함께 이탈리아 경제의 회복과 성장전략이 마련되어야 풀릴 수 있는 문제일 것이다.

Ⅳ. 이탈리아 정치변동의 전망

베를루스코니 정부의 위기는 2010년 12월 의회투표에서 가까스로 신임을 얻어 일단 진정 국면을 맞이하게 되었다. 상원에서는 안정적 다수를 확보하였으나 하원에서는 상대 다수에 불과하여 단기적 전망은 그리 밝지 못하다. 여권연합의 북부동맹은 불완전한 다수로 정부를 연명하느니 조기총선이 바람직하다는 의견을 밝히고 있다. 베를루스코니 진영에서는 온건 중도세력을 규합하여 필요한 개혁조치를 풀어 나가는 게 국민들의 염원이라는 이유로 일단 선거보다는 정권 유지에 무게중심을 싣고 있다.

그러나 2011년 봄 조기총선의 가능성을 배제할 수 없는 상황이다. 선거법의 개정도 하나의 쟁점이 되리라 본다. 다만 2005년의 개정은 우파 단독의 상정과 통과를 거쳤지만 당시에는 상하 양원에서의 확고한 지지를 바탕으로 한 것이었다. 현재의 구도로는 단독 통과가 어려우며 여야 합의에 의한 안을 마련하는 것도 가능하지 않아 보인다. 신임투표 결과에 대해 야권이 승복하지 않고 있으며 대결 국면의 정치가 펼쳐질 것이기 때문이다. 의회에서 불신임을 받았을 경우에 선거는 피할 수 없는 것으로 인식되었다.

이탈리아의 정치 변동을 단기적 시각에서 바라보면 문제의 근원을 파악하기 용이하지 않게 된다. 마치 모든 병폐의 근원이 언론재벌이자 유럽정치계의 문제아인 베를루스코니에게 초점이 맞춰지기 때문이다.23) 베를루스코니가 정계에서 은퇴하면 이탈리아의 정치와 경제가 정상으로 회복되고 사회개혁에 성공할 수 있다는 가정은 중장기적 시각에서 보면 단견에 불과하다. 이탈리아 유권자들이 문제투성이의 후보를 세 번씩이나 지지한 현실을 언론 독점에 의한 현상이라고만 치부하는 것은 지나친 단순화이다. 국민은 대안세

---

23) Alexander Stille, *The Sack of Rome: How a Beautiful European Country with a Fabled History and a Storied Culture was Taken Over by a Man Named Silvio Berlusconi*(NY: Penguin, 2006), p.342.

력인 좌파에게도 두 번의 기회를 준 바 있다. 그 결과가 우파에 비해 더 나은 것이 없다는 판단으로 오늘의 현실에 이르고 있다.

카르보네와 뉴웰은 2008년 총선 결과를 분석하면서 의회 진출 정당 수의 획기적 감소, 선거 직후에 표출된 제도 개혁에 대한 여야 간의 건설적 합의 등을 이유로 보다 안정적인 정국운영을 예측한 바 있다.24) 그러나 현실의 정치는 다시금 대결과 반목 그리고 거부권을 통한 실망으로 귀결되고 있다. 이러한 상황은 이탈리아의 정치 변동을 보다 장기적 시각에서 바라보도록 하고 있다. 폴 코너는 이탈리아가 1980년대 대추월을 통해 영국 경제를 넘어섰지만 부패수사에 의해 위기를 맞은 이후 지난 이십 년간 보여 준 정치를 쇠퇴와 위기 그리고 깊은 수렁에 빠진 것으로 설명하였다.25) 그는 구조적 문제인 마피아와 조직범죄가 여전하고, 가족 중심의 중소기업은 침체상태에 있으며, 성장동력이 떨어지면서 외국투자가 감소하고 있고, 정부재정적자는 지속적으로 경제 활성화를 저해하며, 정치세력은 무기력하고, 이탈리아 대학의 경쟁력은 유럽의 바닥 수준임을 지적하였다. 결국 능력주의(meritocrazia)를 부정하고 연고주의에 의해 사회 운영이 되면서 침체의 늪에 빠져 있다는 것이다. 맘모네와 벨트리는 특히 언론과 공무원 그리고 대학교수직과 전문 정치인 분야에서 연고주의의 광범위한 운영으로 사회가 병들고 있으며, 이탈리아의 우파는 이들 문제를 외국인 혐오주의로 환원하는 오류를 범하고 있다는 비판을 하고 있다.26)

---

24) Carbone and Newell, *op.cit.*, pp.147~148.

25) Andrea Mammone and Giuseppe A. Veltri(eds), *Italy Today: The Sick Man of Europe*(NY: Routledge, 2010), pp.xiv~xv.

26) *Ibid*, pp.2~3.

지난 20여 년간 이탈리아가 보여 준 현실이 새로운 전환이라기 보다는 구태의 반복이라는 주장도 있다. 불과 로즈는 제도적 중첩 (layering)라는 개념으로 이러한 현상을 설명하였다.27) 즉 과거의 관행을 제거하지 않은 상태에서 새로운 정책이나 제도가 도입되면서 혼돈상태가 이어지고 있다는 것이다. 이탈리아 정치가 경로 의존적(path-dependent)이어서 과거의 관행에서 벗어나기 어려우며 복잡다기한 정파와 정당의 존재로 인해 비토권이 자주 통용되는 현실에서 기형적인 변화가 나타났다는 것이다. 심지어 ☆개악조치 들이 도입되면서 상황을 더욱 어려운 방향으로 이끌어 간 사례들도 지적되었다. 부패수사와 관련된 면책권, 언론규제에 관한 법률 그리고 정치적 사면 등이 대표적이다. 포르타와 반누치는 부패혐의로 수사를 받는 자들의 수치가 1992년 이전에 비해 세 배로 증가한 통계를 제시하면서 베를루스코니의 이해상충문제를 무마시키는 규범들이 만들어져 면책특권을 얻게 되었다는 분석을 제시하였다.28) 이로써 검사들의 혁명으로 시작된 부패수사가 정치계급의 반혁명적 조치로 훼손되는 결과를 초래하게 되었다는 것이다.

이탈리아의 정치변동이 여타 유럽국이나 타 지역과 비교하여 의미 있는 분석을 제시할 수 있는가의 문제가 지속적으로 제기되어 왔다. 과거 기민당 중심의 장기집권기에도 이탈리아의 정치형태가 민주주의의 실험실이라는 표현으로 묘사된 바 있다. 기업가에서 성공적인 정치인으로 변신한 베를루스코니가 하나의 모델로 정착될

---

27) Martin Bull and Martin Rhodes, "Italy: A Contested Polity", *West European Politics*, Vol.30, No.4(2007), p.662.

28) Donatella Della Porta and Alberto Vannucci, "Corruption and Anti-Corruption: The Political Defeat of Clean Hands in Italy", *West European Politics*, Vol.30, No.4(2007), p.833.

수 있는가의 문제가 제기되기도 하였다.[29] 사회복지적 측면에서 이 탈리아 국민들의 담세율이 높으며 정부재정적자가 커다란 부담으로 작용하고 있다는 현실은 선진경제 일반의 현상으로 이해될 수 있다. 특히 고령화, 높은 청년실업률, 성장동력의 한계와 같은 문제들은 일본에서도 비슷하게 제기되고 있기 때문이다.

분석의 수준을 정치행태에 국한시켜 본다면 이탈리아의 사례는 비교의 대상보다는 독특한 이탈리아식(all'italiana) 정치의 패턴으로 파악하는 것이 보다 용이할 수 있다. 산업국가에서 언론재벌이 정부의 수반이 된 사례는 유례를 찾을 수 없기 때문이다. 그러나 이탈리아 정치변동을 장기적인 시각에서 바라볼 때 부정적 시각을 지울 수 없게 된다. 과거 기민당 시절에는 비록 정치의 효율성이 떨어졌으나 경제의 성장동력이 담보되어 비대칭적 사회 운영이 유지되어 왔다. 또한 지역주의의 경우에도 남부의 저발전이 지속적인 문젯거리임에는 틀림이 없으나 지역 중심의 산업화를 통해 이탈리아의 중소기업집단이 세계적 주목을 받았던 시절도 있었다.

문제는 부패수사 이후 20년이 지난 현재에도 이탈리아 사회의 위기와 정체가 왜 해소되지 못하고 있느냐이다. 정치의 부진은 경제의 침체와도 연계되고 있으며 세계화와 금융위기에 처한 상황에서 이탈리아의 성적은 지속적인 하락세를 면치 못하고 있다. 분명 정권교체는 정상적으로 진행되어 왔는데 말이다. 외견상의 변화에도 불구하고 핵심은 전혀 변하지 않고 있다는 표범주의(gattopardismo)라는 이탈리아식 표현은 여전히 유효하다는 인상을 지울 수 없다. 새

---

29) Erik Jones, "Wheeler dealers: Silvio Berlusconi in comparative perspective", *Journal of Modern Italian Studies*, Vol.14, No.1(2009), p.44.

로운 인물과 새로운 정치세력이 등장함으로써 이러한 상황을 타개할 수 있다는 가정도 이탈리아에서는 가능하지 않아 보인다는 데 문제의 심각성이 있다. 적어도 현재의 시점에서 제도 개혁을 통한 이탈리아 정치의 전망은 밝지 않아 보인다. 그렇다면 2013년까지 취약한 정권이 유지되기보다는 선거를 통해 국민의 심판을 받는 것이 전환을 위해 바람직할 것이라는 조심스러운 결론에 도달하게 된다.

참고문헌

김시홍, "2006년 총선과 프로디 정부의 과제", 『유럽연구』, 24호 (2006), pp.27~45.

______, "2001년 이탈리아 총선과 Berlusconi 정부", 『EU연구』, 9호 (2001), pp.119~139.

______, "이탈리아의 선거제도", 『국제지역연구』, 제3권 2호(1999), pp.27~43.

______, "이탈리아의 정치변동: 1990년대의 정계개편", 『서유럽연구』, 1997(3): 3-34.

김종법, "2008년 이탈리아와 한국의 총선비교: 정치문화와 투표행태 분석을 중심으로", 『지중해지역연구』, 제11권 1호(2009), pp.1~27.

이선필, "이탈리아 언론과 정치권력 간의 관계에 관한 고찰: 후견적 정당지배체제 정치문화를 중심으로", 『국제지역연구』, 제13권 3호(2010), pp.323~342.

Albertazzi, Daniele and Duncan McDonnell, "The Lega Nord Back in Government", *West European Politics*, Vol.33, No.6(2010), pp. 1318~1340.

Bull, Martin and Martin Rhodes, "Italy: A Contested Polity", *West European Politics*, Vol.30, No.4(2007), pp.657~669.

Bull, Martin and Gianfranco Pasquino, "A long quest in vain: Institutional reforms in Italy", *West European Politics*,

Vol.30, No.4(2007), pp.670～691.

Carbone, Maurizio and James L. Newell, "Towards the End of a Long Transition? Bipolarity and Instability in Italy's Changing Political System", *Politics*, Vol.28, No.3(2008), pp.138～149.

Della Porta, Donatella and Alberto Vannucci, "Corruption and Anti-Corruption: The Political Defeat of Clean Hands in Italy", *West European Politics*, Vol.30, No.4(2007), pp.830～853.

Ginsberg, Paul, *Italy and Its Discontents. Family, Civil Society, State 1980～2001*, NY: Palgrave, 2003.

Jones, Erik, "Wheeler dealers: Silvio Berlusconi in comparative perspective", *Journal of Modern Italian Studies*, Vol.14, No.1(2009), pp.38～45.

Mammone, Andrea and Giuseppe A. Veltri(eds), *Italy Today: The Sick Man of Europe*, NY: Routledge, 2010.

Newell, James, L.(ed), *The Italian General Election of 2008. Berlusconi Strikes Back*, NY: Palgrave, 2009.

Pasquino, Gianfranco, "The Democratic Party and the restructuring of the Italian party system", *Journal of Italian Studies*, Vol.14, No.1(2009), pp.21～30.

Roux, Christophe, "Italy's path to federalism. Origins and paradoxes", *Journal of Modern Italian Studies*, Vol.13, No.3(2008), pp.325～339.

Ruzza, Carlo and Stefano Fella, *Re-inventing the Italian Right. Territorial politics, populism and post-fascism*, NY: Routledge, 2009.

Shin, Michael F. and John A. Agnew, *Berlusconi's Italy. Mapping Contemporary Italian Politics*, Philadelphia: Temple University Press, 2008.

Stille, Alexander, *The Sack of Rome. How a Beautiful European Country with a Fabled History and a Storied Culture was Taken Over by a Man Named Silvio Berlusconi*, NY: Penguin, 2006.

Wilson, Alex, "The Italian Election of April 2008: A Political Earthquake?", *West European Politics*, Vol.32, No.1(2009), pp.215～225.

제11장 동구유럽(CEE) 국가의
복지체제에 관한 연구

문진영

서강대학교 사회복지학과 교수

Ⅰ. 서론

1. 문제제기 및 연구의 목적

전후의 안정적인 경제성장과 강력한 노동조합의 정치적 지지 그리고 배타적이고 독점적인 국민국가의 정책주권을 수단으로 건설되었던 '케인지안 국민 복지국가'(Keynesian welfare national state: 이하 KWNS)는 21세기에 접어들면서 근본적인 변화를 경험하고 있다. 지구화된 자본의 운동은 개별 국민국가의 주권을 심대하게 침식하여, 이제는 정부가 자국 시장의 통화정책, 고용정책 그리고 조세정책을 실시하는 데 세계 시장(global market)의 요구에 순응할 수밖에 없게 되었으며, 산업생산의 방식의 변화로 인하여 경제의 중심이 기존의 제조업에서 정보기술 등 지식기반경제로 이행되고 있다. 한편, 복지국가의 수혜자이자, 가장 강력한 지지자였던 노동조합의 위세는 날로 위축되고 있다. 이에 더하여, 가족구조의 변화와 인구 고령화 현상은 20세기 산업사회의 산물인 복지국가 체제에 대한 심각한 도전이 되고 있다.

이러한 변화에 발맞추어, 최근 복지국가 연구에도 몇 가지 뚜렷한 흐름의 변화를 발견할 수 있다. 첫째, 복지국가 연구가 서구 유럽중심의 지역적 국지주의(parochialism)에서 벗어나 다양한 자본주의 국가로 관심이 확대되고 있다. 90년대부터 일본을 중심으로 한 동아시아 복지체제에 대한 연구[1]가 활발하게 진행되고 있으며, 최근에는 유럽연합이 동구권으로 확대되면서 체제 이행을 경험하고 있는 동유럽(Central and Eastern Europe: CEE)[2]의 복지체제에 대하여 주목할 만한 연구[3]가 진행되고 있다. 둘째, 복지국가 연구

---

1) 대표적인 연구로서, H. Kwon, "Beyond European Welfare Regimes: Comparative Perspectives on East Asian Welfare System", *Journal of Social Policy*, Vol.26, No.4(1997), pp.467−484; D. Jacobs, *Social Welfare System in East Asia: A Comparative Analysis Including Private Welfare*, CASEpaper, CASE/10, July 1998; S. Hort and S. Kuhnle, "The coming of East and South−East Asian welfare states", *Journal of European Social Policy*, Vol.10, No.1(2000), pp.162~184; I. Gough, "Social Assistance: A Cluster Analysis", *Journal of European Social Policy*, Vol.11, No.2(2001), pp.165~170; I. Holliday, "Productivist Welfare Capitalism: Social Policy in East Asia", *Political Studies*, Vol.48, Issue 4(2000), pp.706~723; I. Holiday and P. Wilding, *Welfare Capitalism in East Asia: Social Policy in the Tiger Economics*(New York: Palgrave Macmillan, 2003); A. Croissant, "Changing Welfare Regimes in East and Southeast Asia: Crisis, Change and Challenge", *Social Policy and Administration*, Vol.38, No.5(2004), pp.504~524.

2) CEE(Central and Eastern Europe)의 정확한 이름은 중동부(中東部) 유럽인데, 서구와 대비되는 의미에서 관례적으로 동유럽이라고 불리어 왔다. 이 연구에서도 이러한 관례에 따라서 동유럽으로 통일하고자 한다.

3) 대표적인 연구로서는 N. Bar, *Labor Markets and Social Policy in Central and Eastern Europe−The Transition and Beyond*(Oxford: Oxford Univ. Press, 1994); U. Götting, "Destruction, Adjustment and Innovation: Social Policy Transformation in Eastern and Central Europe", *Journal of European Social Policy*, Vol.4, No.3(1994), pp.181~200; B. Deacon and H. Michelle, "The Making of Post−communist Social Policy: The Role of International Agencies", *Journal of Social Policy*, Vol.26, No.1(1997), pp.43~62; R. Charton, R. McKinnon, and L. Konopieko, "Pension Reform, Privatization and Restructuring in the Transition: Unfinished Business or Inappropriate Agendas?", *Europe−Asia Studies*, Vol.50, No.8(1998), pp.1413~

가 기존의 복지제도를 중심으로 하는 연구에서 이러한 복지제도를 생산해 낸 그 사회의 계급구조와 생산체제에 보다 큰 관심을 기울이고 있다. 에스핑 안데르센(G. Esping-Andersen)의 복지국가레짐론(1990)4)과 복지레짐론(1999),5) 그리고 최근 들어서서 활발한 연구가 이루어지고 있는 '자본주의의 다양성'(varieties of capitalism) 테제에 입각한 연구6)가 이에 해당된다. 셋째, 후기 산업사회의 특징이라고 할 수 있는 새로운 위험에 대한 연구를 기초로 '새로운 위험에 대한 새로운 복지'(*new risks, new welfare*)를 모색하는 일환으로 사회투자국가 혹은 사회투자전략을 강조하고 있다. 이러한 연구경향은 영국의 신노동당 프로젝트의 이론적 근거였던 제3의 길과 맥을 같이하고 있다. 대표적인 연구로서는 기든스(A. Giddens),7) 구딘(R. Goodin),8) 매닝과 쇼우(N. Manning and I. Shaw),9) 젠슨

1446; J. Braithwaite, C. Grootaert and B. Milanovic, *Poverty and Social Assistance in Transition Countries*(New York: St. Martin Press, 1999); B. Deacon, "Eastern European Welfare State: The Impact of the Politics of Globalization", *Journal of European Social Policy*, Vol.10, No.2(2000), pp.146~161; K. Muller, "From the State to the Market? Pension Reform Paths in Central–Eastern Europe and the Former Soviet Union", *Social Policy and Administration*, Vol.36, No.2(2002), pp.156~175; D. Lane and M. Myant, *Varieties of Capitalism in Post–Communist Countries*(New York: Palgrave Macmillan, 2007).

4) G. Esping–Andersen, *The Three Worlds of Welfare Capitalism*(Cambridge: Polity, 1990).

5) G. Esping–Andersen, *Social Foundations of Postindustrial Economies*(Oxford: Oxford UP, 1999).

6) D. Soskice, "Divergent Production Regimes: Coordinated and Uncoordinated Market Economies in the 1980s and 1990s", H. Kitschelt and others(eds.), *Continuity and Change in Contemporary Capitalism*(Cambridge: Cambridge University Press, 1999), pp.101~134; P. Hall and D. Soskice, *Varieties of Capitalism: the Institutional Foundations of Comparative Advantage* (Oxford: Oxford University Press, 2001); A. Hicks and L. Kenworthy, *Varieties of Capitalism*, LIS working paper series 316, 2002; B. Amable, *The Diversity of Capitalism*(Oxford: Oxford University Press, 2003); 정무권, "복지국가 연구의 최근 동향과 쟁점: 자본주의 다양성 이론과 복지국가 재편논쟁", 『현대 정치학 이론의 발전』, 한국정치학회 편, 2007, pp.405~456.

7) A. Giddens, The Third Way: The Renewal of Social Democracy(Cambridge: Polity, 1998).

8) R. Goodin, "Work and Welfare: Towards a Post–productivist Welfare Regime", *British Journal of Political Science*, Vol.31(2001), pp.13~39.

과 세인트 마틴(J. Jenson and D. Saint-Martin),[10] 퍼킨스, 넬름스 그리고 스미쓰(D. Perkins, L. Nelms and P. Smyth),[11] 그리고 테일러 구비(P. Taylor-gooby)[12]의 연구가 대표적이라고 할 수 있다.

이러한 복지국가 연구의 흐름이 변화하면서 새롭게 주목되는 지역이 바로 동유럽이라고 할 수 있다. 특히 이들 국가의 상당수가 대거 유럽연합에 가입함으로써 새로운 차원에서 사회정책적 과제가 부상하고 있다. 유럽연합은 마스트리히트조약(The Maastricht Treaty, 1992) 이후 유럽시민들이 하나의 시민으로서 활동할 수 있는 법적·제도적 장치를 마련하여 왔다. 여기에서 하나의 시민이란 정치적·경제적 차원에서 평등한 권리를 향유하는 것은 물론이고, 사회정책에서도 누구나 동등한 권리를 누릴 수 있다는 것을 의미하며, 이는 1957년 로마조약(The Treaty of Rome) 이후 회원국 사이에 공유되었던 움직일 수 없는 원칙인 것이다. 실제적으로 사회보장제도의 균질화된 조화(uniform harmonization) 혹은 표준화 작업은 유럽통합의 기본 원칙 중의 하나인 '노동력의 자유로운 이동'[13]을 보장하기 위한 전제가 되는 것이다.[14] 따라서 사회보장제

---

9) N. Manning and I. Shaw, *New Risks, New Welfare: Signposts for Social Policy*(Oxford: Blackwell, 2000).

10) J. Jenson and D. Saint-Martin, "New Routes to Social Cohesion? Citizenship and the Social Investment State", *Canadian Journal of Sociology*, Vol.28, No.1(2003), pp.77~99.

11) D. Perkins, L. Nelms and P. Smyth, "Beyond neo-liberalism: the social investment state?" Social Policy working Paper No.3, The Centre for Public Policy, 2004.

12) P. Taylor-Gooby, *New Risks, New Welfare: The Transformation of the European Welfare State*(Oxford: Oxford UP, 2004); P. Taylor-Gooby(ed.), *Ideas and Welfare State Reform in Western Europe*(London: Palgrave, 2005).

13) 유럽통합은 '상품의 자유로운 이동'(free movement of goods), '자본의 자유로운 이동'(free movement of capital), '서비스의 자유로운 이동'(free movement of service) 그리고 '노동력의 자유로운 이동'(free movement of labour)을 보장하는 방향으로 이루어지고 있다.

14) 문진영, "지구화시대 초국가적 권위체가 복지국가체제에 미치는 영향에 관한 연구: 유럽연합의 사회정

도의 균질화 작업, 즉 사회정책(social policy)의 발전이 유럽통합의 성패를 결정할 수 있는 매우 중요한 과제라고 할 수 있다.

이러한 점에서, 이 연구는 국가 사회주의체제에서 시장 자본주의 체제로의 이행을 경험하고 있는 동유럽(CEE)의 복지체제의 성격을 설명할 목적으로 작성되었다. 이러한 목적을 달성하기 위해서 다음 장에서는 비교정책의 틀로서 주목을 받고 있는 에스핑 안데르센(G. Esping-Andersen)의 복지레짐론을 기본 틀로 하여 동유럽 복지레짐의 가능성에 대해서 논의한다. 이어 제3장에서는 최근 유럽연합에서 개발한 사회배제 지표를 기준으로 각 복지레짐별 대표적인 국가[15]와 동유럽의 사회적 배제 현황을 비교한다. 같은 맥락에서 제4장에서는 동유럽 의 국가와 각 레짐별 대표 국가의 복지수준을 비교 분석함으로써, 동유럽 복지체제의 성격을 설명하고자 한다.

2. 분석대상 국가

이 연구에서 다루고자 하는 대상 국가는 사회주의체제의 경험이 있는 국가로서 현재에는 시장 자본주의 체제로 이행하고 있는 공통점을 가지고 있다. 이들 국가는 이행기 경제(transition economy), 후기 사회주의 국가(post-socialist countries), 후기 공산주의 국가 (post-communist countries) 혹은 후기 국가 사회주의 국가(post-state

---

책을 중심으로", 『한국사회복지학』, Vol.53(2003), pp.317~318.

15) 여기에서 비교대상 국가는 에스핑 안데르센(G. Esping-Andersen)이 주장한 각각의 복지레짐을 대표하는 국가(영국 ➡ 자유주의 복지레짐; 독일, 프랑스 ➡ 조합주의 복지레짐; 스웨덴 ➡ 사민주의 복지레짐)를 상정하였다.

socialist countries) 등으로 다양하게 불리며, 지역적으로는 ① 구 소비에트 연방 소속 국가(러시아, 우크라이나, 벨라루스, 라트비아, 리투아니아, 에스토니아 등), ② 중앙유럽의 국가(동독, 폴란드, 체코, 슬로바키아, 슬로베니아, 헝가리, 루마니아 등), ③ 발칸 반도의 국가(세르비아, 크로아티아, 몬테네그로, 보스니아, 헤르체고비나, 마케도니아, 알바니아, 불가리아 등)로 나뉜다.

한편, 레인(D. Lane)은 국가 사회주의체제에서 자본주의로의 이행을 가장 잘 나타내는 척도가 바로 국가소유에서 사적 소유로의 이행이라는 점을 고려하여, 사적 부문(private sector)의 규모 및 민영화 수준을 두 축으로 하여 아래의 <그림 1>과 같이 국가별 군집화를 시도하였다.16)

---

16) D. Lane, "Post-State Socialism: A Diversity of Capitalisms?" D. Lane and M. Myant(eds.), *Varieties of Capitalism in Post-Communist Countries*(New York: Palgrave Macmillan, 2007).

Private Sector % of GDP	Mold	Lat	Slovak Hun Est Cze Pol Lith
High		Lat	Slovak Hun Est Cze Pol Lith
Medium	Mold	Bul Alb Rus Arm Sloven Ukr Rom Kyr Croa Mac Geo Kaz	
Low	Aze Taj Bos Uzb Serb Turkm Belor		
	Low	Medium	High

Privatization index

〈그림 1〉 국가별 사적 부문(private sector) 규모 및 민영화 지수

물론 자본주의로의 이행수준을 나타내는 지표로서는 위의 <그림 1>에서 사용한 사적 부문의 규모와 민영화 지수 이외에도 다양한 지표가 있을 수 있다. 예를 들자면, 주식시장 자본화, **GDP** 대비 국내 신용형성 비중, **GDP** 대비 해외직접투자 비중, 그리고 초국가적 교류 지수(transnationality index)[17] 등을 들 수 있다. 이러한 다양

---

17) 초국가교류지수는 ① 지난 3년간 전체 고정 자본형성에 FDI 유입이 차지하는 비중, ② 한 해에 전체

한 지표를 고려하여 레인은 동유럽을 다음의 세 가지 이행 모델로 나누어 설명하고 있다.[18)

첫 번째 모델은 대륙형 시장자본주의 모델이다. 이 모델에 해당하는 국가는 주로 유럽연합과 국경을 마주하고 있는 슬로베니아, 체코, 폴란드, 헝가리, 슬로바키아 그리고 에스토니아를 들 수 있다. 이들 국가는 시장화와 민영화의 수준이 OECD 국가에 육박하고 있으며 세계시장에 대한 참여도 매우 적극적이다. 한편 이들 국가보다는 민영화 등 이행지수에서는 떨어지지만, 나름대로는 성공적으로 자본주의체제로 이행되고 있는 국가로서 리투아니아, 크로아시아, 라트비아, 루마니아 그리고 불가리아도 이 모델에 해당한다.

두 번째 모델은 일종의 혼합형(hybrid)으로서 국가와 시장 간에 조정되지 않은 자본주의(state/market uncoordinated capitalism)를 특색으로 하고 있다. 이 모델에 속한 국가는 자국의 경제를 자본주의체제로 이행시키는 데 성공을 거두지 못한 국가로서 일반적으로 낙후된 경제를 가지고 있는 러시아, 우크레인, 카자흐스탄, 조지아, 그리고 몰도바가 이에 해당된다.

세 번째 모델은 여전히 국가 사회주의의 제도적 기틀 위에서 경제가 운영되는 국가로서, 우즈베키스탄, 벨라루스, 그리고 투르크메니스탄이 이에 해당된다. 이들 국가는 시장의 힘이 아니라 여전히 국가통제에 의해서 운영되는 국가 사회주의의 원리가 아직 살

해외직접투자 중 증권에 투입된 투자액의 비중, ③ 한 해에 GDP 중 외국기업 혹은 산하 기업에서 창출한 부가가치의 비중, 그리고 ④ 전체 고용 중 외국기업에서 고용한 비중과 같은 구성요소의 평균값을 구하여 측정된다. 이에 관한 자세한 내용은 United Nations, *World Investment Report*(New York: United Nations, 2003)을 참조하시오.

18) D. Lane, *op.cit.*, pp.35~36.

아 있다고 할 수 있다.

이 연구에서 분석하고자 하는 국가는, 레인이 정리한 세 가지 모델에서 첫 번째 모델에 속하는 국가들로서 시장화와 민영화가 상당 수준 진행되어 거의 OECD 국가의 수준에 이른 체코, 폴란드, 헝가리, 슬로베니아, 그리고 슬로바키아인데, 선정한 이유를 정리하면 다음과 같다. 첫째, 이들 국가는 비교적 성공적인 이행실적을 보이는데, 이러한 성과는 여전히 이행의 과정에서 뒤처져 있는 국가들의 역할 모델이 될 수 있다. 둘째, 이러한 성공적인 이행의 결과로 서구 복지국가와 비교 분석이 가능하게 되었다. 셋째, 이들은 모두 유럽연합의 회원국으로, 앞으로 유럽연합 차원의 사회정책이 이들 국가에게 어떻게 적용될 것인가를 연구함으로써, 유럽 복지국가의 미래를 전망하는 데 도움이 될 것으로 기대된다.

Ⅱ. 동유럽 복지레짐의 탐색적 고찰

복지국가를 연구하는 학자들을 하나의 공동관심사로 묶을 수 있는 중요한 질문이 있다면, 그것은 유사한 형태의 사회적 위험을 경험하고 있음에도 불구하고, 왜 국가마다 대응양식이 다른가 하는 점이다.[19] 이러한 질문에 대한 가장 최근의 과학적 응답이 에스핑 안데르센(G. Esping-Andersen)의 복지레짐론이라고 할 수 있다. 그는 1990년도에 발표한 「복지자본주의의 세 가지 세계」(*The Three*

---

19) G. Esping-Andersen, *op.cit.*, 1999, p.170.

Worlds of Welfare Capitalism)[20])에서 탈상품화(de-commodification)[21]) 와 계층화 전략(stratification strategy)이라는 두 개의 기준을 가지고 서구 선진복지국가를 분석하였는데, 국가의 이념적 지향에 따라서 복지국가 레짐의 성격이 달라지며, 유사한 이념적 지향을 가진 국가끼리 이념별 군집(cluster)을 이룬다는 것을 밝혔다. 즉 탈상품화 지수를 가지고 군집을 분석하게 되면, 자유주의 유형국가, 보수주의 유형국가, 그리고 사회민주주의 유형국가로 군집을 이루게 되며, 같은 군집에 속해 있는 국가는 정책의 순위결정이나 가치정향에 있어서 상당한 유사성을 보이게 된다는 것이다.

다시 말해서, 복지제도는 그 사회의 주도적인 가치관에 따라서 형태가 결정되는 경향성을 보이는데, 자유주의 복지레짐에 속해 있는 국가(예를 들면, 영국과 미국)의 복지제도는 기본적으로 계급의 이중구조를 유지하려는 기능을 수행하고 있는 반면에, 조합주의 복지레짐(예를 들면, 독일과 프랑스)의 복지제도는 노동시장에서의 지위유지를 위해서 기능하며, 또한 사민주의 복지레짐에 속해 있는 국가(예를 들면, 스웨덴)의 복지제도는 계급사회에 대한 보상으로 사회적 형평을 추구하는 성격을 보이고 있다는 것이다(아래의 <표 1> 참조).

---

20) *Ibid.*

21) 에스핑 안데르센은 탈상품화를 시장으로부터 독립적일 수 있는 능력, 즉 시장에 자신의 노동력을 판매하지 않고서도 독립된 생활을 꾸려 나갈 수 있는 시장면역성(market immunity)을 측정하는 개념도구로서 사용하였다. 하지만 그의 탈상품화 개념과 측정방식에 대해서는 논란이 계속되고 있다. 대표적으로 비판적인 연구로서는 C. Bambra, "Decommodification and the worlds of welfare revisited", *Journal of Social Policy*, Vol.16, No.1(2006), pp.73~80가 있다.

〈표 1〉 에스핑 안데르센의 레짐 유형화

	자유주의 레짐	보수주의 레짐	사민주의 레짐
탈상품화	낮음 ◄──────────────────────► 높음		
계층화	계급 이중구조 (class dualism)유지	분/지위 차별구조 (status differentials)강화	계급사회에 대한 보상, 평등추구
대표국가	영국, 미국	독일, 프랑스	스웨덴

자료: 문진영, *op.cit.*(2005), 〈표 1〉에서 수정 후 인용.

이렇듯 새로운 연구의 장을 연 에스핑 안데르센의 복지국가 레짐론 연구는 뛰어난 학문적 업적만큼, 또한 많은 비판을 감수하여야 했다. 에스핑 안데르센 자신도 밝힌 바와 같이,22) 비판의 초점은 복지국가 레짐을 자유주의, 조합주의, 사민주의의 세 개(triad)의 복지레짐으로 유형화하여야 하는 필연성을 묻고 있다. 즉 서구 복지국가 중심의 '세 개의 복지자본주의' 유형론은 현실세계의 복잡성 특히 자본주의의 다양성에 비추어 봤을 때, 과도단순화의 위험이 있다는 것이다. 이러한 이유로 '남부 유럽 유형'23)이나, '제4모형'24) 그리고 아시아형 '유교 복지국가모형'25)과 같은 새로운 시도가 있었다.

또 다른 측면에서의 비판은, 에스핑 안데르센의 복지레짐 유형론이 기본적으로 전후 케인지안 베버리지의 정통성(The Keynesian-

---

22) G. Esping-Andersen, *op.cit.*, 1999, p.12, 73.

23) S. Leibfried, "Towards an European Welfare State?" Z. Ferge and J. E. Kolberg(eds.), *Social Policy in a Changing Europe*(Frankfurt: Campus Verlag, 1992), pp.245~279; M. Ferrera, "'Southern Model' of welfare in Social Europe", *Journal of European Social Policy* Vol.6, No.1(1996), pp.17~37.

24) F. Castles and D. Mitchell, "Identifying Welfare State Regimes", *Governance*, Vol.5, No.1(1992), pp.1~26.

25) 위의 주(註) 1 참조.

Beveridge Orthodoxy)이 사회제도적으로 맹위를 떨치던 시기를 대상으로 하였기 때문에, 후기 산업사회로 이행되어 새로운 사회위험에 노출되어 새로운 복지체제를 구상하는 21세기에는 유용성이 매우 약해졌거나 혹은 근본적인 수술이 필요하다는 것이다.26) 하지만 이러한 비판에 대하여 안데르센은 경로의존성(path dependency)27)이라는 개념을 가지고 방어하고 있다. 즉 그는 구사회위험이 신사회위험으로 급격하게 바뀌고 있지만, 이러한 위험의 질의 변화에 대해서 새로운 복지가 나오는 대신에 복지국가의 반응은 예전 방식을 고수하는 경로의존성을 보인다는 것이다28)

이러한 에스핑 안데르센의 복지레짐론에 대한 논의는 동유럽의 복지체제의 성격을 규명하는 데 두 가지 중요한 문제적 질문(problematics)을 던지고 있다.

① 동유럽국가는 (사회주의체제로부터) 경로의존성을 보이는가?
② 사회주의체제의 경험으로 서구 복지국가와는 다른 동유럽국

---

26) 에스핑 안데르센의 복지레짐론에 대한 비판을 정리하면 다음과 같다. 첫째, 한 사회에서 생산되고 분배되는 복지 전체를 대상으로 하지 않고, 주로 소득유지 프로그램에 치중되어 있기 때문에, 전체 복지의 상을 그리지 못한 상태에서 국가 간 비교분석을 시도하였다. 둘째, 그의 복지레짐 유형은 본질적으로 정태적이기 때문에 1980년대 이후 복지국가의 변화를 담아내지 못하고 있다는 것이다. 그리고 셋째, 그는 시상과 국가라는 이중구도(duality)에만 집중하였기 때문에 가계(household)나 가족(family)으로부터의 복지공급을 설명하는 데 실패하고 있다는 것이다. 하지만 이러한 비판을 의식해서인지 그는 이후의 저작(Esping-Andersen, 1999)에서 국가 중심이 '복지국가 레진'(welfare-state regime)이라는 표현 대신에 '복지 레짐'(welfare regime)이라는 보다 포괄적인 개념으로 바꾸었지만, 자신의 '세 가지 복지 자본주의'의 논지는 여전히 튼튼하다고 주장하고 있다. 이에 관한 자세한 내용은 D. Wincott, "Reassessing the Social Foundations of Welfare(State) Regimes". *New Political Economy*, Vol.6, No.3(2001), pp.409~425를 참조하시오.

27) 신제도학파의 경로의존성에 대한 자세한 논의는 P. Pierson, "Increasing Returns, Path Dependence, and the Study of Politics!" *American Political Science Review*, Vol.94, No.2(2000), pp.251~267을 참조하시오.

28) G. Esping-Andersen, *op.cit.*(1999), p.172.

가만의 독특한 성격을 가진 복지국가 체제를 건설하였는가?

이 질문들은 동유럽국가가 이행의 과정에서 복지체제를 구성할 때, 과거 사회주의 역사의 유산이 어느 정도 영향을 미쳤는가를 묻고 있다. 물론 서구식 자본주의가 정착되어 있는 동유럽국가, 특히 이 연구에서 다루고 있는 체코, 헝가리, 폴란드, 슬로베니아, 슬로바키아에서 경로의존성 이론이 얼마나 설명력이 있을지 미지수이다. 다시 말해서, 사회주의체제를 건설하였던 그 당시의 원형질이 아직까지 이들 국가의 복지체제에 남아 있다고 단정하기는 어렵다는 것이다. 하지만 이들 국가에게 사회주의체제라는 족적(footprint)이 아직 남아 있는 것도 부인할 수 없는 사실이다. 예를 들자면, 이들 동유럽국가들은 공통적으로 인간개발지수(Human Development Index: 이하 HDI)의 순위가 GDP 순위보다 높았다. 또한 상당한 수준의 산업기반을 가지고 있었고, 높은 교육수준과 낮은 문맹률을 보였으며, 적절한 주거를 제공하고, 영양상태와 보건수준이 높았기 때문에 결과적으로 국민들의 평균 기대수명이 높았다. 이러한 사회주의의 유산으로 인해서 자본주의 일반의 발전과는 다른 궤적을 보이며 자본주의로 이행되고 있다고 할 수 있다.29)

더욱이 복지국가 체제는 사회구성원의 첨예한 사회·경제적 이해관계를 조정할 수 있는 사회적 기술(social technique)뿐만 아니라, 실제로 제도를 운영할 수 있는 행정적 실현능력(administrative feasibility)이 전제가 되어야 하기 때문에, 그 사회의 역사적 조건

---

29) D. Lane, *op.cit.*, p.21.

속에서 제도의 방향과 내용을 달리하며 독자적으로 발전하는 경향성을 보이고 있다. 따라서 다음 장부터 이들 동유럽국가의 경우에도 서구 복지국가의 궤적과는 다른, 나름의 독특한 복지국가의 성격을 가지고 있는지를 살펴보고자 한다.

Ⅲ. 동유럽국가의 사회적 배제 현황

1. 사회적 배제의 개념

위의 장에서 언급한 바와 같이, 이행기 이전의 동유럽국가는 공통적으로 HDI의 순위가 GDP 순위보다 높았는데, 이는 경제발전의 수준에 비하여 사회발전의 수준이 높았다는 점을 나타내고 있다. 1991년 발간된 유엔개발기구(United Nations Development and Programme: UNDP) 보고서[30]에 따르면, HDI 순위과 GDP 순위의 상관관계를 구했을 때, 미국, 덴마크, 독일과 같은 선진 자본주의 국가의 경우는 GDP의 순위보다 HDI 순위가 높은 반면에, 헝가리, 유고슬라비아, 폴란드 등은 반대의 현상을 보이고 있다. 또한 국가 사회주의체제가 유지되었던 1980년대까지만 하더라도, 평균수명, 성인 문자해득률, 평균 교육이수 기간, 그리고 GDP를 조합하여 만든 HDI에서 체코(27위), 헝가리(30위), 폴란드(41위)는 상위 그룹

---

30) UNDP, *Human Development Report 1991*(Oxford: Oxford Univ. Press, 1991).

을 형성하고 있었다.[31]

  그러면 자본주의로의 이행이 진행되고 있는 현재에는 사회발전의 수준이 어떻게 되었는지를 살펴보자. 현재 사회발전의 수준을 나타내는 가장 중요하면서도 강력한 지표가 바로 사회적 배제(social exclusion)이다. 사회적 배제는 '풍요로운 경제하에서의 빈곤의 만성화와 세습화'의 문제가 대두되면서 나타난 개념으로서, 전통적인 의미의 빈곤이 주로 '물질적으로 결핍된 상황'이라는 정태적인 현상에 초점을 맞추고 있다면, 사회적 배제는 단순히 물질적 결핍이라는 현상을 넘어서서 이러한 현상이 나타나게 된 원인과 과정에 더욱 큰 관심을 기울이고 있다.[32] 즉 사회적 배제는 기존의 빈곤에 대한 개념에 비하여 ① 빈곤의 역동성에 초점을 맞추며, ② 빈곤을 금전적인 문제에서 다차원적인 불리함으로 확대하여 해석하고, ③ 개인보다는 가족과 지역사회까지 범위를 넓히고 있으며, ④ 참여, 권한, 그리고 사회통합 등과 같은 관계적인 이슈에 관심을 기울이고 있다고 할 수 있는데[33] 이를 하나의 표로 정리하면 다음의 <표 2>와 같다.

---

31) *Ibid.*, pp.119~121.

32) 문진영, "사회적 배제의 국가간 비교 연구: 프랑스, 영국, 스웨덴을 중심으로", 『한국사회복지학』, 제56권, 제3호(2004년), p.254.

33) G. Room, *Beyond the Threshold: the Measurement and Analysis of Social Exclusion*(Bristol: Policy Press, 1995), pp.233~242.

〈표 2〉 사회적 배제의 구조

	정태적(static) 결과	동태적(dynamic) 과정
소득(Income)	빈곤(Poverty)	궁핍화(Impoverishment)
소득 포함 다차원(Multidimensional)	박탈(Deprivation)	사회적 배제(Social exclusion)

자료: J. Berghman, "Social Exclusion in Europe : Policy Context and Analytical Framework", G. Room(ed.), *Beyond the Threshold: the Measurement and Analysis of Social Exclusion*(Bristol: Policy Press, 1995), pp.10~28, Table 2.1; 문진영, *op.cit.*(2004), 〈표 1〉에서 재인용.

2. 사회적 배제 지표

유럽연합은 2000년 3월 리스본 유럽 정상회의(The Lisbon European Summit)와 2000년 12월 니이스 유럽 이사회(The Nice European Council)의 결정에 따라서 유럽 집행위원회(European Commission)는 각 회원국에 공통적으로 적용될 수 있는 사회적 배제 지표를 개발할 의무를 지게 되었다. 2001년 2월 유럽 사회적 보호위원회(Social Protection Committee)의 주관하에 사회적 지표 개발을 위한 전문가 집단(technical group)이 구성되어 지표개발을 본격적으로 추진하게 되었고, 그 결과가 바로 다음의 <표 3>이다.

〈표 3〉 유럽연합의 사회적 배제 지표

구분	영역	지표(Indicators)	측정(Measurement)
1차적 지표 (Primary Indicators)	소득	1. 빈곤율	중위소득 60% 이하의 비율
		2. 소득분포	1분위소득과 5분위소득의 배율: 소득배율
		3. 빈곤지속성	지난 3년간 최소한 2년 이상 빈곤위험집단에 속해 있었던 가구의 비율
		4. 상대적 빈곤 격차	전체 소득분포상 중위소득 60%의 소득(빈곤선) 대비 빈곤층 중위소득의 비율
	지역적 결속	5. NUTS 2* 수준의 고용률	고용률 변동계수(coefficient of variation)
	실직	6. 장기실직	경제활동 인구 중 12개월 이상 장기실직자의 비율
		7. 무직 가구원 수	전체 인구 중 일자리 없는 가구의 가구원 비율
	교육	8. 조기 교육기회 상실	18세~24세 중 ISCED** level 2 혹은 그 이하의 교육수준에 있는 사람들의 비율
	수명	9. 평균 기대 수명	평균 기대 수명
	건강	10. 소득수준별 자각 건강 상태	WHO 기준으로 자신의 건강이 나쁘거나(bad) 매우 나쁘다(very bad)고 응답한 16세 이상의 사람으로서 제1소득 분위(bottom quintile group)에 해당하는 사람 대비 제5소득 분위(top quintile group)에 해당하는 사람의 비율
2차적 지표 (Secondary Indicators)	빈곤	1. 빈곤 산포 (dispersion)	중위소득 60% 이하의 산포(dispersion)
		2. 특정 시점 빈곤율 변화	3년 전(t-3) 빈곤선을 기준으로 그 이하의 가처분소득을 가진 t 년도 소득자의 비율
		3. 소득이전 이전 (before social cash transfer)의 빈곤율	현금급여 제외한 소득을 기준으로 중위소득 60% 이하 소득자의 비율
		5. 지속빈곤율	지난 3년간 최소한 2년 이상 중위소득의 50% 이하의 소득을 가진 소득자의 비율
	소득 분배	4. 지니 계수	로렌츠 곡선을 이용한 소득불평등도 산출
	실직	6. 장기 실직자 비율	전체 실직자 중 12개월 이상 실직상태에 있는 실직자의 비율
		7. 극 장기(very long) 실직자 비율	전체 경제활동인구 중 24개월 이상 실직상태에 있는 실직자의 비율

			연령집단별(25~34, 35~44, 45~54, 55~64)로 ISCED level 2 혹은 그 이하의 교육수준에 있는 사람들의 비율
교육	8. 저학력 비율		

* NUTS(Nomenclature of Territorial Units for Statistics): 1970년대 말 유럽통계사무소(Eurostat)는 유럽연합의 지역 통계를 생산하기 위하여 전 유럽을 땅 크기와 인구를 기준으로 3 수준의 지리적 단위(uniform territorial units)로 세분하였다. 2003년 현재 유럽연합은 72 NUTS 1 level, 213 NUTS 2 level 그리고, 1091 NUTS 3 level을 가지고 있다.
  http://europa.eu.int/comm/eurostat/ramon/nuts/statistical_regions_en.html 참조.
** ISCED(International Standard Classification Education): 1970년대 초반 UNESCO는 국제적인 수준에서 일관성 있는 교육통계를 수집하고 생산하기 위한 측정도구를 개발하였는데, 이것이 바로 ISCED이다. ISCED는 level 0에서 level 6까지 모두 7단계가 있는데, level 2는 교육기간이 약 9년 정도 되는 낮은 기초 교육의 수준을 말한다.
  http://www.uis.unesco.org/TEMPLATE/pdf/isced/ISCED_A.pdf 참조.
자료: L. Bardone and D. Stanton, *The Experience of Developing Indicators in the Social Protection Committee's Indicators Sub Group.*Paper Presented to 23rd CEIES seminar, 2003, Social Protection Statistics, Lisbon. See Annex.

한편 로빈슨과 오펜하임(P. Robinson and C. Oppenheim)은 사회적 배제의 영역이 서로 상호 작용을 하며 연결되어 있다는 것을 전제로, 사회적 배제를 측정하는 지표를 선정하기 위한 기준을 제시하고 있는데, 첫째, 대중들에게 쉽게 이해되고 대중들이 관심을 갖는 지표로서, 둘째, 계량화하기 쉽고, 셋째, 국제적 관습(international convention)에 맞아야 하며, 넷째 역동적인(dynamic) 차원을 가지고 있어야 하며, 다섯째, 지역차원에서 실제로 운영될 수 있는 지표여야 한다는 것이다.[34]

본 연구에서는 이러한 다섯 가지의 조건을 만족시키는 지표로서 ① 빈곤율, ② 소득배율, ③ 극장기실업률, ④ 조기 교육기회 상실률, ⑤ 영아 사망률(infant mortality) 5가지 지표를 사용하고자 하는데, 이를 각각 설명하자면 다음과 같다. 첫째, 사회적 배제수준을 결정하는 가장 기초적이며 중심적인 영역은 물론 소득수준인데, 여

---

34) P. Robinson and C. Oppenheim, *Social Exclusion Indicators: A Submission to the Social Exclusion Unit*(London: Institute for Public Policy Research, 1998), pp.4~5.

기에서는 개인 또는 개별가구 소득수준의 일반적인 차원의 지표(빈곤율)와 상대적인 차원의 지표(소득배율)로 나누어 살펴보고 있다. 둘째, 장기 실업률 지표는 단순히 노동시장으로부터의 소외를 넘어서서 전반적인 사회·경제적 고립을 나타내는 지표로서 사회적 배제를 결정하는 매우 중요한 지표이기 때문에 선정하였다. 셋째, 교육영역에 해당하는 '저학력자 비율'은 조기에 교육기회를 상실한 사람의 비율을 나타낸다. 이 지표는 유럽연합의 사회적 배제 지표에 포함되었는데, 기초교육수준(ISCED level 2) 혹은 그 이하의 교육수준에 있는 사람들의 비율을 말한다. 넷째, 영아사망률 지표는 1차 보건의료 수준과 임산부의 영양상태를 나타내는 대표적인 보건지표[35]이기 때문에 사회적 배제 지표로 선정하였다. 지금까지 설명한 5가지의 사회적 배제 지표를 하나의 표로 정리하면 아래의 <표 4>와 같다.

<표 4> 사회적 배제 지표에 대한 설명

영역	지표	조작적 정의
소득	빈곤율	세후 소득 기준 전체 가구 중위소득의 60% 이하
소득	소득배율	5분위 가구 소득/1분위 가구 소득
실업	극 장기 실업률	경제활동 인구 중 24개월 이상의 장기 실직자 비율
교육	저학력자 비율	25세~64세 중 ISCED Level이 2(lower secondary education) 이하인 사람의 비율
보건	영아사망률	1세 이하 영아 1,000명당 사망률

<hr>

35) K. Stewart, *Measuring Well-Being and Exclusion in Europe's Regions*, CASEpaper 53(London: Centre for Analysis of Social Exclusion, 2002), pp.30~31.

1) 소득: 빈곤율과 소득배율

일반적으로 한 사회에서 사회적 배제를 발생시키는 가장 중요한
근원은 소득영역에 있다고 할 수 있는데, 이를 빈곤율과 소득배율
로 나누어 살펴보고자 한다. 우선 세후(after transfer)를 기준으로
중위소득 기준 60% 이하의 소득자 비율을 빈곤율로 규정할 경우,
아래의 <표 5>와 같이 체코와 헝가리는 서구 유럽의 어느 나라와
비교해도 손색이 없을 정도로 낮은 빈곤율을 보이고 있으나, 폴란
드의 경우 2005년에 21%의 빈곤율을 나타내 유럽연합 국가 중 최
고의 빈곤율을 보이고 있다. 이는 동유럽국가 내부에서도 상당한
수준의 편차가 존재함을 나타내고 있다. 하지만 2005년 현재 분석
대상 동유럽국가의 평균 빈곤율(13.8%)은 유럽회원국 25개국 평균
빈곤율(16%)보다 훨씬 낮다는 것을 알 수 있다.

〈표 5〉 빈곤율 비교

(단위: %)

국가	연도	2000	2001	2002	2003	2004	2005
서구유럽	독일	10	11	n/a	n/a	n/a	13
	프랑스	16	13	12	12	13	13
	영국	19	18	18	18	n/a	18
	스웨덴	na	9	11	n/a	11	9
EU-25		10	16	n/a	15	16	16
동유럽	평균*	n/a	n/a	n/a	n/a	n/a	13.8
	체코	n/a	8	n/a	n/a	n/a	10
	헝가리	11	11	10	12	n/a	13
	폴란드	16	16	n/a	n/a	n/a	21
	슬로베니아	11	11	10	10	n/a	12
	슬로바키아	n/a	n/a	n/a	n/a	n/a	13

* 본 연구의 대상국 지표의 평균.
자료: Eurostat(http://ec.europa.eu/eurostat), 검색일 2007년 12월 15일.

한편 아래의 <표 6>은 소득분배 수준을 알 수 있는 5분위 배율 (income quintile share ratio)을 나타내고 있다. 이 표에서 알 수 있 듯이, 동유럽국가의 경우 유럽 평균치보다 낮은 5분위 배율을 보이 고 있다. 즉 유럽연합 회원국 25개국 평균보다 약간 양호한 소득분 배를 보이고 있다는 것을 알 수 있다.

<표 6> 소득배율*

국가	연도	2000	2001	2002	2003	2004	2005
서구유럽	독일	3.5	3.6	n/a	n/a	n/a	4.1
	프랑스	4.2	3.9	3.9	3.8	4.2	4
	영국	5.2	5.4	5.5	5.3	n/a	5.5
	스웨덴	n/a	3.4	3.3	n/a	3.3	3.3
EU-25		4.5	4.5	n/a	4.6	4.8	4.9
동유럽	평균	n/a	n/a	n/a	n/a	n/a	4.3
	체코	n/a	3.4	n/a	n/a	n/a	3.7
	헝가리	3.3	3.1	3.0	3.3	n/a	4
	폴란드	4.7	4.7	n/a	n/a	n/a	6.6
	슬로베니아	3.2	3.1	3.1	3.1	n/a	3.4
	슬로바키아	n/a	n/a	n/a	n/a	n/a	3.9

* 상위 20% 소득/하위 20% 소득.
자료: Eurostat(http://ec.europa.eu/eurostat), 검색일 2007년 12월 15일.

2) 실업: 극 장기실업률

사회적 배제는 단순한 소득의 결핍을 넘어서서 사회적 소통의 부재와 이에 따른 사회적 고립을 포함하는 개념이라고 할 수 있다. 이러한 점에서 실직상태, 특히 장기실직 상태야말로 단순히 노동시 장으로부터의 소외를 넘어서서 전반적인 사회경제적 고립을 나타

내는 지표라고 할 수 있다. 아래의 <표 7>은 24개월 이상 실직상태
에 머물고 있는 사람들의 비율인 극장기 실업률(very long-term
unemployment rate)을 나타내고 있다. 유럽연합 회원국 중에서 독
일의 경우에는 2004년부터 급격하게 극 장기 실업률이 높아져서
2006년의 경우에는 3.7%를 기록하고 있는 반면에, 노동시장의 유
연성을 강조한 영국과 사민주의적 노동시장정책을 고수하고 있는
스웨덴은 상당히 낮은 수준을 보이고 있다. 한편 동유럽국가의 경
우, 2006년 현재 슬로바키아의 경우 극장기 실업률이 7.9%인 반면
에 헝가리는 1.5%로 편차가 크다는 것을 알 수 있다.

〈표 7〉 극 장기 실업률 비교

(단위: %)

국가	연도	2001	2002	2003	2004	2005	2006
서구유럽	독일	2.4	2.5	2.8	3.5	3.6	3.7
	프랑스	1.7	1.6	1.9	1.9	2.0	2.0
	영국	0.7	0.6	0.5	0.5	0.5	0.6
	스웨덴	n/a	0.0	0.0	0.0	0.5	0.4
EU-25		2.2	2.2	2.3	2.3	2.3	2.2
동유럽	평균	3.4	3.6	3.7	3.8	3.9	3.5
	체코	2.4	2.3	2.3	2.6	2.6	2.4
	헝가리	1.2	1.2	1.2	1.3	1.5	1.5
	폴란드	4.0	4.8	5.2	5.0	5.3	4.1
	슬로베니아	2.6	2.3	2.1	1.8	1.8	1.7
	슬로바키아	6.8	7.5	7.6	8.2	8.4	7.9

자료: Eurostat(http://ec.europa.eu/eurostat), 검색일 2007년 12월 15일.

3) 교육: 저학력자 비율

아래의 <표 8>은 25세에서 64세 중 낮은 교육수준(중등학교 정
도)을 가진 사람들의 비율을 나타내고 있다. 여기에서 특기할 만한
사항은 동유럽국가의 지표(15.1%)가 유럽회원국 평균(30.3%)은 물
론이고, 서구 유럽의 선진국의 지표(예를 들자면, 영국의 27.4%)보
다도 양호하다는 것이다. 이 지표야말로 구 사회주의체제의 유산이
자본주의로의 이행을 거의 완성한 지금까지도 제도적인 영향력을
행사하고 있다는 증거가 된다.

<표 8> 저학력자 비율

(단위: %)

국가	연도	2001	2002	2003	2004	2005	2006
서구유럽	독일	17.5	17.0	16.5	16.1	16.9	16.7
	프랑스	36.8	35.9	35.2	34.6	33.6	33.1
	영국	35.4	33.8	30.6	29.4	28.3	27.4
	스웨덴	19.5	18.6	17.9	17.1	16.4	15.9
EU-25		35.5	34.5	33.2	31.9	30.9	30.3
동유럽	평균	20.5	19.4	18.1	17.1	16.1	15.1
	체코	13.7	12.1	11.5	10.9	10.1	9.7
	헝가리	30.0	28.6	25.9	24.7	23.6	21.9
	폴란드	19.8	19.1	17.7	16.4	15.2	14.2
	슬로베니아	24.2	23.0	21.9	20.3	19.7	18.4
	슬로바키아	14.9	14.0	13.3	13.0	12.1	11.2

자료: Eurostat(http://ec.europa.eu/eurostat), 검색일 2007년 12월 15일.

4) 보건: 영아 사망률

아래의 <표 9>는 각국의 영아사망률을 비교하고 있는데, 동유럽

국가의 경우 서구 유럽국가에 비하여 여전히 높은 수준이지만, 2000
년 이후에는 상당한 수준으로 호전되고 있음을 알 수 있다. 하지만
동유럽국가 내부의 편차는 심한 것으로 나타났다. 체코의 경우에는
스웨덴을 제외한 다른 서구유럽국가에 비하여 영아 사망률이 낮은
반면에, 헝가리와 슬로바키아는 유럽회원국 27개국 평균보다 상당히
높게 나타나는 등 동유럽국가 간에 편차가 크다는 것을 알 수 있다.

〈표 8〉 영아 사망률*

국가	연도	2000	2001	2002	2003	2004	2005
서구유럽	독일	4.4	4.3	4.2	4.2	4.1	3.9
	프랑스	4.5	4.6	4.2	4.2	4.0	3.8
	영국	5.6	5.5	5.2	5.3	5.0	5.1
	스웨덴	3.4	3.7	3.3	3.1	3.1	2.4
EU-27**		5.9	5.8	5.5	5.3	n/a	n/a
동유럽	평균	7.0	6.0	6.0	6.0	5.5	5.5
	체코	4.1	4.0	4.1	3.9	3.7	3.4
	헝가리	9.2	8.1	7.2	7.3	6.6	6.2
	폴란드	8.1	7.7	7.5	7.0	6.8	6.4
	슬로베니아	4.9	4.2	3.8	4.0	3.7	4.1
	슬로바키아	8.6	6.2	7.6	7.9	6.8	7.2

* 1세 이하 영아 1,000명당 사망률
** 지금까지 사용하였던 EU-25의 자료에 결측치가 많아서 EU-27을 사용하였음.
자료: Eurostat(http://ec.europa.eu/eurostat), 검색일 2007년 12월 15일.

3. 소결

지금까지 대표적인 사회적 배제 지표를 살펴보았는데, 이를 정리
하면 다음과 같다. 첫째, 동유럽국가의 사회적 배제 현황은 서구 유

럽국가와 비교하여 별반 차이가 없다. 둘째, 동유럽국가의 교육지표의 경우 상당히 양호하게 나타났는데, 이는 사회주의체제에서 구축된 교육인프라가 손상되지 않은 상태로 유지된다는 것을 의미한다.36) 셋째, 거의 모든 사회적 배제 지표에서 동유럽국가 내 편차가 큰 것으로 나타났다.

정리하자면, 자본주의로 이행하는 과정에서도, 사회주의체제하에서 구축된 사회제도의 영향으로 사회적 배제 상황이 악화되는 것을 예방하였다고 해석할 수 있다. 경제수준이 서구 유럽국가에 비하여 상대적으로 낮은 동유럽국가의 사회적 배제 지표가 서구 유럽국가에 비하여 별반 차이가 없거나, 교육지표의 경우에는 오히려 서구 유럽국가의 지표를 월등하게 앞서는 것은 사회주의체제의 유산으로 설명이 가능하다. 즉 사회주의체제 시절 HDI 순위가 GDP 순위보다 훨씬 앞서 있었던 당시의 사회주의체제의 유산이 아직까지 동유럽국가에 남아 있다고 해석할 수 있다.

Ⅳ. 동유럽국가의 복지수준

동유럽국가의 사회정책은 과거 사회주의 시절에 기능하였던 사회제도와 그 당시 이루어졌던 정책결정 과정으로부터 자유로울 수 없다.37) 실제로 사회주의체제에서 이루었던 사회정책의 수준은 매우 높

---

36) 물론 사회적 배제 현상에 대한 사회지표적 접근을 할 경우 이러한 결론이 도출된다는 것이고, 실제 교육의 질에 관해서 서구 선진국과 비교할 경우, 상당한 저열성을 보일 가능성도 있다.

았다고 할 수 있다. 특히 보건의료와 교육 그리고 소득보장제도는 매우 포괄적이었으며 형평성에 입각하여 제도가 운영되었다. 하지만 다른 한편에서는 사회주의체제의 한계도 드러내고 있었는데, 투입 위주의 중앙집중화된 계획경제(input-oriented central planning)하에서 사회복지 서비스제도는 비효율적이고 방만하게 운영되었다.[38] 그러면 이러한 사회주의체제에서의 정책적 유산(policy legacy)이 현재의 복지국가 체제를 구성하는 데 얼마나 영향을 미쳤는지를 살펴보자.

1. 복지지출의 수준

동유럽국가의 정책결정자들은 자본주의 시장경제, 다당제, 그리고 다원주의적 시민사회를 중핵으로 하는 영미식 자본주의를 체제 모델로 설정하고 체제 이행을 추진하였다고 할 수 있다. 따라서 이들은 사회주의체제와의 단절을 선언하여야 했는데, 결과적으로 복지축소가 불가피하게 되었다. 아래의 <표 9>에서 알 수 있듯이, 동유럽국가의 GDP 대비 사회 지출의 비중이 유럽연합 회원국 평균에 훨씬 못 미칠 뿐만 아니라, 전형적인 자유주의 국가로 분류되는 영국과 비교해서도 상당히 뒤처져 있음을 알 수 있다.

---

37) N. Barr, *Labor Markets and Social Policy in Central and Eastern Europe−The Transition and Beyond*(Oxford: Oxford Univ Press, 1994).

38) D. Ringold, "Social Policy in Postcommunist Europe: Legacies and Transition", L. Cook, K. Orenstein and M. Rueschemeyer(eds.), *Left Parties and Social Policy in Postcommunist Europe*(Oxford: Westview, 1999), p.13.

〈표 9〉 GDP 대비 사회 지출비 비중 비교

(단위: %)

국가 \ 연도		2000	2001	2002	2003	2004
서구유럽	독일	29.2	29.3	29.9	30.2	29.5
	프랑스	29.5	29.6	30.4	30.9	31.2
	영국	27.1	27.5	26.4	26.4	26.3
	스웨덴	30.7	31.3	32.3	33.3	32.9
EU-25		26.6	26.8	27.0	27.4	27.3
동유럽	평균	20.5	20.7	21.2	21.0	20.4
	체코	19.5	19.4	20.2	20.2	19.6
	헝가리	19.3	19.3	20.3	21.1	20.7
	폴란드	19.5	20.8	21.2	20.9	20.0
	슬로베니아	24.9	25.3	25.3	24.6	24.3
	슬로바키아	19.3	18.9	19.0	18.2	17.2

자료: Eurostat/ESSPROS(http://ec.europa.eu/eurostat), 검색일 2007년 12월 15일.

그런데 GDP 대비 사회 지출의 비중은 분모인 GDP의 수준에 따라서 상당히 달라지기 때문에, 국가 간 비교를 할 때 복지수준의 왜곡을 가져올 수 있다. 따라서 1인당 지급되는 복지급여의 수준을 비교하는 것이 더욱 정확한데, 아래의 <표 10>은 1인당 지급되는 사회보호 급여(social protection benefit)를 PPP 지수로 환산하여 국가 간 비교한 결과를 정리한 표이다. 이 표에서 알 수 있듯이, 동유럽국가의 경우 유럽연합 25개 회원국 평균의 절반에도 미치지 못할 정도로 1인당 사회보호 급여의 수준이 매우 낮다는 것을 알 수 있다.

〈표 10〉 1인당 사회보호 급여비

(단위: PPP)

국가	연도	2000	2001	2002	2003	2004
서구유럽	독일	6,339	6,492	6,753	6,863	6,977
	프랑스	6,315	6,599	6,882	7,058	7,299
	영국	5,873	6,249	6,395	6,580	6,863
	스웨덴	7,206	7,249	7,621	8,087	8,437
EU-25		5,130	5,349	5,588	5,737	5,951
동유럽	CEE 평균	1,726	1,821	1,964	2,005	2,068
	체코	2,460	2,582	2,852	2,907	3,023
	헝가리	2,050	2,238	2,537	2,707	2,810
	폴란드	1,772	1,952	2,068	2,100	2,167
	슬로베니아	1,774	1,764	1,756	1,699	1,717
	슬로바키아	572	567	608	614	623

자료: Eurostat/ESSPROS(http://ec.europa.eu/eurostat), 검색일 2007년 12월 15일.

2. 탈상품화된 보장비율(DSR)

메나헴(G. Menahem)[39]은 유럽연합 회원국의 사회보호제도를 비교평가하기 위하여 '탈상품화된 보장 비율'(decommodified security ratio: 이하 DSR)이라는 지수를 개발하였다. DSR은 경제의 안정도를 고려하여, 연금과 실업급여의 소득대체율, 상병과 장애 시 보상수준(reimbursement), 그리고 가족에게 지급되는 급여를 총괄하여 산출되는데,[40] 그 결과는 아래의 <표 11>과 같다. 이 표에서 알 수 있듯이, DSR은 지역적으로 확연하게 구분이 되는 특징을 보이고

---

39) G. Menahem, "The Decommodified Security Ratio: A Tool for Assessing European Social Protection Systems", *International Social Security Review*, Vol.60, No.4(2007).

40) DSR의 자세한 산출식은 *Ibid.*, pp.78~79를 참조하시오.

있다. 즉 북구 유럽국가의 경우에는 DSR 점수가 매우 높은 반면에, 동유럽국가의 경우 체코를 제외하고는 모두 DSR의 점수가 매우 낮아서 경제상황은 불안한 반면에 이러한 경제적 위험으로부터 보호받을 수 있는 사회보호의 수준 역시 매우 낮다는 것을 알 수 있다.

<표 11> DSR의 국제 비교

		경제불안지수(EII)	소득대체율 (연금/실업)	보상수준 (상병/장애)	가족 (주거제외)	DSR
북구 유럽 국가	노르웨이	−6.0	10.2	17.9	5.8	27.9
	스웨덴	−6.6	14.2	14.7	5.5	27.8
	네덜란드	−6.6	15.4	14.7	4.2	27.7
	덴마크	−6.6	12.5	11.4	7.8	25.1
	핀란드	−6.6	12.2	11.5	5.1	22.2
중부 유럽 국가	오스트리아	−7.5	15.1	10.3	4.1	22.0
	프랑스	−7.2	13.0	9.4	4.0	19.3
	독일	−9.0	13.5	10.1	4.0	18.5
	체코*	−4.8	9.9	10.0	2.7	17.8
	벨기에	−8.4	13.1	8.5	2.8	16.1
	영국	−10.8	10.8	9.4	3.7	13.1
남부 유럽 국가	포르투갈	−12.0	11.1	10.0	2.0	11.1
	이탈리아	−11.4	12.7	7.0	1.0	9.3
	그리스	−12.3	11.2	6.4	2.5	7.8
	스페인	−11.4	9.2	6.4	0.7	4.9
동 유럽 국가	폴란드	−10.2	9.9	5.6	0.9	6.1
	라트비아	−9.6	8.5	4.3	1.8	5.1
	슬로베니아	−12.6	7.1	7.5	2.6	4.6
	에스토니아	−10.8	6.5	6.1	2.3	4.0
	리투아니아	−10.2	6.2	5.2	1.6	2.9

* 메나헴은 체코를 지형적으로 중부유럽국가로 분류하였다.
자료: Menahem, *op.cit.*, Table 1.

3. 복지 수입의 구성

한편 복지국가의 성격을 규명하는 데 중요한 기준 중의 하나가 복지제도의 구성을 밝히는 것이다. 하지만 아래의 <표 12>에서 알 수 있듯이, 서구 유럽국가의 복지제도 구성과 비교해 보았을 때, 동유럽국가의 복지제도 구성은 뚜렷한 특징을 발견할 수 없었다. 오히려 동유럽국가군 내부에서의 차이가 두드러지게 나타났는데, 폴란드와 슬로베니아의 경우에는 체코와 헝가리에 비하여 고용주 부담비율이 현저하게 낮음을 알 수 있다.

〈표 12〉 사회복지 수입의 원천별 비교, 2004

(단위: %)

		고용주 부담	수혜자 부담	정부기여분	기타수입	합계
서구유럽	독일	36.3	27.6	34.5	1.7	100.0
	프랑스	45.5	20.6	30.4	3.5	100.0
	영국	32.5	16.2	49.7	1.7	100.0
	스웨덴	40.8	8.6	48.7	1.9	100.0
EU-25		38.6	20.9	37.3	3.2	100.0
동유럽	평균	40.1	25.2	29.6	5.1	100.0
	체코	53.2	25.9	19.6	1.2	100.0
	헝가리	42.8	16.2	33.0	8.0	100.0
	폴란드	27.7	24.0	34.8	13.5	100.0
	슬로베니아	27.1	39.9	31.6	1.3	100.0
	슬로바키아	49.8	20.0	28.8	1.4	100.0

자료: Eurostat/ESSPROS(http://ec.europa.eu/eurostat), 검색일 2007년 12월 15일.

4. 소결

정리하자면 동유럽국가의 복지체제는 다른 유럽연합 회원국과 비교하여 전반적으로 낮은 수준이라는 사실 이외에, 별다른 특징적인 성격을 발견하기는 힘들었다. 사회복지 지출의 수준, 특히 1인당 사회보호급여비는 서구의 선진복지국가와 비교하여 약 절반의 수준에 못 미치고 있는 실정이다. 또한 DSR이 매우 낮은데, 이는 경제적으로 매우 불안정한 상태에서 사회보호의 수준 역시 낮다는 것을 나타낸다. 한편 사회보장의 수입구성에 있어서, 서구 선진 복지국가와 비교하여 특징적인 차이를 발견할 수는 없었다.

이러한 이유는 무엇보다도 1990년대 초 '눈물의 계곡'을 거치면서 추락하였던 경제수준이 아직까지 완벽하게 회복되지 못한 측면이 크다고 할 수 있는데, 아래의 <표 13>은 동유럽 8개국이 자본주의 체제로 이행을 시작한 이후의 국민소득 변화추이를 보여 주고 있다.

〈표 13〉 1989년 전후의 성장과 체제 전환과정에서의 경기침체

국가	GDP/NMP 지표(1989 = 100)			
	1980	1990*	1995	2003
체코**	85	99	94	106
에스토니아	75	92	66	101
헝가리	86	97	86	116
라트비아	69	103	51	79
리투아니아	65	97	56	81
폴란드	91	88	99	135
슬로바키아**	85	98	84	117
슬로베니아	99	92	89	120

| 동유럽 8개국 평균 | 86 | 94 | 91 | 121 |
| EU 15개국 평균 | – | 103 | 111 | 132 |

* 1990년 이전 동유럽 경제성장률은 순물질생산(Net Material Product) 이용하였음.
** 체코와 슬로바키아의 1980년 수치는 체코슬로바키아의 수치임.
자료: UN Economic Commission for Europe(UN ECE) *Economic Survey for Europe, 1999, 2001, 2005*; J. Kornai, "The Great Transformation of Central Eastern Europe—Success and Disappointment", *Economics of Transition*, Vol.14, No.2(2006), Table 2에서 수정 후 재인용.

위의 <표 13>에서 알 수 있듯이 체제 전환 직전인 1989년의 국민소득을 100으로 보았을 때, 1990년대 초반기에는 극심한 경제침체를 경험하였고, 1995년에 가서도 대부분의 국가에서 1989년의 수준을 회복하지 못하고 있으며, 2000년대에 접어들어서야 겨우 1989년의 경제수준을 회복하고 있는 것을 알 수 있다. 따라서 전반적인 경제의 침체와 더불어, 초기 이행과정에서 개혁가들에게 공유되었던 신자유주의적인 정책지향41)이 이들 동유럽국가의 복지체제를 특징 없는 단순한 낮은 수준의 복지체제로 남아 있게 만든 요인이라고 할 수 있다.

V. 결론

동유럽국가에 대한 연구에서 가장 뒤처져 있는 분야가 바로 사회정책의 영역이라고 할 수 있다.42) 실제 사회정책은 이행기 초기

---

41) 체제 전환이 시작된 초기에 동유럽국가에 조언을 하였던 서구의 전문가들, 예를 들자면 립튼(D. Lipton)과 사치스(G. Sachs)는 영미식 앵글로 색슨 자본주의로의 이행을 추구하되, 전면적인 개혁의 과정을 요구하였다. D. Lane, *op.cit.*, p.21.

42) D. Ringold, *op.cit.*, p.11.

부터 별반 주목을 끌지 못하였는데, 이러한 이유는 무엇보다도 초기 체제개혁가나 서구의 전문가들이 과도한 사회 지출이 경제성장의 발목을 잡을 것이라는 신자유주의적 사고에 얽매여 있었기 때문이었다. 따라서 이행기 초기 체제개혁가들은 사회정책은 그대로 방기한 상태로 다른 분야, 특히 경제 민영화에 이들의 정책역량을 집중하였다. 그 결과 1990년대 초 전반적인 경제의 파탄을 맞게 되면서, 동유럽국가의 복지체제는 사회주의체제의 유산을 그대로 계승하여 발전시키지도 못하였고 그렇다고 새로운 형태의 복지체제를 형성하지도 못한 상태에서, 사회정책의 영역별로 매우 불균등하게 예산이 지출되는 미성숙 복지국가(premature welfare state)의 성격을 갖게 되었다.[43]

그러나 동유럽국가는 서구 유럽국가에 비하여 경제수준이 낮고 이에 따라서 복지의 수준이 전반적으로 낮은 상태임에도 불구하고, 이들의 사회적 배제 지표는 서구 유럽국가와 비교하여 별반 차이가 없거나 특정 영역(예를 들자면, 교육의 영역)에서는 월등하게 앞서고 있다. 이러한 이유는 무엇보다도 경제발전이나 사회 지출의 수준과 같이 명시적으로 드러나는 지표를 가지고서는 파악할 수 없는, 사회주의체제하의 제도적 유산이 사회 곳곳에 남아 있기 때문이라고 해석할 수 있다.

---

43) J. Kornai, *The Socialist System*(Oxford: Oxford University Press, 1992).

문진영. "지구화시대 초국가적 권위체가 복지국가체제에 미치는 영향에 관한 연구: 유럽연합의 사회정책을 중심으로". 『한국사회복지학』. Vol.53(2003), pp.311~336.

문진영. "사회적 배제의 국가간 비교 연구: 프랑스, 영국, 스웨덴을 중심으로". 『한국사회복지학』. 제56권. 제3호(2004), pp.253~277.

문진영. "빈곤레짐에 관한 비교연구: 유럽연합 회원과 한국을 중심으로". 『한국사회복지학』. 제56권. 제3호(2005), pp.245~269.

정무권. "복지국가 연구의 최근 동향과 쟁점: 자본주의 다양성 이론과 복지국가 재편논쟁". 『현대 정치학 이론의 발전』. 한국정치학회 편(2007), pp.405~456.

정책기획위원회. 『체제 전환 국가의 사회정책 형성과 경제정책 – 사회정책간의 조응관계에 관한 연구』(2007).

Amable, B. *The Diversity of Capitalism*. Oxford: Oxford University Press, 2003.

Arts, W. and Gelissen, J. "Three Worlds of Welfare Capitalism or More?: A State-of-the-art Report". *Journal of European Social Policy*. Vol.12. No.2(2002), pp.137~158.

Bambra, C. "Decommodification and the worlds of welfare revisited". *Journal of Social Policy*. Vol.16. No.1(2006), pp.73~80.

Bar, N. *Labor Markets and Social Policy in Central and Eastern Europe-The Transition and Beyond*. Oxford: Oxford Univ. Press. 1994.

Berghman, J. "Social Exclusion in Europe: Policy Context and Analytical Framework". Room, G.(ed.). *Beyond the Threshold: the Measurement and Analysis of Social Exclusion*, Bristol: Policy Press, 1995, pp.10~28.

Braithwaite, J. et al. *Poverty and Social Assistance in Transition Countries.* New York: St. Martin Press, 1999.

Brush, L. "Changing the Subject: Gender and Welfare Regime Studies". *Social Politics.* Vol.9. No.2(2002).

Castles, F. and Mitchell, D. "Identifying Welfare State Regimes". *Governance.* Vol.5. No.1(1992), pp.1~26.

Charton, R. et al. "Pension Reform, Privatization and Restructuring in the Transition: Unfinished Business or Inappropriate Agendas?" *Europe-Asia Studies.* Vol.50. No.8(1998), pp.1413~1446.

Croissant, A. "Changing Welfare Regimes in East and Southeast Asia: Crisis, Change and Challenge". *Social Policy and Administration.* Vol.38. No.5(2004), pp.504~524.

Deacon, B. "Eastern European Welfare State: The Impact of the Politics of Globalization". *Journal of European Social Policy.* Vol.10, No.2(2000), pp.146~161.

Deacon, B. and Michelle, H. "The Making of Post-communist Social Policy: The Role of International Agencies". *Journal of Social Policy.* Vol.26. No.1(1997), pp.43~62.

Esping-Andersen, G. *Social Foundations of Postindustrial Economies.* Oxford: Oxford University Press, 1999.

Esping-Andersen, G. *The Three Worlds of Welfare Capitalism,* Cambridge: Polity, 1990.

Ferrera, M. "'Southern Model' of welfare in Social Europe", *Journal of European Social Policy* Vol.6, No.1(1996), pp.17~37.

Giddens, A. *The Third Way: The Renewal of Social Democracy.* Cambridge: Polity, 1998.

Goodin, R. "Work and Welfare: Towards a Post-productivist Welfare Regime". *British Journal of Political Science.* Vol.31(2001), pp.13～39.

Götting, U. "Destruction, Adjustment and Innovation: Social Policy Transformation in Eastern and Central Europe". *Journal of European Social Policy.* Vol.4. No.3(1994), pp.181～200.

Gough, I. "Social Assistance: A Cluster Analysis". *Journal of European Social Policy.* Vol.11. No.2(2001), pp.165～170.

Hall, P. and Soskice, D. *Varieties of Capitalism: the Institutional Foundations of Comparative Advantage.* Oxford: Oxford University Press, 2001.

Hicks, A. and Kenworthy, L. *Varieties of Capitalism.* LIS working paper series 316(2002).

Holliday, I. "Productivist Welfare Capitalism: Social Policy in East Asia". *Political Studies.* Vol.48. Issue 4(2000), pp.706～723.

Holliday, I. and Wilding, P. Welfare *Capitalism in East Asia: Social Policy in the Tiger Economics.*New York: Palgrave Macmillan, 2003.

Hort, S. and Kuhnle, S. "The coming of East and South-East Asian welfare states". *Journal of European Social Policy.* Vol.10. No.1 (May 2000), pp.162～184.

Jacobs, D. *Social Welfare System in East Asia: A Comparative Analysis Including Private Welfare*, CASEpaper, CASE/10(July 1998).

Jenson, J. and Saint-Martin, D. "New Routes to Social Cohesion? Citizenship and the Social Investment State". *Canadian Journal of Sociology.* Vol.28. No.1(2003), pp.77～99.

Kornai, J. *The Socialist System.* Oxford: Oxford University Press, 1992.

Kornai, J. "The Great Transformation of Central Eastern Europe-Success and Disappointment". *Economics of Transition.* Vol.14. No.2(2006), pp.207～244.

Kwon, H. "Beyond European Welfare Regimes: Comparative Perspectives on East Asian Welfare System". *Journal of Social Policy.* Vol.26. No.4(1997), pp.467~484.

Bardone, L. and Stanton, D. *The Experience of Developing Indicators in the Social Protection Committee's Indicators Sub Group.* Paper Presented to 23rd CEIES seminar(2003). Lisbon, Social Protection Statistics.

Lane, D. "Post-State Socialism: A Diversity of Capitalisms?" Lane, D. and Myant, M.(eds.). *Varieties of Capitalism in Post-Communist Countries.* New York: Palgrave Macmillan, 2007.

Leibfried, S. "Towards an European Welfare State?" Ferge, Z. & Kolberg, J. E.(eds.). *Social Policy in a Changing Europe.* Frankfurt: Campus Verlag, 1992, pp.245~279.

Manning, N. and Shaw, I. *New Risks, New Welfare: Signposts for Social Policy.* Oxford: Blackwell, 2000.

Menahem, G. "The Decommodified Security Ratio: A Tool for Assessing European Social Protection Systems". *International Social Security Review.* Vol.60. No.4(2007), pp.69~103.

Mommsen, W. *The Emergence of the Welfare State in Britain and Germany.* London: Croom Helm, 1981.

Muller, K. "From the State to the Market? Pension Reform Paths in Central-Eastern Europe and the Former Soviet Union". *Social Policy and Administration.* Vol.36. No.2(2002), pp.156~175.

Perkins, D. et al. "Beyond neo-liberalism: the social investment state?" *Social Policy* working Paper No.3, The Centre for Public Policy, 2004.

Pierson, P. "Increasing Returns, Path Dependence, and the Study of Politics!" *American Political Science Review.* Vol.94. No.2(2000), pp.251~267.

Ringold, D. "Social Policy in Postcommunist Europe: Legacies and

Transition". Cook, L. et al.(eds.). *Left Parties and Social Policy in Postcommunist Europe*. Oxford: Westview, 1999.

Robinson, P. and Oppenheim, C. *Social Exclusion Indicators: A Submission to the Social Exclusion Unit*. London: Institute for Public Policy Research, 1998.

Room, G. *Beyond the Threshold: the Measurement and Analysis of Social Exclusion*. Bristol: Policy Press, 1995.

Soskice, D. "Divergent Production Regimes: Coordinated and Uncoordinated Market Economies in the 1980s and 1990s". Kitschelt, H. et al.(eds.). *Continuity and Change in Contemporary Capitalism*. Cambridge: Cambridge UP, 1999, pp.101~134.

Stewart, K. *Measuring Well-Being and Exclusion in Europe's Regions*. CASEpaper 53. London: Centre for Analysis of Social Exclusion, 2002.

Taylor-Gooby, P.(ed.). *Ideas and Welfare State Reform in Western Europe*. London: Palgrave, 2005.

Taylor-Gooby, P. *New Risks, New Welfare: The Transformation of the European Welfare State*. Oxford: Oxford UP, 2004.

UNDP. *Human Development Report 1991*. Oxford: Oxford UP, 1991.

United Nations. *World Investment Report*. New York: United Nations, 2003.

Wincott, D. "Reassessing the Social Foundations of Welfare(State) Regimes". *New Political Economy*. Vol.6. No.3(2001), pp.409~425.

Eurostat, http://ec.europa.eu/eurostat(검색일: 2007년 12월 15일)

Eurostat/Esspros, http://ec.europa.eu/eurostat(검색일: 2007년 12월 15일)

제12장 벨기에의 정치통합:
협의적 연방주의 사례연구

홍기준

경희대학교 평화복지대학원 교수

I. 서론

1830년 네덜란드로부터 독립한 벨기에는 역사적 배경과 지정학적 조건에 의해 부여된 다층적 균열구조를 숙명처럼 떠안고 국가를 건설할 수밖에 없었다. 종교개혁 이후 가톨릭과 프로테스탄트 간의 종교적 갈등과 균열, 산업혁명으로 인한 자본가와 노동자 간의 사회·경제적 갈등과 균열, 그리고 네덜란드어와 프랑스어 간의 언어·문화적 갈등과 균열을 해결하기 위해서 벨기에의 정치엘리트들은 협의민주주의(consociational democracy)라고 하는 독특한 정치문화를 도입할 수밖에 없었다. 벨기에처럼 소그룹에 의해 분절화된 사회에서 분출하는 다양한 갈등은 승자독식의 원리가 지배하는 다수결 민주주의를 통해 해결될 수 없었던 것이다. 벨기에는 바로 협의주의를 통해 다양한 갈등을 관리하고 해결하는 과정에서 정치통합을 이루었고 결국 1993년 연방주의를 선택함으로써 정치통합의 제도화를 완결하였다.

벨기에의 이와 같은 정치통합의 경험은 벨기에와 같이 소그룹에 의해 분절화된 사회의 정치 혹은 사회통합의 모델로서 자주 예시되고 있다. 연정, 자치, 권력의 분점과 공유, 비례대표제의 도입, 비토권의 부여 등을 내용으로 하는 협의민주주의는 다수결주의를 금과옥조로 여기고 있는 사회에서 나타나고 있는 제도적 폐단을 치유하기 위한 하나의 대안으로 간주된다. 특히 지역주의에 의해 정치가 분절화되어 있는 우리나라에서 벨기에의 정치통합 경험은 함의하는 바가 매우 크다. 따라서 본 연구는 이러한 문제의식을 가지고 벨기에의 협의민주주의가 어떻게 위기 관리 모델로 작용하고 있는지 연구하고자 한다.

이와 같은 목적으로 본 연구는 크게 세 부분으로 구성되었다. 첫째는 벨기에 정치통합을 분석하기 위한 이론적 배경으로 협의주의와 연방주의의 특징을 간략히 검토한다. 벨기에 정치통합을 협의적 연방주의로 보는 것이 이 연구의 기본적인 관점이다. 둘째는 벨기에의 정치통합과정을 살펴보고 협의적 연방주의가 어떻게 벨기에 정치에서 갈등·위기 관리 기제로 적용되고 있는지 고찰한다. 마지막으로 결론에서는 협의주의적 갈등·위기 관리 모형의 이론적 함의를 벨기에의 사례를 통해서 도출한다.

Ⅱ. 벨기에 정치통합의 이론적 배경

1. 협의주의적 접근

협의민주주의는 서구의 다원사회에서 사회적 분열구조를 극복하기 위한 방안으로 제시된 것으로 '민주주의와 안정을 가져오기 위한 엘리트 간 화합과 타협의 체계'인 것이다.[1] 즉 시장 메커니즘을 거부하고 시장적 경쟁이나 대결보다는 대화와 타협에 의한 공공재의 생산에 주력함으로써 불완전한 시장에서의 승패를 판가름하는 것이 아니라 공동체적 집단에게 공적 지위를 부여하여 대화와 타협에 의한 집단적 협조와 공공선을 창출해 내는 것이다.[2] 레이파트 (Arend Lijphart)는 이러한 특성의 협의민주주의가 벨기에와 같이 균열된 사회에서 갈등을 관리하고 정치적 안정을 이루는 데 불가피한 갈등·위기 관리 모형이라고 주장한다. 그는 균열이 심화된 사회에서 민주주의와 사회평화가 유지되기 위해서는 엘리트들이 포용적 자세를 가져야 하고 원심적 경쟁을 지양하여야 한다고 주장한다. 따라서 승자독식의 원리가 지배하는 다수결 민주주의는 적합하지 않다는 것이다.[3] 오히려 집단 간의 대연정을 통한 권력분

---

1) B. Barry, "Political Association and Consociational Democracy", *British Journal of Political Science*, Vol.5, No.4(1975), p.480.

2) 박재정, "캐나다 정치체제에 대한 연구: 동의적 민주주의로의 이행 가능성을 중심으로", 『북미주연구』, 제7호, p.9.

3) 이에 대한 국내의 연구로는 김재한 & 아렌트 리입하트, "합의제와 한국의 권력구조", 『한국정치학회보』, 제31집 1호(1997); 김재한, "분열사회와 다수제/합의제", 김재한 편, 『분열의 민주주의』(서울: 소화, 2001); 김남국, "심의 다문화주의: 문화적 권리와 문화적 생존", 『한국정치학회보』, 제39집 1호(2005년 봄); 안성호, 『분권과 참여: 스위스의 교훈』(서울: 도서출판 다운샘, 2005); 선학태, 『민주주의와

점, 선거제도 및 자원배분에 있어서 비례대표제의 도입, 지리적 혹은 기능적 자율의 보장, 묵시적 혹은 명시적 상호 비토의 인정 등을 주요 내용으로 하는 협의민주주의가 요구된다는 것이다.[4]

협의민주주의는 갈등과 분열의 폐해가 크고 사회통합과 상이한 문화 간의 평화공존에 대한 열망이 강한 상황에서 정치세력과 이해당사자로 하여금 협상과 타협을 모색하도록 함으로써 분절화된 세력 간의 공존 · 공영을 가능하게 한다. 이러한 협의민주주의는 결코 배타적 패권주의를 추구하지 않으며 특정 문화집단에 대한 정부 당국의 철저한 중립성과 공평성을 전제로 한다. 또한 비례대표제를 통해 권력을 공유함으로써 소수집단에게 심리적 위안을 제공하고 참여를 유도한다. 요컨대 협의민주주의는 타협적 의사결정과정을 통하여 상이한 문화들을 결속시키는 공동가치를 형성함으로써 사회적 통합을 이루는 사회운영 방식이다.

이와 같이 협의민주주의가 많은 장점이 있음에도 불구하고 이 이론에 대한 반론이 존재하고 있는 것 또한 사실이다. 따라서 협의주의적 정치관행을 축적하여 연방제를 구축한 벨기에 정치통합의 사례연구를 위한 이론적 배경으로써 협의민주주의의 비판적 논점을 간략히 검토할 필요가 있다. 우선 레이파트도 인정하는 바와 같이 협의민주주의에 대한 이론적 비판은 대체로 다섯 가지로 요약된다.[5] 첫째, 집행 권력의 분점(executive power sharing)은 비민주

___

상생정치: 서유럽 다수제 모델 vs 합의제 모델』(서울: 다산출판사, 2005) 등이 있다.

4) 레이파트의 협의민주주의에 대한 이론은 Arend Lijphart, *Democracy in Plural Societies*(New Haven and London: Yale University Press, 1977); *Democracies: Pattern of Majoritarian and Consensus Government in Twenty-One Countries*(New Haven and London: Yale University Press, 1984); "Power-Sharing in South Africa", *Policy Paper in International Affairs*, No.24, 1985 참조.

적인 측면이 있다는 주장이다. 즉 집행 권력의 분점이 모든 주요 정당이 참여하는 연립내각의 형태를 취했을 때 강한 야당의 존재가 민주주의의 전제조건이 된다는 원칙과 배치된다는 것이다.6) 또한 이러한 연정을 통한 권력분점은 선거를 통한 권력의 평화적 이행을 저해하기 때문에 민주주의의 발전에 저해 요인이 된다는 것이다.7) 레이파트는 이러한 비판을 민주주의와 다수결주의를 동일시한 결과로 간주한다.

둘째, 권력분점이 비효율적이라는 것이다. 권력이 분점되었을 때 신속한 의사결정을 내리기 어렵기 때문에 결국 민주주의의 파국에 이르게 된다는 것이다. 비판가들은 권력분점 실패의 대표적인 예로 1975년도의 레바논 내전을 일반적으로 거론한다. 그러나 레이파트는 1943년에서 1975년까지의 레바논 상황은 권력분점이 사실상 성공적으로 시행된 사례로 볼 수 있고, 또한 1975년 내전의 발발 원인은 내부적 권력분점의 실패에서보다는 당시 중동이 처하고 있었던 외적 요인에서 찾아야 한다고 본다. 레바논 사례가 주는 가장 중요한 교훈은 종교적 균열상태에서 다수결민주주의가 적절하지 않은 이상 권력분점은 필연적이고 단점이 노정되는 경우 대체되기보다는 개선되어야 한다는 것이다. 사실상 권력분점이 비효율성을 야기하는 것이 사실일지라도 균열된 사회에서 민주주의를 구현하기 위한 차선의 방안임은 이론의 여지가 없다는 것이다. 성공적 권

---

5) Arend Lijphart(1985), *Ibid*.

6) Stephanie Lawson, "Conceptual Issues in the Comparative Study of Regime Change and Democratization", *Comparative Politics*, Vol.25, No.2(January 1993), pp.183~205.

7) Samuel P. Huntington, *The Third Wave: Democratization in the Late Twenties Century* (Norman Oklahoma: University of California Press, 1991), pp.266~167.

력분점의 대표적인 사례가 바로 1943년 이후의 스위스나 1970년 이후의 벨기에라는 것이다.

　세 번째 비판은 권력분점이 타협을 어렵게 하기 때문에 실패할 수밖에 없다는 것이다.8) 즉 민족적 균열로 인한 다당제 상태에서 구성된 연정이 곧 타협의 결과로 보기 어렵다는 것이다. 편의상 연정에 도달하더라도 타협유인이 적을 경우 연정은 쉽게 해체될 수밖에 없다는 것이 이 비판의 요지이다. 이와 같은 비판에 대해 레이파트는 다음과 같은 반론을 제기한다. 일반적으로 정당은 권력의 쟁취를 목적으로 하기 때문에 다당제 상태에서 연정에 참여하여 권력을 분점하고자 한다는 것이 정치학의 정설로 되어 있다. 그러나 아주 특별한 조건에서 예외가 있을 수 있음을 인정한다.9) 즉 연정에 참여하지 않는 것이 차기 선거전략상 유리하다거나 혹은 집권당이 의회 내에서 소수당일 경우 야당으로 남아 있는 것이 정치적 이익에 부합할 때 연정에 참여하지 않는다. 그러나 보통의 경우 연정에 참여하기 위해서는 연정파트너와의 타협이 불가피하기 때문에 정치권력이라는 강력한 타협유인이 존재한다는 것이다.

　네 번째 비판은 자치에 관한 것이다. 즉 집단이 지역적으로 집중화되어 있고 자치가 연방 혹은 분권화체제의 형태를 띨 때 집단들이 느끼는 현 상태에 대한 불만족이 분리이탈로 나타나는 경향이 있다는 것이다. 즉 균열된 사회에서 연방제의 실시는 국가의 해체를 초래할 가능성이 있다는 것이다.10) 이러한 주장에 대하여 레이

---

8) Donald L. Horowitz, *A Democratic South Africa? Constitutional Engineering in a Divided Society*(Berkely: University of California Press, 1991), pp.171~175.

9) Kaar Strom, *Minority Government and Majority Rule*(Cambridge: Cambridge University Press, 1990).

파트는 다음과 같은 반론을 제기한다. 즉 분리주의를 촉진하는 요인이 강할 경우 중앙집권적 민주체제가 분리주의를 예방할 수 있을 것이라 상상하기 어렵다는 것이다. 경험적 역사적 증거는 자치가 지역분쟁을 관리하는 데 효과적인 수단이라는 것을 뒷받침한다는 것이다.

다섯째, 집단이 지역에 기초하고 있지 않은 경우에도 민족집단에 부여된 자치권이 그 집단의 정당성을 인정하고 강화함으로써 민족 갈등을 증폭시킬 수 있다는 것이다. 이에 대한 반론은 다음과 같다. 즉 자치적 민족집단의 존재가 반드시 갈등으로 전이되지는 않는다는 것이다. 오히려 자치권이 강화된 민족집단이 갈등 해결에 긍정적 역할을 한다는 것이다.[11]

2. 연방주의적 접근

협의주의가 다수결주의의 폐단을 극복하기 위한 대안으로 제시되었다면 연방주의(federalism)는 중앙집권형 국가의 조직실패(organizational failures)를 해결할 수 있는 대안으로 간주된다.[12] 연방주의는 '중앙권위체와 구성단위들 사이의 조직 또는 정부 권력의 분배'를 의미한다. 근본적으로 연방주의는 통합체의 구성국가들이 계약을 통하

---

10) Eric A. Nordlinger, "Conflict Regulation in Divided Societies", *Occasional Papers in International Affairs*, No.29, Center for International Affairs, Harvard University(1972.).

11) Ted Robert Gurr, *Minorities at Risk: A Global View of Ethnopolitical Conflicts*(Washington D.C.: United States Institute of Peace Press, 1993), p.323.

12) V. Ostrom, "Can Federalism Make a Difference?", D. J. Elazar(ed.), *The Federal Polity*(New Jersey: Transaction Books, 1974), pp.213~232.

여 통일구성체의 발전을 위해 파트너로서 상호 인정하는 것이다.

이와 같은 연방주의는 첫째, 권력을 하부단위에 배분함으로써 중앙으로부터 개인의 권리를 보호할 수 있고 하부단위들은 제도적 장치를 통하여 중앙을 견제할 수 있다. 둘째, 시민들이 하부단위나 중앙의 의사결정 과정에 참여할 수 있는 기회를 더 많이 부여함으로써 민주성을 제고한다. 셋째, 최적의 권위배분을 통하여 효과적으로 공공재를 공급할 수 있다. 넷째, 하부 지자체들이 자유롭게 실험하고 경쟁하도록 유도함으로써 선호가 다른 개인들이 선택할 수 있는 가능성을 높인다. 다섯째, 세계화 · 정보화 · 지방화 등 급변하는 세계질서에 보다 효과적으로 대응할 수 있는 내적 유연성과 혁신성을 가지고 있다.[13)]

이러한 연방주의의 원리에 입각하여 연방체(federation)라는 정치공동체가 탄생하는데 미국과 같이 원초적으로 독립적 실체로 존재하던 다수의 정치단위들이 공동의 목적(공동안보, 공동번영)을 위해 협약을 통해 자발적으로 결합하고, 연방정부와 지방정부가 동등한 권력분점 구조를 마련하는 경우와 벨기에 같이 국가형성과정에서 고도로 중앙집권화된 일원적 체제(unitary system)를 발전시킨 국가가 내부갈등을 해소하기 위한 분권화 개혁의 일환으로 연방체로 전환하는 경우가 있다.

이와 같은 연방주의는 중앙집권주의에 비해 많은 상점을 가지고 있다. 첫째, 권력의 분산과 분립, 권력기관 사이의 견제를 통하여 국민 개개인의 자유를 보호하는 데 더 효과적이다.[14)] 둘째, 연방주의

---

13) Stephen L. Schechter, "Beyond the Nation-State: Federalism in the Post-Modern Era", *Working Paper*, Center for the Study of Federalism, Temple University, 1991.

는 보충성의 원리에 따라 권력을 하위단위로 대폭 이양하고 국민생활과 직결되는 영역에서 다양한 참여의 통로를 마련하므로 실효성 있는 정치참여를 더 잘 보장한다. 셋째, 연방주의는 국가내부의 갈등, 특히 중앙과 지방의 갈등, 소수민족 사이의 갈등을 해소하는 데 매우 효과적이다. 넷째, 권력 분산을 통해 연방정부와 지방정부의 결정비용(특히 연방정보의 정보과잉 및 결정부담)을 현저히 감소시키며, 시민의 참여를 촉진하여 지방정부의 반응성과 책임성을 증진하고, 행정서비스의 다원화와 질적 향상을 가져오며, 지방정부 사이의 경쟁을 촉진하여 공공 서비스의 생산성을 향상시킨다. 다섯째, 연방주의는 세계화 · 정보화 · 지방화 등 급변하는 세계질서에 보다 효과적으로 대응할 수 있는 내적 유연성과 혁신성을 가지고 있다.15)

연방주의가 많은 장점을 가지고 있는 제도임에도 불구하고 이에 수반되는 몇 가지 문제점을 간과할 수 없다. 첫째, 여러 지방정부들이 유사한 기구와 기능을 중복적으로 보유할 가능성이 높고, 지방정부 사이에 정치적 갈등이 발생하여 이를 조정하기 위한 비용이 발생한다. 둘째, 연방은 궁극적으로 분리되어 해체되거나 아니면 단일국가 형태의 중앙집중화 경향을 띠게 된다. 또한 정당들이 지방정부의 자치, 협력의 형태, 분절화의 방지와 같은 헌법적 문제들에 대해 이견을 가질 경우 정치적 안정은 위협을 받게 된다. 셋째, 보다 근원적인 문제로 연방주의가 민주주의 원리에 저촉될 수 있다는 점을 지적할 수 있다. 즉 소수의 하부구성 단위에 비토권을

---

14) K. M. Sullivan, "The Balance of Power between the Federal Government and the States", A. Brinkley et. al.(eds.), *New Federalist Papers*(N.Y.: W.W. Norton & Company, 1997), p.113.

15) Stephen L. Schechter, *op.cit.*

부여하거나 혹은 유리한 표결 가중치를 인정함으로 해서 정치적 평등권이나 일인일표주의의 민주주의 원칙을 위배할 가능성이 있다는 것이다. 특히 하부 구성단위의 크기가 다를 경우 정치적 권력의 분배문제는 민주주의 원칙과 관련하여 중요한 문제로 부상한다.

위와 같은 논쟁을 통해 알 수 있는 것은 협의주의나 연방주의가 갈등·위기 관리 기제로서 결코 완벽한 제도가 아니라는 사실이다. 따라서 다층적 균열구조를 가지고 있는 벨기에와 같은 국가의 정치통합 사례연구를 통하여 협의주의와 연방주의의 이론적 적실성을 경험적으로 검증할 필요가 있다.

Ⅲ. 벨기에의 정치통합과정

1. 균열의 역사적 배경

역사적으로 벨기에 정치를 지배해 온 균열은 크게 세 가지로 구분된다. 가장 오래된 균열은 프랑스 대혁명의 영향으로 인해 가톨릭 세력과 자유주의 세력 간에 부르주아적 국가 건설을 둘러싼 긴장으로 시작되었으며 19세기에 가톨릭 성당과 자유당의 탄생을 야기하였다. 두 번째 균열은 노동자 세력과 자본가 세력 간의 긴장으로 인해 야기되었으며 19세기 말에 사회당의 출현을 초래하였다. 마지막으로 등장한 것이 언어로 인한 문화적 균열이다. 현재 벨기에 정치의 가장 큰 긴장의 원인이 되고 있는 문화적 균열의 구조는 서유럽의 언어적·종교적 균열의 역사적 기원과 같은 맥락에서 설명된다. 즉 로마제국의 영향으로 인해 라틴어가 쓰였던 지역과 로마제국의 지배를 벗어나 게르만어가 쓰였던 지역이 이루는 언어적 균열의 접경이 바로 벨기에 지역이었으며 종교개혁 세력과 반종교개혁 세력의 종교적 균열의 접점이 네덜란드의 남부, 즉 오늘날의 벨기에 지역에 해당한다는 사실이다. 이러한 언어균열선과 종교균열선이 반드시 일치하지는 않으나 바로 이 사실이 오늘날 벨기에의 문화적 균열현상을 이해하는 데 중요한 요소로 작용한다.

네덜란드 근대국가의 형성은 네덜란드어 캘빈주의자들과 가톨릭 합스부르크 간의 오랜 종교전쟁의 결과였다. 1648년 웨스트팔리아 조약에 의하여 네덜란드 남부의 국경선이 확정되면서 벨기에의 북쪽 경계선이 확정되었다. 그러나 국경선이 반드시 종교적 균열과 일치하지 않아 네덜란드의 남부에 가톨릭 소수민족이 남아 있었으며 이들은 네덜란드어의 방언에 해당하는 플레미쉬(Flemish)어를 사용하고 있었다. 한편 벨기에의 남쪽은 프랑스어를 사용하고 있었고 프랑스어는 상류 엘리트들의 언어로써 중요한 지위를 차지하고 있었다.

벨기에는 1830년에 네덜란드로부터 독립하였다. 이와 같은 독립의 추동력으로 작용한 것은 정치적 자유주의, 종교, 언어 세 가지였다. 즉 네덜란드의 절대주의적 왕정에 대한 반발, 가톨릭교회의 프로테스탄트 지배에 대한 반발, 프랑스어권 상류층의 네덜란드어 지배에 대한 반발이 벨기에 독립을 촉발하였던 것이다.[16] 벨기에가 독립한 이후 가톨릭주의는 정치적 갈등의 근원이 되었다. 즉 국가

---

16) Kris Deschouwer, "Causes and Effects of Constitutional Changes in Multilingual Belgium", Stephen Brooks, *The Challenge of Cultural Pluralism*(Westpoint CT: Praeger, 2002), p.123.

를 지배하고자 하는 가톨릭교회와 자유주의자들 사이의 균열은 20세기까지 지속되었다. 그러나 이 당시 벨기에는 언어집단으로 분리되기 이전의 단계로 프랑스어의 사용이 헌법적으로 보장이 되었다.

언어문제가 정치화되기 시작한 것은 '플레미쉬 운동'(Flemish Movement)이 본격화되기 시작한 1850년부터라 볼 수 있다. 벨기에 국가의 성립 이전부터 소규모로 존재하고 있었던 '플레미쉬 운동'은 도시와 중산층 지식인들이 공적 생활에서 네덜란드어의 사용을 요구하기 시작하면서 본격화되기 시작하였다. 이러한 요구가 프랑스어권 엘리트들에 의해 묵살되면서 언어문제가 정치적 긴장의 원인으로 등장하게 되었다. 이러한 언어문제와 함께 불거져 나온 또 다른 문제가 수도 브뤼셀의 역할과 지위에 관한 것이었다. 언어경계선의 근처에 위치해 있었던 브뤼셀이 수도로 지명되면서 프랑스어가 공식적 언어로 채택되었을 뿐만 아니라 사회적 신분 상승을 위한 교육기회를 위해 대량의 이민이 촉발되었다. 이와 같은 결과는 네덜란드어 지역 내에 프랑스어권이 언어의 섬으로 존재하게 되어 브뤼셀의 역할과 지위가 벨기에 정치의 핵심이슈로 등장하게 된다.

벨기에의 언어문제는 제1차 세계대전을 계기로 중대한 고비를 맞게 되었다. 전선에 배치된 플레미쉬 병사들이 자신의 언어로 의사소통이 되지 않는 국가를 위하여 생명을 감내해야 한다는 사실에 대해 자각하면서 언어문제가 불만의 요인으로 첨예화되었나. 또한 1893년에 차별적 보통선거권 제도가 도입됨으로 해서 전후 평등주의에 입각한 보통선거권의 부여 요구가 높아지면서 60%에 달하는 비프랑스어권 인구의 정치참여 요구는 바로 정치이슈로 직결되지 않을 수 없었다. 이와 같은 위기의식이 확산되는 상황에서 알

버트 국왕(King Albert)의 발의에 따라 가톨릭 세력, 사회주의 세력, 자유주의 세력 등 3개 주요 정치세력은 1918년 '로펨협약'(Pact of Loppem)을 맺고 보편적 선거권 도입을 합의하였다. 바로 이 '로펨협약'이 벨기에 협의주의의 출발점으로 볼 수 있다.[17]

벨기에의 언어적 균열은 1921년과 1932년의 언어법을 거쳐 1963년 다시 언어법이 확정되면서 지역적 균열로 고착되었다. 1963년 언어법은 벨기에를 플란더스 지역의 네덜란드어권, 월로니아 지역의 프랑스어권, 독일어권, 수도 브뤼셀의 두 언어권으로 확정하였고 1978년에는 다시 헌법이 개정됨으로써 플란더스, 월로니아, 브뤼셀 등 3개 지역에 자치권을 확대하여 중앙집권에서 각 언어지역의 자치에 바탕을 둔 연방제도로 발전하였다.

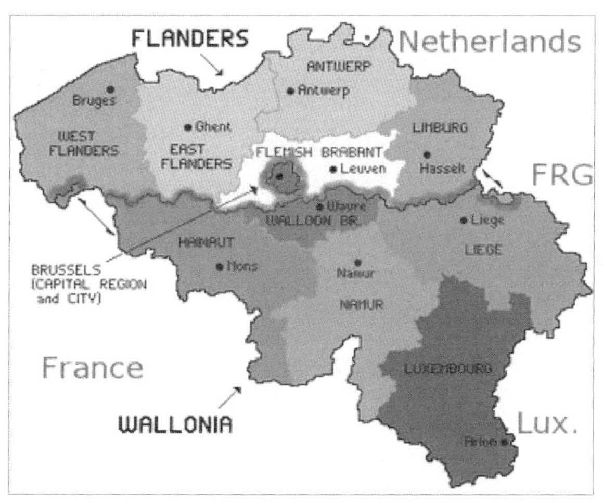

〈그림 1〉 벨기에의 언어경계선과 지역분포

---

17) *Ibid.*, p.70.

벨기에의 균열구조에서 종교 · 언어 · 지리적 균열과 불가피하게 연계되는 것이 사회 · 경제적 균열이다. 벨기에는 유럽에서 가장 먼저 산업화가 시작된 국가 중의 하나이다. 당시 산업의 특성상 석탄과 철강의 생산이 집중되었던 월로니아의 도시화가 빠르게 진행된 반면 상대적으로 플란더스 지역은 미개발된 농촌지역으로 남아 있었다. 이러한 경제 · 사회적 격차가 양차 세계대전을 거치면서 역전되기 시작하여 플란더스의 경제는 부흥한 반면 월로니아의 경제는 쇠퇴의 길을 걷기 시작하였다. 이와 같이 역전된 경제 · 사회적 격차는 언어균열에도 영향을 미칠 수밖에 없었다. 네덜란드어와 프랑스어 간의 긴장관계는 1960년대에 이르러 최고조에 달했고 향후 30여 년간 벨기에 정치의 지배적 이슈가 되었다.

2. 벨기에 정당의 구조적 특성

벨기에에서 하위문화의 다층적 균열현상은 벨기에 정당의 구조적 특성에 반영되어 있다. 벨기에 정당들은 크게 가톨릭 세력, 사회주의 세력, 자유주의 세력을 대변한다. 먼저 가톨릭 세력은 벨기에 최대의 정치세력으로 기독교 노동운동, 기독교 농민, 기독교 중산층을 주요 구성요소로 하는 가톨릭계의 다양한 네트워크를 포함한다. 제2차 세계대전 이후 '가톨릭당'(Catholic Party)이 기독교 민주당을 표방하는 '기독인민당'/'사회기독당'(Christian Peoples Party/Social Christian Party: CVP/PSC)으로 재탄생하면서 교회 지향적 가톨릭주의가 점차 사회문화적 기독교로 대체되었고 복지국가를 지향하게 되

었다. 가톨릭 세력의 특징은 지지범위가 광범위하나 사회주의 세력
에 비해 응집력이 약하다. 1999년 총선에서 실패함으로써 40여 년에
걸친 집권당의 위치를 상실하였고 2001년 'CVP'는 'CD&V(Christen-
Democratisch en Vlaams)'로 이름을 개명하였고, 2002년 'PSC'는
'CDH(Centre Démocrate Humaniste)'로 이름을 개명하였다.

'사회민주당'/'사회당'(Social Democrats/Socialist Party: BSP/PSB)
으로 대변되는 사회주의 세력은 응집력이 강한 특징을 가지고 있고
'요람에서 무덤까지'를 기치로 복지국가를 지향한 점에서는 가톨릭
세력과 같다. 일반적으로 월론 사회당은 국내문제에 집중하는 경향
을 보인 반면 플레미쉬 사회당은 유럽안보와 같은 국제문제에 많은
관심을 가지고 있다. 2002년 '플레미쉬 사회당'은 'SP.a(Socialistische
Partij anders)'로 당명을 개명하였다.

자유당(Liberal Party)에 의해 대변되었던 자유주의 세력은 가톨릭
세력이나 사회주의 세력에 비해 질적·양적 측면에서 열악하였다. 그
러나 1961년에 시장경제를 지향하고 자유주의적 가톨릭 세력을 포용
하면서 1965년 선거에서 약진을 이룬다. 자유당은 1971년에 언어분쟁
에 의해 두 지역에 기반을 갖는 두 개의 정당으로 분리되었다. 이후
'플레미쉬 자유당(PVV)'은 각 지역에서 2~3위의 득표에 그침으로 해서
사회당과 기민당의 연정으로 구성되는 정부에서 배제되었다. 현재 벨기
에에는 '플레미쉬 자유민주'(Flemish Liberals and Democrats: VLD)와
'개혁자유당'(The Party of Reform and Liberty: PRL)이 존재하고 있는
데 '개혁자유당'은 브뤼셀에 기반을 두고 있는 '브뤼셀 프랑스어 민주전
선'(Front Democratique des Bruxellois Francophone: FDF)과 연합하여
이름을 '개혁운동'(Mouvement Réformateur)으로 개명하였다.

<표 1> 벨기에의 정당분포(1999, 2003)

정 당	2003	의석	1999	의석
VLD(Flemish Liberals and Democrats, liberal)	15.4%	25	14.3%	23
SP.a(Socialist Party, social-dem.)	14.9%	23	9.6%	14
SPIRIT(The Flemish Left Liberals, regionalist)				
CD&V(Christian-Democratic & Flemish)	13.3%	21	14.1%	22
PS(Social Party, social-dem.)	13.0%	25	10.1%	19
VB(Flemish Interest, nationalist, separatist)	11.6%	18	9.9%	15
MR(Reform Movement, liberal)	11.4%	24	10.1%	18
CDH(Humanist Democratic Centre, christian-dem.)	5.5%	8	5.9%	10
ECOLO(Confederated Ecologists, green)	3.1%	4	7.3%	11
NVA(New Flemish Alliance, conserv. regionalist	3.1%	1		
GROEN(The Flemish Greens, green)	2.5%		7.0%	9
FN(National Front, nationalist)	2.0%	1	1.5%	1
기타	4.2%		10.3%	8
총의석		150		150

출처: http://verkiezingen2003.belgium.be(2005년 11월 3일 검색).

　전후 벨기에에 나타난 현상 중의 하나가 단일이슈 중심의 정당이 등장했다는 사실이다. 이들 정당은 벨기에의 언어그룹이나 지역의 이익을 대변하였는데 대표적인 당으로는 1950~1960년대에 플레미쉬 운동의 선봉에 섰던 'Volksunie(VU)'가 있다. 그러나 최근의 선거에서 참패하면서 2001년에 해체되고 말았다. 대신에 등장한 'SPIRIT'은 플란더스 지역의 지역당으로 사회주의 세력과 자유주의 세력의 이익을 대변한다. 한편 보다 전봉서 의미의 플레미쉬 민족주의를 대변하는 정당으로 'NVA(Nieuw-Vlaamse Alliantie)'가 있다.

　그 밖에 군소 정당으로 환경문제에 집중하는 녹색당인 'Agalev'와 'Ecolo'가 1999년 약진하면서 역사상 처음으로 연정에 참여하기도 하였다. 2003년에 'Agalev'는 'Groen'으로 개명하였다. 한편

1976년에 'Volksunie'에서 갈라져 나온 'Vlaams Blok'은 극우정당으로 현재는 'Vlaams Belang'으로 개명하였다.

위와 같은 지역적·언어적·문화적 균열의 구조적 특성으로 말미암아 벨기에의 초창기부터 협의주의적 논리와 실천이 불가피하였다. 제1차 세계대전 이전에는 양당체제와 다수결 선거제도의 시행으로 단일정당 정부를 구성하였으나 제1차 세계대전 발발시점에서 가톨릭 정당과 자유당의 연정이 시작되었고 전쟁이라는 위기상황에서 1917년 사회당이 연정에 참여함으로써 대연정(grand coalition)이 구성되었다. 전후 세 주요 이념정당의 연정의 결과로 나타난 것이 앞에서 언급한 '로펨협약'이었으며 연정은 1921년 말까지 계속되었다.18) 그 후 1926~1927년에 짧은 대연정이 출현하였으나 사회당은 실질적 의미의 연정파트너가 되지는 못하였다. 한편 1935년 벨기에의 경제상황에 위기가 도래하고 통화의 평가절하가 시행되면서 새로운 대연정이 형성되어 1945년까지 지속되었다. 특히 이 시기에 있어서 주목할 점은 사회경제적 균열이 사회적 합의주의 시스템을 도입함으로써 상당 부분 해소되었다는 점이다.

그럼에도 불구하고 1945~1958년의 벨기에 정치는 사회경제적 영역을 제외하고 강력한 이념경쟁과 다수결 민주주의 모델의 특징을 드러냈다고 볼 수 있다.19) 이와 같은 다수결 모델은 당시의 핵심적 정치이슈였던 국왕 레오폴드 3세의 귀국문제, 학교문제, 언어적·지역적 균열을 해결할 수 없었다. 제2차 세계대전 중에 독일군

---

18) 선학태, 『민주주의와 상생의 정치: 서유럽 다수제 모델 vs 합의제 모델』(서울: 다산출판사, 2005).

19) A. P. Frognier, "The Mixed Nature of Belgian Cabinets between Majority Rule and Consociationalism", *European Journal of Political Reserve*, Vol.16(1988), pp.207~228.

에 의하여 오스트리아로 이송되었던 레오폴드 3세의 귀국문제가 1950년 정치적 쟁점으로 부각되자 시민투표가 실시되었고 57%의 찬성으로 귀국이 결정되었으나 프랑스어권 지역의 반발로 폭동이 일어나자 3개의 주요 정당들의 협력으로 국왕을 퇴임시킨 바 있다. 또한 1958년에는 3개 주요 정당들은 비종교적 학교와 종교적 학교에 거의 동일한 권리와 재정지원을 제공하는 '학교협약'(School Pact)에 서명함으로써 국가와 교회 간의 오래된 갈등을 해결하였다. 그러나 언어적·지역적 균열에 의한 갈등은 미해결인 상태로 남아 있어서 1960~1970년대 벨기에 정치의 핵심이슈로 등장하였으며 국가정치의 공동체화 현상을 촉발하는 계기가 되었다.

이러한 국가정치의 공동체화 현상은 전국 정당의 지역정당화를 초래하였다. 기민당, 자유당, 사회당 등 3개 전통적 정당들은 점증하는 언어적 갈등으로 인해 모두 해체되었고 새로운 지역정당들이 플란더스와 월로니아 지역에서 각각 창당되었다. 이러한 지역균열로 인한 정당체제의 파편화는 어느 정당도 단독으로 의회의 과반수를 차지하는 것을 불가능하게 하였으며, 이 결과 연정은 불가피한 선택이었다. 1961년 이래로 기민당과 사회당 혹은 기민당과 자유당 간의 연정이 실시되었으며 1999년, 2003년 총선에서 자유당과 사회당 계열의 정당이 약진하면서 현재는 자유당과 사회당의 연정이 실시되고 있다. 요컨대 벨기에에 있어서 정당은 연방 차원과 지역 차원에서 동일한 연정을 구축함으로써 긴장과 갈등의 관리에 기여하였다고 볼 수 있다

3. 갈등 · 위기 관리의 제도화 과정: 지역주의에서 연방주의로

벨기에가 오늘날과 같은 연방국가가 되기까지는 네 단계를 거치게 된다. 우선 1970년의 헌법 개정은 지역주의에 대한 최초의 제도적 개혁이었다. 이와 같은 개혁은 두 가지 트랙에서 실시되었다. 첫 번째 트랙은 국가차원에서 언어그룹의 권리를 인정하는 것이었다. 이것을 위하여 첫째, 헌법은 네덜란드어와 프랑스어를 구사하는 장관 동수로 정부를 구성하도록 하였고 합의에 의해 의사결정이 이루어지도록 하였다. 둘째, 의회의 구성원도 양 언어그룹에 따라 분리하여 선출하였다. 셋째, 언어정책에 대한 입법이나 헌법조항은 각 언어그룹의 과반수 참석, 각 언어그룹의 과반수 찬성, 전체 2/3 찬성을 요구하였다. 넷째, 한 언어그룹의 75%가 어떤 입법제안이 네덜란드어 공동체와 프랑스어 공동체 사이의 관계에 유해하다고 판단하면 그 제안은 연기되거나 중앙내각에 상정된다.

한편 헌법은 또한 네덜란드어, 프랑스어, 독일어 공동체에 문화적 자치권을 인정하였으며 플란더스, 월로니아, 브뤼셀 지역에 사회경제적 자치권을 인정하였다. 그러나 사회경제적 자치권은 1970년대 동안 실현되지 않았고 문화자치권은 1971년에 각 공동체에 '문화협의회'(Cultural Council)가 설치됨으로써 제한적 형태로 실시되었다. 이와 같은 문화자치권의 허용은 두 가지 측면에서 벨기에 특유의 성격을 갖는다. 첫째, 중앙의회의 언어그룹이 공동체의 입법기구로서의 기능을 담당한다는 사실이다. 따라서 문화위원회는 별도로 선출되지 않는다. 둘째, 공동체의 문화위원회 집행부는 중앙정부의 기능을 수행하기 때문에 문화정책의 실행을 담당한다. 따라서 공동체는 별도의 집행기구를 두지 않는다. 이와 같은 새로운 시스템은 의도적으로 중앙, 지역/공동체를 하나로 묶어 권위의 단일성을 유지하고자 하는 것이었다.

1980년의 개혁은 보다 명확한 지역화를 겨냥한 것이었다. 문화공동체의 특성이 더욱 강화되었고 사회경제적 지역의 제도적 기반이 부여되었다. 그러나 1980년의 개혁은 두 가지 측면에서 지역화 이상의 의미를 지닌다. 첫째, 지역과 공동체 위원회의 입법은 국내법과 동등한 법적 효력이 부여되었다. 둘째, 지역과 공동체, 중앙정부의 역할이 중복되지 않고 분리되도록 역할이 분화되었다.

그러나 동시에 중앙과 지역 간의 긴밀한 연계는 계속되었다. 지역과 공동체 위원회는 직접 선출되지 않고 중앙의회의 언어그룹의 일원으로 구성하였다. 따라서 같은 사람들이 중앙과 지역의 집행권을 행사하도록 하였다. 지역과 공동체가 과도한 재정적 부담을 지지 않도록 하였다. 또한 벨기에의 지역화는 지역성의 원칙과 민족성의 원칙에 기초한 구성단위로 결합되어 있어서 지역적 자치를 제한하였을 뿐만 아니라 효과적인 정책수립을 어렵게 하기도 하였다. 결국 1980년의 개혁은 중앙과 지방을 연결하면서 약간의 위계를 유지하기 위한 시도로 볼 수 있다. 그러나 결과적으로 개혁은 불안정을 초래하였다. 중앙과 지역/공동체 간의 역할 분담은 협력을 필요로 하였으나 상호 배타성을 인정함으로써 협력을 어렵게 하였다. 또한 다양한 형태의 제도화는 분열을 초래하였고 지역성의 원칙과 민족성의 원칙 사이에서 갈등을 야기하였다. 이러한 갈등은 중앙정부 차원에서 언어갈등으로 이어졌다.

　1989년의 개혁은 연방화를 통하여 원심적 긴장과 구심적 긴장 간의 새로운 균형을 유지하기 위한 것이었다. 이 개혁은 연방과 연방의 구성단위인 공동체와 지역 사이에 역할을 분담하고 상당한 수준의 권력을 이양하였다. 공공재의 제공은 거의 전적으로 지역과 공동체에 이관되었다. 예컨대 문화행사의 지원, 교육, 환경, 산업투자의 유치 등은 지역과 공동체의 소관으로 이양되었다. 연방은 철도, 통신, 우편, 항공, 원자력, 전기 등과 같은 대단위 사업과 재정 금융정책, 예산정책 등과 같은 안정화 정책, 사회보장과 같은 재분배정책을 관할하였다. 그러나 1989년 개혁은 의도적으로 지역과 공동체의 세금징수에 대한 권한을 제한하였으나 배당된 국가예산을 자율적으로 사용할 수 있는 권한이 부여되었다.

　또한 지역과 공동체의 의회는 중앙의회 의원들로 구성되었다. 예컨대 월로니아 지역의회는 월로니아의 지역구에서 선출된 중앙의회 의원들로 구성되었고 프랑스어 공동체 의회는 월로니아의 지역구에서 선출된 중앙의회 의원들과 브뤼셀 지역에서 선출된 프랑스어 사용 의회의원들로 구성되었다. 따라서 중앙과 지역 및 공동체 간의 관계는 포괄적일 수밖에 없었고 효과적인 정책 수립을 위하여 협력 메커니즘을 필요로 하게 되었다. 1989년 개혁은 연방 차원의 협력을 원활하게 하기 위한 심의기구로 '협의위원회'(Concertation Committee)를 설치하였다. 12명으로 구성된 '협의위원회'는 연방과 지역 및 공동체, 네덜란드어권과 프랑스어권 간에 동수로 구성됨을 원칙으로 하였다. 독일어 공동체는 관계된 사안에 대해서만 투표를 한다. '협의위원회'는 12개 이상의 '관계장관회의'(Interministeral Conferences: IMCs)를 구성하였다. 이 회의는 법률적 효력이 있는 합의안을 도출할 수 있는

권위를 부여받았다. 각 '관계장관회의'는 정치적 회의나 기술적 결정
을 위하여 실무자회의나 위원회를 설치할 수 있다.

1993년 5월의 헌법 개정으로 인하여 벨기에는 법률적으로 연방
국가가 되었다. 현대적 연방국가의 전형적인 제도와 메커니즘이 마
련되었던 것이다. 지역은 영토적 논리에 따라 고용정책을 포함하는
지역경제발전, 산업구조조정, 환경, 자연보호와 농촌개발, 건축, 토
지사용계획과 도시계획, 상하수도, 에너지정책, 도로건설, 수로, 지
역공항과 대중교통, 지방정부, 농업, 통상 등에 대한 관할권을 부여
받았다. 공동체는 문화, 언어정책, 교육, 보건정책과 복지, 그리고
이들 분야에서의 국제협력 등과 같이 개인과 관련된 문제에 책임
이 있다. 반면 연방은 국방, 사법, 안보, 사회보장, 재정금융정책에
대한 배타적 관할권이 인정된다.

4. 벨기에의 협의적 연방주의의 특징

위에서 본 바와 같이 벨기에는 1993년의 헌법 개정을 통하여 연
방국가가 되었다. 이것은 벨기에 특유의 균열구조가 야기하는 갈등
과 위기를 협의수의를 통하여 극복히고자 했던 오랜 관행의 결과
나 볼 수 있다. 요컨대 협의주의는 자율과 권력분점을 결합하는 특
별한 방식이라 할 수 있다. 현재 벨기에 연방제에서 협의주의적 원
리를 반영하는 제도적 장치를 간략히 정리하면 다음과 같다.20)

---

20) *Ibid.*

첫째, 연정으로 구성되는 내각은 네덜란드어권 출신 각료와 프랑스어권 출신 각료가 동수로 참여한다. 현재 총리인 기 베르호프스타트(Guy Verhofstadt) 내각은 네덜란드어권 자유당(VLD), 프랑스어권 자유당(MR), 프랑스어권 사회당(PS), 네덜란드어권 사회당(SP.a), 플레미쉬 좌익 자유당(SPIRIT) 등 총 6개 정당으로 구성되어 있으며 총 20명의 각료가 네덜란드어권과 프랑스어권으로 양분되어 있다. 총리는 네덜란드어권 자유당 소속이다. 이와 같은 내각 구성은 의회에서 소수의석을 갖는 정당도 교대로 연립정부에 참여할 수 있게 함으로써 정부 내에서 다수파의 횡포를 막고 합의정책을 이끌어 내기 위한 것이다. 또한 정부 내의 의사결정은 양 언어 그룹에 비토권을 부여함으로써 상호 견제와 균형(mutual check & balance)을 유도한다.[21]

둘째, 벨기에의 연방의회는 하원(Chamber of Representatives)과 상원(Senate), 양원제로 구성되어 있다. 150명으로 구성된 하원은 20개의 선거구에서 선거에 의해 선출된다. 각 선거구에서 선출되는 하원의원 수는 인구비례에 의해 결정된다. 즉 하원은 비례대표제에 의해 선출된다. 또한 선거구는 언어권에 따라 대등하게 플란더스 지역 10개, 월로니아 지역 9개, 브뤼셀 지역 1개로 나누어진다.[22] 한편 연방을 구성하는 주의 대표들로 구성되는 상원의원 71명 중 40명은 비지리적으로 획정된 선거구(네덜란드어권, 프랑스어권)에서 직접 선출된다. 이 중 네덜란드어권이 25명, 프랑스어권이 15명이다. 나머지 31명의 의원은 간접 선출되거나 호선된다. 이 중 21

---

21) http://en.wikipedia.org/wiki/Belgian_federal_government(2005년 11월 3일 검색)

22) http://www.dekamer.be(2005년 11월 3일 검색)

명은 즉 지역의회에서 선출되는데 10명은 네덜란드어권 지역의회에서, 또 다른 10명은 프랑스어권 지역의회에서, 그리고 나머지 1명은 독일어권 지역의회에서 선출된다. 나머지 10명의 상원의원은 호선된다.23) 정부는 주요 입법활동을 수행하는 하원에게만 책임을 진다. 따라서 벨기에의 양원제는 균형적인 양원제라기보다는 상대적으로 약화된 비대칭적 양원제의 성격을 갖는다. 연방의회에서 적용되는 협의주의적 요소는 소위 '경고종'(alarm bell) 절차에서 발견된다. 즉 어느 한 언어그룹의 2/3가 제안된 법안에 대해 반대하면 이 법안은 연방정부로 회송되고 연방정부는 30일 내에 합의된 수정안을 제시하여야 한다.

셋째, 두 언어공동체 간에 발생하는 이익갈등은 복합적인 제도적 장치 속에서 정치적 해결을 요구한다. 앞에서 언급한 바와 같이 이익갈등을 공식적으로 다루기 위해 연방총리, 5명의 연방정부의 각료, 6명의 지역 및 공동체 정부 각료 등으로 구성된 '협의위원회'가 설립된다. 구성원의 수는 언어를 기준으로 균형을 이루고 합의에 의해 해결책을 모색한다. 위원회에 제기된 갈등은 60일간 계류된다. 이익갈등의 예방은 보통 총리와 정기적으로 만나는 지배정당들의 지도자들에 의해 시도된다. 벨기에는 연방수준의 전국정당이 부재하기 때문에 정당들은 지역 및 연방 등 두 차원에서 잠재적인 갈등을 억제하는 데 적극적인 활동을 전개한다.

넷째, 1980년에 설립되고 1989년에 크게 확대된 '조정재판소'(Court of Arbitration)는 지역분쟁을 해결하는 준헌법재판소이다. 이 재판

소는 법률권위자와 전직 정치인 동수, 네덜란드어와 프랑스어 동수로 구성되어 중앙정부, 언어공동체 정부, 지역정부 사이에 권력분리에 관한 헌법규정을 해석한다. 그러나 이 재판소는 3개 조항, 즉 '모든 벨기에인의 평등성', '이념적, 사상적 소수자에 대한 보호', '교육의 자유'에 대한 영역에 권한이 한정되어 있다.

다섯째, 벨기에에는 '특별 다수'(special majority)에 의해서만 개정될 수 있는 성문헌법을 가지고 있다. 모든 헌법 개정은 입법부의 양원에서 2/3의 찬성을 얻었을 때만 가능하다. 더욱이 언어공동체와 지역의 조직과 권한에 관련된 법률은 준헌법적 지위를 가지며 개정되기가 더욱 어렵다. 즉 그것은 2/3의 다수의 찬성 외에도 상하 양원에서 각각 프랑스어 사용 그룹과 네덜란드어 사용 그룹의 과반수의 찬성을 얻어야 한다. 이 규칙은 프랑스어 사용 주민들에게 효과적인 소수자의 비토권을 부여한다.

여섯째, 벨기에는 언어공동체 중심의 분권적 지방자치제도가 확립되어 있다. 벨기에의 지방자치는 헌법에 의해 보장되어 있다. 벨기에에는 589개의 자치단체가 있는데 이 중 308개는 플란더스 지역에, 262개는 월로니아 지역에, 19개는 브뤼셀 수도에 있다. 각 자치단체는 의회가 있고 의회의원은 6년 임기로 직접 선출된다. 시장은 6년 임기로 국왕에 의해 임명되나 주로 정당에 의해 추천된다. 연방정부의 대부분 권한은 언어공동체와 지역에 이양되었다. 그러나 이미 언급한 바와 같이 모든 정당들은 지역정당이기 때문에 자신들이 기반을 두고 있는 지역 및 언어공동체의 자율성을 요구한다. 이러한 상황에서 정당들은 연립정부를 구성하여 국가적 통합을 이루어 내야 하는 이중성에 직면해 있다. 이를 위하여 협의주의적 논리를 적용한다. 즉 해결해야 할 많은 문제가 발생하면 각 지역 및 공동체로 하여금 독자적인 정책으로 해결하도록 한다. 즉 분절 집단에 자율성을 부여함으로써 갈등을 해결하는 방식이다. 따라서 벨기에의 연방주의는 중앙을 공동화시키는 원심주의에 기반을 둔 연방주의라 볼 수 있다.[24]

위와 같은 협의주의적 제도장치는 벨기에의 다층적 균열구조를 관리하기에 불가피한 조치로 보인다. 이와 같은 협의주의적 제도를 통하여 정치·사회적 갈등을 관리해 온 것도 사실이나 여기에는 많은 비용이 초래되었다. 단적인 예로 벨기에는 현재 EU 국가 중에서 많은 부채를 가지고 있는 나라에 속한다. 1970년 후반 이래로 점증하는 민족갈등, 사회적 마찰, 정당 간의 고비용 타협 등으로 인해 정부의 예산이 고갈되어 왔다. 또한 협의주의적 갈등관리는 엘리트들이 득표를 극대화하기 위한 수단으로 민족주의에 의존하는 경향을 초래하였다. 그러나 무엇보다도 심각한 문제로 지적되고 있는 것은 연방제의 불안정 가능성이다.[25] 1978년 이래 모든 벨기에 정당은 지역정당화했다. 따라서 연방국가는 선거정치의 장에서 더 이상 주요한 정치적 초점이 아니다. 연방국가를 수호할 전국정당이 존재하지 않기 때문에 안정적이고 정당성을 갖춘 정치체제의 필요성은 상존하는 것이다.

그럼에도 불구하고 벨기에의 엘리트들은 연방주의를 택할 수밖

---

24) Liesbet Hooghe, "Belgium: From Regionalism to Federalism", *Regional Politics & Politics*, Vol.3, No.1, pp.44~68.

25) Kurt Vandaele, "In Search of Wage Moderation: Belgian Industrial Relations in a World of Change", *Paper Prepared for the Conference on Small States in World Markets*, Seoul, Korea(October 14~15, 2004), pp.45~61.

에 없었던 가장 중요한 이유는 역시 벨기에 특유의 균열구조에서 찾을 수 있다. 즉 언어적 하위그룹 간에 긴장과 갈등이 조정될 수 없는 경우에 국가는 분열의 위기를 감수할 수밖에 없다. 그러나 이러한 상황의 발생은 그 어느 그룹도 선택하기 어렵다. 왜냐하면 벨기에가 붕괴된다면 어떤 분절집단도 존립이 어려워진다. 이러한 상황을 관리할 수 있는 유일한 방법은 견제와 균형, 권력분점과 공유, 분절집단의 자율성 보장, 비토권의 부여를 내용으로 하는 협의주의적 연방국가의 수립인 것이다.

Ⅳ. 결론

벨기에는 가톨릭 세력, 사회주의 세력, 자유주의 세력 등이 균열축을 형성하면서 이들은 각각 수직적 통합을 이루었고 지역성과 연계된 네덜란드어와 프랑스어 간의 언어갈등은 또 다른 균열축을 형성하면서 수평적 통합을 이루었다. 이와 같은 균열구조 속에서 다양한 갈등이 증폭되었고 이때마다 위기 관리를 위한 권력분점 및 공유의 원리가 연정이라는 형태로 나타났다. 1830년 벨기에 독립 이래로 중앙집권적 다수결주의가 실시된 예가 없는 것은 아니었으나 보편적 선거권의 도입, 학교문제를 둘러싼 종교 간의 갈등, 언어 간 갈등 등과 같은 민감한 문제에 의해 야기된 위기적 상황에서 예외 없이 협의제적 논리가 적용되었다. 따라서 벨기에의 사례는 협의제적 민주주의가 분절화된 사회의 정치통합에 매우 유효하였음을 반증한다.

벨기에의 주요 정치세력 간의 수차례에 걸친 대연정 경험을 보건대 협의주의가 비민주적 속성을 배태할 수 있다는 주장을 뒷받침하기 어려운 것으로 보인다. 또한 선거를 통한 권력의 평화적 이행을 어렵게 한다는 주장도 성립되기 힘들다. 왜냐하면 벨기에의 경우 1999년 선거를 통하여 기민당의 40여 년에 걸친 장기집권이 종식되고 자유주의 세력이 집권하였기 때문이다. 이것은 물론 세계화가 진행됨에 따라 등장한 여러 가지 정치지형과 여건의 변화에서 기인한다. 즉 1990년대 초부터 악화된 경기침체는 저성장, 고실업의 상황에서 복지국가개혁이 정치적 어젠다의 우선순위로 등장했고 자유당은 적절한 선거전략을 가지고 득표에 성공하였기 때문이다.

한편 권력분점의 비효율성은 벨기에의 경우도 예외는 아니었다. 1960년대 말부터 1970년대 초에 이르러 협의주의 시스템은 정치적 불안정으로 이어져 갈등과 대립이 증가하였다. 이와 같은 통치력의 위기는 엄청난 경제적·정치적 비용을 초래하여 경제성장률이 감소하고 실업률이 증가하였으며 평균 연정의 기간도 단축되었다. 따라서 협의제에 의한 권력분점이 언제나 정치적 안정을 보장하는 것이 아님은 분명하다.

균열된 사회에서 연방제의 실시는 국가의 해체를 초래할 가능성이 있다는 주장은 어느 정도 일리가 있어 보인다. 벨기에의 경우 분리주의를 표방하거나 극단적 지역주의를 지향하는 정당들이 등장하고 이들이 한때 높은 득표율을 올린 것은 분리주의에 대한 잠재적 가능성을 반증하는 것이다. 그러나 이들 세력은 연방주의가 제도화하면서 많이 침체되었다. 현재로선 벨기에 연방이 붕괴되어 분리될 가능성은 현저히 낮아 보인다.

결론적으로 벨기에서 실시되고 있는 협의적 연방주의에 의한 갈등관리 모형은 벨기에의 정치, 사회·경제적 상황에서 불가피한 선택이었으며 비록 제도의 복잡성으로 인해 비효율과 취약성을 내포하고 있다고 할지라도 현재까지 비교적 성공적으로 제도화된 사회운용 모델이라 볼 수 있다.

참고문헌

김남국. "심의 다문화주의: 문화적 권리와 문화적 생존".『한국정치학회보』. 제39집 1호(2005년 봄).

김재한 & 아렌트 리입하트. "합의제와 한국의 권력구조".『한국정치학회보』. 제31집 1호(1997).

김재한. "분열사회와 다수제/합의제". 김재한(편).『분열의 민주주의』. 서울: 소화, 2001.

박재정. "캐나다 정치체제에 대한 연구: 동의적 민주주의로의 이행 가능성을 중심으로".『북미주연구』. 제7호(1998).

선학태.『민주주의와 상생정치: 서유럽 다수제 모델 vs 합의제 모델』(서울: 다산출판사, 2005).

성경륭. "분권형 통일국가 모델의 탐색: 연방주의의 논리".『통일한국의 정치·사회적 기반조성을 위한 기초연구』. 제4 세부과제(1997).

안성호.『분권과 참여: 스위스의 교훈』(서울: 도서출판 다운샘, 2005).

Barry, B. "Political Association and Consociational Democracy". *British Journal of Political Science*. Vol.5. No.4(1975), p.480.

Deschouwer, Kris and Kurt Richard Luther. *Party Elites in Divided Societies: Political Parties in Consociational Democracy*. London: Routldge, 1999.

Deschouwer, Kris. "Causes and Effects of Constitutional Changes in Multilingual Belgium". Brooks, Steohene. *The Challenge of Cultural Pluralism*. Westpoint, CT: Praeger, 2002.

Frognier, A. P. "The Mixed Nature of Belgian Cabinets between Majority Rule and Consociationalism". *European Journal of Political Research.* Vol.16(1998), pp.207~228.

Gurr, Ted Robert. *Minorities at Risk: A Global view of Ethnopolitical Conflicts.* Washington D.C.: United States Institute of Peace Press, 1993.

Hooghe, Liesbet. "Belgium: from Regionalism to Federalism". *Regional Politics & Policies.* Vol.3, No.1(1993), pp.44~68.

Horowitz, Donald L. *A Democratic South Africa? Constitutional Engineering in a Divided Society.* Berkely: University of California Press, 1991.

Huntington, Samuel P. *The Third Wave: Democratization in the Late Twenties Century.* Oklahoma: University of Oklahoma Press, 1991.

Huyse, Luc. "Political Conflict in Bicultural Belgium". Lijphart, Arend (ed.). *Conflict and Coexistence in Belgium.* Berkely: Institute of International Studies, 1981, pp.107~125.

Lawson, Stephanie. "Conceptual Issues in the Comparative Study of Regime Change and Democratization". *Comparative Politics.* Vol.25, No.2(January 1993), pp.183~205.

Lijphart, Arend. "Power-Sharing in South Africa". *Policy Papers in International Affairs*, No.24(1985).

Lijphart, Arend. *Democracy in Plural Societies.* New Haven: Yale University Press, 1977.

Lijphart, Arend. *Democracies: Pattern of Majoritarian and Consensus Government in Twenty-One Countries.* New Haven: Yale University Press, 1984.

Lijphart, Arend. *Patterns of Democracy: Government Forms and Performance in Thirty-Six Countries.* New Haven: Yale University Press, 1999.

Linder, W. *Swiss Democracy: Possible Solutions to Conflict in Multicultural Societies,* 2nd Ed. London: Macmillan Press, 1998.

Nordlinger, Eric A. "Conflict Regulation in Divided Societies". *Occasional Papers in International Affairs,* No.29. Center for International Affairs, Harvard University(1972).

Ostrom, V. "Can Federalism Make a Difference?" Elazar, D. J.(ed.). *The Federal Polity.* New Jersey: Transaction Books, 1974.

Schechter, Stephen L. "Beyond the Nation-State: Federalism in the Post-Modern Era". *Working Paper.* Center for the Study of Federalism, Temple University(1991).

Strom, Kaar. *Minority Government and Majority Rule.* Cambridge: Cambridge University Press, 1990.

Sullivan, K. M. "The Balance of Power between the Federal Government and the States". Brinkley, A et. al.(eds.). *New Federalist Papers.* N.Y.: W.W. Norton & Company, 1997.

Vandaele, Kurt. "In Search of Wage Moderation: Belgian Industrial Relations in a World of Change". *Paper Prepared for the Conference on 'Small States in world Markets',* Seoul, Korea, October 14~15, 2004, pp.45~61.

http://en.wikipedia.org/wiki/Belgian_federal_government(검색일: 2005년 11월 2일)

http://www.dekamer.be(검색일: 2005년 11월 3일)

http://www.senaat.be/(검색일: 2005년 11월 3일)

제13장 터키의 유럽연합 회원국 가입연구: 이슈와 전망

이규영

서강대학교 국제대학원 교수

Ⅰ. 서론

유럽연합의 통합은 정치·경제적 이유로 냉전 기간에 시작되었다. 이후 계속해서 유럽연합은 냉전 기간 중 유럽대륙에서 하나의 유럽 정체성을 수립하고자 확대 및 심화과정을 지속적으로 추진했다. 물론 유럽통합이 2005년 5월 1일 제5차 확대과정까지 순조롭게 진행된 것만은 아니다. 그럼에도 불구하고 전반적으로 유럽통합은 비교적 성공적으로 진행되었다. 유럽통합은 심화와 확대과정을 토대로 전개된다. 그런데 항상 중요한 문제로서 심화와 확대과정이 어떤 가입기준에 의하여 어떤 국가가 포함되고 또는 배제될 것인지를 판단하는 것이다. 그래서 1993년 코펜하겐 유럽이사회에서 구체적이고 명시적인 가입기준이 마련되었다. 이후 제4차 확대과정에서 오스트리아, 스웨덴과 핀란드가 가입하였다. 또한 2005년 5

월 1일자로 지중해 및 중동 유럽국가, 즉 폴란드, 헝가리, 체크공화국, 슬로바키아, 슬로베니아, 에스토니아, 라트비아, 리투아니아, 몰타, 키프로스 등 10개국이 가입하였다. 나아가 2007년 불가리아와 루마니아가 가입할 예정이다. 제5차 확대사례는 신규가입국 규모 면에서 전례 없이 대규모였다. 나아가 이전의 확대사례가 냉전 기간을 기준으로 가입대상이 서유럽국가였으나, 냉전이 종식됨에 따라 대부분이 기존 회원국과 정치, 경제 및 사회구조면에서 상이한 공산주의 체제를 운용하던 국가였다는 점에서 유럽통합사에 새로운 양상을 보여주었다.

이에 반하여 터키는 이미 1957년부터 유럽연합과 오랫동안 관계를 맺어왔음에도 불구하고 유럽연합 회원국 가입은 쉽게 해결되지 않고 있다. 터키는 유럽연합 회원국으로 가입하고자 다각적 노력을 기울였으나 최종 가입 여부는 상당한 문제점을 내포하고 있다. 유럽연합은 공식적으로(적어도 수사적(修辭的)으로) 터키도 1993년에 결정된 코펜하겐 가입기준이 적용된다고 언급한다. 아울러 유럽연합은 터키국의 정통성을 인정한다. 나아가 터키가 유럽과 아시아대륙을 연결하는 지역으로 안전장치로서 매우 중요하다는 점도 부인하지 않는다. 유럽연합과 터키가 냉전 기간에 상호 긴밀한 관계를 형성할 수 있었던 공통요소는 안보문제였다. 그러나 냉전 종식 이후 양자 간 관계를 결정하는 요소는 더 이상 안보문제만이 전부는 아니었다.

이렇게 볼 때 사실상 1993년부터 코펜하겐 가입기준이 가입후보국에 공통으로 적용되었지만, 터키는 또 다른 기준이 적용되고 있다는 주장이 제기되고 있다. 터키가 지금까지 유럽연합에 가입하려고 다각적으로 노력했던 것에 비추어 볼 때, 터키는 단순히 코펜하겐 기준의 충족 여부가 가입 여부를 결정하는 전체적 요건이 아니라는 인상이 제기된다. 공식적 요인은 아닐지라도 유럽연합 회원국들은 5차 확대까지의 양상과 달리 자신들이 공통으로 느끼는 문화와 종교에 대한 정체성을 중요한 고려요소로 간주한다. 터키의 유럽연합 가입은 공식적으로 언급되는 코펜하겐 가입기준 이외에 바로 이런 점으로부터 간접적으로 영향을 받고 있다. 만약 유럽연합 가입기준이 정체성을 강화하는 전제조건으로 인정되고, 터키가 가입하는 경우 유럽연합은 자신의 정체성에 대한 정의, 담보 및 확대와 관련된 문제를 사전에 합의를 도출하거나 사후에 새로 논의해야만 한다. 왜냐하면 터키가 유럽연합 회원국으로 가입하는 경우 기존 회원국에게 익숙하지 아니한 또 하나의 새로운 정체성이 추가되기 때문이다.

이렇게 볼 때 터키와 유럽연합은 오랜 관계에도 불구하고 여전히 터키의 유럽연합 회원국 가입문제는 여전히 불분명하다. 결국 터키의 유럽연합가입문제는 가입기준을 포함하여 가입기준이 어떻게 적용되었는가를 1963년 앙카라 협정(the Ankara Agreement), 1997년 룩셈부르크 이사회결정 및 최근 들어 1999년 헬싱키 이사회 결정 등에서 고찰해 보아야 한다. 이러한 관점에서 본 논문은 터키의 유럽연합 회원국 가입문제를 유럽연합의 확대와 관련된 일반적 논의, 터키와 유럽 간의 관계, 향후 터키의 가입 시 예상될 수 있는 문제점 등을 중심으로 분석해 보고자 한다.

Ⅱ. 유럽연합의 확대: 터키의 가입에 대한 예비고찰

1. 유럽연합의 목표와 가입대상국

유럽연합의 회원국 가입은 유럽연합의 목표를 달성하기 위한 전략하에서 수행된다. 유럽연합조약(TEU: Treaty on European Union) 제B조에 의하면 유럽연합의 목표는 다음과 같다.[1] (1) 균형 있고 지속적인 경제적 사회적 발전을 촉진한다. 특히 역내국경이 없는 지역을 설치하고 경제적 사회적 단결을 공고히 하며 궁극적으로 본 조약의 규정에 따른 단일 통화 채택을 지향하는 경제통화연합을 창설함으로써 이를 도모한다. (2) 국제무대에서 유럽의 동일성을 주장한다. 특히 궁극적인 공동방위정책 수립을 포함하여 조만간 공동방위체제로 발전할 수 있는 공동외교안보정책을 추진함으로써 이를 도모한다. (3) 연합의 시민권 제도를 도입함으로써 회원국 국민의 권익 보호를 강화한다. (4) 사법 및 내무에 있어서 긴밀한 협력 관계를 구축한다. (5) 공동체법규(acquis communautaire)[2]를 모두 그

---

1) *Treaty on European Union*. Title I Common Provisions — Art. B, Official Journal of the European Communities, C325 of 24 (2002년 12월 24일) 참조.

2) *Acquis Communautaire*란 1958년 유럽공동체(EC)가 출범한 이래 개정된 제반 법규를 말한다. 여기에는 설립에 관한 부속서, EU 각 기관이 제정한 법규, 회원국 국내법 및 국제기구와 국제조약을 규율하는 국제법으로 구성되어 있다. 법원과 그 형태에 따라 다음 4가지로 구분할 수 있다. (1) 1차적 법원(法源)(Foundamental Law)—파리조약, 로마조약, 유럽단일의정서, 마스트리히트조약, 암스테르담조약, 니스조약 등의 설립조약을 포함한다. (2) 2차적 법원(Secondary Law)—1차적 법원을 이행하기 위해 각 기관에서 제정한 법규로, 규칙(Regulations), 지침(Directives), 결정(Decision), 권고(Recommendation)와 의견(Opinion) 등이 있다. (3) 국제협정(International Agreements)—비회원국, 국제기구와 특정 분야에 관해 EU와 맺어진 협정들, 회원국과 EU의 공동책임 하에 체결된 공동협정문 등이 해당된다. (4) 보충적 법원(Supplementary Law)—협약(Convention)이나 의정서(Protocols), 결의안(Resolutions) 등을 포함한다.

대로 유지하고, 이에 기초하여 공동체 기관 및 기구의 실효성을 확보하려면 본 조약이 도입하는 정책 및 협력형태를 어느 정도 개정해야 하는지 제N조 2항에 규정되어 있는 절차에 따라 검토한다.

유럽연합의 목표는 유럽공동체를 창설하는 조약 제3b조에서 규정하고 있는 보충성의 원칙을 존중하면서 본 조약의 규정, 조약에서 정하고 있는 조건 및 일정 등에 따라 달성한다. 유럽연합의 이러한 목표는 회원국 확대로 실천된다. 회원국의 신규가입은 다음과 같은 절차를 밟게 된다. 신규 회원국 가입에 관한 규정은 이미 ECSC 설립조약 제98조, EEC 설립조약 제237조, EURATOM 설립조약 제205조에 규정된 바 있으며, 유럽연합조약(TEU)은 이를 계승하였다.3) 유럽연합조약 제49조에 의하면 "제6조 1항4)에 명시된 원칙을 존중하는 모든 유럽국가는 연합가입을 신청할 수 있다. 가입을 희망하는 국가는 신청서를 각료이사회에 제출해야 하고, 각료이사회는 위원회와 협의를 거쳐 재적의원 과반수의 찬성에 따른 유럽의회의 동의를 확보한 후에 전원일치의 찬성5)으로 가입신청을 의결해야 한다. 가입 조건, 가입에 따른 연합 근거 조약의 개정 등은 회원국과 신청국이 합의하여 결정한다. 이 조약은 모든 조약 당

---

3) 유럽연합조약이 이상의 규정을 통합·계승함으로써 가입문제는 공동체별로 따로 다루어지는 것이 아니라 유럽연합(EU)의 차원에서 통일적으로 이루어지게 되었다. 그래서 각 공동체 가입 관련 조항들(즉 EEC 제237조, Euratom 제205조, ECSC 제98조)은 모두 삭제되었다. 세 공동체 중 선택적 가입이 가능한가에 대한 논쟁은 이로써 무의미해졌다. 세 공동체가 유럽연합이라는 하나의 지붕 아래로 들어왔기 때문에 각 공동체설립조약의 개정과 가입문제를 유럽연합의 차원에서 획일적으로 규율하는 것은 논리적으로 당연하다.

4) Article 6 (1) of Treaty on European Union: "The Union is founded on the principles of liberty, democracy, respect for human rights and fundamental freedoms, and the rule of law, principles which are common to the Member States."

5) 교섭을 실시하라는 결정이 내려지는 경우가 많으나, 1987년 4월 1일에 가입을 신청한 터키의 경우는 시기상조로 여겨져 교섭이 부결된 경우도 있다.

사국에 제출하여 각국의 헌법 요건에 따른 비준을 받아야 한다."6) 당초 가입조항은 EC가입을 희망하지 않았던 영국 및 스칸디나비아 제국에 대하여 그 문호를 개방한다는 의미에서 삽입되었으나, 냉전 종식에 따라 문호가 개방된 것이다. 그러나 EU조약은 유럽의 개념 을 확정하지 아니하고 있고, 단지 '모든 유럽국가'(any European state)7)라고만 규정하고 있다. 또한 가입조건에 대해서도 교섭의 대 상이 된다는 사실만 정해져 있으며 그 구체적인 내용을 규정하고 있지 않다. 보통은 서유럽국가들의 경우 '지금까지 달성한 공동체의 업적 또는 기존의 모든 공동체법규의 수락, 복수정당제에 의한 민주 주의정치, 국내의 인권 보장, 가입에 수반되는 경제적 부담에 견딜 수 있는 경제수준' 등이 가입의 조건으로 거론되어 왔다.8)

이렇게 볼 때 유럽연합의 확대는 현재까지 유럽 정체성을 재구 축하고 회복하는 과정이었다. 그러나 확대과정에 따라 매우 상이한 국제체제의 영향으로 기존 양태와 다른 유럽연합이 산출될 가능성 도 잠재되어 있다.9)

2. 유럽연합 확대의 비용과 상호 이익문제

유럽연합은 공식적으로 양 당사자가 확내에 따른 경제적 파급효

---

6) Article 49 of Treaty on European Union 참조.

7) 이규영, 『유럽연합(EU)의 중동유럽 확대: 라켄 유럽이사회까지 현황과 전망』, 지역연구회시리즈 01-11 (서울: 대외경제정책연구원, 2001), pp.18~21.

8) *Ibid.*, pp.20~21.

9) Stephen White et al., "Enlargement and the New Outsiders," *Journal of Common Market Studies*, Vol. 40, No. 1 (2002), p.136.

과에 초점을 맞추면서 통합으로부터 이익을 누릴 수 있다고 강조한다. 신·구 회원국 공히보다 확대되고 통합된 시장으로부터 경기부양을 경험할 것으로 본다.[10]

우선 유럽연합의 경우 안보, 경제 및 문화부문에서 확대에 따른 혜택을 누릴 수 있다. 다시 말해서 평화지대가 확대됨으로써 안보문제가 고양되며, 인구와 시장이 확장되면서 경제성장과 고용이 촉진되며, 국제문제 특히 외교 및 안보정책 분야에서 유럽연합의 위상과 역할이 강화되며, 문화적으로 다양성이 증대됨으로써 타민족에 대한 이해가 증진될 것이다.[11] 장기적으로 유럽연합은 확대될수록 시장이 안정되고 정치적으로도 안정된 조건을 갖추게 될 것이다. 반면 중·단기적으로 유럽연합이 확대되면서 누리게 되는 혜택에 상응하여 제반 비용이 상당히 소요된다는 점도 도외시할 수 없다.[12] 나아가 유럽연합이 확대되면서 역내질서가 혼란에 빠질 수도 있다. 역외경계가 새로이 설정되기 때문에 유럽연합 역내질서 전반에 불안감이 조성될 수도 있다. 유럽연합 예산 중 상당 부분이 회원국 간 경제적 발전수준을 맞추기 위하여 비교적 저발전 국가에 배정되어야 한다.

반면 가입후보국이 예상하고 기대하는 혜택은 주로 경제부문에 관련된다. 그동안 진행되었던 일련의 확대과정에 비추어 볼 때 대부분 가입후보국은 기존 회원국보다 경제적으로 뒤떨어져 있었다.

---

10) Yong-Koo Kim, "Turkish Dilemma in European Integration," MA Thesis, Graduate School of International Studies, Sogang University (2004), pp.27~43.

11) "The benefits of enlargement of the EU," http://europa.eu.int/comm/enlargement/arguments/index.htm. (November 16, 2004)

12) Helen Sjursen, "Why Expand? The Question of Legitimacy and Justification in the EU's Enlargement Policy," *Journal of Common Market Studies*, Vol. 40, No. 3 (2002), p.496.

따라서 유럽연합은 일정한 기금을 조성하여 이들 국가로 하여금 기존 유럽연합의 발전수준에 따라오도록 경제적 지원정책을 추진했다. 아일랜드는 구조기금을 통하여 성공적으로 발전한 사례이다. 지중해국가들인 스페인, 포르투갈과 그리스도 성공적으로 민주주의를 발전시켰다. 이들 국가는 심지어 가입 이전에도 해외직접투자의 유입으로 상당한 수혜를 누렸다. 반면 가입후보국들은 가입 이후에 단일 역내시장에서 자유경쟁을 견디어내야 하고 자국의 주권을 유럽연합이라는 초국가적 기관에 위임하여야 한다. 때로 경제적·제도적 적응과정이 매우 고통스럽기 때문에 가입국들은 유럽연합의 정통성에 의문을 제기하는 등 분노를 노출하기도 하였다. 그밖에도 유럽연합에 가입하는 것 자체가 기존 발전국가들을 따라잡는다는 것을 반드시 보장하는 것도 아니다.13)

원칙적으로 유럽연합의 확대는 이미 설정한 가입조건이 충족되는 경우 가입후보국으로 인정되는 규칙에 따른다. 그렇지만 현실적으로 가입조건과 과정이 유럽연합과 친소관계, 외교관계 또는 정체성의 공유 여부14)에 따라 결정되기도 하면서 종종 모호할 때가 잦다. 대표적 사례로 냉전 종식 이후 터키가 받았던 것보다 폴란드의 경우 민주적 전환을 촉진하기 위한 재정지원을 훨씬 더 많이 받았다.15) 서유럽국가들에 중동 유럽국가들은 전반적으로 유럽의 나른

---

13) Jan Delhey, "The Prospects of Catching up for New EU Members: Lessons for the Accession Countries to the European Union from Previous Enlargements," *Social Indicators Research*, Vol. 56, No. 2 (Nov. 2001), p.220.

14) Johan P. Olsen, "The Many Faces of Europeanization," *Journal of Common Market Studies*, Vol. 40, No. 5 (2002), p.927.

15) Helene Sjursen, *op. cit.*, p.492; quoted from Å. Lundgren, *Europeisk identitetspolitik: EU's demokratibistånd till Polen och Turkiet*, Ph.D. Thesis (Uppsala: Uppsala University)

절반을 구성하는 파트너로 인식된 반면, 터키는 전략적 측면에서 중
요한 인접국가라고 할지라도 결코 '유럽의 일원'(a European family)
으로 간주되지 않는다.16)

Ⅲ. 터키와 유럽연합: 일반적 현실과 외교정책

1. 터키의 국가적 특성

터키는 모든 무슬림 국가 중에서 가장 지속적 형태로 세속주의
를 경험한 국가로 알려져 있다.17) 현재 민주주의를 지향하면서, 미
국과 우호관계를 유지하고 있다. 전 터키주재 프랑스 대사였던 에
릭 룰로(E. Rouleau)의 평가에 의하면 "터키는 아시아와 유럽에 걸
쳐 공존하는 문명을 보유하는 거대한 도시(megalopolis)이자, 한때
다양한 면모를 갖추고, 가지각색인 동시에 단일체제를 유지하였고,
동로마제국, 오토만제국, 아시아 및 유럽식 특징을 지니며, 근대적
이자 전통적이며, 편협하기도 하면서 사해동포적이며, 무슬림과 기
독교 심지어 유태적 특성을 지니고 있다."18)

---

16) *Ibid.*, pp.503~504.

17) Binnaz Toprak, "A Secular Democracy in the Muslim World: The Turkish Model." Shireen
    T. Hunter & Human Malik (eds.), *Modernization, Democracy, and Islam* (Washington, D.C.:
    Center for Strategic and International Studies, 2005), pp.277~292: David Shankland,
    "Islam, Politics and Democracy in Turkey," Michael Lake (ed.), The EU & Turkey: a
    glittering prize or a millstone (London: Federal Trust for Education and Research, 2005),
    pp.49~60 참조.

18) Eric Rouleau, "The Challenges to Turkey," *Foreign Affairs*, Vol. 72, No. 5 (1993), p.110.

터키 공화국은 1923년 10월 29일에 개국하였다. 초대 대통령 무스타파 케말 아타튀르크(Mustafa Kemal Atatürk)는 터키를 전면적으로 혁신하고자 근대화 프로젝트를 수립하였다. 그의 이념은 터키 공화국의 건국이데올로기로 영향을 미치고 있으며, 6대 원칙, 즉 민족주의·공화주의·민중주의·세속주의·국가중심주의 및 혁명주의로 구성되어 있다.[19] 아타튀르크의 주된 통치목표로 터키를 당시 유럽국가들이 이룩한 문명수준으로 이끌어 올리려 했다. 이는 일면 과거와 단절하는 것이자, 동시에 이슬람을 거부하는 것이었다. 이러한 의미에서 터키 도처에서 일련의 급진적 개혁이 단행되었다.

개혁프로그램은 우선 서구화를 지향하였다. 일차적으로 이슬람의 서구화를 지향하면서 이슬람이 모든 영역에서 지배적인 관행을 변화시키려 했다. 다시 말해서 칼리프제를 폐지하고, 16세기에 종교문제를 담당했던 고대 Seyh-ul-Islam제도[20]를 제거하며, 별도의 종교학교 및 대학을 폐쇄하며 그리고 교수통일법에 기초한 교육의 획일화 등이 대표적이었다. 또 다른 중요한 개혁프로그램으로 과거 및 이슬람 전통에 기초한 가시적 상징물들을 제거하였다. 즉 의상방식을 새로이 도입하고, 공인된 종교관련 직책을 맡지 아니한 사람이 종교 의상을 착용하는 것을 금지하였으며, 터키 전통 모자인 Fez를 쓰는 것을 금지하였다. 그 밖에도 개혁의 상징으로 그레고리안 달력을 도입하고 스위스식 민법체계를 받아들였다. 1924년에

---

19) *Ibid.*, p.46; 홍순남, "터키의 외교정책기조," 한국외대 중동문제연구소, 『연구논총』, Vol. 1991, No. 1001 (1991), p.143.

20) "Turkish Legal History," http://www.intlawandpolitics.8m.com/tlh.html. (2004년 07월 22일 검색)

제정된 헌법 제2조, "터키국가의 종교는 이슬람이다" 조항이 폐지되었다. 나아가 아라비아문자 사용이 금지되고, 아라비아 숫자를 국제적으로 공인된 숫자로 대체하였으며, 아라비아문자 대신에 새로이 라틴문자를 받아들였다.

이러한 일련의 개혁프로그램은 전통적인 이슬람 정체성을 새로운 유형의 터키식 정체성으로 대체하려는 의도였으며, 이렇게 함으로써 터키사회를 근대적 사회로 탈바꿈하는 것이었다. 아타튀르크가 주도한 터키의 근대화 개혁조치는 비교적 성공적이었다고 평가를 받았다.[21] 그러나 상의하달방식, 오랫동안 이어져 온 전통이 갑자기 제거되었으나 새로운 문화로 신속히 대체되지 못한 점, 그리고 단지 소수 지식인만이 혜택을 누리게 됨에 따라 전통주의자와 서구주의자 간에 깊은 갈등이 야기되기도 하였다.

2. 터키의 지정학

지정학적으로 터키는 북쪽과 남쪽, 동쪽과 서쪽 경계선에 위치한다. 터키는 아르메니아, 아제르바이잔, 불가리아, 그루지야, 그리스, 이란, 이라크 및 시리아 등 8개국과 국경을 맞대고 있다. 북쪽으로 흑해 그리고 남쪽으로 지중해가 놓여 있다.

터키는 인접지역에서 다양한 역할을 행한다. 예를 들어 흑해지역에서 역내 균형자로서 역할이 두드러지고, 지중해에서 상당한 통제

---

21) Yücel Bozdağlıoglu, *Turkish Foreign Policy and Turkish Identity: A Constructivist Approach* (New York: Routledge, 2003), p.35.

권을 행사하며, 카프카스 산맥을 중심으로 러시아에 상당한 대응역할을 하며, 이슬람 근본주의자들의 출현을 억제한다. 나아가 나토의 회원국으로서 나토 영향권에 있는 남쪽 경계선에서 지역전략에 관련된 역할을 한다.[22] 특히 냉전 기간에 소련의 위협 때문에 서방진영으로부터 터키의 지정학적 입장이 중시되었다. 사실상 터키가 서방진영에 속한 것은 소련의 침공에 대항하기 위한 완충 국가 역할이 강조되었기 때문이다.[23] 탈냉전 이후, 즉 구 소련과 유고슬라비아가 붕괴한 이후 터키 인접국가의 절반 이상이 체제전환을 하고 있으며, 체제전환을 하는 신생 독립국가는 터키와 역사적, 인종적 그리고 문화적 관계를 맺고 있다. 구 소련의 계승국인 러시아연방은 여전히 이 지역에서 터키에 대한 가장 중대한 경쟁국이다.[24]

3. 터키의 정체성

케말파가 개혁을 주도하던 시기에 터키의 정체성은 여러 방향으로 나타났다. 터키의 정체성 문제는 유럽연합 가입과 관련하여 최근 다시 쟁점화되고 있다. 1989년 터키의 유럽연합 가입이 거부되었을 때, 터키의 반응은 케말주의(Kemalism), 이슬람주의(Islamism), 터키주의(Turkism) 등 세 살래로 나타났다.[25] 유럽연합이 터키의

---

22) Zbigniew Brzezinski, *The Grand Chessboard: American Primacy and Its Geostrategic Imperatives* (New York: Basic Books, 1997), p.47.

23) Yücel Bozdağlğolu, *op. cit.*, p.92.

24) Şule Kut, "The Contours of Turkish Foreign Policy in the 1990s," Barry Rubin & Kemal Kirişci (eds.), *Turkey in World Politics: An Emerging Multiregional Power* (Boulder: L. Rienner Publishers, 2001), p.7.

가입을 거부함으로써 터키 내에 분노와 좌절을 불러일으켰고 급기야 정체성의 위기까지 초래되었다. 터키가 유럽연합의 회원국이 되는 것은 바로 유럽국가임이 인정되기 때문이었다. 터키시민은 유럽연합이 자국의 회원국가입을 거부하자 불만감정을 폭발시켰고, 당시 집권계층에 반대하던 다른 경쟁집단은 케말주의 개혁이 실패한 것이라고 공격하였다. 이로써 경쟁집단 간 갈등은 더욱 첨예화되었다. Ergil은 이를 두고 "국가 정체성이 해당국 시민의 합의과정을 거쳐 도출되지 않으면, 소외되거나 배제된 구성원들에게 심정적으로 안전에 대한 위협 등을 비롯하여 심각한 문제가 초래될 수 있다"26)고 주장했다.

실제로 터키의 정체성을 둘러싸고 케말계 세속주의자와 이슬람교도 간에 갈등이 고조되었다. 케말주의자가 주장하는 이데올로기는 '백인계' 터키인들로부터 지지를 받았다. 이들은 세속주의자를 대표하며 서구식 정체성을 선호하였다. 반면 이슬람교도들은 터키인 중에서 빈민층과 소외계층을 대표하고 '흑인계' 터키인으로 불렸다. 이들은 새로운 국가 정체성을 반신반의하였고, 따라서 계속해서 자신들의 전통적 정체성에 집착하였다.27) 이러한 양극적 분열 이외에도 냉전 종식 직후 터키 민족주의 문제가 급속히 대두되었다. 중앙아시아와 코카서스 지역에서 터키계 민족들이 새로이 출현함에 따라 터키에서 민족주의 감정이 대두되게 되었다. 이와 같이 세 유형으로 표출된 정체성은 경쟁 관계에 들어갔으며, 이를 대표

---

25) Yong-Koo Kim, *op. cit.*, p.45.

26) Dogu Ergil, "Self-Perception and Identity in Contemporary Turkey," *Journal of Contemporary History* 32 (1997), p.222, quoted in Yücel Bozdağlğolu, *op. cit.*, p.88.

27) Yücel Bozdağlğolu, *op. cit.*, p.88.

하는 정당들도 조직되었다. 동시에 국제적 차원에서도 특히 1990
년대에 터키의 외교정책을 수립하고 추진하는 데 중요한 역할을
하였다.

4. 1990년 이후 터키의 외교정책

터키 외교정책기조는 터키를 둘러싼 지정학적 요소와 K. Atatürk
가 남겨놓은 정치적 유산 속에서 결정되었다. 제1차 세계대전은 유
럽이 강대국을 추구하고 제국팽창 때문에 발생하였다는 역사적 교
훈 때문에, 터키는 이를 교훈으로 '일국 내 터키주의'(Turkism in
one country)를 고수하고 국제문제에 대한 개입을 회피하면서 이른
바 현상유지정책을 추구하였다.28) 이러한 기조에서 터키는 공화국
을 수립한 이후 유럽의 일부가 되려는 외교정책을 주요 목표로 세
우고, 꾸준히 추진해 왔다. 냉전 기간에 터키는 서방의 중요 동맹국
으로써 평가되었고, 따라서 대부분의 자국 목적을 실현할 수 있었
다. 1940년대 후반과 1950년대에 터키는 NATO를 포함하여 서방
의 모든 안보 및 정치기구에 가입하였다. 이러한 기조는 1960년대
와 70년대에 계속되었다.

그러다가 1990년대에 들어서 터키의 외교정책이 가시적으로 변
화하기 시작했다.29) 냉전이 종식되고 이 지역에서 서방에 대한 소

---

28) *Ibid.*, p.2.

29) Harun Arikan, "The Political Aspects of the EU's Policy towards Turkey in the Context of
a New European Political Order," *Turkey and the EU: an awkward candidate for EU
membership?* (Aldershot: Ashgate, 2003), pp.103~147; William H. Park, "The Security
Dimensions of Turkey-EU Relations," Michael Lake (ed.), *op. cit.*, pp.127~140 참조.

련의 위협이 감소되면서 터키의 지정학적 중요성이 감소되었다. 반면 소련의 위협이 감소함에 따라 이 지역에서 터키의 영향력은 상대적으로 증가되었다. 국제환경이 변화하면서 터키의 외교정책은 유럽연합 회원국 가입문제를 포함하여 각 정체성 집단 간에 발생하는 갈등으로부터 영향을 받았다. 터키 외교정책의 목표는 유럽국가군의 일원이라는 지위를 얻는 것이다. 따라서 이 목표를 실현하지 못하는 경우 이른바 터키의 '유럽 정체성'은 불가능해진다. 나아가 이슬람주의 및 민족주의 정체성을 강조하는 측은 이 경우 바로 정체성의 위기를 제기할 것이며, 결과적으로 외교정책 방향을 수정해야만 한다. 이러한 우려는 실제 현실로 나타났다.

유럽연합이 1989년 터키의 회원국 가입을 거부하였을 때, 터키 내에서는 자국의 외교정책기조를 새로이 수립하려는 시도가 있었다. 터키의 국가 정체성과 외교정책기조를 둘러싸고 친유럽주의자(pro-European), 이슬람주의자(Islamist)와 민족주의자(nationalist) 사이에 논쟁이 전개되었다. 1989~1993년 동안 터키정부는 터키가 중앙아시아지역에 대해 문화적으로 인종적으로 깊이 연계되어 있기 때문에 중요한 역할을 수행할 수 있다고 판단했다. 터키인들 사이에서 범-터키주의(pan-Turkism)[30]는 상당한 호응을 받았기 때문에, 유럽연합 가입이 거부된 이후 이에 대한 터키의 반응은 대 중앙아시아 외교정책으로 나타났다. 즉 터키에 대해 중앙아시아는 유럽연합 가입거부에 대한 대안으로 고려되었다. 터키는 1992년 흑해경제협력기구(BSEC: Black Sea Economic Cooperation) 설립계획을

---

30) "Pan-Turkism," http://en.wikipedia.org/wiki/Pan-Turkism. (2004년 2월 10일 검색)

자국의 외교정책을 다양화시키는 대안으로 제시하면서, 유럽연합 가입거부결정을 돌파하려 하였다. 그러나 범-터키주의는 러시아로부터 상당한 우려와 국민적 감정을 촉발시키게 되었고, 결국 친터키계 국가일지라도 터키의 접근정책에 대해 거리를 두게 되었다. 이에 따라 터키는 범-터키주의가 제반 상황을 잘 고려한 정책이 아니라 단순히 유럽연합의 거부에 대한 반응으로 추진한 것이라는 현실을 깨닫게 되었다. 이러한 시도는 터키가 지난 수년간 서방에 너무도 의존하였기 때문에, 서방과 관계없이 독자적 외교정책을 전개할 수 없다는 사실을 증명한 것이기도 하다.[31] 반면 특별한 관계를 맺고 있는 중앙아시아에서 주도적인 외교정책을 펼침으로써 터키는 나름대로 서방에 대하여 자국의 가치를 증명할 수 있는 계기도 되었다.[32]

Ⅳ. 터키와 유럽연합: 상호관계와 향후 가입문제

1. 터키와 유럽연합 관계

L. M. McLaren은 "터키와 유럽연합 간 관계를 다소 친밀하면서도 매우 긴장관계에 있다"[33]고 평가한다. 양자 간 긴장관계는 오랫

---

31) *Ibid.*, p.107.

32) Şule Kut, *op. cit.*, p.7.

33) Lauren M. McLaren, "Turkey's Eventual Membership of the EU: Turkish Elite Perspectives on the Issue," *Journal of Common Market Studies*, Vol. 38, No. 1 (March 2000), p.117.

동안 터키가 유럽연합과 준회원국 관계를 맺어왔음에도 불구하고 가입협상에서 배제되었던 1990년대에 절정에 달했다. 연원적으로 유럽과 터키 간 협력적 관계는 1856년 러시아에 대항하여 유럽협조체제(Concert of Europe)에 오토만 제국이 가입하였던 시기까지 거슬러 올라갈 수 있다.34) 나아가 터키는 근대화 개혁을 시도함으로써 유럽권으로 진입하려는 외교정책을 택하였고, 이는 터키공화국이 수립되면서 절정에 달했다. 케말주의자들은 모든 이슬람 전통을 제거하고, 세속적 체제로 교체하려 했다. 이와 같은 터키의 근대화시도는 서방의 많은 학자로부터 성공사례였다고 평가를 받는다.35)

제2차 세계대전 이후, 터키는 여러 유럽기구, 예를 들어 유럽경제협력기구(OEEC: Organization for European Economic Cooperation, 1948), 유럽이사회(the Council of Europe, 1949), NATO(1952)에 가입하면서 마침내 제2차 세계대전 이후 형성되는 유럽질서에서 자국이 유럽권 국가로 받아들여질 것이라고 판단하였다. 이러한 관점에서 터키는 1959년 유럽경제공동체 준회원국 가입을 신청하였다. 1963년 앙카라조약에 서명하면서 터키는 유럽공동체 준회원국이 되었다. 터키는 준회원국 지위를 가진 그리스와 더불어 유일한 비유럽계국가였다.36) 앙카라협정을 체결하면서 터키와 유럽관계는 3단계, 즉 예비준비단계, 과도기 단계 그리고 최종단계로 전개될 것으로 전망되었다. 동시에 이 협정에서 후일 유럽연합의 정회원국

---

34) *Ibid.*, p.118.

35) Yücel Bozdağlğolu, *op. cit.*, p.35.

36) Meltem Müftüler-Baç, "The Impact of the European Union on Turkish Politics," *East European Quarterly*, Vol. 34, No. 2 (June 2000), pp.160~164.

지위가 약속되었다.

앙카라조약은 터키의 유럽권 편입노력과 관련하여 터키가 유럽연합 회원국으로 적합하다고 인정한 바 있다. 동 조약 제28조는, "본 조약의 운용결과 유럽공동체 설립조약(the Treaty establishing the Community)에서 규정하는 제반 의무사항을 터키가 완전히 수용할 것으로 전망된다고 충분히 입증되자마자, 조약체결 당사자들은 터키의 유럽공동체 가입 가능성을 검토할 것이다"라고 규정하고 있다. 터키와 유럽공동체의 협력관계는 예비준비단계를 마무리하고, 양 당사자가 1970년 추가의정서(the 1970 Additional Protocol)를 체결하여 관세연합을 추진하기 위한 활동을 시작하면서 확대되었다.

1987년 4월 14일 터키는 유럽공동체 정회원국 가입을 신청했다. 터키가 회원국 가입신청을 하면서, 유럽집행위원회는 1989년 12월 18일 의견서를 제시했다. 동 위원회는 터키를 새로운 가입협상에 포함시키는 것은 부적절하다고 밝혔다. 즉 터키의 정치적 · 경제적 상황이 가입협상을 시작하기에 부적절하다고 지적하였다. 대표적으로 터키의 민주주의 상황, 상대적 경제적 후진성, 쿠르드민족문제, 그리스와 분쟁, 키프로스 문제 그리고 인권존중 미흡 등이 지적되었다. 그 대신 집행위원회는 준회원국협정을 시행하고 1963년 앙카라협정과 1970년 추가의정서에서 예시되었던 관세연합의 실현을 제안하였다. 1990년 6월 집행위원회는 기술지원, 정치적 지원 그리고 재정지원과 아울러 관세연합협상 개시를 제안하는 이른바 'the Matutes Package'37)라는 터키관련 의사일정을 채택하였다.

---

37) David Barchard, "Turkey and the European Union," http://www.cer.org.uk/pdf/p093_turkey.pdf
(2005년 1월 30일 검색); "EU-Turkey: Historical Review," http://www.deltur.cec.eu.int/english/

1995년 3월 6일에 터키와 유럽연합은 관세연합조약에 서명하고, 이는 1996년 1월 1일자로 효력을 발생하였다. 관세연합에 관해 협상을 진행하면서 양 당사자는 정치문제, 인권문제, 그리스와 관계 그리고 키프로스문제에 관한 정치적 대화를 하기로 합의하였다. 터키 측은 다시금 관세연합조약을 계기로 정회원국 자격이 가까운 시일 내에 가능할 것이라고 판단하게 되었다. 왜냐하면 유럽연합 역사상 처음으로 한 국가가 정회원국이 되기 전 관세연합을 실현했기 때문이었다.

그러나 1997년 12월 룩셈부르크 유럽이사회에서 터키가 가입후보국 명단과 가입협상에서 제외되자, 터키와 유럽연합관계는 매우 심각할 정도로 복잡해졌다. 터키는 유럽연합이 '문화적' 베를린 장벽을 구축했다고 통렬하게 비난하였다.38) 터키 측은 룩셈부르크 유럽이사회 결정에 대응하여 유럽연합과 모든 정치 대화를 중단했고, 이로써 당사자 간 의사소통 채널이 차단되었다.

1999년 헬싱키 이사회에서 유럽연합은 2년 전의 입장을 반복하면서 터키를 회원국 후보로 받아들이기로 했다. 유럽연합이 자국의 가입을 거부하자 이에 대한 대응 조치로 터키는 독자적 외교정책을 시도하였다. 이러한 정책추진이 유럽연합으로 하여금 기존 결정을 번복하도록 영향을 미쳤다. 그러나 집행위원회는 불가리아와 루마니아의 경우처럼 터키와 가입협상을 권고하지 않았다.

2002년 코펜하겐 유럽이사회에서 유럽연합은 10개 후보국, 즉 헝가리, 폴란드, 체코공화국, 에스토니아, 라트비아, 리투아니아, 몰

---

eu-turkey.html. (2005년 1월 30일 검색)

38) Meltem Müftüler-Baç, *op. cit.*, p.162.

타, 키프로스, 슬로베니아, 슬로바키아를 2004년 5월 1일자로 신규 회원국으로 받아들이기로 하였다. 불가리아와 루마니아는 2007년 가입하기로 결정되었다. 터키에 대하여 동 이사회는 코펜하겐 정치 기준의 이행에 관한 2004년도 코펜하겐 이사회 결정에 근거하여 지체없이 협상을 개시하기로 하였다. 2004년 10월 6일 집행위원회 는 일정한 조건하에서 터키와 가입협상을 시작하도록 결정하였으 며, 2004년 12월 이사회의 결정은 계속 유효한 것으로 보인다.39)

2. 유럽연합의 대터키 입장

터키의 유럽인들에 대한 이미지는 대부분 부정적으로 인식된다. 유럽인들은 터키를 오스만 제국이라는 이미지를 떠올리며 유럽과 는 '다른' 것으로 간주하는 실정이다.40) 나아가 터키인들을 종종 전쟁, 야만적 행위, 침략 그리고 이슬람 등과 연관시킨다.41) 이러한 이미지는 유럽대륙을 지리, 종료 및 언어에 따라 구분하면서 설명 된다(그림 1 참조).

---

39) "Will Turkey accept Europe?" *The Economist*. Sept. 25, 2004, pp.62~63: "Commission recommends to start negotiations with Turkey under certain conditions," *European Commission Press Releases*, IP/04/1180, http://europa.eu.int/rapid/pressReleasesAction.do? reference=IP/04/1180&format=HTML&aged=0&language=EN&guiLanguage=en (2004년 10월 8일 검색)

40) 대표적으로 전 프랑스 대통령의 견해를 주목할 필요가 있다: "[Turkey's] capital is not in Europe, and 95 percent of its population is outside Europe. [It has] a different culture, a different approach, and a different way of life. It is not a European country. EU membership for Turkey would mean 'the end of Europe'." Michael S. Teitelbaum & Philip L. Martin, "Is Turkey ready for Europe?" *Foreign Affairs*, Vol. 82, No. 3 (2003), p.98.

41) Ayse Günes-Ayata, "From Euro-scepticism to Turkey-scepticism: changing political attitudes on the European Union in Turkey," *Journal of Southern Europe and the Balkans*, Vol. 5, No. 2 (August 2003), p.218.

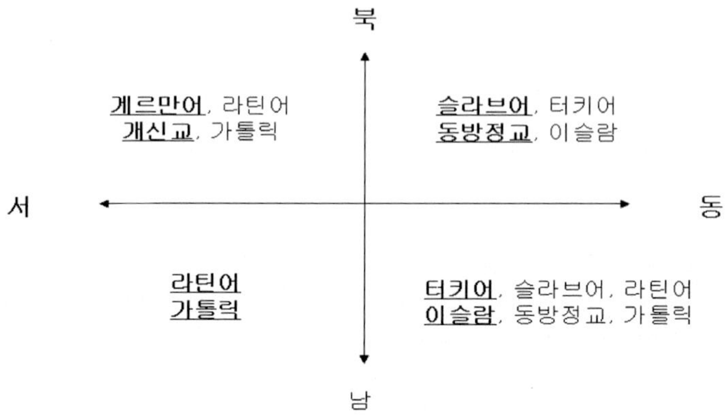

주: 각 항목마다 언어집단과 종교, 또한 밑줄 친 단어는 지배적 범주를 뜻함.
출전: Michael Emerson, Redrawing the Map of Europe(London: Macmillan Press Ltd. 1998), p.13.

<그림 1> 언어 및 종교의 주요 유사성 및 구분

<그림 1>에서 북서, 북동, 남서, 남동 각각 4분면의 교차관계는 오랜 역사기간 긴장과 갈등이 지속되었던 구 유고슬라비아와 일치한다. 북서와 남서는 매우 깊은 유사성을 공유한다. 위의 그림은 서방 기독교, 동방정교계통 슬라브족 그리고 이슬람 사이에 갈라져 있는 유럽연합(북서+남서), 러시아(북동) 그리고 터키(남동) 등 세 개의 커다란 블록을 나타낸다. 북서와 남서는 유럽연합 블록을 구성하고, 북동과 남동은 서로 떨어져서 주로 각각 러시아 블록과 터키블록을 의미한다. 유럽연합이 중요한 문명블록으로 간주되는 바와 같이 터키와 러시아도 인접국가들과 일련의 관계를 유지하면서 영향력도 행사했다.[42] 이러한 심리적 함수관계는 유럽통합과정 및 다른 블록에 대한 입장에서 반영되는 경향을 보인다.

---

[42] William Walters, "The Frontiers of the European Union: A Geostrategic Perspective," *Geopolitics*, Vol. 9, No. 3 (Autumn 2004), p.676.

유럽연합이 터키에 대해 취하는 입장은 이와 같이 심리적으로 취약할 수밖에 없다. 그러므로 유럽통합의 관점에서 볼 때 유럽연합은 터키와 관련하여 주로 안보적 차원에서 접근했다. 냉전 기간 중 유럽공동체는 터키에 우호적으로 대하였고, 어느 정도 터키의 중요성을 인정하였다. 주로 전략적 고려에서 터키가 유럽권에 속한다는 점이 인정되었고 결정되었다. 즉 터키는 소련의 위협에 대항하여 완충지대로서 필수 불가결한 역할을 하는 것으로 간주되었다.43) 그러나 냉전이 종식되면서 구 소련에 대한 전진지대로서 중요성은 불가피하게 감소되었다. 이에 따라 1995년 12월 마드리드 정상회담에서 유럽공동체는 터키에 대한 비중을 명백히 경감시키고, 확대와 관련된 유럽연합의 의사일정에서 터키를 배제시키면서 '단순히 협력하는 인접국가'(an associate neighboring country)일 뿐이라는 입장을 밝혔다.44) 근본적으로 유럽연합이 터키에 대하여 취하려는 입장은 '새로운 계약관계를 추구하는 대신 기존 협력관계를 강화시키는 것이다.'45)

3. 터키의 유럽연합 향후 가입과 영향

터키가 유럽연합에 가입하는 경우 이로부터 전개되는 제반 위험성을 유럽연합 자체가 받아들여야 한다. 이 위험성은 세 가지 측면,

---

43) Yücel Bozdağlğolu, *op. cit.*, p.106.

44) *Ibid.*, p.107.

45) 'to consolidate the existing association relationship instead of seeking a new contractual relationship,' Sevilay Elgün Kahraman, "Rethinking Turkey–European Union Relations in the Light of Enlargement," *Turkish Studies*, Vol. 1, No. 1 (Spring 2000), p.13.

즉 터키의 국가규모, 빈곤 및 이민문제, 이슬람 등으로 고려될 수 있다.[46)

먼저 터키의 국가규모이다. 터키 인구는 이미 7천백만 명 규모이고, 이는 15년 이내 독일을 추월하여 가장 커다란 회원국이 될 수 있다. 즉 터키는 브뤼셀에서 가장 비중 있는 선거권을 가지며 유럽의회에서 최대의 민족블록으로 등장하는 것을 의미한다.

둘째로 터키의 경제둔화문제이다.[47) 터키가 유럽연합에 가입하면 유럽연합 전체에 걸쳐 사회-경제적 불균형이 심각하게 증가할 것이다. 평균 GDP가 감소되기 때문에 통계적 효과 규모는 신규 10개국의 가입 효과와 맞먹을 정도이다. 터키의 일인당 GDP는 유럽연합 25개 회원국의 29%에 불과하다. 터키는 유럽연합 예산 중 엄청난 액수를 배정받아야 한다. 때문에 결과적으로 특별히 독일이 매우 우려하는 이민문제를 야기할 가능성이 높다(<표 1> 참조).

<표 1> 기존 및 향후 유럽연합 확대 영향

	총면적 증가율	회원국 국민 증가율	총 GDP 증가율(*)	일인당 GDP 변화율(**)	평균 일인당 GDP(**) (EU15=100)
EU15/EU25	23%	20%	4.7%	−8.8%	91.2
EU25/EU27	9%	6%	0.7%	−4.3%	87.4
EU27/EU27+터키	18%	15%	2.2%	−9.1%	79.4

범례: * Euros, ** PPS, 2003 GDP data.
출전: Eurostat, NSI, Calculations DG REGIO, requoted from "Issues Arising from Turkey's Membership Perspective," Commission Staff Working Document, Sec(2004) 1202, Brussels, 6. 10. 2004.

---

46) "Why Europe must say yes to Turkey?" *The Economist*, Sept. 16, 2004, p.13.

47) Nihat Bülent Gültekin & Kamil Yilmaz, "The Turkish Economy before the EU Accession Talks," Michael Lake (ed.), *op. cit.*, pp.61~86 참조.

　10개 신규회원국이 가입하면서 유럽연합 인구는 20% 정도 증가하였고, 전체 면적도 약 20% 증가하였다. 반면 GDP는 4.7%에 불과했다. 일인당 GDP는 이전보다 8.8% 감소하였다. 만약 터키가 유럽연합에 가입한다면, 유럽연합 27개 회원국의 GDP는 단지 2.2%만 증가할 것이다. 반면 구조기금과 결속기금 중 상당액수가 터키에 지급되어야 한다. 왜냐하면 터키의 대부분 지역이 구조기금과 결속기금과 같은 재정지원수준보다 훨씬 뒤떨어지기 때문이다[48] (<표 1> 참조).

　셋째로 이슬람문제가 가장 우려된다. 일반적으로 무슬림은 유럽으로 동화되기보다 유럽과 통합만을 추구할 따름이라고 평가된다.[49] 이러한 경향은 유럽연합 회원국이 자신들의 공동 정체성을 보다 확고히 하는 작업에 상당한 부작용을 가져올 수 있다. 나아가 이슬람은 세속적·자유민주주의와 이슬람 근본주의와 상호 양립될 수 없다고 비판을 받는다.[50] 이미 유럽에 2천3백만 이상의 무슬림이 거주하고 있으며, 이 숫자는 전체 인구의 4.5%에 해당한다. 만약 터키가 가입한다면, 무슬림 총인구는 9천만 명에 달하고, 15%로 증가하게 된다(<표 2> 참조).

---

48) Commission of the European Communities, "Issue arising from Turkey's Membership Perspective," *Commission Staff Working Document,* SEC(2004) 1202, 6.10.2004.

49) Timothy M. Savage, "Europe and Islam: Crescent Waxing, Cultures Clashing," *The Washington Quarterly,* Vol. 27, No. 3 (Summer 2004), p.44.

50) "Why Europe must say yes to Turkey," *The Economist,* Sept. 18, 2004, p.13.

<표 2> 유럽 거주 무슬림(2003)

	무슬림 총인구	전체 인구대비 비율
EU–15	15.2mil	4.0
신규 10개국	290,000	0.4
EU–25	15.5mil	3.4
터키	67.1mil	99
기타 유럽국가들*(터키 포함)	74.8mil	56.0
기타 유럽국가들(터키 제외)	7.7mil	10.0
전체 유럽국가들(터키 포함)	90.3mil	15.0
전체 유럽국가들(터키 제외)	23.2mil	4.5

* 기타 유럽국가들 (비–유럽연합 회원국): 알바니아, 보스니아, 불가리아, 크로아티아, 아이슬란드, 리히텐슈타인, 마케도니아, 노르웨이, 루마니아, 세르비아–몬테네그로, 스위스, 터키.
출전: Current numbers from U.S Department of State, Annual Report on International Religious Freedom 2003: Timothy M. Savage, "Europe and Islam: Crescent Waxing, Cultures Clashing," The Washington Quarterly, Vol. 27, No. 3 (Summer 2004), pp.25~50. (부분적으로 재구성).

4. 유럽연합 가입조건과 터키

유럽연합의 사실상 최초 확대과정은 1973년 제1차 공식 확대조치로 영국, 덴마크와 아일랜드가 가입하기 이전에 시작되었다. 1959년에 그리스와 터키가 준회원국 지위를 신청한 바 있었다. 그러나 유럽공동체는 두 가지 방식을 취했다. 하나는 정치적·경제적으로 가입자격을 갖춘 국가들의 직접적이고도 완전한 통합이며, 다른 하나는 아직 준비되지 아니한 국가들의 경우 준회원국 조치를 통한 점진적 통합방식이었다.51)

확대과정에서 가입요건은 중점사항의 변화와 더불어 강화되었

---

51) Sevilay Elgün Kahraman, *op. cit.*, p.2.

다. 로마조약 제237, 238조는 통합에 관련된 기본 규정이었다. 1962년 1월 5일자 'Birkelbach Report'52)에 근거하여 정치적 차원이 제238조, 즉 민주주의와 더불어 기본권 및 자유에 대한 존중이 추가되었다. 유럽공동체는 1981년 그리스, 1986년 스페인과 포르투갈을 포함하여 남동유럽으로 확대되었다. 이 과정에서 가입후보국들의 정치적 후진상태에도 불구하고 정치적 의미가 강조되었다. 즉 유럽공동체가 해당 후보국가들의 민주주의 고양에 도움을 줄 수 있다고 보았다. 동시에 유럽연합이 동유럽으로 확대될 때 유럽을 재통일하고 얄타협정을 보완하는 과정에서 도덕적이고 문화적 차원이 확대논의에서 중요한 요소로 강조되었다.53)

1990년대 이후 유럽연합 가입문제는 코펜하겐 가입기준을 충족시키는 후보국가의 능력에 따라 좌우되었다. 1993년 코펜하겐 유럽이사회에서 유럽연합 회원국 가입기준이 채택되었다. 터키는 이 기준에서 볼 때 정치적·경제적 기준을 충족시키지 못하는 것으로 평가되었다. 즉 고문과 표현의 자유제한을 포함하는 인권위반사례, 민간정부의 통제로부터 벗어나 있는 군부 그리고 키프로스 문제 등이 정치적 문제로 지적되었다. 경제적 문제로서 농업영역에서 비효율, 금융 분야의 문제점, 인플레이션 등이 해당되며, 사회-경제적 문제로서 문맹률과 지역 간 편차 등이 지적되었다. 이와 동일한 문제점들은 이후 유럽연합의 해당 위원회 보고서에서 계속 반복하여 언급되었다.54)

---

52) Zuhal Yesilyurt Gündüz, "Der Einfluss der Europäischen Union auf die Demokratisierung der Türkei," http://www.kas.de/db_files/dokumente/auslandsinformationen/7_dokument_dok_pdf_5398_1. pdf.(2004년 08월 27일 검색)

53) Sevilay Elgün Kahraman, *op. cit.*, pp.5~6.

1) '확대 및 심화' 기준

일련의 유럽연합 이사회는 터키의 가입 역시 1993년에 채택된 코펜하겐 기준의 동일 선상에서 결정된다고 확인하였다. 그러나 이 가입기준은 여전히 후보국과 유럽연합 양 당사자가 문의하기에 여전히 모호하고 그다지 객관적이지 못하다고 비판을 받고 있다. 이전의 확대사례처럼 가입기준의 초점이 경우에 따라 변화하기도 했다. 터키는 이러한 변화를 부분적으로 따라잡기 어려웠고, 나아가 가입문제는 거의 전적으로 유럽연합의 전략적 고려와 의지에 달려 있다. 이는 터키에 대해 매우 해결하기 어려운 문제이다. 터키가 1987년 가입신청을 했을 때 유럽공동체는 훨씬 더 까다로운 가입조건을 제시하였다.[55] 1997년 터키보다도 민주주의 체제가 안정되지 못한 루마니아와 불가리아의 가입협상 개시가 결정되었을 때, 터키는 다시금 씁쓸함을 맛보아야 했다.

터키에 대한 가입조건은 상당 부분 유럽연합에 대한 문화적 '상위성'(otherness)에 영향을 받는다. 유럽연합의 확대역사에서 터키는 문화와 정체성 문제가 논란의 주요 대상이 되는 유일한 가입후보국가이다. 대다수 유럽인은 "문화적 · 역사적 관점에서 볼 때 터키인들은 사실상 유럽인이 아니며, 터키는 유럽에 속하는 지역이 아니다"[56]라고 인식한다. 유럽 기독교민주연합 역시 "유럽연합은

---

54) Lauren M. McLaren & Meltem Müftüler-Baç, "Turkish Parliamentarians' Perspectives on Turkey's Relations with the European Union," *Turkish Studies*, Vol. 4, No. 1 (Spring 2003), p.201.

55) Ziya Öniş, "Diverse but Conversing Paths to European Union Membership: Poland and Turkey in Comparative Perspective," *East European Politics and Societies*, Vol. 18, No. 3 (Summer 2004), p.490.

56) Yücel Bozdağiğolu, *op. cit.*, p.93.

사실상 문명사회가 추진하는 프로젝트이다"57)라고 분명하게 언급
하면서 터키가 유럽연합에 가입하기에 부적합하다고 입장을 표명
했다. 이렇게 볼 때 향후 터키가 유럽연합에 가입하는 문제는 유럽
연합이 한 국가의 정체성에 관련된 문제를 어떻게 다루는가에 따
라 좌우될 것이다.

2) 터키의 유럽연합 회원국 입장

터키가 건국된 이후 케말 정부는 유럽 정체성을 조성하고자 터
키 개혁을 시도하였다. 이에 근거하여 국가 지도자들은 터키가 순
조롭게 유럽으로 나가고 있다고 생각했다. 이러한 생각은 1940년
대와 1950년대 OECD, 유럽이사회와 NATO 등을 비롯하여 여러
유럽 및 서방기구에 가입함으로써 한층 더 고무되었다. 이와 같이
유럽을 신뢰하는 확신에서 터키는 1959년 유럽경제공동체 준회원
국 가입을 신청하였다. 협정에 서명하면서 당시 집행위원회 위원장
이었던 W. Hallstein은 "터키가 유럽의 일부이다"58)라고 선언하기
도 하였다.

유럽연합이 터키의 가입을 거부함으로써 자신들의 노력이 헛수
고로 밝혀지면서 터키가 유럽을 신뢰하는 환상은 탈냉전 이후 깨
지기 시작했다. 이같은 터키와 유럽연합 간 1990년대 우여곡절은
1999년 헬싱키 유럽이사회에서 터키에게 가입후보국 지위를 부여
함으로써 일단 진정되었다. 관건이 되는 문제는 정치적 · 경제적 체

---

57) "The EU is in fact a civilizational project." *ibid.,* p.94.

58) John Redmond, *The Next Mediterranean Enlargement of the European Community: Turkey,
Cyprus and Malta?* (Aldershot: Dartmouth, 1993), p.23.

제보다 종교적 · 문화적 요인임을 인식하게 되면서 터키사람들은 자국과 유럽연합 간 관계를 어느 정도 현실적으로 보게 되었다. 터키 내에서 유럽연합 가입을 비관적으로 판단하는 경향은 헬싱키 유럽이사회 이후에야 다소 개선되기 시작했다.

유럽연합 회원국 가입과 관련하여 L. M. McLaren이 터키 엘리트를 대상으로 연구한 바 있다. 이 연구결과59)에 따르면, 터키인들은 유럽연합이 자국의 가입을 거부하는 주요 이유를 경제문제, 종교 및 문화적 정체성 그리고 인구규모라고 생각한다. 자국의 가입을 반대하는 주요 국가들로 그리스와 독일이 지적된다. 그리스는 터키와 역사적으로 계속해서 갈등을 빚어왔으며, 독일은 자국 내에 터키인들이 대거 유입하는 것을 우려하기 때문이다.

어떻든 터키가 유럽연합에 가입하는 경우 가입에 따른 비용지불과 새로이 누릴 수 있는 혜택이 있다. 우선 혜택 면으로 경제 및 사회발전, 유럽국가라는 신뢰성, 민주화 및 인권개선 등을 지적할 수 있다. 비용지불과 관련하여 대다수는 경제적 어려움과 주권 상실에 따른 난관이 전혀 없다고 생각했다. 정치인들을 대상으로 한 다른 통계조사에서도 동일한 결과가 나타났다.60) 터키인들은 언젠가 유럽연합 회원국이 될 것이라고 낙관하며 터키가 유럽연합에 가입하는 데 대한 어떠한 반대도 없다. 터키 정당들 역시 유럽연합에 대한 자신들의 다양한 견해를 크게 바꾸어서 시간이 지남에 따라 터키가 회원국이 될 것이라는 수렴경향을 보인다.61)

---

59) Lauren M. McLaren, *op. cit.*, pp.117~129.
60) Lauren M. McLaren & Meltem Müftüler-Baç, *op. cit.*, pp.195~218.
61) Ayse Günes-Ayata, *op. cit.*, p.220.

1997년 룩셈부르크 유럽이사회로부터 1999년 헬싱키 유럽이사회에 이르기까지 발생했던 일련의 변동과정을 통해 터키는 자국이 극복해야 하는 제반 과제가 무엇이며, 그에 따른 대안 가능성이 무엇인지 분석하였다. 이에 따르면 터키에 대하여 유럽연합은 여전히 억누를 수 없는 매력적 대상이다. 그러나 다른 한편으로 터키는 이전에 자국의 이미지에 부정적으로 작용했던 유럽과 아시아 간 가교라고 스스로 생각한다. 현재 터키는 가교와 지렛대 역할이라는 자화상을 그리고 있다. 유럽연합은 여전히 터키의 근대화를 위해 그 안에 들어가야만 하는 장소이자 동시에 유럽과 아시아를 통고하는 다리의 한쪽 끝에 있는 종착점이기도 하다.

Ⅴ. 마치는 말

유럽연합의 입장에서 터키의 가입은 일관적 정체성의 유지에 커다란 문제가 제기되기 때문에 1993년 결정된 코펜하겐 가입 기준 이외에 보이지 않는 기준을 적용하고 있다. 따라서 터키가 최초 이슬람 국가로서 유럽연합에 회원국으로 가입하는 경우 10·20년 정도 기간이 소요될 것으로 선방되며,[62] 유럽연합 회원국 중 독일 다음으로 인구가 많은 나라에 속한다. 터키는 신속히 '유럽 가족의 일원'이 되는 것이 당면한 경제발전의 촉진과 더불어 역내 외교정

---

62) William Hale & Ganze Avci, "Turkey and the EU: The Long Road Membership," Barry Rubin & Kemal Kirişci (eds.), *Turkey in World Politics: An Emerging Multiregional Power* (Boulder: L. Rienner Publishers, 2001), pp.31~48 참조.

책 면에서 매우 유리하다.

유럽연합 회원국이 됨으로써 민주적 발전을 도모하고, 국내정치가 안정적 단계로 진입하고, 소수민족에 대한 인권존중이 신장되며, 일단 조정기금과 결속기금을 우선적으로 배정받음으로써 상당한 수혜를 누리면서 동시에 경제개혁을 통해 경제성장률을 제고할 수 있을 것이다. 무엇보다 민주화와 개혁은 돌이킬 수 없으며, 결과적으로 터키의 안정과 번영에 크게 기여할 것이다. 이는 터키뿐만 아니라 유럽연합 회원국 모두에게 이득이 된다. 이렇게 되는 경우 유럽연합의 통합을 지속적으로 추진한 결과로서 서유럽인들이 한 세대 이상 누려왔던 '평화, 안정 및 번영지대(the zone of peace, stability and property)'를 다른 유럽국가에도 확산시키는 긍정적 효과를 가져올 것이다.

그러나 2004년 5월 1일자로 지중해 및 중동 유럽 10개국이 가입한 이후 제기하는 이슈들이 터키에게도 그대로 반복될 가능성도 부인하기 어렵다. 터키 역시 그들이 오랫동안 품어왔던 '유럽 가족의 일원이 되는 꿈'(European dream)이 기존 국가들이 더욱 굳세게 빗장을 잠그는 조치 때문에 한낮 환상으로 그칠 가능성도 배제할 수 없다.63) 기존 회원국들은 신규가입국들이 일자리를 찾아 더 부유한 국가로 유입하는 것을 막기 위한 장벽을 높이 쌓아가고 있다. 이런 현상은 특히 포르투갈과 스웨덴 등 기존 5차 확대 이전 15개 회원국에서 전반적으로 나타나고 있다. 유럽연합 확대로 신규가입국 국민은 기존 회원국과 동일한 거주이동의 자유와 권리를 갖게

---

63) David L. Philips, "Turkey's Dreams of Accession," *Foreign Affairs*, Vol. 83, No. 5 (Sep./ Oct. 2004), p.93 이하 참조.

됨에도 불구하고, 네덜란드의 경우 연간 2만 2천 명으로 제한하는 조치는 향후 불가리아와 루마니아는 물론이거니와 터키의 경우에도 그대로 적용될 가능성이 높다. 5차 확대에도 불구하고 신규가입으로 인한 유럽연합의 경제적 이행능력은 예상보다 강화되지 못했다. 따라서 기존 회원국의 실업률이 상승하는 경우 자국민을 보호하기 위한 불가피한 조치이다. 결국 유럽연합 가입협상을 주도했던 헝가리의 대유럽연합 대표자인 발라르의 언급내용[64]은 이러한 개연성을 충분히 뒷받침한다.

터키가 가입함으로써 단기간에 경제문제에 많은 도움을 받을 수 있더라도, 새로이 매우 민감하고도 중요한 문제에 직면할 수밖에 없다. 즉 중·장기적으로 기독교에 입각한 유럽문화와 문명이 자국의 문화적·종교적 근간인 이슬람에 대해 미치는 영향 평가와 대안 마련에는 구체적 청사진이 아직 마련되지 못한 것으로 보인다. 유럽연합 가입 이후에 본격적인 '문명충돌'이 터키 내에서 발생할 잠재적 개연성이 충분히 존재한다.

마찬가지로 유럽연합으로서도 터키의 가입은 유럽연합의 심화와 확대에 새로운 차원의 문제를 제기할 것이다. 과연 유럽연합의 심화와 확대는 어떤 기준으로 더욱 진전될 것인가? 그 한계는 어디인가? 당연히 회원국의 확대와 성제성의 훼손과 불안성은 유럽동합을 기로막는 중요한 요소로 작용할 수밖에 없다. 터키의 유럽연합 가입은 이후 유럽연합이 추진하는 프로젝트를 대폭 수정하게 되는

---

64) "인간의 삶이 조약 때문에 바뀌지 않는다." "2004년 5월 1일은 '멋진 결합'의 날이었으나 삶은 다시 이전으로 되돌아 갈 것이다." 이규영, "EU 확대의 동향과 전망: 차기 가입대상국을 중심으로," 2005년 7월 21일 발표논문. Mimemo.

장애가 될 수 있다. 즉 유럽연합은 새로운 전환점에 서게 될 것이다. 유럽통합을 추진하던 초기에 분명한 목표와 전략이 수립되었으나, 유럽연합의 확대로 정치활동의 문화적 기반이었던 유럽 정체성에 의문이 제기될 것이다. 전 네덜란드 수상 **Wim Kok**은 회원국의 확대결과 유럽연합이 향후 경제적 이행능력, 내적 결속문제/내적 공고화문제, 안보문제, 대외적 역할과 기능 등 크게 네 가지 문제를 해결해야 한다고 역설한 바 있다.65) 터키의 가입은 이러한 문제 이외에 유럽정치와 경제가 완전히 새로운 차원으로 전개되는 원인을 제공할 것으로 전망된다.

---

65) Wim Kok, *Enlarging the European Union: Achievements and challenges* (San Domenico di Fiesole: European University Institute, 2003) 참조.

참고문헌

이규영. "EU 확대의 동향과 전망: 차기 가입대상국을 중심으로."
2005년 7월 21일 발표논문. Mimemo.

이규영.『유럽연합(EU)의 중동유럽 확대: 라켄 유럽이사회까지 현황
과 전망』. 지역연구회시리즈 01-11. (서울: 대외경제정책연구
원, 2001).

홍순남. "터키의 외교정책기조." 한국외대 중동문제연구소.『연구논총』.
Vol. 1991. No. 1001 (1991), pp.131~164.

Arikan, Harun. *Turkey and the EU: an awkward candidate for EU
membership?* Aldershot: Ashgate, 2003.

Barchard, David. "Turkey and the European Union." http://www.cer.
org.uk/pdf/p093_turkey.pdf. (2005년 1월 30일 검색)

Bozdağlğolu, Yücel. *Turkish Foreign Policy and Turkish Identity: A
Constructivist Approach*. New York: Routledge, 2003.

Brzezinski, Zbigniew. *The Grand Chessboard: American Primacy
and Its Geostrategic Imperatives*. New York: Basic Books,
1997.

Commission of the European Communities. "Issue arising from
Turkey's Membership Perspective." *Commission Staff Working
Document*, SEC(2004) 1202, 6.10.2004.

Current numbers from U.S Department of State, *Annual Report on
International Religious Freedom 2003*.

Delhey, Jan. "The Prospects of Catching up for New EU Members: Lessons for the Accession Countries to the European Union from Previous Enlargements." *Social Indicators Research*. Vol. 56. No. 2 (Nov. 2001), pp.205～231.

Gündüz, Zuhal Yesilyurt. "Der Einfluss der Europäischen Union auf die Demokratisierung der Türkei." http://www.kas.de/db_files/ dokumente/auslandsinformationen/7_dokument _dok_pdf_5398_1. pdf.(2004년 8월 27일 검색)

Günes-Ayata, Ayse. "From Euro-scepticism to Turkey-scepticism: changing political attitudes on the European Union in Turkey." *Journal of Southern Europe and the Balkans*. Vol. 5. No. 2 (August 2003), pp.205～222.

Gültekin, Nihat Bülent & Yilmaz, Kamil. "The Turkish Economy before the EU Accession Talks." Lake, Michael. (ed.). *The EU & Turkey: a glittering prize or a millstone*. London: Federal Trust for Education and Research, 2005, pp.61～86.

Hale, William & Avci, Ganze. "Turkey and the EU: The Long Road Membership." Rubin, Barry & Kirişci, Kemal. (eds.). *Turkey in World Politics: An Emerging Multiregional Power*. Boulder: L. Rienner Publishers, 2001, pp.31～48.

Kahraman, Sevilay Elgn. "Rethinking Turkey-European Union Relations in the Light of Enlargement." *Turkish Studies*. Vol. 1. No. 1 (Spring 2000), pp.1～20.

Kim, Yong-Koo. "Turkish Dilemma in European Integration." MA Thesis, Graduate School of International Studies, Sogang University (2004)

Kok, Wim. *Enlarging the European Union: Achievements and challenges*. San Domenico di Fiesole: European University Institute, 2003.

Kuniholm, Bruce. "Turkey's Accession to the European Union: Differences in European and US Attitudes, and Challenges for Turkey." *Turkish Studies*. Vol. 2. No.1 (Spring 2001), pp.25～53.

Kut, Şule. "The Contours of Turkish Foreign Policy in the 1990s." Rubin, Barry & Kirişci, Kemal. (eds.). *Turkey in World Politics: An Emerging Multiregional Power*. Boulder: L. Rienner Publishers, 2001, pp.5～12.

Lake, Michael. (ed.). *The EU & Turkey: a glittering prize or a millstone*. London: Federal Trust for Education and Research, 2005.

McLaren, Lauren M. "Turkey's Eventual Membership of the EU: Turkish Elite Perspectives on the Issue." *Journal of Common Market Studies*. Vol. 38. No. 1 (March 2000), pp.117～129.

McLaren, Lauren M. & Müftüler-Baç, Meltem. "Turkish Parliamentarians' Perspectives on Turkey's Relations with the European Union." *Turkish Studies*. Vol. 4. No. 1 (Spring 2003), pp.195～218.

Müftüler-Baç, Meltem. "The Impact of the European Union on Turkish Politics." *East European Quarterly*. Vol. 34. No. 2 (June 2000), pp.159～179.

Olsen, Johan P. "The Many Faces of Europeanization." *Journal of Common Market Studies*. Vol. 40. No. 5 (2002), pp.921～952.

Öniş, Ziya. "Diverse but Conversing Paths to European Union Membership: Poland and Turkey in Comparative Perspective." *East European Politics and Societies*. Vol. 18. No. 3 (Summer 2004), pp.481～512.

Park, William H. "The Security Dimensions of Turkey-EU Relations." Lake, Michael. (ed.). *The EU & Turkey: a glittering prize or a millstone*. London: Federal Trust for Education and Research, 2005, pp.127～140.

Philips, David L. "Turkey's Dreams of Accession." *Foreign Affairs*.

Vol. 83. No. 5 (Sep./Oct. 2004), pp.86~97.

Redmond, John. *The Next Mediterranean Enlargement of the European Community: Turkey, Cyprus and Malta?* Aldershot: Dartmouth, 1993.

Rouleau, Eric. "The Challenges to Turkey." *Foreign Affairs*. Vol. 72. No. 5 (1993), pp.110~126.

Savage, Timothy M. "Europe and Islam: Crescent Waxing, Cultures Clashing." *The Washington Quarterly*. Vol. 27. No. 3 (Summer 2004), pp.25~50.

Shankland, David. "Islam, Politics and Democracy in Turkey." Lake, Michael. (ed.). The EU & *Turkey: a glittering prize or a millstone*. London: Federal Trust for Education and Research, 2005, pp.49~60.

Sjursen, Helen. "Why Expand? The Question of Legitimacy and Justification in the EU's Enlargement Policy." *Journal of Common Market Studies*. Vol. 40. No. 3 (2002), pp.491~513.

Teitelbaum, Michael S. & Martin, Philip L. "Is Turkey ready for Europe?" *Foreign Affairs*. Vol. 82. No. 3 (2003), pp.97~111.

Toprak, Binnaz. "A Secular Democracy in the Muslim World: The Turkish Model." Hunter, Shireen T. & Malik, Human. (eds.). *Modernization, Democracy, and Islam*. Washington, D.C.: Center for Strategic and International Studies, 2005, pp.277~292.

Treaty on European Union. Official Journal of the European Communities, C325 of 24 (2002년 12월 24일)

Walters, William. "The Frontiers of the European Union: A Geostrategic Perspective." *Geopolitics*. Vol. 9. No. 3 (Autumn 2004), pp.674~698.

White, Stephen et al. "Enlargement and the New Outsiders." *Journal of Common Market Studies*. Vol. 40. No. 1 (2002), pp.135~ 153..

"Commission recommends to start negotiations with Turkey under certain conditions." *European Commission Press Releases*, IP/04/1180, http://europa.eu.int/rapid/pressReleasesAction.do? reference=IP/04/1180&format=HTML&aged=0&language=EN &guiLanguage=en. (2004년 10월 8일 검색)

"EU-Turkey: Historical Review." http://www.deltur.cec.eu.int/english/ eu-turkey.html. (2005년 1월 30일 검색)

"Issues Arising from Turkey's Membership Perspective." *Commission Staff Working Document*, Sec(2004) 1202, Brussels, 2004년 10월 6일.

"Pan-Turkism." http://en.wikipedia.org/wiki/Pan-Turkism. (2004년 2 월 10일 검색)

"The benefits of enlargement of the EU." http://europa.eu.int/comm/ enlargement/arguments/index.htm. (2004년 11월 16일 검색)

"Turkish Legal History." http://www.intlawandpolitics.8m.com/tlh.html. (2004년 7월 22일 검색)

"Why Europe must say yes to Turkey?" *The Economist*. Sept. 16, 2004, p.13.

"Will Turkey accept Europe?" *The Economist*. Sept. 25, 2004, pp.6 2~63.

박채복

숙명여자대학교 아시아여성연구소 책임연구원
"독일의 대연정과 내적 통합을 향한 새로운 리더십의 도전", 「유럽연구」 제22호(2005년 겨울)

송병록

경희대학교 공공대학원 교수
"독일과 유엔: 독일의 안보리 상임이사국 진출 노력과 전망", 「유럽연구」 제24호(2006년
겨울)

신두철

선거연수원 교수
"한국 정당정책연구소와 독일 정당재단의 역할과 특징: 2005년 한국정당정책연구소의 성
과와 문제점을 중심으로", 「유럽연구」 제25권 1호(2007년 봄)

정창화

단국대학교 행정학과 교수
"독일의 공직제도에 관한 연구", 「유럽연구」 제21권(2005년 여름)

김면회

한국외국어대학교 정치외교학과 교수
"경제 세계화에 대한 독일 정당의 대응 비교 연구: 사회민주당과 좌파당을 중심으로", 「유
럽연구」 제26권(2008년 여름)

고상두

연세대학교 지역학협동과정 교수
"통일 이후 사회통합 수준에 대한 동서독 지역주민의 인식", 「유럽연구」 제28권 2호(2010
년 여름)

조홍식

숭실대학교 정치외교학과 교수
"드골과 미테랑의 유럽정책 비교연구", 「유럽연구」 제26권(2008년 여름)

김응운

한국외국어대학교 프랑스어과 교수
"프랑스 제5공화국 정치체제의 변동: 대통령중심제화의 요인에 대한 고찰", 「유럽연구」
제28권 1호(2010년 봄)

김영세

연세대학교 경제학부 교수
"대처 영국수상의 경제정책과 함의", 「유럽연구」 제25권 3호(2007년 겨울)

김시홍

한국외국어대학교 이탈리아어과 교수
"베를루스코니 정부의 위기와 이탈리아 정치변동", 「유럽연구」 제28권 3호(2010년 겨울)

문진영

서강대학교 사회복지학과 교수
"동구유럽(CEE) 국가의 복지체제에 관한 연구", 「유럽연구」 제26권 1호(2008년 봄)

홍기준

경희대학교 평화복지대학원 교수
"벨기에의 정치통합: 협의적 연방주의 사례연구", 「유럽연구」 제23호(2006년 여름)

이규영

서강대학교 국제대학원 교수
"터키의 유럽연합 회원국 가입연구: 이슈와 전망", 「유럽연구」, 제21호 (2005년 여름)

유럽학연구총서 3

유럽 각국의 정치

초판인쇄 | 2011년 11월 1일
초판발행 | 2011년 11월 1일

엮 은 이 | 한국유럽학회
펴 낸 이 | 채종준
펴 낸 곳 | 한국학술정보㈜
주   소 | 경기도 파주시 문발동 파주출판문화정보산업단지 513-5
전   화 | 031) 908-3181(대표)
팩   스 | 031) 908-3189
홈페이지 | http://ebook.kstudy.com
E-mail | 출판사업부 publish@kstudy.com
등   록 | 제일산-115호(2000. 6. 19)

ISBN   978-89-268-2707-9 94340 (Paper Book)
        978-89-268-2708-6 98340 (e-Book)
        978-89-268-2701-7 94340 (Paper Book Set)
        978-89-268-2702-4 98340 (e-Book Set)